21 世纪高职高专财经类规划教材

21SHIJI GAOZHIGAOZHUAN CAIJINGLEI GUIHUA JIAOCAI

报关实务

Baoguan shiwu

黄君麟 靳晓玲 熊正平 ◎ 主编

21SHIJI GAOZHIGAOZHUAN CAIJINGLEI GUIHUA JIAOCAI

人 民 邮 电 出 版 社

北 京

图书在版编目（C I P）数据

报关实务 / 黄君麟，靳晓玲，熊正平主编. -- 北京：
人民邮电出版社，2018.1(2019.7重印)
21世纪高职高专财经类规划教材
ISBN 978-7-115-47631-9

Ⅰ. ①报… Ⅱ. ①黄… ②靳… ③熊… Ⅲ. ①进出口
贸易－海关手续－中国－高等职业教育－教材 Ⅳ.
①F752.5

中国版本图书馆CIP数据核字(2017)第324758号

内 容 提 要

本书内嵌入大量二维码，扫描后可观看报关单证实物照片、报关新闻、相关法律法规等丰富的网络资料。

本书正文部分包括报关与海关、对外贸易管制、进出口商品归类、一般进出口货物报关、保税货物报关、特殊形式下进出口货物报关、进出口税费、报关单及其填报等内容，附录部分包括报关业务关键术语中英文对照表、《中华人民共和国海关法》、通关参数查询方法及报关实务学习参考网站等对读者学习有益的资料。

为方便教学，本书提供电子课件、电子教案、视频案例、习题参考答案、模拟试卷等配套资料，索取方式见本书末页“更新勘误表和配套资料索取示意图”。

本书适用于高等职业院校、高等专科学校贸易类及相关专业“报关实务”课程的教学，也可作为报关从业者的入门读物。

◆ 主　　编　黄君麟　靳晓玲　熊正平
责任编辑　万国清
责任印制　焦志炜

◆ 人民邮电出版社出版发行　　北京市丰台区成寿寺路 11 号
邮编　100164　　电子邮件　315@ptpress.com.cn
网址　http://www.ptpress.com.cn
固安县铭成印刷有限公司印刷

◆ 开本：787×1092　1/16
印张：16.75　　　　2018 年 1 月第 1 版
字数：408 千字　　　2019 年 7 月河北第 2 次印刷

定价：49.80 元

读者服务热线：(010)81055256　印装质量热线：(010)81055316
反盗版热线：(010)81055315
广告经营许可证：京东工商广登字 20170147 号

前 言

我国是世界上重要的贸易大国，对外贸易的繁荣对我国经济发展起着关键性作用。报关是对外贸易中重要的一环，而且是一种操作性、专业性很强的工作，因此报关员这一职业也越来越受到关注。本书从有利于提高读者实际操作能力出发，内容组织由简单到复杂，突出了报关工作的实践性，加大了实用性和技能性的操作训练。

本书共设 8 章正文和附录。正文包括报关与海关、对外贸易管制、进出口商品归类、一般进出口货物报关、保税货物报关、特殊形式下进出口货物报关、进出口税费、报关单及其填报等内容。附录包括报关业务关键术语中英文对照表、《中华人民共和国海关法》、通关参数查询方法及报关实务学习参考网站等内容。

为使读者更容易地掌握专业知识和技能，本书理论知识以"管用、够用、实用"为度，参考"工学结合"教学过程设置相应内容。具体而言，本书力图突出以下特色。

（1）本书的编写注重理论与实际的结合。本书在进行理论阐述的同时，着重加强对读者分析问题、解决问题能力的培养，突出内容合理性和实用性。本书大量应用二维码对重要知识进行延伸，读者只要扫描二维码，就可以阅读及时更新的相关法律法规、报关实务新闻、高清单证实物照片等学习资料，既增加了学习的趣味性、时效性，又丰富和拓展了本书的内容。

（2）本书的设计考虑了教学改革的特点。在内容安排上尽量符合报关工作的进程，由浅入深、通俗易懂，突出了基础性和可操作性。为便于读者对具体内容的学习和理解，正文内安排了课堂讨论、技能训练、实践指南、阅读思考和单证实物照片等多种栏目，以求读者在学习中可以做到阅读与思考并行、学习与实践同步、理论与现实结合，提高学习（教学）效果。每章后不仅安排了题型丰富的课后练习，而且以二维码形式给出了更多习题及实训题目，方便教师灵活安排课后练习及实训，以让读者扎实地掌握所学知识与技能。

（3）本书提供相关的配套教学（学习）资料。为方便教师教学和读者的阅读与理解，本书提供配套电子课件、电子教案、视频案例、习题参考答案、模拟试卷等资料，索取方式见本书末页"更新勘误表和配套资料索取示意图"。

本书由黄君麟、靳晓玲、熊正平主编，具体分工如下：熊正平编写第一章、第八章及附录；黄君麟编写第二章、第四章、第五章、第六章；靳晓玲编写第三章、第七章。

本书参考了大量相关图书及其他文献资料，在此谨向各位作者表示深深的敬意和真诚的感谢！

由于编者水平有限，本书难免有疏漏及不妥之处，恳请读者在使用本书后对本书的结构和内容提出宝贵的意见和建议，以便我们修订、完善本书（联系方式见“更新勘误表和配套资料索取说明”）。

黄君麟

2017 年 8 月

目 录

第一章 报关与海关

【学习目标】

本章内容旨在让学习者了解报关的基本概念、分类；了解报关单位的分类、掌握报关单位注册登记及报关员的备案方式；清楚报关员的职责、权利义务与行为规范；熟悉海关的性质、任务、权力、管理体制与机构设置。

完成本章学习后，学习者应获得以下成果：

1．具有解读报关相关法律法规的能力；

2．具有在服从海关监督管理的前提下从事报关的能力；

3．具有按照相关法规的规定办理各类企业的报关注册登记的能力。

【知识结构】

报关：报关基本概念；报关单位；报关员

海关：海关基本概念；海关权力；海关监管制度

【引　　例】

上海浦东机场海关查获一起走私近千克海洛因案件

据中新网上海 2017 年 4 月 19 日电（陈君言　姜煜）上海海关 19 日对外通报，近日，上海浦东机场海关在旅检渠道查获 1 起走私毒品案件，当场缴获毒品海洛因净重 979.07 克，依法刑事拘留外籍男性犯罪嫌疑人 1 名。

日前，上述犯罪嫌疑人搭乘航班自非洲飞抵上海浦东国际机场入境。嫌疑人选走海关无申报通道通关，经海关现场检查，发现托运行李过机图像存在明显异常。开箱后，查获行李箱内有若干包可疑白色粉末。经鉴定，可疑粉末为毒品海洛因，净重 979.07 克。

不同于近年来海关查获的“地毯”藏毒、“鞋底”藏毒、“红酒”伪装藏毒等毒品藏匿手法，此次毒品走私案件的藏匿手法“回归”至“行李夹藏”。上海海关利用智能化后台分析，在不影响守法旅客正常通关的前提下，提前锁定嫌疑旅客。借助监控视频，对客机桥位、边检通道、行李转盘进行实时监控，全程盯防，在嫌疑人携带随身行李通过海关无申报通道时，成功将其截获。

本讯原文：
http://www.chinanews.com/sh/2017/04-19/8203713.shtml

据上海海关统计，去年以来，浦东机场海关在旅检渠道已查获 3 起走

私毒品海洛因进境案，累计缴获海洛因达 3.75 千克。

通过案例思考：

1．为什么国家要对走私行为进行打击？

2．报关企业和报关员在进出境货物和物品的通关中起什么作用？

3．作为国门卫士的海关有什么样的权力？海关对哪些货物会加强监管？

报关是与进出境运输工具、货物和物品密切相关的职业服务行为。**海关**是进出境的监督管理机关，是对报关人的报关行为进行监督制约的国家行政执法机关。

报关工作是进出境业务链条中一个承前启后的环节，同时也是一个专业性非常强的工作环节。报关工作归纳起来是一个问题的两个方面：一个是申报者——申报单位，另一个是管理者——海关。报关与海关关系如图 1.1 所示。

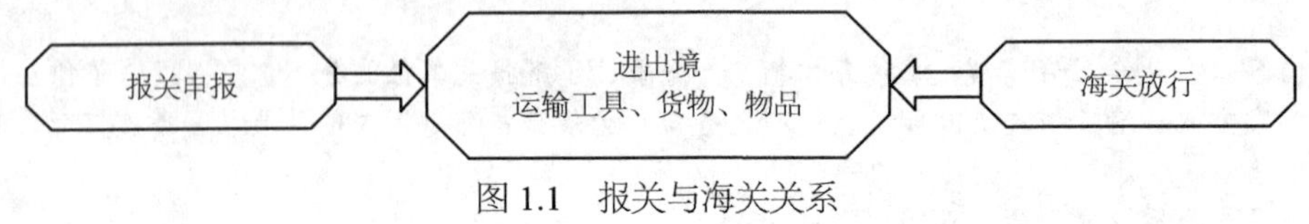

图 1.1　报关与海关关系

第一节　报关、报关单位与报关员

一、报关基本概念

在国际贸易和国际交往中，通过设立海关的地点进出境并依法办理海关手续是国际通行规则，也是进出境运输工具负责人、进出口货物收发货人和进出境物品的所有人应尽的义务。

由于办理进出境货物的通关手续需要由熟悉国际贸易业务、精通海关法律法规、海关业务制度流程的专业人员办理，在社会实践过程中，逐渐形成了为社会专门办理通关手续的专业技能服务人员。因此，报关是与进出境运输工具、货物和物品的进出境密切相关的职业服务行为。

小知识

货物、物品

日常生活中对货物和物品的称呼没有大的差别，但在海关通关管理中，它们是不同的。

货物通常是对企事业单位而言的，一般量比较大，按照贸易合同经营，具有明显的营利目的。

物品更多是针对个人而言的，其进出境一般具有自用性，不以营利为目的，其数量在合理范围内。

报关形式多种多样，为便于理解和记忆，可从以下几个角度进行分类。

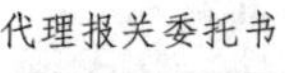

1. 从委托关系的角度分类

从委托关系的角度可以分为自理报关和代理报关。

自理报关是进出口收发货人自行办理报关手续。

代理报关是接受进出口收发货人委托代理办理报关手续。根据法律行为责任承担者的不同，代理报关又分为直接代理报关和间接代理报关。

直接代理报关与间接代理报关的区别如表 1.1 所示，代理报关委托书如示例 1.1 所示，二维码内为实物扫描件。

示例 1.1

代理报关委托书

编号＿＿＿＿＿＿＿

我单位＿＿＿＿＿＿＿＿＿＿现委托贵公司代理＿＿＿＿＿＿＿＿＿＿＿＿＿＿＿＿＿＿＿＿等通关事宜。＿＿＿＿＿＿＿＿＿详见《委托报关协议》。

我单位保证遵守《海关法》和国家有关法规，保证所提供的情况真实、完整、单货相符。否则，愿承担相关法律责任。

本委托书有效期自签字之日起至＿＿年＿月＿日止。

委托方（盖章）：

法定代表人或其授权签署《代理报关委托书》的人（签字）：

＿＿年＿月＿日

委托报关协议

为明确委托报关具体事项和各自的责任，双方经平等协商签订协议如下：

委 托 方	
主要货物名称	
H.S. 编 码	□□□□□□□□□□
进出口日期	年　月　日
提 单 号	
贸 易 方 式	
原产地/货源地	
传 真 电 话	
其他要求：	
背面所列通用条款是本协议不可分割的一部分，对本协议的签署构成了对背面通用条款的同意。	
委托业务签章： 经办人签章： 联系电话： 年　月　日	

被委托方		
报关单编号	No.:	
收到单证日期	年　月　日	
收到单证情况	合同　□	发票　□
	装箱清单　□	提（运）单□
	加工贸易手册□	许可证件　□
	其他	
报关收费	人民币：　　元	
承诺说明：		
背面所列通用条款是本协议不可分割的一部分，对本协议的签署构成了对背面通用条款的同意。		
被委托业务签章： 经办报关员签章： 联系电话： 年　月　日		

（白联：海关留存；黄联：被委托方留存；红联：委托方留存）　　中国报关协会监制

表 1.1　直接代理报关与间接代理报关的区别

区别	直接代理报关	间接代理报关
定义	报关企业接受委托人（进出口货物收发货人）的委托，以委托人的名义办理报关业务	报关企业接受委托人（进出口货物收发货人）的委托，以报关企业的名义办理报关业务
报关手续	报关企业（代理人）报关行为的法律后果直接作用于进出口收发货人（委托人）	报关企业（代理人）应承担与进出口收发货人（委托人）自理报关时相同的法律责任
适用范围	大多数的报关企业（一般业务）	经营快件业务的营运人等国际货物运输代理企业（快件业务）
法律责任	1. 由委托人直接承担法律后果 2. 代理人代理权取得、行使和效力是基于委托人授权的。因此，除委托人应遵守海关的各项规定外，报关企业在行使代理权时，也应当遵守海关对其委托人的各项规定	1. 由报关企业直接承担法律后果 2. 海关视同报关企业自己报关，其法律后果将直接作用于报关企业，报关企业应承担收发货人自己报关的法律责任

电子版报关委托协议签约

1．请用法人卡进入中国电子口岸（http://www.chinaport.gov.cn/）后，再“点击进入”处进入，如图 1.2 所示。

2．随后进入如下界面的快速入口——通关无纸化代理报关委托（不用输密码，直接单击右下角的快速入口：通关无纸化代理报关委托），如图 1.3 所示。

图 1.2　中国电子口岸首页

图 1.3　通关无纸化代理报关委托

3．单击进入中国报关协会界面，输入法人卡密码后，单击如下界面中的左侧委托报关栏中的“发起委托申请”选项，然后根据提示进行相关操作，如图 1.4 所示。

图 1.4　发起委托申请

4．注意事项：①选择一份需要报关的委托单据，根据单据内容在必填栏录入准确的相关信息，若报关商品有多项，录入第一项的商品内容信息即可，如品名、金额等；②委托时限请根据企业进出货量进行选择，最长期限是 12 个月，建议选择 12 个月；③请务必单击“自动确认”按钮，这样下次再申报时就不必逐票进行发起委托操作了，系统会自动生成有效的电子报关协议；④签约时请输入报关企业备案代码。

2. 从报关的不同地点分类

从报关地点的不同可以分为口岸报关和属地报关。

口岸报关是货物在实际进出境地海关办理报关手续。

属地报关是在报关单位的企业注册地直属海关关区内办理报关手续。经营单位为一般认证企业且申报单位为一般信用企业以上的进出口货物，除布控查验货物外，可适用“属地申报、属地放行”通关模式。

口岸报关与属地报关的区别如表 1.2 所示。

表 1.2　口岸报关与属地报关的区别

口岸报关	属地报关
需要办理转关手续	口岸与属地直接放行，不需要办理转关
口岸海关不了解报关企业，会增加报关作业环节	属地海关了解报关企业，随到随办，会节省报关作业环节
增加了企业在属地和口岸之间的多次往返和函电联系	企业可在属地会合办理商检、签发证明联等手续，可避免属地和口岸之间的往返和函电联系

3. 从通关的方式分类

从通关的方式可以分为逐票报关和集中报关。

逐票报关是按照进出口货物每次进出口的实际状态，根据规范要求，填制“中华人民共和国海关进/出口报关单”，逐票逐次向海关进行申报的一种常规的通关方式。

集中报关是经海关备案，进出口收发货人在同一口岸多批次进出口规定范围内货物，先以“中华人民共和国海关进/出口货物集中申报清单”申报货物进出口，再以报关单集中办理海关手续的通关方式。

实践指南

集中报关是一种特殊的通关方式，它适用的货物主要包括：①时效性较强的货物，如图书、报纸、期刊类出版物；②不宜长期保存的货物，如危险品或者鲜活、易腐、易失效物品；③公路口岸进出境保税货物。

4. 从履行申报义务的方式分类

《中华人民共和国海关报关单位注册登记管理规定》

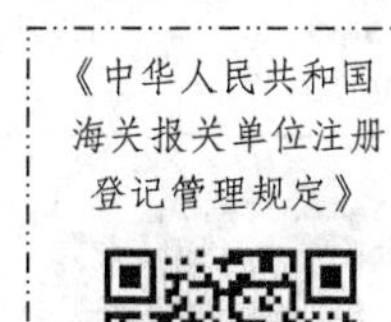

从履行申报义务的方式可分为纸质报关和电子报关。

纸质报关是报关人按照规定填制纸质报关单，备齐随附单证，向海关当面递交纸质报关单的申报方式。

电子报关是报关人通过计算机系统向海关报送报关单电子数据并且备齐上传随附单证的申报方式。

二、报关单位

报关单位是指依法在海关注册登记的进出口货物收发货人和报关企业。报关单位对其所属报关人员的报关行为承担相应的法律责任。报关单位的特征及海关要求如表 1.3 所示。

表 1.3　报关单位的特征及海关要求

特　征	海关要求
依法在海关注册登记	必须依法在海关注册登记后，方可向海关办理报关业务，这是成为报关单位的前提条件
必须在中国境内（境外的企业、其他组织或者个人均不能成为报关单位）	报关单位必须是中华人民共和国境内的法人、其他组织或者个人（法人或者其他组织必须是在中国关境内依法成立的）
报关单位是一个集合概念，由进出口收发货人和报关企业两类主体构成	

报关单位注册登记办理步骤如图 1.5 所示。

图 1.5　报关单位注册登记办理步骤

实践指南

《海关法》规定："进出口货物收发货人和报关企业办理报关手续，必须依法经海关注册登记。未依法经海关注册登记的企业不得从事报关业务。"报关单位首次向海关申请办理报关业务手续前，必须先向海关申请办理报关单位注册登记手续，以取得在海关办理报关业务的资格。

进出口收发货人可以直接到所在地海关办理注册登记。

报关企业可在直属海关或其授权的隶属海关办理注册登记。

1．进出口货物收发货人注册登记

进出口货物收发货人（自理报关单位）是指依法直接进口或出口货物的中华人民共和国关境内的法人、其他组织或者个人。进出口货物收发货人自行办理报关手续称为自理报关。只能办理本单位进出口货物的报关业务，不能代理其他单位报关。

进出口货物收发货人申请办理注册登记，应当提交的文件材料如表 1.4 所示。

表 1.4　进出口货物收发货人申请办理注册登记应当提交的文件材料

应提交的文件材料	1．报关单位情况登记表（提交复印件的，应当同时向海关交验原件） 2．企业法人营业执照副本复印件及组织机构代码证书副本复印件 3．对外贸易经营者备案登记表或者外商投资企业批准证书复印件 4．其他与注册登记有关的文件材料
申请材料齐全、符合法定形式的申请人，由注册地海关核发"中华人民共和国海关报关单位注册登记证书"，该登记证书长期有效	

实践指南

进出口收发货人到海关办理手续前，需要确认企业是否已具备以下条件：

① 已取得商务主管部门核发的批准证书或对外贸易经营者登记表；

② 已取得工商行政管理部门核发的营业执照；

③ 已取得国家税务局核发的税务登记证书；

④ 已取得技术监督部门核发的组织机构代码证；

⑤ 已取得开户银行的银行开户证明。

报关单位注册登记证书

进出口货物收发货人企业名称、企业性质、企业住所、法定代表人（负责人）等海关注册登记内容发生变更的，应当自变更生效之日起 30 日内，持变更后的营业执照副本或者其他批准文件以及复印件，到注册地海关办理变更手续。

中华人民共和国海关报关单位注册登记证书参见示例 1.2。

示例 1.2

中 华 人 民 共 和 国 海 关 报关单位注册登记证书 海关注册编码： 组织机构代码： 企业住所： 企业经营类别： 注册登记日期： 法定代表人： 有效期： 注册海关： 核发日期：	重 要 提 示 报关单位应当在每年的 6 月 30 日前向海关提交《报关单位注册信息年度报告》，不再另行通知。 中华人民共和国海关总署监制

2. 无对外贸易经营权企业从事非贸易进出口业务的临时注册登记

下列未取得对外贸易经营者备案登记表，按照国家有关规定需要从事非贸易性进出口活动的，应当办理临时注册登记手续：①境外企业、新闻单位、经贸机构、文化团体等依法在中国境内设立的常驻代表机构；②少量货样进出境的单位；③国家机关、学校、科研院所等组织机构；④临时接受捐赠、礼品、国际援助的单位；⑤其他可以从事非贸易性进出口活动的单位。

实践指南

临时注册登记的，海关可以出具临时注册登记证明，但是不予核发注册登记证书。临时注册登记有效期最长为 1 年，有效期届满后应当重新办理临时注册登记手续。

临时注册登记单位在向海关申报前，应当持本单位出具的委派证明或者授权证明以及非贸易性活动证明材料向所在地海关办理备案手续。特殊情况下可以向拟进出境口岸或者海关监管业务集中地海关办理备案手续。

3. 报关企业注册登记

报关企业（代理报关单位）是指按照规定经海关准予注册登记，接受进出口货物收发货人的委托，以委托人的名义或者以自己的名义，向海关办理代理报关业务，从事报关服务的中华人民共和国关境内的企业法人。报关企业分类及业务范围如表 1.5 所示。

表 1.5 报关企业分类及业务范围

报关企业类型	开展的主要业务类型
国际货物运输代理公司	经营国际货物运输代理、国际运输工具代理等业务，兼营进出口货物代理报关业务
专业报关企业	代理报关、报检、查验、换单，代为办理海关征免税证明、加工贸易备案与核销等业务

报关企业必须具备并符合海关规定的设立条件；经海关注册登记行政许可；向海关办理注册登记。

注册地海关依法对申请注册登记材料是否齐全、是否符合法定形式进行核对。申请材料齐全、符合法定形式的申请人由注册地海关核发报关企业注册登记证书。

报关企业注册登记具体要求如表1.6所示。

表1.6　报关企业注册登记要求

应提交的材料	1. 报关单位情况登记表 2. 企业法人营业执照副本或者企业名称预先核准通知书复印件 3. 报关服务营业场所所有权证明、租赁证明 4. 其他与申请注册登记许可相关的材料
设立分支机构时应提交的备案材料	1. 报关单位情况登记表 2. 报关企业中华人民共和国海关报关单位注册登记证书复印件 3. 分支机构营业执照副本复印件以及组织机构代码证书副本复印件 4. 报关服务营业场所所有权证明复印件或者使用权证明复印件 5. 海关要求提交的其他备案材料
报关企业的中华人民共和国海关报关单位注册登记证书有效期为两年；被许可人需要延续注册登记许可有效期的，应当办理注册登记许可延续手续	

实践指南

报关企业到海关办理手续前，需要确认企业是否已具备以下条件：具备境内企业法人资格条件；法定代表人无走私记录；无因走私违法行为被海关撤销注册登记许可记录；有符合从事报关服务所必需的固定经营场所和设施；海关监管所需要的其他条件。

报关企业的企业名称、法定代表人发生变更的，应当持报关单位情况登记表、中华人民共和国海关报关单位注册登记证书、变更后的工商营业执照或者其他批准文件及复印件，以书面形式到注册地海关申请变更注册登记许可。

实践指南

报关单位应在每年6月30日前向海关提交《报关单位注册信息年度报告》（在中国电子口岸网站完成填报），逾期未完成年报的可能影响通关。

小知识

报关与通关

报关与通关既密切联系，又有明显的区别。通关是指进出境运输工具负责人、进出口货物收发货人、进出境物品的所有人或者他们的代理人向海关办理报关对象进出境手续，以及海关依法对其进行监督管理，核准其进出境的管理过程。两者相同之处在于都是针对运输工具、货物、物品的进出境而言，不同之处表现在两者的观察角度和活动内容不同。

观察角度：报关从海关管理相对人角度来考察活动；通关从报关管理者角度来考察活动。

活动内容：报关只限于海关管理相对人向海关办理报关对象的进出境手续；通关不仅包括海关管理相对人向海关办理进出境及相关手续，还包括海关对出入境运输工具、货物、物品依法进行监督管理，核准其进出境的管理过程。

同步技能训练1.1

请将进出口货物收发货人与报关企业的差异，填入表1.7中的空白处。

表 1.7　进出口货物收发货人与报关企业的差异

项　目	进出口货物收发货人	报关企业
主营业务		
报关范围		
经营审批		
报关注册登记许可		
报关注册登记		

三、报关员

报关员是具有报关专业知识、向社会提供专门智力服务的专业人才。

海关规定报关员必须受雇于某一个企业。由于只有获得对外贸易经营权的企业和报关企业才可以向海关办理报关纳税手续，因此，报关员只能受雇于一个有对外贸易经营权的企业或者报关企业，并代表该企业办理报关纳税手续。

（一）报关员概述

1. 报关员职业水平测试

报关员职业水平测试是由报关职业水平测试委员会主办的报关职业能力水平评价测试。其根本目的是为我国外贸行业发展提供人才支持，为报关、关务相关从业人员提供第三方公平、科学的评价标准，为企业选聘报关、关务人才提供标准和依据。

报关员水平测试科目包括报关基础知识和报关业务技能两个科目。参加报关职业水平测试者将获得报关职业水平测试委员会颁发的职业水平测试证书。

2. 报关员职业等级

报关员是经海关注册从事报关职业的人员。

报关员职业等级为助理报关师、报关师、高级报关师，三个职业等级从低到高，依次递进，高级涵盖低级。

助理报关师侧重在具体业务操作层面，主要包括报关单填制、报关业务现场操作等。报关师侧重在相对复杂的操作和管理层面，主要包括单证复核，对质量、程序的控制，报关核算，报关咨询等。高级报关师侧重全面管理、指导和策划层面，主要包括组织设计、实施报关业务体系、风险管理和企业发展战略管理。

> **课堂讨论 1.1**
> 报关员应掌握和具备什么知识与技能？

3. 报关员备案

报关单位所属人员从事报关业务的，报关单位应当到海关办理备案手续，海关收取“报关单位情况登记表”（所属报关人员），并验核备案人员的有效身份证原件后，核发“报关人员备案证明”。报关人员备案证明如示例 1.3 所示。

示例 1.3

报关人员备案证明

（报关单位名称）：

你单位（海关注册编码：____________________）所属人员________________【（身份证类型）号码____________】

已完成海关备案，备案编号：___________________，备案日期：___________________。

海关

（注册登记印章）

年 月 日

（二）报关员的权利

报关员有以下几项权利。

1. 报关权

报关员有权以所属报关单位的名义执业，办理报关业务。

报关员可以办理的业务如下：①如实申报进出口货物的商品编码、商品名称、规格型号、实际成交价格、原产地及相应优惠贸易协定代码等报关单有关项目，并办理填制报关单、提交报关单等与申报有关的事项。②申请办理缴纳税费和退税、补税事宜。③申请办理加工贸易合同备案（变更）、深加工结转、外发加工、内销、放弃核准、余料结转、核销及关税监管等事宜。④申请办理进出口货物减、免税等事宜。⑤协助海关办理进出口货物的查验、结关。

2. 监督权

报关员有权对违反国家规定，逃避海关监管的行为进行举报，有权对海关及其工作人员违法、违纪行为进行控告、检举。

3. 查询权

报关员有权向海关查询其办理的报关业务情况。

（三）报关员的义务

1. 依法报关

报关员应当遵守海关法规和规章，依法办理报关业务。

2. 合理审查

报关员应当熟悉所申报货物的基本情况，对申报内容和有关材料的真实性、完整性进行合理审查，提供齐全、正确、有效的单证，准确、清楚填制进（出）口货物报关单。

3. 配合执法

海关查验进出口货物时，应按时到场，负责搬移货物、开拆和重封货物的包装；配合海关对走私违规案件的调查；协助落实海关对报关单位管理的具体措施。

4. 协助工作

报关员需配合本企业完整保存各种原始报关单证、票据、函电等资料；协助报关单位办理有关事宜。

同步技能训练 1.2

在上海海关注册登记并取得报关权的上海天凡进出口公司与美国公司签订进口 1 000 吨玉米、贸易条件为 CIF SHANGHAI 的合同。但运输船只由于遭遇台风偏离航线而被迫停靠厦门。考虑停靠厦门再运往上海会耽搁很长时间，上海天凡进出口公司与美国公司商定在厦门交货并通知运输公司卸货，其报关员到厦门为这批货物报关时遭到厦门海关拒绝。

请问：这是为什么？该如何解决？

分析：

第二节 海关与海关监管物

一、海关基本概念

据 1999 年 6 月世界海关组织理事会通过的《京都公约》总附约第二章 E6 条载："海关指负责海关法的实施、税费的征收并负责执行与货物的进口、出口、移动、储存有关的其他法律、法规和规章的政府机构"。海关是依据本国（地区）的海关法律法规和本国（地区）的所承担的义务，代表国家统一行使关税征收和进出关境监督管理职权的行政机关。

小知识

世界海关组织

世界海关组织是一个独立的政府间的多边国际组织。1952 年在布鲁塞尔成立，当时称海关合作理事会。理事会每年六月举行一次会议，通常在布鲁塞尔举行。但每三年有一次会议在布鲁塞尔以外的地方举行。总部设在比利时的布鲁塞尔。

世界海关组织（WCO），是提高海关效率的一个独立政府间团体。世界海关组织共同处理大约 98%的世界贸易，横跨地球的 174 个海关，是海关专门技术的全球性中心。

世界海关组织是唯一世界范围的专门研究海关事务的国际政府间组织，它的使命是：加强各成员海关工作效益和提高海关工作效率，促进各成员在海关执法领域的合作。

通常来说，国家对进出境经济活动的管理有两种手段：经济手段和行政手段。经济手段主要有关税、汇率、利率等；行政手段则主要有进出口许可证、出入境检验检疫等。海关的基本职责是保证国家以关税为代表的经济手段和以贸易管制为代表的涉外经济管理措施的有效实施。

小知识

京都公约

《京都公约》是海关合作理事会在简化和协调各国海关手续方面较为系统和全面的国际文件，由主要约和附约两部分组成。附约有 30 个，称为《京都公约附约》，供各国分别签署参加实施。每个附约涉及一项海关业务，附约中提出的“标准条款”为简化和协调该项海关业务制度必须普遍实施的条款；“建议条款”为促进各国简化和协调海关业务制度可能广泛实施的条款，签署加入《京都公约》必须至少接受一个附约，并把该公约附约中的原则规定转换成本国立法加以实施。这些原则规定为各国海关业务制度的简化和统一作出了规范，已经成为各国海关制度的通常做法。

中国于 1988 年 5 月 29 日交存加入书，同年 8 月 29 日正式生效。

（一）海关的性质

《海关法》第二条规定：“中华人民共和国海关是国家的进出关境监督管理机关。”这一规定明确了海关的性质，其包括以下三层含义。

（1）海关是国家行政机关。海关是国家的行政机关之一，从属于国家行政管理体制，属于我国最高国家行政机关国务院的直属机构。海关对内对外代表国家行使行政管理权。

（2）海关是国家行政监督管理机关。海关依照有关法律、行政法规并通过法律赋予的权力，制定具体的行政规章和行政措施，对特定领域的活动开展行政监督管理，以保证其按国家的法律规范进行。海关实施监督管理的范围是**进出关境及与之有关**的活动，监督管理的对象是所有进出境的运输工具、货物和物品。我国海关法所指的关境范围是除享有单独关境地位的地区以外的中华人民共和国全部领土。台湾、香港、澳门为我国的单独关税地区。

小知识

我国海关的起源

据史书记载，我国古代最早从西周开始设关，并征收关税。正式使用“海关”一词是在清朝康熙二十四年（1685 年），清政府在广州、漳州（今厦门）、宁波、江南（今上海）四处设关，分别称为粤海关、闽海关、浙海关和江海关。这是我国历史上首次使用“海关”一词。中华人民共和国成立初期，设立在沿海口岸的海关机构称“海关”，设立在陆路边境及内陆的海关机构称“关”。1985 年，海关总署统一海关机构名称，将原来的海关、关及其分支机构统称为“海关”。

国境、关境

国境是一个国家的邻接或面对另一个国家的那一部分，是一个国家行使主权的领土范围。关境是指同一海关法规和关税制度可以全面实施的境域，即国家（地区）行使海关主权的执法空间。

一般情况下，一国的关境与其国境的范围是一致的，关境等于国境。但在某些特殊情况下关境与国境不一致：①关境大于国境。如在缔结关税同盟的国家之间，相互不征收进出境货物的关税，关境包括几个缔约国的领土，此时关境大于其缔约国各自的国境；②关境小于国境。多由历史或地理原因形成。如在设有自由区、自由港、保税区的国家，这些自由港、自由区及保税区不属于该国的关境范围，此时关境小于国境；③单独关境，是指一国与毗邻国家之间共同拥有的而又独自对外的关境区域，或在一国领土范围内，在一定条件下实行独自对外的海关法规和关税制度的关境区域，亦称单独关税区。

中国香港是《关税及贸易总协定》的成员之一，中国现行关境不包括香港、澳门和台澎金马三个单独关境。

《中华人民共和国海关法》

（3）海关的监督管理是国家行政执法活动。海关通过法律赋予的权力，对特定范围内的社会经济活动进行监督管理，并对违法行为依法实施行政处

罚，以保证这些社会经济活动依照国家的法律规范进行。

（二）海关的任务

《海关法》第二条规定："海关依照本法和其他有关法律、行政法规，监管进出境的运输工具、货物、行李物品、邮寄物品和其他物品（以下简称进出境运输工具、货物、物品），征收关税和其他税费，查缉走私，并编制海关统计和办理其他海关业务。"（参见图 1.6）

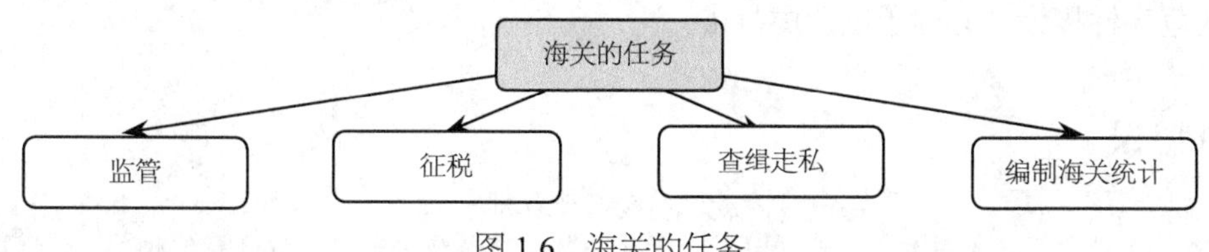

图 1.6　海关的任务

1. 监管

监管是海关的四项基本任务的基础。海关监管是指海关在规定的时间期限和特定的范围内，依法对进出关境的货物、物品和运输工具进出境活动所实施的行政执法活动。

我国海关对进出境货物的监管实行稽查制度。

海关稽查制度是指在进出口货物放行之后规定的时间内，海关对进出口企业的会计账簿、会计凭证、报关单证以及其他有关资料和有关进出口货物进行核查，监督企业进出口活动的真实性和合法性的一项监管制度。

实践指南

传统海关监管主要是在货物、物品实际进出境时，通过货物、物品的申报、查验等管理行为实现的。现代海关监管建立在海关对进出口货物供应链的风险控制基础之上，除传统的海关监管以外，还延伸到保税货物和特定减免税货物海关放行后的合规管理，以及对进出口货物收发货人经营活动的风险评估。

2. 征税

征税既指征收关税，也指征收其他税费。征收关税指对贸易性货物征收进口关税、出口关税以及对非贸易性的行李、邮寄物品征收的进出口关税。其他税费指海关代国家税务总局征收的进口环节增值税、消费税以及代交通运输部征收的船舶吨税。海关通过执行国家制定的关税政策，对进出口货物征收关税，征税是执行对外贸易管制的重要辅助手段。

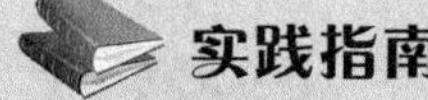
课堂讨论 1.2

海关征税的作用是什么？

实践指南

海关征税业务内容还包括商品归类、原产地规则适用、海关估价及减免税等工作任务。

3. 查缉走私

查缉走私简称缉私。缉私是监管、征税两项基本任务的延伸，当出现逃避监管和偷漏关税的行为时，海关必须开展打击走私犯罪活动，确保前两项工作的有效进行。

课堂讨论 1.3
走私有什么样的表现形式？

走私指进出境活动的当事人有意逃避海关监管，违反《海关法》的行为。它以逃避监管、偷逃关税、牟取暴利为目的，扰乱经济秩序，对国家的危害性极大，必须予以严厉打击。

走私行为与走私罪

走私行为是指违反《海关法》及有关法律、行政法规，逃避海关监管，偷逃应纳税款，逃避国家有关进出境的禁止性或者限制性管理，非法运输、携带、邮寄国家禁止、限制进出口或者依法应当缴纳税款的货物、物品进出境，或者未经海关许可并未缴纳税款、交验有关许可证件，擅自将保税货物、特定减免税货物以及其他海关监管货物、物品、进境的境外运输工具在境内销售，尚不构成犯罪的行为。

走私罪是指单位或个人违反海关法规，逃避海关监管，运输、携带、邮寄国家禁止进出口货物、物品或者依法应当向国家缴纳税款的货物、物品进出境，数额较大、情节严重的犯罪行为。与一般的走私行为相比，走私罪必须是情节严重，走私物品的性质、方式及偷逃税额构成《中华人民共和国刑法》所规定的犯罪行为。走私犯罪的主体包括自然人和单位。

查缉走私指海关依照法律赋予的权力，在各监管场所和“设关地”附近的沿海沿边规定地区，为发现、制止、打击、综合治理走私活动而进行的一种管理活动，是海关为保证顺利完成监管和征税等任务而采取的保障措施。

《内罗毕公约》

查缉走私也是世界各国海关普遍承担的一项职能。1977 年 6 月 9 日海关合作理事会于肯尼亚内罗毕召开的第 49/50 届年会上通过《关于防止、调查和惩处违反海关法罪实行行政互助的国际公约》（简称《内罗毕公约》），该公约于 1980 年 5 月 21 日正式生效。其中规定：“《内罗毕公约》缔约各方，考虑到违反海关法罪，对各国的经济、社会和财政利益，以及贸易的合法利益均有危害，为此，通过国际公约加强各国海关间的合作，更为有效地控制违反海关法的活动”。

该公约规定：①实行本公约所必要的行政条款和附约所规定互相给予的行政协助；②此种互助不应扩大到要求代缔约一方逮捕人犯，或追征关税、国内税、规费、罚金或其他费用；③如缔约一方认为，请求给予的协助将侵犯该国的主权、安全或其他重大国家利益，或损害该国企业的合法商业利益，它可以拒绝提供协助，或仅在一定条件或规定下给予协助；④为实施公约的管理和发展，设立常设委员会，在理事会授权下进行工作。

4. 编制海关统计

编制海关统计指以实际进出口货物作为对象进行调查、统计和分析。凡能引起我国境内物质资源储备增加或减少的进出口货物，均列入海关统计。部分不列入海关统计的货物和物品，根据我国对外贸易管理和海关管理的需要，实施单项统计。

《中华人民共和国海关统计条例》

海关对进出口货物的统计项目包括：品名及编码；数量；价格；经营

单位；贸易方式；运输方式；进口货物的原产国（地区）、启运国（地区）、境内目的地；出口货物的最终目的国（地区）、运抵国（地区）、境内货源地；进出口日期；关别；海关总署规定的其他统计项目。

根据国民经济发展和海关监管需要，海关总署可以对统计项目进行调整。

实践指南

海关统计包括三个方面的内容：①海关统计资料，即反映我国对外贸易进出口货物情况的数据。②海关统计工作，即整理和分析海关统计资料的过程。③海关统计原则和方法，即统计学原理在海关监管领域内的运用。

（三）海关组织机构

我国海关实行垂直领导体系。目前，海关组织机构分为海关总署、直属海关和隶属海关三个层次。海关组织机构示意如图 1.7 所示。

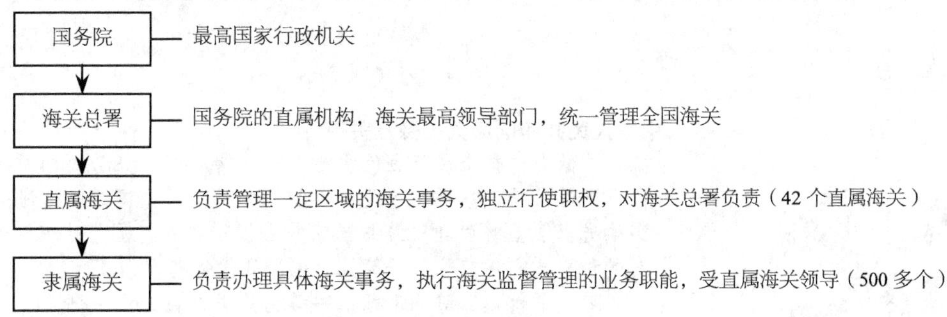

图 1.7 海关组织机构图

小知识

海关垂直领导管理体系

海关垂直领导不受行政区划的限制。如大连市在行政区划上归属辽宁省，而大连海关和沈阳海关级别相同，都是直属海关，大连海关不归属沈阳海关管辖。类似情况还有：呼和浩特海关和满洲里海关、杭州海关和宁波海关、济南海关和青岛海关、福州海关和厦门海关以及广东省内的广州海关、深圳海关、拱北海关、汕头海关、黄埔海关、江门海关和湛江海关。无论哪一级海关，办公场所的挂牌均是“中华人民共和国××海关”，而不是“××省××海关”。

二、海关权力

行政诉讼法 海关行政处罚实施条例

构成海关权力重要渊源的法律主要有《中华人民共和国海关法》《中华人民共和国行政诉讼法》《中华人民共和国行政处罚法》《中华人民共和国进出口关税条例》《中华人民共和国海关行政处罚实施条例》和《中华人民共和国海关稽查条例》等。

国家赋予海关的权力包括行政许可权、税费征收权、进出境监管权、行政强制权、行政处罚权、走私犯罪侦查权、佩带和使用武器权以及其他行政处理权。

实践指南

海关权力行使原则：①合法性原则，即海关权力的存在、行使都必须于法有据，符合法律规定；②合理性原则，即海关在执法时必须公平、正当、合理地行使权力；③程序法定原则，即海关行使权力只能由法律法规明确规定，法律法规没有明确赋予的职权，海关不得行使；即使是法律法规授予的职权，也必须在法定的授权范围内，依照法定的条件和程序行使；④独立行使原则。海关可以以自己的名义行使权力，在法律法规规定的范围内依照自己的判断和意志作出决定，发布命令，独立地采取行政行为，并可以独立地参加行政复议和行政诉讼活动，独立承担因实施权力而产生的法律责任。

（一）行政许可权

行政许可权即海关对公民、法人或者其他组织的申请，经依法审查，准予其从事与海关进出境监督管理相关的特定活动的权力。包括报关企业注册登记；暂时进出口货物的核准；出口监管仓库、保税仓库的设立审批；海关监管货物仓储审批；保税物流中心设立审批等。

小知识

图 1.8　中华人民共和国海关关徽

中华人民共和国海关关徽及关衔

关徽由商神手杖与金色钥匙交叉组成，如图 1.8 所示。商神手杖代表国际贸易，钥匙象征海关为祖国把关。关徽寓意中国海关依法实施进出境监督管理，维护国家的主权和利益，促进对外经济贸易发展和科技文化交往，保障社会主义现代化建设。

海关关衔设五等十三级。一等为海关总监、海关副总监；二等为关务监督（一级、二级、三级）；三等为关务督察（一级、二级、三级）；四等为关务督办（一级、二级、三级）；五等为关务员（一级、二级）。海关总监、海关副总监、一级关务监督、二级关务监督由国务院总理批准授予；三级关务监督至三级关务督察，由海关总署署长批准授予；海关总署机关及海关总署派出机构的一级关务督办以下的关衔，由海关总署政治部主任批准授予；各直属海关、隶属海关的一级关务督办以下的关衔由各直属海关关长批准授予。

（二）税费征收权

税费征收权指海关依法对进出境货物、物品和运输工具征收关税及其他税费。海关税费征收权具体内容如表 1.8 所示。

表 1.8　海关税费征收权具体内容

税费征收权表现形式	具体内容
价格审定	海关有权依据税法规定对进出口货物的价格进行审查，以确定完税价格，制止价格瞒骗、偷逃关税行为
化验鉴定	根据海关总署规定，海关在监管过程中如果对申报进出口货物、物品的属性有疑问，经现场查验不能确认的，有权提取货物进行化验鉴定，以正确地进行商品归类，并为揭露、证实伪报货物品名，涉嫌价格瞒骗的案件提供监督证据
补征、追征	在法定期限内，对海关放行后的有关进出口货物、物品发现少征或漏征税款的，依法补征、追征税款
减征或免征	海关有权依法对特定的进出口货物、物品减征或免征关税

（三）进出境监管权

进出境监管权是海关所具有的对货物、物品、运输工具进出境活动实施监督管理的职权，主要包括以下几项。

（1）检查权。除法律另有规定的外，在海关监管区内检查进出境运输工具；在海关监管区和海关设关附近沿海沿边规定地区，检查有走私嫌疑的运输工具和有藏匿走私货物、物品的场所，检查走私嫌疑人的身体，检查与进出口活动有关的生产经营情况和货物。

（2）查阅、复制权。此项权力包括查阅进出境人员的证件，查阅、复制与进出境运输工具、货物、物品有关的合同、发票、账册、单据、记录、文件、业务函电、录音录像制品和其他有关资料。

小知识

海关行使检查权的授权限制

海关行使检查权的授权限制参见表 1.9，表中的授权限制只包括一般性授权和“一事一授权”。“两区”是指海关监管区和海关设关附近沿海沿边规定地区。

表 1.9 海关行使检查权的授权限制

实施对象	区 域	授权限制
进出境运输工具	“两区”内	海关有关部门可直接行使
	“两区”外	
走私嫌疑的运输工具	“两区”内	海关有关部门可直接行使
	“两区”外	须经直属海关关长或者其授权的隶属海关关长批准
有藏匿走私货物、物品嫌疑的场所	“两区”内	海关有关部门可直接行使
	“两区”外	须经直属海关关长或其授权的隶属海关关长批准 当事人在场；当事人不在场须有见证人在场 不能对公民住所实施检查
走私嫌疑人	“两区”内	海关有关部门可直接行使
	“两区”外	无授权，不能行使

（3）查问权。查问违反海关法或相关法律法规的嫌疑人，调查其违法行为。

（4）查验权。海关有权查验进出境货物、物品。海关查验货物认为必要时，可以径行提取货样。

（5）查询权。查询案件涉嫌单位和涉嫌人员在金融机构、邮政企业的存款、汇款。

（6）稽查权。自进出口货物放行之日起 3 年内或者在保税货物、减免税进口货物的海关监管期限内及其后的 3 年内，对与进出口货物直接有关的企业、单位的会计账簿、会计凭证、报关单证以及其他有关资料和有关进出口货物实施稽查，监督其进出口活动的真实性和合法性。

（7）扣留权。对违反《海关法》或者其他有关法律、行政法规的进出境运输工具、货物和物品以及与之有关的合同、发票、账册、单据、记录、文件、业务函电、录音录像制品和其他资料，可以扣留；在海关监管区和海关附近沿海沿边规定地区对有走私嫌疑的运输工具、货物、物品和走私犯罪嫌疑人，经直属海关关长或者其授权的隶属海关关长批准，可以扣留；在海关监管区和海关附近沿海沿边规定地区以外，对其中有证据证明有走私嫌疑的运输工具、货物、物品，可以扣留。海关对查获的走私罪嫌疑案件，应扣留走私犯罪嫌疑人，移送走私犯罪侦查机构。

（四）行政强制权

行政强制权包括海关行政强制措施和海关行政强制执行。

海关行政强制措施是指海关在行政管理过程中，为制止违法行为、防止证据损毁、避免危害发生、控制危险扩大等情形，依法对公民人身自由实施强制性限制，或者对公民、法人以及其他组织的财务实施暂时性控制的行为。

海关行政强制措施内容见表 1.10。

表 1.10 海关行政强制措施内容

强制措施	强制措施内容
限制公民人身自由	1. 在海关监管区和海关附近沿海沿边规定地区，对走私犯罪嫌疑人，经直属海关关长或其授权的隶属海关关长批准，可以扣留；扣留时间不超过 24 小时，在特殊情况下可延长至 48 小时 2. 个人违抗海关监管逃逸的，海关可以连续追至海关监管区和海关附近沿海沿边规定地区以外，将其带回处理 3. 受海关处罚的当事人、法定代表人、主要负责人在出境前未缴清罚款、违法所得和依法追缴的货物、物品、走私运输工具的等值价款，又未能提供担保的，海关可以通知出境管理机关阻止其出境
扣押财物	1. 对有走私嫌疑的运输工具、货物、物品，经直属海关关长或其授权的隶属海关关长批准，可以扣留 2. 在海关监管区和海关附近沿海沿边规定地区，对有证据证明有走私嫌疑的运输工具、货物、物品可以扣留 3. 对有违法嫌疑的货物、物品、运输工具无法或者不便扣留，当事人或者负责人不能提供等值担保的，海关可以扣留等值的其他财产 4. 海关不能以暂停支付方式实施税收保全时，可以扣留其相当于应纳税款的货物或者财产 5. 自规定纳税期限届满之日起超过 3 个月未缴纳税款的，经直属海关关长或其授权的隶属海关关长批准，可以扣留其相当于应纳税款的货物或者财产 6. 对涉嫌知识产权货物，海关可以依法申请扣留
冻结存款、汇款	纳税义务人在规定的纳税期限内有明显转移、藏匿其应税货物或财产迹象，不能提供担保的，经直属海关关长或其授权的隶属海关关长批准，海关可以通知其开户银行或者其他金融机构暂停支付其相当于税款的存款
封存货物或者账簿、单证	1. 海关进行稽查时，发现被稽查人的进出口货物有违反《海关法》和其他法律、行政法规嫌疑的，经直属海关关长或其授权的隶属海关关长批准，可以封存有关进出口货物 2. 海关进行稽查时，发现被稽查人有可能篡改、转移、隐匿、毁弃账簿和单证数据的，经直属海关关长或其授权的隶属海关关长批准，在不妨碍被稽查人正常生产经营活动的前提下，可以暂时封存其账簿、单证等有关资料
其他	进出境运输工具违抗海关监管逃逸的，海关可以连续追至海关监管区和海关附近沿海沿边规定地区以外，将其带回处理

海关行政强制执行是指海关在有关当事人不依法履行义务的前提下，为实现监督管理职能，依法强制当事人履行法定义务的行为。

海关行政强制执行内容见表 1.11。

表 1.11 海关行政强制执行内容

强制执行项目	内　容
加收滞纳金	1. 对于逾期缴纳进出口税费的，征收滞纳金 2. 纳税义务人违反规定造成少征或者漏征税款的，海关可以追征并加收滞纳金
加收滞报金	1. 海关对超期未报货物征收滞报金 2. 传送电子报关单数据后，未在规定期限或者核准期限递交纸质相关单据的，海关予以撤销报关电子数据处理。重新向海关申报而产生的滞报金，由海关依法征收 3. 进出口货物收发货人要求在缴清滞报金前先放行货物的，海关可以在其提供与应缴纳滞报金等额的保证金后放行

续表

强制执行项目	内　容
扣缴税款	进出口货物的纳税义务人、担保人超过规定期限未缴纳税款的，经直属海关关长或者其授权的隶属海关关长批准，海关可以书面通知其开户银行或者其他金融机构从其存款内扣缴税款
抵缴、变价抵缴	1. 当事人逾期不履行海关处罚决定又不申请复议的，海关可以将其保证金抵缴，或者将其被扣留的货物、物品、运输工具依法变价抵缴 2. 自规定纳税期限届满之日起超过3个月未缴纳税款的，经直属海关关长或其授权的隶属海关关长批准，可以依法变卖应税货物，或者其他价值相当应纳税款的货物或者其他财产，以变卖所得抵缴税款 3. 进出口货物纳税义务人在海关依法责令其提供纳税担保，而纳税义务人不能提供纳税担保的，经直属海关关长或者其授权的隶属海关关长批准，海关可以书面通知纳税义务人开户银行或者其他金融机构暂停支付纳税义务人相当于应纳税款的存款；扣留纳税义务人价值相当于应纳税款的货物或者其他财产 4. 进口货物超过3个月未向海关申报，海关可以提取依法变卖处理 5. 确属误、溢卸的进境货物，原运输工具负责人或者货物收发货人逾期未办理退运或者进口手续的，由海关依法变卖处理

（五）行政处罚权

海关有权对尚未构成走私罪的违法当事人处以行政处罚。包括对走私货物、物品及违法所得处以没收，对有走私行为和违反海关监管规定行为的当事人处以罚款，对有违法的报关单位处以罚款或暂停从事有关业务，直至撤销报关注册登记等。

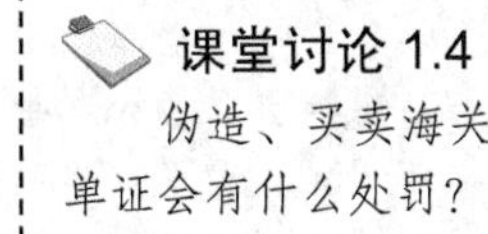

课堂讨论 1.4

伪造、买卖海关单证会有什么处罚？

（六）走私犯罪侦查权

海关走私犯罪侦查权的具体内容如表1.12所示。

（七）佩带和使用武器权

海关为履行职责，可以配备武器。海关工作人员佩带和使用武器的规定如表1.13所示。

表1.12　海关走私犯罪侦查权具体内容

侦查权项目	侦查权具体内容
侦查权	有权侦查有走私犯罪嫌疑的人员、货物、物品和行为
拘留权	对有走私犯罪嫌疑的人员予以拘留，进行审查
执行逮捕权	对经确认有重大走私犯罪嫌疑的当事人执行逮捕，以进一步审查其行为
预审权	对走私犯罪嫌疑人进行初步审讯，确定有关犯罪事实与证据，为移送检察机关提起诉讼作准备

表1.13　海关工作人员佩带和使用武器的规定

海关规定项目	内　容
使用范围	执行缉私任务时
使用对象	走私分子和走私嫌疑人
使用条件	①不能制服被追缉逃跑的走私团体或遭遇武装掩护走私时；②不能制止以暴力劫夺查扣的走私货物、物品和其他物品时；③以暴力抗拒检查、抢夺武器和警械、威胁海关工作人员生命安全非开枪不能自卫时

课堂讨论 1.5

昆明海关查获了一批从缅甸私自入境到昆明销售的青蟹。请问：

①海关对该批进境货物有权拍卖吗？

②此批青蟹经营者的走私行为是否构成走私犯罪？

③走私行为和走私犯罪有何区别？

（八）连续追缉权

进出境运输工具或个人违抗海关监管逃逸的，海关可以连续追至海关监管区和海关附近沿海沿边规定地区以外，将其带回处理。

（九）其他行政处理权

其他行政处理权内容如表 1.14 所示。

表 1.14　其他行政处理权内容

其他行政处理权项目	内　容
行政裁定权	包括对外贸易经营者的申请，对进出口商品的归类、进出口货物原产地的确定、禁止进出口措施和许可证件的适用等海关事务的行政裁定的权力
行政命令权	如对违反海关有关法律规定的企业责令限期改正、责令货物退运等
行政奖励权	包括对举报或者协助海关查获违反《海关法》案件的有功单位和个人给予精神或者物质奖励的权力
对知识产权实施边境海关保护权	根据《海关法》规定，海关依照法律、行政法规的规定，对与进出境货物有关的知识产权实施保护

同步技能训练 1.3

试说出下面案例中海关相应的权利：天津高依公司从比利时进口钼矿砂 100 公吨，货从天津口岸进境后办转关大连手续至大连加工厂做进料加工。

（1）天津至大连的转关运输：____________

（2）天津高依公司委托大连报关行办理进口报关业务：____________

（3）转关延误，海关征收滞报金：____________

（4）海关布控查验货物：____________

（5）企业申报商品编码 26139000，海关裁定商品 26131000：____________

（6）海关调阅有关合同、检验单，对报关员及相关人员询问有关情况：____________

（7）进料加工余料由企业自行内销，被海关处罚：____________

三、海关监管制度

海关监管制度是规定和调整海关在对进出境的货物、物品、运输工具及监管场所进行实际的监督管理过程中发生的，海关与进出境的货物、物品、运输工具的当事人和他们的代理人、担保人之间发生的管理与被管理的关系，以及海关与其他行政部门或企事业单位之间业务合作、配合关系的法律规范的总称。

（一）海关监管制度的体系

由于进出境货物的贸易形态与营销方式复杂、进出境物品的携运途径多样、运输工具种类繁多等原因，海关须有与管理目标相适应且各具针对性的监管方式。海关在构建进出境货物的大监管体系中，全面推行综合监管模式，针对不同监管对象的不同形态，海关监管程序的不同时段，采用不同的监管措施。由此，海关监管制度就形成了一个层次分明，且又各有分支的相对完整的体系，如图 1.9 所示。

（二）海关监管货物

海关监管货物是指自进境起到办结海关手续前的进口货物，自向海关申报起到出境止的出口货物，以及自进境起到出境止的过境、转运和通运货物等应当接受海关监管的货物，包括一般进出口货物、保税货物、特定减免税货物、暂时进出境货物，以及过境、转运、通运货物和其他未办结海关手续的货物。按货物进出境的不同目的划分，海关监管货物可分成以下六类。

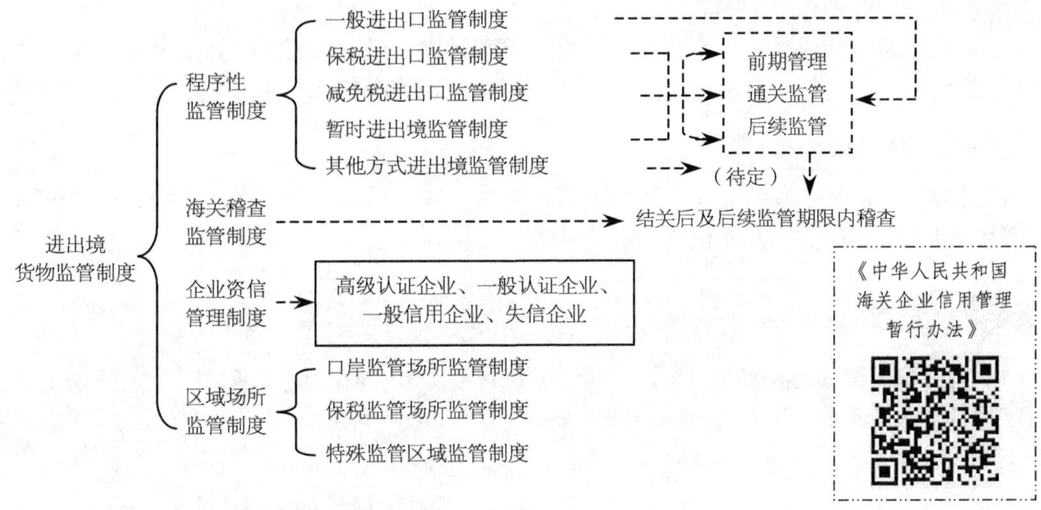

图 1.9　海关综合监管模式下的海关进出境货物监管制度体系

1．一般进出口货物

一般进出口货物指从境外进口，办结海关手续直接进入国内生产或流通领域的进口货物，以及按国内商品申报，办结出口手续到境外生产、消费领域流通的出口货物。

一般进出口货物的监管期限为：进口货物，自货物进境时起到办理海关申报、查验、征税、放行手续止；出口货物，自向海关申报起到出境止。

2．保税货物

保税货物指经海关批准未办理纳税手续而进境，在境内储存、加工、装配后复运出境的货物。此类货物又分为保税加工货物和保税物流货物两类。

保税货物的监管期限为：自货物进入关境起，到原货加工成成品复运出境并由海关予以注销或核销，或转为实际进口，正式向海关办理进口的补证、纳税手续止。

3．特定减免税货物

特定减免税货物指经海关依据有关法律准予免税进口的，用于特定地区、特定企业、有特定用途的货物。

特定减免税货物的监管期限为：自货物进入关境起，到监管年限期满海关解除监管或办理补证、纳税手续止。

4．暂时进出境货物

暂时进出境货物指经海关批准，凭担保进境或出境，在境内或境外使用后，原状复运出境或进境的货物。

暂时进出境货物的监管期限为：进境货物，自进入关境起到复运出境，或转为实际进口办理补证、纳税止；出境货物，自出境起到复进入关境，或转为实际出口止。

5. 过境、转运和通运货物

过境、转运和通运货物指由境外启运，通过中国境内继续运往境外的货物，以及其他尚未办结海关手续的进出境货物。

过境、转运和通运货物的监管期限为：进境货物，自进入关境起到复出境，或最终办结海关手续止；出境货物，自出境起到复进入关境，或最终办结海关手续止。

6. 其他货物

其他货物指尚未办结海关手续的进出境货物、包括溢卸货物、误卸货物、退运货物、租赁货物、进出境修理货物及无代价抵偿货物等。

实践指南

海关监管制度法律依据：①《海关法》；②国家其他法律。如《文物保护法》《对外贸易法》等；③国务院有关行政法规；④海关总署各有关行政法规；⑤我国参加或缔结的国际公约、条约及海关行政互助协议。

（三）海关监管相对人

海关监管相对人（见表 1.15），是指与海关监管主体相对应的另一方当事人，即进出境活动中处于被管理地位的公民、法人和其他组织。与海关监管活动比较密切的，且与海关打交道比较频繁的相对人主要有报关人和报关活动相关人。

报关人就是向海关办理进出境手续的人，包括自然人、法人和其他组织。

报关活动相关人是指从事与海关监管货物相关的运输、储存、加工等业务的人，包括自然人、法人和其他组织。

表 1.15　海关监管相对人

海关监管相对人	具体的海关监管相对人	
报关人	进出口货物报关人	进出口货物收发货人
		报关企业
	进出境运输工具报关人	运输工具负责人
		运输工具代理人
	进出境物品报关人	物品所有人
		物品代理人
报关活动相关人	承接保税加工、物流、仓储业务的企业	
	转关运输承运人	

实践指南

报关活动相关人必须按规定向海关报告其与海关监管货物相关的运输、储存、加工等情况，保证海关监管货物始终置于海关监管之下。未经海关许可，不得擅自开拆、提取、交付、发运、调换、抵押、挪作他用或转让。

阅读思考 1.1

根据下面沈阳海关行李及邮寄物品通关政策解读新闻发布会的内容，理解进出境物品报关的初步知识，同时请思考下列问题：

1．如何理解和区分进出境物品与进出境货物？

2．对于旅客自身携带进出境的物品，正确的申报方式是什么？

3．是否可以对外交人员检查其携带的有关物品？如果外交人员携带了违禁物品该如何处理？

2015年1月22日沈阳海关行李及邮寄物品通关政策解读新闻发布会摘录

海关：对进出境旅客行李物品和个人邮寄物品、快递物品的监督管理，是海关的一项重要职责，也是一项传统的监管职能。海关对行李邮寄物品的监管是要维护国家主权和权益，促进对外经济科技文化的交流。中国海关要根据《中华人民共和国海关法》和其他有关法律、行政法规监督管理个人携带、邮寄物品以及以其他方式进出境的物品，在方便绝大多数正常往来的同时，制止和打击走私违法犯罪活动，维护国家的政治稳定和社会安定。

本次新闻发布会网上直播原文：http://www.customs.gov.cn/publish/portal102/tab62813/info730777.htm

一、海关对进出境一般旅客行李物品的主要监管要求

海关对进出境一般旅客行李物品的监管要求主要体现在海关总署2010年发布的第54号公告中，监管原则主要有以下三个。

1. 自用合理原则。旅客携带行李物品，应以“自用合理数量”为限。“自用”是指旅客本人自用、馈赠亲友而非为出售或出租。“合理数量”指根据旅客旅行目的和居留时间等所确定的正常数量。

2. 限定价值原则。进境居民旅客携带在境外获取的个人自用进境物品，总值在5 000元人民币以内（含5 000元）的，海关予以免税放行，但烟草制品、酒精制品以及国家规定应当征税的20种商品等另按有关规定办理。超过5 000元的，需向海关申报，经海关审核确属自用的，海关仅对超出部分征税，对不可分割的单件物品，全额征税。

3. 主动申报原则。旅客进出中国国境，携带的行李物品应向海关申报。海关设立“申报”（红色）和“无申报”（绿色）通道，进出境旅客应根据实际情况选走相应通道。不明白海关规定或不知如何选择通道的旅客，应走“申报”通道通关。不论选择何种通道，旅客携带的物品均有义务接受海关检查。

以上是海关对进出境一般旅客行李物品的三个监管原则。

二、海关对进出境邮寄物品的主要监管要求

这部分要求主要体现在海关总署2010年发布的第43号公告中。主要有两个基本监管原则，与进出境一般旅客行李物品的监管有类似之处。

1. 自用合理原则。即应当以亲友之间相互馈赠和自用、合理数量为限。不属于自用合理数量或属于商业性质的邮件，要按照货物方式履行报关程序。

2. 限定价值原则。个人寄自港澳台地区的物品，每次限值为800元人民币；寄自其他国家和地区的物品，每次限值为1 000元人民币。超过上述限值，即需要交邮政企业退运或按照货物进行报关，不能按照个人物品验放。但邮包内仅有一件物品且不可分割的，虽超过限值，经海关审核确属个人自用的，可以按照个人物品规定征税进境。

三、国家明令禁止或限制的进出境物品

海关总署以43号令的形式对外发布了《中华人民共和国禁止进出境物品表》和《中华人民共和国限制进出境物品表》，明确列出7类禁止进境物品、4类禁止出境物品、5类限制进境物品、7类限制出境物品。比如，各种武器、仿真武器、弹药及爆炸物品，毒品，危害国家政治、经济、文化、道德的印刷品及音像制品等属于严格禁止进出境范畴；个人携带、邮寄象牙及其制品或文物等限制类物品进出境时，需要向海关申报并提供相关许可证明，海关凭以放行。如果携带上述物品进出境不向海关进行申报，又不能提交许可证明，海关将扣留相关物品并作进一步处理。

四、海关对进出境行李邮寄物品的征税标准

1. 海关对入境旅客行李物品和个人邮递物品依法征收行邮税，但应征进口税税额在人民币50元以下（含50元）的，海关予以免税。超过50元起征点的，全额征收税款。

2. 商品归类和完税价格由海关总署2012年第15号公告的《入境旅客行李物品和个人邮递物品进口税税则归类表》和《入境旅客行李物品和个人邮递物品完税价格表》确定。

3. 完税价格表中未列明的物品，由海关按照当时的国际市场价格估价。

4. 物品实际购买价值是完税价格表列明2倍以上，或者1/2以下的，进境物品所有人应向海关提供销售方依法开具的真实交易的购物发票或收据，并承担相关责任。海关可以根据物品所有人提供的上述相关凭证，依法确定应税物品的完税价格。

最后，海关有依法行使检查进出境运输工具、查验进出境货物物品、查阅进出境人员的证件等权利，以实现执法目的。进出境物品的所有人有义务向海关如实申报，并接受海关查验。任何单位和个人应当如实回答询问，并主动配合，不得予以阻挠。

记者：您好，我是《辽沈晚报》的记者，我有一个问题，大家旅行中携带最多的是现金、烟、酒等物品，请具体介绍一下有关这些物品的旅检监管规定。

海关：进出境货币是属于进出境限制类物品，国家的规定是进出境人员每人每次携带人民币的限额为20 000元。进境人员如果携带外币现钞金额超过等值5 000美元，则应向海关书面申报，经海关核准后才可以携带入境。而出境人员携带外币的限额则是现钞金额在等值5 000美元以内（含5 000美元）；在等值5 000美元以上至10 000美元（含10 000美元），应向银行申请《携带证》，海关凭加盖银行印章的证件放行；超过等值 10 000 美元的，应向存款或购汇银行所在地外汇管理局申领《携带证》，海关凭加盖外汇局印章的证件放行。

烟酒的携带是有限量的，如果是因私往来我国香港、澳门地区的内地居民，免税香烟是200支，也就是一条烟，雪茄是50支，或者烟丝是250克，这是烟方面的限量。免税的12度以上的酒精饮料限一瓶，就是0.75升以下，红酒包装一般是0.75升；对于往来其他国家和地区的内地居民和其他旅客，可以携带免税香烟400支（两条）、雪茄100支、烟丝500克，或者免税12度以上的酒精饮料限两瓶。对于超出限量，但属自用部分需要缴纳进口税，超出自用的则不能按照个人物品管理，这是烟酒方面的规定和要求。

另外特别要提醒大家注意的是，进境旅客要重视进出境申报。海关设立“红色通道”和“绿色通道”，旅客有需要申报的物品时应选择“红色通道”，没有需要申报的物品时应选择“绿色通道”。很多旅客在不了解海关规定的情况下选择“绿色通道”，这时如果查出违反规定携带禁限物品的情况，海关处罚时会考虑是否有主观故意因素；相反，如果旅客在不确定是否应该申报的情况下，如在国外购买了不明材质的工艺品，选择“红色通道”，则视同向海关申报，是对旅客权益的保护。

记者：您好，我是《辽宁日报》的记者，请海关的同志介绍一些邮寄渠道常见物品的税率及计税方式，谢谢。

海关：根据海关总署2012年第15号公告，进口行邮税按照“完税价格×税率”的公式征收。根据物品种类不同，税率分为10%、20%、30%、50%四档。第一类，书刊、影片、录音录像带、金银制品、计算机、摄录机、相机等信息产品、食品、饮料等为10%。第二类，纺织品、电视摄像机、其他电器、自行车、手表、钟表及配件和附件为20%。第三类，高尔夫球及球具、高档手表为30%。第四类，烟、酒、化妆品为50%。

以下几种常见物品的行邮税率分别是：手袋、钱包、儿童安全座椅、奶粉等，税率10%；儿童自行车，税率20%；手表，10 000元以下税率20%，10 000元以上税率30%；化妆品、酒、烟草，税率50%。海关在这里提醒广大收寄件人要如实申报邮件内装物品的品名和价值。每次邮寄包裹的价值不要太高，尽量不超过限值，同时把握好个人自用合理数量，不超限量。不要为了节省邮费集中邮寄或几个朋友凑单一起邮寄，这样很可能在通关环节遇到麻烦，面临退运或报关。同时需附购物发票，或保存好真实成交的小票，以便海关确定完税价格。谢谢!

记者：您好，我是凤凰网的记者。我看到文件上写着“进境居民旅客携带在境外获取的个人自用进境物品，总值在5 000元人民币以内（含5 000元）的，海关予以免税放行”。我想请问海关的同志，如果是团体旅行为单位，他们所带的物品远远超过5 000元，但在接受海关检查时是否可以将金额均摊到每个人进行放行。

海关：您关心的问题其实在我们的规定中阐述得也比较清楚，所有的“合理自用原则”“限值限量原则”都是旅客自身的行为，以进出境旅客及国际邮件的收寄件人作为个体进行申报通关的，集体平均的情况不符合相关规定。

本章小结

报关单位是指依法在海关注册登记的报关企业和进出口货物收发货人。进出口货物收发货人和报关企业必须依法经海关注册登记。未依法经海关注册登记的企业不得从事报关业务。从事报关业务的人员必须由报关单位到海关办理备案手续后才能从事报关工作。

海关是国家的进出关境监督管理机关。海关的任务是征收关税和其他税费，查缉走私，并编制海关统计和办理其他海关业务。海关的权利包括行政许可权、税费征收权、行政监督检查权、行政强制权、佩带和使用武器权、行政处罚权和其他行政处理权。

基础与能力训练

一、单选题

1. 按照法律规定，下列不列入报关范围的是（　　）。

A. 进出境运输工具　B. 进出境物品　C. 进出境货物　D. 进出境旅客

2. 报关单位注册登记，应由下列哪个部门办理（　　）。

A. 海关总署　B. 直属海关

C. 隶属海关　D. 海关总署授权的部门

3. 依法对特定的进出口货物，物品减征或免征关税是海关权力之一，这种权力属于（　　）。

A. 行政许可权　B. 税费征收权　C. 行政裁定权　D. 行政强制权

4. 根据《海关法》的规定，中华人民共和国海关属于（　　）。

A. 司法机关　B. 税务机关　C. 监察机关　D. 监督管理机关

5. （　　）需要经海关关长批准才能行使检查权。

A. 在海关监管区内检查走私嫌疑人　B. 在海关监管区外检查公司住所

C. 在海关监管区内检查藏匿走私货物的场所　D. 在海关监管区外检查有走私嫌疑的运输工具

6. 下列不属于海关权利的是（　　）。

A. 行政许可权　B. 税费征收权　C. 刑事司法权　D. 进出境监督权

7. 我国的关境范围是指（　　）。

A. 中华人民共和国全部领域，包括香港、澳门和台湾地区

B. 享有单独关境地位的地区，包括领水、领陆、领空

C. 除香港、澳门和台澎金马单独关税区以外的我国全部领域

D. 享有国家特殊优惠地区以外的我国全部领域

8. 海关机构的设置为（　　）。

A. 国务院、海关总署、全国海关三级

B. 海关总署、直属分署和隶属海关三级

C. 海关总署、广东分署、上海和天津特派员办事处和全国海关四级

D. 海关总署、广东分署、上海和天津特派员办事处、直属分署和隶属海关五级

9. 下列关于报关行为规范的表述正确的是（　　）。

A. 报关企业应在海关规定的业务范围内进行报关活动

B. 报关企业可以接受任务企业、单位的委托办理报关纳税事宜

C. 报关员的报关行为所引起的法律和经济责任由报关员自行承担

D. 禁止报关企业开展异地报关业务

10. 下列关于报关企业和进出口货物收发货人报关范围的表述正确的是（　　）。

A. 两者均只能在注册地海关辖区各海关报关

B. 两者均可在关境内各海关报关

C. 前者只能在注册地海关辖区各海关报关；后者可在关境内各海关报关

D. 前者可在关境内各海关报关；后者只能在注册地海关辖区各海关报关

二、多选题

1．下列说法不正确的是（　　）。

A．办理报检手续在报关之前

B．报关与通关是一个概念

C．报关仅指向海关申报

D．报关包括办理前期阶段、进出境阶段和后续阶段的海关手续

2．海关权力的监督中，立法监督指的是（　　）对海关的监督。

A．全国人大　　B．全国人大常委会　　C．地方各级人大　　D．地方政府

3．报关的范围包括（　　）。

A．进出境货物　　B．进出境物品

C．进出境运输工具　　D．享有豁免人员的公务用品

4．报关可分为（　　）。

A．代理报关　　B．进出境货物的报关

C．进出境物品的报关　　D．进出境运输工具的报关

5．下列属于行政检查权的是（　　）。

A．检查权　　B．查验权　　C．查阅、复制权　　D．查问权

6．请根据海关对报关企业和报关员的有关管理规定，下列（　　）报关行为不符合海关关于报关资格和报关范围的规定。

A．进出口货物收发货人代理其他企业（单位）报关

B．进出口货物收发货人委托代理报关企业报关

C．报关企业受外商投资企业的委托报关

D．报关企业为本企业进出口的货物报关

7．（　　）是报关行为的承担者，即报关人。

A．进出境运输工具负责人　　B．进出口货物的收发货人

C．进出境物品的所有人　　D．以上三种人的代理人

8．（　　）是正确的海关任务。

A．监督管理　　B．征税　　C．查缉走私　　D．编制海关统计

9．根据《海关法》的规定，海关一般在（　　）设关。

A．对外开放的口岸　　B．沿海城市

C．海关业务集中的地点　　D．贸易市场集中的地点

10．我国的单独关境地区有（　　）。

A．经济特区　　B．香港特区　　C．澳门特区　　D．台澎金马地区

三、判断题

1．企业向海关申请注册登记是其取得报关资格的法定条件。（　　）

2．进出口货物收发货人自己能办理本单位进出口货物的报关业务，也能代理其他单位报关。（　　）

3．未经海关注册登记和未取得报关从业资格从事报关业务的，由海关予以取缔，没收违法所得，可以并处罚款。（　　）

4．报关员在填写报关单时有申报不实行为，其责任应由报关员本人承担，其所在报关单位不对此类报关行为负法律责任。（　　）

5．我国海关现行的领导体制是垂直领导。（　　）

6．根据我国海关法的规定，国家在对外开放的口岸和海关监管业务集中的地点设立海关。（　　）

7．根据《海关法》的规定，在海关监管区和海关附近沿海沿边地区，海关有权检查、扣留有走私嫌疑的运输工具、货物、物品以及走私嫌疑人员。（　　）

8．缉私是海关的四项基本任务之一，是监管、征税两项基本任务的延伸。（　　）

9．根据《海关法》的规定，进口货物的收货人、出口货物的发货人、进出境物品的所有人是关税的纳税人。（　　）

10．对尚未构成走私罪的违法当事人处以行政处罚是海关的行政强制权。（　　）

四、名词解释

1．报关员　　2．报关企业　　3．海关监管货物　　4．报关单位

5．海关　　6．走私　　7．查缉走私　　8．进出口货物收发货人

五、简答题

1．什么是报关？报关企业注册登记的要求是什么？

2．海关行使检查权的授权限制有哪些？

3．海关监管货物有哪些？为什么海关要对监管货物进行监管？

4．简述海关的性质与任务。

5．海关的权力包括哪些？

六、实训项目

查阅相关资料，了解代理报关企业备案程序，掌握代理报关委托协议书的格式及委托报关协议的签署。

花雨国际货运公司主要从事货运业务，现公司领导想开展替客户代理报关的报关业务。请你为花雨国际货运公司提出具体的操作建议，并为公司草拟一份与×××公司的代理报关委托书及委托报关协议。

1．首先，想成为一家报关企业，公司必须获得海关备案登记许可，必须具备以下条件：__________
____
____
____
____。

2．公司若符合上述条件，则应当到__________________________向海关提出报关企业__________________的申请。提出申请时公司应向海关提交以下材料：__________________
____
____
____
____。

3．海关受理申请后，经过审查，公司的申请若符合法定条件，海关将在_______日内依法做出______的书面决定，并通知申请人。

4．公司获得______________________后，应当到_________部门办理许可经营登记，并且应当自_______登记之日起______内到______________办理________________手续。

5．若公司申请备案登记的材料齐全、符合法定形式，则由注册地海关发______________，该公司就可以凭以办理报关业务了。

6．草拟花雨国际货运公司与×××公司的代理报关委托协议书及委托报关协议。

补充习题及实训	扫描二维码做更多练习，巩固本章所学知识与技能。	

第二章

对外贸易管制

【学习目标】

本章内容旨在让学习者了解我国贸易管制的目的及管制目标的实现途径；掌握我国贸易管制的内容；清楚我国贸易管制的现行制度及这些管制过程中所涉及报关的相关内容。

完成本章学习后，学习者应获得以下成果：

1．具有办理有关进出口商品许可证件的实际能力；

2．能正确区别“配额管理与许可证管理”“许可证管理与许可证件管理”“出口配额许可证管理与出口配额招标管理”等不同管理方式，掌握其管理范围。

【知识结构】

对外贸易管制概述
- 对外贸易政策措施
- 对外贸易管制的内容
- 对外贸易管制的程度

我国对外贸易管制的主要措施
- 进口关税配额管理
- 进出口许可证管理
- 特殊贸易货物管理
- 出入境检验检疫管理

【引　　例】

上海口岸截获境外邮寄活蝾螈

据东方网 2017 年 4 月 11 日消息（陈玺撼）昨天，记者从上海铁路出入境检验检疫局了解到，该局邮检工作人员对入境邮包进行 X 光机查验时，发现两批来自德国的入境邮包影像可疑。开箱查验发现箱内有 8 个塑料盒，共计 15 只活蝾螈。

根据检验检疫相关法律法规，活动物进境需经过一系列严格的审批程序，邮寄活动物入境更是严令禁止的，因为它们可能携带病原体或造成外来生物入侵，具有潜在疫情危险。但我国民众的国门生物安全意识较为薄弱，近两年，越来越多宠物爱好者从国外邮寄新型宠物入境。以上海邮运口岸为例，2015 年共截获活动物 35 批次，包含蛇、蜈蚣、蜘蛛等 7 种；2016 年共截获活动物 47 批次，同比增长 34.3%，涵盖种类上升为 9 种，新增蝾螈和蜥蜴。

扫一扫，阅读东方网原文：http://sh.eastday.com/m/20170411/u1a10495911.html

上海海关透露，今年以来，上海浦东机场海关旅检和快件渠道共查获此类案件 6 起、违规事件 59 起，缴获象牙、犀牛角等各类濒危动植物及制品 477 件。

通过案例思考：

1．为什么国家要禁止邮寄活动物？

2．什么是对外贸易管制？我国对外贸易管制的内容有哪些？管制的程度如何？

3．我国对外贸易管制应用的是什么手段？采取了哪些对外贸易管制的措施？

贸易管制也称**进出口货物的国家管制**，是指一国政府从国家的宏观经济利益和国内外政策需要出发，在遵循国际贸易有关规则的基础上，**对本国的对外贸易活动实施有效管理而实行的各种贸易政策、制度或措施的总称**，简称“贸易管制”。

进出口贸易管制需要通过海关监管才能实现，同时海关监管又会体现在进出口货物的报关环节中，而受管制的货物在进出境时需要提交授权部门批准的有关证件，所以，海关查核货、单、证相符合后才会放行货物。报关、对外贸易管制与海关监管三者之间的关系如图 2.1 所示。

对外贸易管制的范围不仅大，而且其时效性、政策性、强制性的特点决定了其内容常有更新。所以，报关单位和报关员应及时了解和掌握进出口货物国家管制的内容，熟悉进出口货物管制的手段，鉴别进出口货物管制的程度，保持高度的职业敏感性，从而更好地保证所申报的进出口货物顺利进出境。

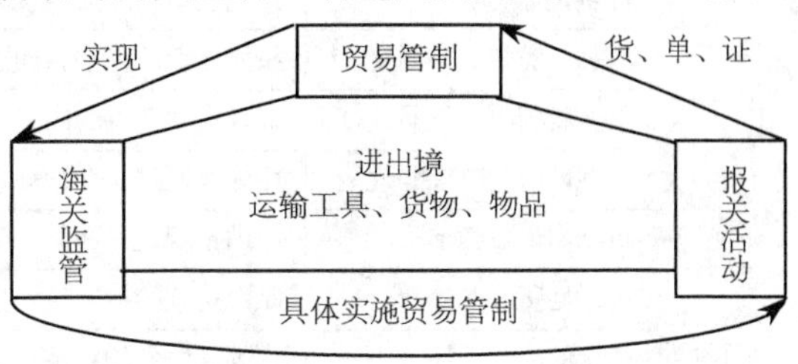

图 2.1　报关、对外贸易管制与海关监管关系

第一节　对外贸易管制概述

对外贸易，或称国际贸易、进出口贸易，是指一国（地区）同别国（地区）进行商品交易或服务的交换活动。广义的对外贸易包括货物贸易和服务贸易，狭义的对外贸易仅限于货物贸易。

一、对外贸易政策措施

对外贸易政策措施是一国政府围绕本国对外贸易政策原则，根据经济发展需要，在不同时期，对进出口贸易采取的具有针对性的管理策略。

（一）对外贸易管制常规措施

纵观各国对外贸易的发展，所采取的对外贸易管制措施主要有以下四种方式。

1．关税措施

关税措施是指以关税的经济手段来限制进口，激励出口。在进口方面制定高税率海关税则，征收进口附加、差价税等形式，以形成关税壁垒，增加进口商品的成本以限制进口，保护本国同类幼稚产业的发展；在出口方面用低税、免税等手段影响商品的价格，来提高本国商品的竞争力，鼓励商品的出口，促进本国优势产业的发展。

实践指南

关税税率的高低，影响一国经济和对外贸易的发展。

> 课堂讨论 2.1
> 国家为什么要对对外贸易实施管制?

2. 非关税措施

非关税措施(非关税贸易壁垒)是与关税措施相对而言的,指除关税以外影响一国对外贸易的主要措施,主要体现在用行政手段限制进口。非关税措施的主要形式如表 2.1 所示。

表 2.1 非关税措施的主要形式

形　式	主要内容
进口配额限制	在一定时期对某些进口商品的数量或金额进行直接限制
许可证件制度	规定进口商品必须领取许可证件,否则一律不准进口
海关分类和估价制度	按照一定的原则,通过立法的形式,确定进出口商品归类和估价
以各种国内税限制进口	通过设立各种国内税来限制商品进口
歧视性的政府采购政策	由国家通过法令,规定政府机构在采购时要优先购买国内产品
自动出口限额制	由国家规定,在某一时间、一定限额内自行控制出口,超出部分不准出口
技术性贸易壁垒	制定苛刻的技术、安全标准,卫生检疫规定,建立进口门槛
烦琐的海关手续	用难以做到的复杂、烦琐的海关通关手续来限制进口

3. 鼓励出口措施

鼓励出口措施是指国家为了支持和鼓励本国相关产业的发展或有竞争力的商品出口,对出口企业实施的具体帮助措施。鼓励出口措施如表 2.2 所示。

表 2.2 鼓励出口措施

形　式	主要内容
出口信贷	为支持和鼓励本国项目出口,加强国际竞争力,通过银行对本国出口商或国外进口商提供较低利率的一种贷款方式
出口信贷国家担保	政府设立专门机构,对本国出口商和商业银行向国外进口商或银行提供的延期付款商业信用或银行信贷进行担保,当国外债务人不能按期付款时,由其按承保金额给予补偿
出口补贴	一国政府为了降低出口商品的价格,增加其在国际市场的竞争力,而给予出口商出口某商品时的现金补贴或财政上的优惠
促进出口的行政组织措施	国家设立专门组织,研究与制定出口策略,加强商品情报服务,组织贸易中心、商品展览会、组织贸易代表团出访和接待来访等措施来扩大出口

4. 促进对外贸易发展的特殊经济区域措施

特殊经济区域是一个国家或地区在其境内划出一定范围,在内建造码头、仓库、厂房等基础设施,对进区货物实行免除关税等优惠待遇,吸引境内外企业入驻从事贸易与出口加工工业等经营活动的区域。特殊经济区域形式比较多,主要形式如表 2.3 所示。

表 2.3 特殊经济区域形式

形　式	主要内容
自由港或自由贸易区	由国家给予进出自由港或自由贸易区的进出口商品免征关税,准许在港内或区内开展自由存储,以利于本地区经济和对外贸易的发展,增加财政收入和外汇收入
保税区	保税区是经国家批准设立的,受海关监管的特殊地区,是保税仓库的扩大。进口商品进区暂时不缴纳关税,出区出口不缴纳关税;出区进入国内市场则办理报关手续,缴纳关税
出口加工区	由国家在其港口或邻近港口、国际机场的地方,划出一定的范围,新建和扩建码头、车站、道路、仓库和厂房等基础设施,以提供免税等优惠待遇,吸引国内外企业进行投资设厂,设立以出口为主的制成品的加工区域

（二）我国对外贸易管制的做法

海关执行国家贸易管制政策是通过对进出口货物的监管来实现的。我国进出口贸易分为货物进出口贸易、技术进出口贸易和国际服务贸易。这些贸易，特别是货物进出口贸易，都是最终通过进出境行为来实现的。海关作为进出境监督管理机关，依据《海关法》所赋予的权力，代表国家在口岸行使进出境监督管理职能，这种特殊的管理职能决定了海关监管是实现对外贸易管制的重要手段。

> **实践指南**
>
> 对外贸易管制是一种国家管制，任何从事对外贸易的活动者都必须无条件地遵守。

我国对外贸易管制的具体做法是：①由商务部主管部门及其他政府职能主管部门依据国家贸易管制政策发放各类许可证件；②由海关依据许可证件对实际进出口的货物的合法性实施监督管理。

进出口贸易管制所涉及的法律法规是海关对进出口货物监督管理的执法依据。海关对进出口货物监管具体内容如表 2.4 所示。

海关依法对进出口收发货人或其代理人所申报的各项商业单据和许可证件进行审核，并经与实际货物核查相符，确认合法放行。海关通过监督管理的执法活动，保证对外贸易管制目标的实现。

表 2.4　海关对进出口货物监管具体内容

项目	内　容	管理方式
单据	报关单据及其电子数据	单据审核
证件	各类许可证件、相关文件及其电子数据	证件审核
货物	实际进出口货物	物流监控

> **实践指南**
>
> 国家限制进出口的货物没有进出口许可证件，海关不予放行。

二、对外贸易管制的内容

对外贸易管制是一国对外贸易管理形式之一，是政府的一种强制行政管理行为，属于非关税措施。它涉及的法律、行政法规、部门规章，是强制性的法律文件，不得随意改变。因此，对外贸易经营者或其代理人在报关活动中必须严格遵守这些法律文件、行政法规、部门规章，并按照相应的管理要求办理进出口手续，以维护国家利益不受侵害。

对外贸易管制制度主要由海关制度、关税制度、对外贸易经营资格管理制度、进出口许可制度、出入境检验检疫制度、外汇管理制度及贸易救济制度等构成。

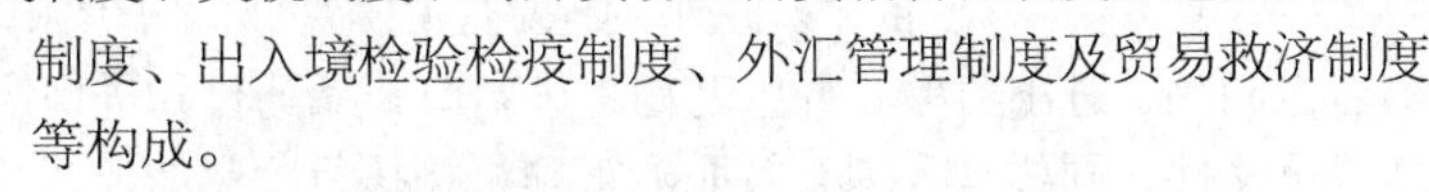

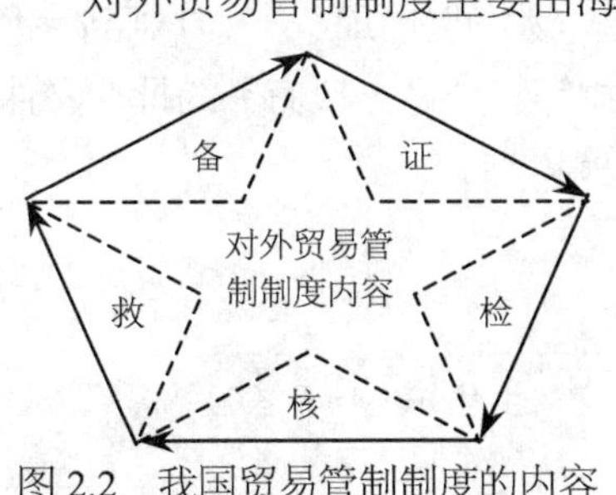

图 2.2　我国贸易管制制度的内容

我国贸易管制制度的内容体系如图 2.2 所示。

1. 备

备，即对外贸易经营资格的备案登记。依照《中华人民共和国对外贸易法》的规定，法人、其他组织或个人在从事对外贸易经营活动前，必须按照国家的有关规定，依法定程序在国务院商务主管部门备案登记，取得对外贸易经营权后，方可在国家允许的范围内从事对

《中华人民共和国对外贸易法》

外贸易活动。对外贸易经营者未按照规定办理备案登记的，海关不予办理进出口货物的验放手续。

对外贸易经营者备案登记的程序

（1）对外贸易经营者在本地区备案登记机关办理备案登记。

（2）领取“对外贸易经营者备案登记表”（以下简称“登记表”）。对外贸易经营者可以通过中华人民共和国商务部网站下载（商务部网站“在线办事—行政审批”“模块”内相关事项的表格下载中均有本表），或到所在地备案登记机关领取登记表（见示例 2.1）。

（3）填写登记表。对外贸易经营者应按登记表要求认真填写所有事项的信息，并确保所填写内容是完整的、准确的和真实的；同时认真阅读登记表背面的条款，并由企业法定代表人或个体工商负责人签字、盖章。

（4）向备案登记机关提交如下备案登记材料：①按上述第二款要求填写的登记表。②营业执照复印件。③组织机构代码证书复印件。④对外贸易经营者为外商投资企业的，还应提交外商投资企业批准证书复印件。⑤依法办理工商登记的个体工商户（独资经营者），须提交合法公证机构出具的财产公证证明；依法办理工商登记的外国（地区）企业，须提交经合法公证机构出具的资金信用证明文件。

（5）备案登记机关应自收到对外贸易经营者提交的上述材料之日起 5 日内办理备案登记手续，在登记表上加盖备案登记印章。

对外贸易经营者备案登记表下载链接 http://expzb.mofcom.gov.cn/biaoge.shtml

实践指南

对外贸易经营者在进行对外贸易经营者备案登记前，必须先行依法办理工商登记，取得工商营业执照或者其他执业手续。

2. 证

扫一扫，可查看对外贸易经营者备案登记表实物

证，即货物、技术进出口的许可。它主要是指进出口许可证件，即法律、行政法规规定的各种具有许可进出口性质的证明、文件。进出口许可证件是我国实行进出口许可制度中的重要内容。进出口许可制度不仅是我国贸易管制的核心管理制度，而且也是我国贸易管制的主要实现方式之一。

进出口许可证件是货物或技术合法进出口的证明文件，既是我国贸易管制的最基本手段，同时又是我国有关行政管理机构执行贸易管制与监督的重要依据。此外，国家有关主管部门对于出口文物、进出口黄金及其制品、进口音像制品、进出口濒危野生动物、进出口药品药材和进口废物等特殊进出口商品的批准文件或许可文件，同样是我国有关职能管理机构执行贸易管制的主要依据。

实践指南

进出口许可证件制度作为一种非关税措施是我国进出口管理制度的主体，是世界各国管理进出口贸易的常用手段，在国际贸易中长期存在，并广泛运用。

示例 2.1

对外贸易经营者备案登记表

统一社会信用代码：

备案登记表编号： 进出口企业代码：

经营者中文名称			
经营者英文名称			
组织机构代码		经营者类型 （由备案登记机关填写）	
住　　所			
经营场所（中文）			
经营场所（英文）			
联系电话		联系传真	
邮政编码		电子邮箱	
工商登记注册日期		工商登记注册号	

依法办理工商登记的企业还须填写以下内容

企业法定代表人姓名		有效证件号	
注册资金		（折美元）	

依法办理工商登记的外国（地区）企业或个体工商户（独资经营者）还须填写以下内容

企业法定代表人/ 个体工商负责人姓名		有效证件号	
企业资产/个人财产		（折美元）	

备注：	

填表前请认真阅读背面的条款，并由企业法定代表人或个体工商负责人签字、盖章。

备案登记机关

签　章

年　月　日

3. 检

检，即商品质量的检验、动植物检疫和国境卫生检疫，简称为“三检”。它主要强调的是对货物的进出口、运输工具的出入境实行必要的检验或检疫，也是我国贸易管制方面的主要内容之一，其基本目的是保证进出口商品的质量、保障人民的生命安全与健康，是国家主权的具体体现。我国出入境检验检疫机构可依法对进出境的货物、物品及其包装物、交通运输工具、运输设备和出入境人员实施检验检疫监督管理。

小知识

出入境检验检疫制度

我国出入境检验检疫制度内容包括进出口商品检验制度、进出境动植物检疫制度和国境卫生监督制度。

进出口商品检验制度是指根据《中华人民共和国进出口商品检验法》及其实施条例的规定，国家质检总局及其口岸出入境检验检疫机构对进出口商品所进行的品质、质量检验和监督管理的制度。

进出境动植物检疫制度是指根据《中华人民共和国进出境动植物检疫法》及其实施条例的规定，国家质检总局及其口岸出入境检验检疫机构对进出境动植物、动植物产品的生产、加工、存放过程实施动植物检疫的进出境监督管理的制度。

国境卫生监督制度是指根据《中华人民共和国国境卫生检疫法》及其实施条例细则，以及国家其他的卫生法律、法规和卫生标准，由出入境检验检疫机构在进出口口岸对出入境的交通运输工具、货物、运输容器及口岸辖区的公共场所、环境、生活设施、生产设备所进行的卫生检查、鉴定、评价和采样检验的制度。

出入境检验检疫制度所涉及的由全国人大常委会先后制定的《中华人民共和国进出口商品检验法》《中华人民共和国进出境动植物检疫法》《中华人民共和国国境卫生检疫法》《中华人民共和国食品安全法》等法律及其实施条例（简称“四法三条例”），分别规定了出入境检验检疫的目的和任务、责任范围、授权执法机关和管辖权限、执法程序、执法监督和法律责任等重要内容，从根本上确定了出入境检验检疫工作的法律地位。

“中华人民共和国中央人民政府网站—企业—法律法规”栏目内容丰富，读者可通过单击想了解的相应法律、法规，阅读相关内容，了解更多更详细的检验检疫法律、法规知识。

网站地址：http://www.gov.cn/banshi/qy/flfg.htm

实践指南

出入境检验检疫部门检验检疫的依据是：①我国有关法律和行政法规；②我国政府所缔结或者参加的国际条约、协定。

4. 核

核，即进出口企业结汇、用汇的监督管理。国家外汇管理局依据国务院《外汇管理条例》及其他有关规定，通过货物贸易外汇监测系统，对包括经常项目外汇业务、资本项目外汇业务、金融机构外汇业务、人民币汇率生成机制和外汇市场等领域实施监督管理，对存在异常的企业进行重点监测，必要时实施现场核查。

对外贸易经营者在对外贸易经营活动中，应依照国家有关规定结汇、用汇，国家外汇管理局对企业的外汇管理方式为非现场总量核销。企业应根据贸易方式、结算方式及资金来源或流向，凭进出口报关单外汇核销专用联等相关单证在金融机构办理贸易外汇的收支。海关进出口报关单外汇核销专用联可在进出口货物海关放行后向海关申请取得。金融机构应当对企业提交的交易单证的真实性及其外汇收支的一致性进行合理审查。

实践指南

国家外汇管理局及其分支机构，依法对企业及经营结汇、售汇业务的金融机构进行监督检查。我国外汇管理制度是企业自律、金融机构专业审查、国家外汇管理局监管。

5. 救

救，即贸易管制中的救济措施。在对进出口贸易实行管制的过程中，我国根据国际公认的规则所采取的贸易补救措施主要包括反倾销、反补贴和保障措施。

反补贴措施和反倾销措施针对的是价格歧视这种不公平贸易行为，保障措施针对的则是进口产品激增的情况。救济措施的具体操作方式如表 2.5 所示。

表 2.5　救济措施的具体操作方式

救济措施	实施的条件	适用对象	实施形式	实施期限
反倾销	以低价倾销，对进口国造成了实质性的损害	不公平贸易或不公平竞争	提供现金保证金、价格承诺、保函以及最终加征相应的税赋	临时措施：不超过 4 个月，特殊情况可延长至 9 个月
				最终措施：海关自公告之日起执行
反补贴	因政府补贴而具有价格竞争优势，对进口国造成了实质性损害	不公平贸易或不公平竞争	现金保证金、价格承诺、保函以及最终加征相应的税赋	临时措施：不超过 4 个月
				最终措施：海关自公告之日起执行
保障措施	进口产品的数量激增而挤占进口国的市场份额，并对进口国造成实质性的危害	公平条件下数量猛增	加征关税、实施配额数量限制或者最终加征关税或实行关税配额	临时措施：不超过 200 天
				最终措施：一般不超过 4 年。保障措施全部实施期限不得超过 10 年

实践指南

我国于 2001 年底正式成为世界贸易组织成员，世界贸易组织规定，任何一个世贸组织成员都可以为维护自身经济贸易利益，防止或阻止本国产业受到侵害和损害而采取保护性措施。

课堂讨论 2.2

中国日报网 2017 年 1 月 24 日电，据英国广播公司（BBC）1 月 24 日报道，美国总统特朗普 23 日签署了上任后的第一份行政命令，正式宣布美国退出跨太平洋战略经济伙伴协定（TPP）。在签署命令时，特朗普表示，退出 TPP 对于美国劳动者来说是一件大好事。此前，他就曾多次指出，TPP 是“国家潜在的灾难”，会给美国制造业带来冲击，上任之后他会立即退出。

请讨论

1．什么是贸易保护主义？你认为贸易保护主义对国家经济发展有什么利弊？

2．美国退出 TPP 意味着什么？

三、对外贸易管制的程度

根据管制程度的不同，进出口货物贸易管制，可分为禁止进出口货物的管理、限制进出口货物的管理和自由进出口货物的管理。

对列入国家公布禁止进出口目录以及国家法律、法规明令禁止或停止进出口的货物、技术，任何对外贸易经营者不得经营、报关。

我国政府明令禁止的货物包括列入国务院商务主管部门会同国务院其他有关部门制定、调整并公布禁止进出口货物、技术目录的商品。

《禁止进口货物目录》

（一）禁止进口货物的管理

1．列入《禁止进口货物目录》的商品

《禁止进口货物目录》第一批是为了保护我国的自然生态环境和生态

资源，从我国的国情出发，履行我国所缔结或参加的与保护世界自然生态环境相关的一系列国际条约和协定而发布的。如涉及国家禁止进口属破坏臭氧层物质的“四氯化碳”及属于世界濒危物种管理范畴的“麝香”“犀牛角”和“虎骨”。

《禁止进口货物目录》第二批均为旧机电产品，是国家对涉及生产安全（压力容器类）、人身安全（电器、医疗设备类）和环境保护（汽车、工程及车船机械类）的旧机电产品实施的禁止进口管理。

《禁止进口固体废物目录》，由原第三、第四、第五批禁止进口目录补充合并而成，所涉及的是对环境有污染的12大项94类固体废物，包括废动植物产品，矿渣矿灰及残渣，废药物、杂项化学品废物，废橡胶、皮革，废特种纸、废纺织原料及制品，玻璃废物，金属和含金属废物，废电池，废弃机电产品和设备及其未经分拣处理的零部件和拆散、破碎件等，废石膏、石棉，其他未列名固体废物等。

《禁止进口货物目录》第六批，是为了保护人的健康，维护环境安全，淘汰落后产品，履行《关于在国际贸易中对某些危险化学品和农药采用事先知情同意和程序的鹿特丹公约》和《关于持久性有机污染物的斯德哥尔摩公约》而颁布的。如长纤维青石棉、二噁英等。

小知识

鹿特丹公约和斯德哥尔摩公约

鹿特丹公约即《关于在国际贸易中对某些危险化学品和农药采用事先知情同意和程序的鹿特丹公约》，其核心是对国际贸易中的某些危险化学品的特性进行资料交流，为此类化学品的进出口规定一套国家决策程序并将这些决定通知缔约方，以促进缔约方在此类化学品的国际贸易中分担责任和开展合作，保护人类健康和环境免受此类化学品可能造成的危害，并推动以无害环境的方式加以使用。该公约是联合国环境规划署和联合国粮食及农业组织在1998年9月10日在鹿特丹制定的，于2004年2月24日生效。2005年6月20日该公约对中国生效。

斯德哥尔摩公约即《关于持久性有机污染物的斯德哥尔摩公约》，其主要是为了保护人类健康和环境采取包括旨在减少和/或消除持久性有机污染物排放和释放的措施在内的国际行动。依照《联合国宪章》和国际法原则，各国拥有依照其本国环境与发展政策开发其自有资源的主权，并有责任确保其管辖范围内的或其控制下的活动不对其他国家的环境或其国家管辖范围以外地区的环境造成损害。2004年11月11日该公约对中国生效。

《进出境动植物检疫法》

2. 国家有关法律、法规明令禁止进口的商品

国家有关法律、法规明令禁止进口的商品有以下几类：①来自动植物疫情流行的国家和地区的有关动植物及其产品和其他检疫物；②动植物病源（包括菌种、毒种等）及其他有害生物、动物尸体、土壤；③带有违反“一个中国”原则内容的货物及其包装；④以氯氟羟物质为制冷剂、发泡剂的家用电器产品和以氯氟羟物质为制冷工质的家用电器用压缩机；⑤滴滴涕、氯丹；⑥莱克多巴胺和盐酸莱克多巴胺等。

3. 其他各种原因停止进口的商品

其他各种原因停止进口的商品有以下几类：①以CFC-12为制冷工质的汽车及以CFC-12为制冷工质的汽车空调压缩机（含汽车空调器）；②右置方向盘的汽车；③旧服装；④Ⅷ因子制剂等血液制品；⑤氯酸钾、⑥硝酸铵；⑦100瓦及以上普通照明白炽灯。

4. 禁止进口技术管理

根据《对外贸易法》《技术进出口管理条例》以及《禁止进口限制进口技术管理办法》的有关规定，国务院商务主管部门会同国务院有关部门制定、调整并公布禁止进口的技术目录，属于禁止进口的技术，不得进口。

《中国禁止进口限制进口技术目录》查询办法：登录中华人民共和国商务部网站（附录2中有链接及二维码），进入“政策发布”栏目，其中“文件资料查询”中有“商务法规库”，可以其中查询。

截至本书出版，《中国禁止进口限制进口技术目录》所列明的禁止进口的技术涉及钢铁冶金、有色金属冶金、化工、石油炼制、石油化工、消防、电工、轻工、印刷、医药、建筑材料生产等技术领域。

（二）禁止出口货物的管理

我国政府明令禁止出口的货物主要有列入《禁止出口货物目录》的商品和国家有关法律、法规明令禁止出口的商品。

1. 列入《禁止出口货物目录》第一至第五批的商品

列入《禁止出口货物目录》第一至第五批的商品有以下几类。

（1）《禁止出口货物目录》（第一批），是为了保护我国自然生态环境和生态资源，从我国国情出发，履行我国所缔结或者参加的，与保护世界自然生态环境相关的一系列国际条约和协定而发布的。如国家禁止出口属破坏臭氧层物质的四氯化碳，禁止出口属世界濒危物种管理范畴的犀牛角、虎骨、麝香，禁止出口有防风固沙作用的发菜和麻黄草等植物。

（2）《禁止出口货物目录》（第二批），主要是为了保护我国的森林资源，防止乱砍滥伐而发布的，如木炭。

（3）《禁止出口货物目录》（第三批），是为了保护人的健康，维护环境安全，淘汰落后产品，履行《关于在国际贸易中对某些危险化学品和农药采用事先知情同意程序的鹿特丹公约》和《关于持久性有机污染物的斯德哥尔摩公约》而颁布的，如长纤维青石棉、二噁英等。

（4）《禁止出口货物目录》（第四批），主要包括硅砂、石英砂及其他天然砂。

《禁止出口货物目录》

（5）《禁止出口货物目录》（第五批），包括无论是否经化学处理过的森林凋落物以及泥炭（草炭）。

2. 国家有关法律、法规明令禁止出口的商品

未定名的或者新发现并有重要价值的野生植物，原料血浆，商业性出口的野生红豆杉及其部分产品，劳改产品，以氯氟羟物质为制冷剂、发泡剂的家用电器产品和以氯氟羟物质为制冷工质的家用电器用压缩机，滴滴涕、氯丹等。

3. 禁止出口技术管理

截至本书出版，列入《中国禁止出口限制出口技术目录》禁止出口部分的技术涉及渔、牧、有色金属矿采选、农副食品加工、饮料制造、造纸、化学制品制造、医药制造、非金属矿物制品业、有色金属冶炼、交通运输设备制造、农用机械制造、计算机及其他电子设备制造、工艺品制造、电信信息传输等十几个行业领域。

（三）限制进口货物的管理

为维护国家安全和社会公共利益，保护人民的生命健康，履行我国所缔结或者参加的国际公约和协定，国务院商务主管部门会同国务院有关部门，依照《对外贸易法》的规定，制定、调整并公布各类限制进出口货物目录。海关依照国家有关法律、法规对限制进出口目录货物实施监督管理。

国家实行限制进出口的货物和技术，必须依照国家有关规定，其进出口必须经国务院商务主管部门或者经国务院商务部门会同国务院有关部门许可。

截至本书出版，限制进口货物按照限制方式划分为许可证件管理和关税配额管理。

1. 许可证件管理

许可证件管理是指在一定时期内根据国内政治、工业、农业、商业、军事、技术、卫生、环保、资源保护等领域的需要，以及为履行我国所加入或缔结的有关国际条约的规定，以经国家各主管部门签发许可证件的方式来实现各类限制进口的措施。

云南省境外罂粟替代种植返销国内产品进口批准证

许可证件管理的范围主要包括：部分进口货物和技术；12 类重点旧机电产品；两用物项和技术；濒危野生动植物种；密码产品和含有密码技术的设备；限制类可利用固体废物、药品、美术品；民用爆炸物品；音像制品，黄金及其制品；农药；兽药、有毒化学品等。

国务院商务主管部门或者国务院有关部门在各自的职责范围内，根据国家有关法律、法规及国际公约的有关规定，制定、调整各自的许可证件的审批、发放程序及其资格条件。进出口经营者凭进出口许可证管理部门签发的进出口许可证，向海关办理报关验放手续。

2. 关税配额管理

关税配额管理是指一定时期内（一般是一年），国家对部分商品的进口制定关税配额税率并规定该商品进口数量总额。在限额内，经国家批准后允许按照关税配额税率进口，如超出限额则按照配额外税率征税进口的措施。进口配额许可证管理的范围包括部分进口农产品和部分进口化肥。

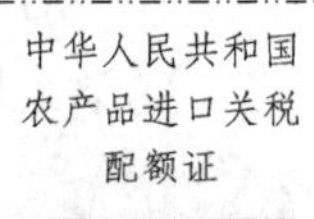

中华人民共和国农产品进口关税配额证

中华人民共和国农产品进口关税配额证如示例 2.2 所示。

3. 限制进口技术的管理

限制进口技术实行目录管理。属于目录范围内的限制进口的技术，实行许可证管理，未经国家许可，不得进口。目前，列入《中国禁止进口限制进口技术目录》中属限制进口的技术包括生物技术、化工技术、石油炼制技术、石油化工技术、生物化工技术和造币技术等。

进口属于限制进口的技术，应当向国务院商务主管部门提出技术进口申请。国务院商务主管部门收到技术进口申请后，应当会同国务院有关部门对申请进行审查。技术进口申请经批准的，由国务院商务主管部门发给“中华人民共和国技术进口许可意向书”，进口经营者取得技术进口许可意向书后，可对外签订技术进口合同。进口经营者签订技术进口合同后，应向国务院商务主管部门申请技术进口许可证。经审核符合发证条件的，由国务院商务主管部门颁发“中华人民共和国技术进口许可证”，企业持证向海关办理进口通关手续。

示例 2.2

中华人民共和国农产品进口关税配额证

NO：

<table>
<tr><td colspan="3">1. 最终用户注册地区</td><td colspan="4">2. 关税配额证编号</td></tr>
<tr><td colspan="3">3. 最终用户名称</td><td colspan="4">4. 关税配额证有效期
至</td></tr>
<tr><td colspan="3">5. 贸易方式</td><td colspan="4">6. 商品名称</td></tr>
<tr><td colspan="2">7. 安排数量</td><td>8. 其中国营贸易</td><td colspan="4">9. 发证日期</td></tr>
<tr><td colspan="7">10. 报关口岸</td></tr>
<tr><td colspan="3">11. 备注</td><td colspan="4">12. 签章
经办人签字</td></tr>
<tr><td colspan="7">13. 最终用户进口填写栏：</td></tr>
<tr><td>报关日期</td><td>报关口岸</td><td>进口商</td><td>商品税号</td><td>进口数量（吨）</td><td>单价（美元/吨）</td><td>经办人签字</td></tr>
<tr><td></td><td></td><td></td><td></td><td></td><td></td><td></td></tr>
<tr><td></td><td></td><td></td><td></td><td></td><td></td><td></td></tr>
<tr><td></td><td></td><td></td><td></td><td></td><td></td><td></td></tr>
</table>

经营限制进口技术的经营者在向海关办理申报进口手续时，必须主动提交技术进口许可证，否则将承担由此造成的一切法律责任。

（四）限制出口货物的管理

国家实行限制出口的货物，必须依照国家有关规定，其出口必须经国务院商务主管部门或经国务院商务部门会同国务院有关部门许可。截至本书出版，我国货物限制出口按照其限制方式划分为出口配额限制和出口非配额限制。

1. 出口配额限制

出口配额限制是指一定时期内，为建立公平竞争机制，增强我国商品在国际市场上的竞争力，保障最大限度地收汇，保护我国产品的国际市场利益，国家对部分商品的出口数量直接加以限制的措施。

我国出口配额管理的形式有出口配额许可管理和出口配额招标管理。

出口配额许可管理是国家对部分商品的出口，在一定时期内（一般是 1 年）规定数量总额，按照按需分配的原则，经国家批准获得配额的允许出口，否则不准出口的管理措施。出口配额许可管理是通过直接分配的方式，由国务院商务主管部门或者国务院有关部门在各自的职责范围内，根据申请者需求，结合其进出口实绩、能力等条件，按照效益、公正、公开和公平竞争的原则进行分配（配额的分配方式和办法由国务院规定），国家各配额主管部门对经申请有资格获得配额的申请者发放各类配额证明。申请者取得配额证明后，到国务院商务主管部门及其授权发证机关，凭配额证明申领“出口货物许可证”，凭以办理出口通关、外汇核销等出口手续。

截至本书出版，出口配额许可管理的商品包括部分农产品；部分活禽、畜；部分资源性产品、贵金属；消耗臭氧层物质（配额由环保部管理）。

出口配额招标管理是国家对部分商品的出口，在一定时期内（一般是1年）规定数量总额，按照招标分配的原则，经招标获得配额的允许出口，否则不准出口的管理措施。国家各配额主管部门对中标者发放各类配额证明。中标者取得配额证明后，到国务院商务主管部门及其授权发证机关，凭配额证明申领“出口货物许可证”，凭以办理出口通关、外汇核销等出口手续。目前，出口配额招标管理的主要商品是部分我国出产且国际市场需求量较大的农副产品及资源性产品。

2. 出口非配额限制

出口非配额限制是指在一定时期内根据国内政治、军事、技术、卫生、环境、资源保护等领域的需要，以及为履行我国所加入或缔约的有关国际条款规定，以经国家行政许可并签发许可证件的方式来实现的各类限制出口措施。

截至本书出版，出口非配额限制管理商品的范围主要包括部分商品、濒危物种、两用物项、黄金及其制品等。

3. 限制出口技术管理

根据《对外贸易法》《技术进出口管理条例》《中华人民共和国生物两用品及相关设备和技术出口管理条例》《中华人民共和国核两用品及相关技术出口管理条例》《中华人民共和国导弹及相关物项和技术出口管理条例》《中华人民共和国核出口管制条例》以及《禁止出口限制出口技术管理办法》等有关规定，限制出口技术实行目录管理，国务院商务主管部门会同国务院有关部门制定、调整并公布限制出口的技术目录。属于目录范围内的限制出口的技术，实行许可证管理，未经国家许可，不得出口。

截至本书出版，我国限制出口的技术目录主要有《两用物项和技术进出口许可证管理目录》和《中国禁止出口限制出口技术目录》等，涉及农、林、牧、渔、农副食品加工制造、饮料制造、纺织、造纸、化学原料制造、医药制造、橡胶制品业、金属冶炼及压延、非金属矿物制品业、金属制品业、通用机专用设备制造、电气机械及器材制造等几十个行业领域的上百项技术。出口属于上述限制出口的技术，应当向国务院商务主管部门提出技术出口申请，经国务院商务主管部门审核批准后取得技术出口许可证件，企业持证向海关办理出口通关手续。

经营限制出口技术的经营者在向海关办理申报出口手续时必须主动递交相关技术出口许可证件，否则将承担由此造成的一切法律责任。

小知识

两用物项和技术进口许可证

两用物项和技术

两用物项是指军民两用的敏感物项和易制毒化学品。

两用物项和技术是指敏感物项和技术、易制毒化学品和其他的总称。其中，敏感物项和技术是指核、核两用物项和技术、生物两用物项和技术、化学两用物项和技术、监控化学品、导弹相关物项和技术；易制毒化学品是指可用于制造毒品的化学品。

《两用物项和技术进出口许可管理目录》

http://file.mofcom.gov.cn/article/gkml/201506/20150601028542.shtml

视野拓展

扫一扫，了解一下中国海关禁止和限制进出境的物品。

海关提醒：请不要携带海关禁止和限制进出境的物品，否则将触犯中国法律；如果您已经携带了禁止和限制进出境的物品，请在接受检查前如实填写《申报单》向海关申报；如果您携带海关禁止和限制进出境的物品进出境而不向海关申报，一经查获，海关将依法惩处。

（五）自由进出口货物的管理

除上述国家禁止、限制进出口货物外的其他货物，均属于自由进出口范围。这类货物本身不属于国家限制进出口的范围，但基于监测进出口的需要，国家对部分属于自由进出口的货物实行自动进出口管理，对所有自由进出口的技术实行进出口技术合同登记管理。

1. 货物自动进口许可管理

自动进口许可管理是在任何情况下对进口申请一律予以批准的进口许可制度。这种进口许可实际上是一种在进口前的自动登记性质的许可制度，通常用于国家对这类货物的统计和监督，是我国进出口许可管理制度中的重要组成部分，也是目前各国普遍使用的一种进口管理制度。

中华人民共和国自动进口许可证

自动进口许可货物的经营者应当在办理海关报关手续前，向国务院主管部门或者国务院有关经济管理部门提交自动进口许可申请，凭相关部门发放的自动进口许可证，向海关办理报关手续。

中华人民共和国自动进口许可证参见示例 2.3。

示例 2.3

中华人民共和国自动进口许可证

AUTOMATIC IMPORT LICENCF OF THE PEOPLE'S REPUBLIC OF CHINA　　NO:

<table>
<tr><td colspan="3">1. 进口商：</td><td colspan="3">3. 自动进口许可证号：</td></tr>
<tr><td colspan="3">2. 进口用户：</td><td colspan="3">4. 申请自动进口许可证有效截止日期：</td></tr>
<tr><td colspan="3">5. 贸易方式：</td><td colspan="3">8. 贸易国（地区）：</td></tr>
<tr><td colspan="3">6. 外汇来源：</td><td colspan="3">9. 原产地国（地区）：</td></tr>
<tr><td colspan="3">7. 报关口岸：</td><td colspan="3">10. 商品用途：</td></tr>
<tr><td colspan="6">11. 商品名称：　　　　商品编码：　　　　商品状态：</td></tr>
<tr><td>12. 规格、型号</td><td>13. 单位</td><td>14. 数量</td><td>15. 单价（币别）</td><td>16. 总值（币别）</td><td>17. 总值折美元</td></tr>
<tr><td></td><td></td><td></td><td></td><td></td><td></td></tr>
<tr><td></td><td></td><td></td><td></td><td></td><td></td></tr>
<tr><td>18. 总计</td><td></td><td></td><td></td><td></td><td></td></tr>
<tr><td colspan="3">19. 备注：</td><td colspan="3">20. 发证机关签章

21. 发证日期</td></tr>
</table>

2. 技术进出口合同登记管理

属于自由进出口的技术，应当向国务院商务主管部门或者其委托的机构办理合同备案登记。国务院商务主管部门应当自收到规定的文件之日起 3 个工作日内，对技术进出口合同进行登记，颁发技术进出口合同登记证，申请人凭技术进出口合同登记证，办理外汇、银行、税务、海关等相关手续。

第二节　我国进出口货物贸易管制的手段

我国进出口货物贸易管制的手段主要有进口关税配额管理、进出口许可证管理、特殊贸易货物管理和出入境检验检疫管理四种。

一、进口关税配额管理

关税配额管理属于限制进口，实行关税配额证管理，其主管部门是商务部和国家发改委。

所有贸易方式进口关税配额范围的商品均列入关税配额管理范围。对外贸易经营者获得关税配额证后可以按照关税配额税率征税进口，如超出则按限额外税率进口。

我国实行关税配额管理的商品包括农产品（小麦、玉米、稻谷和大米、糖、羊毛及羊毛条、棉花）和工业产品（化肥）。关税配额管理的方式如表 2.6 所示。

二、进出口许可证管理

进出口许可证管理属于国家限制进出口管理的范畴，商务部是全国进出口许可证的归口管理部门，负责制定进出口许可证管理办法及规章制度、监督、检查进出口许可证管理办法的执行情况。商务部会同海关总署制定、调整和发布年度《进口许可证管理货物目录》及《出口许可证管理货物目录》。

表 2.6　关税配额管理的方式

<table>
<tr><th>种类</th><th>类　型</th><th>发证部门</th><th>海关验放凭证</th></tr>
<tr><td rowspan="3">农产品</td><td>全球关税配额</td><td rowspan="3">商务部和国家发改委</td><td>商务部进口农产品关税配额证专用章
国家发展和改革委员会农产品进口配额专用章
农产品进口关税配额证</td></tr>
<tr><td>加工贸易方式进口关税配额</td><td>企业提交的在“贸易方式”栏中注明“加工贸易”的进口关税配额证</td></tr>
<tr><td>农产品关税配额证</td><td>农产品进口关税配额证</td></tr>
<tr><td>工业品</td><td>全球关税配额</td><td>商务部</td><td>进口关税配额证</td></tr>
</table>

进出口许可证管理指的是对外贸易经营者进口或者出口国家规定限制进出口的货物，必须事先征得国家的许可，取得进口或者出口许可证。凡是属于进出口许可管理的货物，除国家另有规定外，对外贸易经营者应当在进口或出口前按照规定向指定的发证机构申领进出口许可证，持证向海关办理申报和验放手续。

（一）进口许可证管理

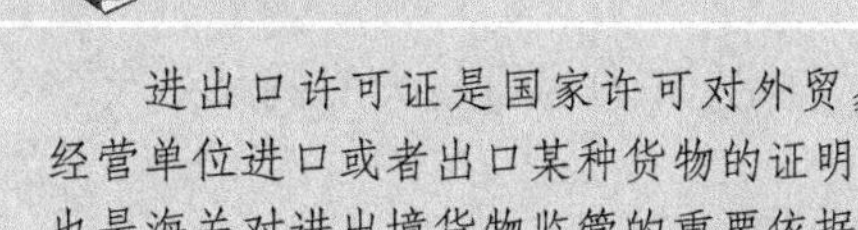

进出口许可证是国家许可对外贸易经营单位进口或者出口某种货物的证明，也是海关对进出境货物监管的重要依据，不得买卖、转让、涂改、伪造和变造。

1. 实施进口许可证管理的货物

实施进口许可证管理的货物有以下两类。

（1）消耗臭氧层物质，包括三氯氟甲烷（CFC—11）、二氯二氟甲烷（CFC—12）等商品。国务院环境保护部门根据消耗臭氧层物质淘汰进展情况在每年的12月20日前公布下一年度进出口配额。进出口单位应在每年10月31日前向国家消耗臭氧层物质进出口管理机构申请下一年度的进出口配额，并申领进出口受控消耗臭氧层物质审批单。国家消耗臭氧层物质进出口管理机构会对符合条件的进出口单位进行公示。申请获准的进出口单位应当持进出口审批单向所在地省级商务主管部门所属的发证机构申领消耗臭氧层物质进出口许可证。消耗臭氧层物质进出口审批单实行一单一批制。审批单有效期为90日，不得超期或者跨年度使用。

2017年进口许可证管理货物目录
http://www.chinaport.gov.cn/kafgk/swb/16775.htm

（2）重点旧机电产品，包括旧化工设备类、旧水泥生产设备类、旧金属冶炼设备类、旧工程机械类、旧造纸设备类、旧电力电气设备类、旧农业机械类、旧纺织机械类、旧印刷机械类、旧食品加工及包装设备、旧船舶类和旧硒鼓12类。国家对重点旧机电产品实行许可证管理。

课堂讨论 2.3

光大设备制造有限公司进口一批设备，委托海天国际货运代理有限公司办理进口报检、报关。报检时提供的单据及信息均为新设备，而出入境检验检疫局检验人员检验发现引进设备多为旧设备。

请问：

1. 光大设备制造有限公司和海天国际货运代理有限公司是否都应承担法律责任？为什么？
2. 根据对外贸易管制制度，国家对该批货物实行的是什么管理制度？

2. 进口许可证管理的内容

进口许可证管理的内容有以下几项，如表2.7所示。

表2.7 进口许可证管理的内容

管理项目内容	注意事项
有效期为1年，当年有效	特殊情况需要跨年度使用时，有效期最长不得超过次年3月31日，逾期自行失效，海关不予放行
不得擅自更改证面内容	若需更改，经营者应当在许可证限期内提出更改申请，并将许可证交回原发证机关，由原发证机关重新换发许可证
实行“一证一关”管理	一般情况下，进口许可证为“一批一证”。如要实行“非一批一证”，应当同时在该进口许可证备注栏内打印“非一批一证”字样，但最多不超过12次，由海关在许可证背面“海关验放签注栏”内逐批签注核减进口数量
进口许可证实行联网核查管理，纸质许可证与许可证电子数据同时作为海关监管的依据	

实践指南

“一证一关”：一个进口许可证只能在一个海关报关。

“一批一证”：进口许可证在限期内一次报关使用。

“非一批一证”：进口许可证在限期内可多次报关使用。

（二）出口许可证管理

实行出口许可证管理的商品是指国家授权商务部会同海关总署等有关部门制定公布的实行出口许可证管理的商品。

2017 年出口许可证管理货物目录
http://www.mofcom.gov.cn/article/b/c/201701/20170102462049.shtml

1. 实行出口许可证管理的商品

2017 年，实行出口许可证管理的商品有 44 种，分别实行出口配额许可证管理、出口配额招标管理和出口许可证管理。

（1）属于出口配额管理的货物为活牛（对港澳出口）、活猪（对港澳出口）、活鸡（对港澳出口）、小麦、玉米、大米、小麦粉、玉米粉、大米粉、甘草及甘草制品、蔺草及蔺草制品、磷矿石、煤炭、原油、成品油（不含润滑油、润滑脂、润滑油基础油）、锯材、棉花、白银。

出口本款所列上述货物的，需按规定申请取得配额（全球配额或国别、地区配额），凭配额证明文件申领出口许可证。其中，出口甘草及甘草制品、蔺草及蔺草制品的，需凭配额招标中标证明文件申领出口许可证。

（2）属于出口许可证管理的货物为活牛（对港澳以外市场）、活猪（对港澳以外市场）、活鸡（对港澳以外市场）、牛肉、猪肉、鸡肉、天然砂（含标准砂）、矾土、镁砂、滑石块（粉）、氟石（萤石）、稀土、锡及锡制品、钨及钨制品、钼及钼制品、锑及锑制品、焦炭、成品油（润滑油、润滑脂、润滑油基础油）、石蜡、部分金属及制品、硫酸二钠、碳化硅、消耗臭氧层物质、柠檬酸、维生素 C、青霉素工业盐、铂金（以加工贸易方式出口）、铟及铟制品、摩托车（含全地形车）及其发动机和车架、汽车（包括成套散件）及其底盘等。其中，对向港、澳、台地区出口的天然砂实行出口许可证管理，对标准砂实行全球出口许可证管理。

消耗臭氧层物质的货样广告品需凭出口许可证出口。企业以一般贸易、加工贸易、边境贸易和捐赠贸易方式出口汽车、摩托车产品，需申领出口许可证，并符合申领许可证的条件；企业以工程承包方式出口汽车、摩托车产品，需凭中标文件等相关证明材料申领出口许可证；企业以上述贸易方式出口非原产于中国的汽车、摩托车产品，需凭进口海关单据和货物出口合同申领出口许可证；其他贸易方式出口汽车、摩托车产品免予申领出口许可证。

（3）以边境小额贸易方式出口以招标方式分配出口配额的货物和属于出口许可证管理的消耗臭氧层物质、摩托车（含全地形车）及其发动机和车架、汽车（包括成套散件）及其底盘等货物的，需按规定申领出口许可证。以边境小额贸易方式出口属于出口配额管理的货物的，由有关地方商务主管部门（省级）根据商务部下达的边境小额贸易配额和要求签发出口许可证。以边境小额贸易方式出口本款上述以外的列入目录的货物，免予申领出口许可证。

（4）铈及铈合金（颗粒＜500μm）、钨及钨合金（颗粒＜500μm）、锆、铍的出口免予申领出口许可证，但需按规定申领两用物项和技术出口许可证。

（5）我国政府对外援助项下提供的目录内货物不纳入出口配额和出口许可证管理。

2. 出口许可证管理的内容

出口许可证管理的内容如表 2.8 所示。

表 2.8　出口许可证管理的内容

管理项目内容	注意事项
有效期不得超过 6 个月	有效期的截止日期不得超过当年 12 月 31 日（出口许可证应当在限期内使用，逾期自行失效，海关不予放行）
不得擅自更改证面内容	若需更改，经营者应当在许可证限期内提出更改申请，并将许可证交回原发证机关，由原发证机关重新换发许可证
实行“一证一关”管理	一般情况下，出口许可证为“一批一证”。如要实行“非一批一证”，应当同时在该进口许可证备注栏内打印“非一批一证”字样，但最多不超过 12 次，由海关在许可证背面“海关验放签注栏”内逐批签注核减出口数量 实行“非一批一证”制的货物包括：外商投资企业出口许可证管理的货物；补偿贸易项下出口许可证管理的货物；其他在《出口许可证管理货物目录》中规定实行“非一批一证”的出口许可证管理货物
1. 出口许可证实行联网核查管理，纸质许可证与许可证电子数据同时作为海关监管的依据	
2. 消耗臭氧层物质的货样广告品凭出口许可证出口	
3. 我国政府在对外援助项下提供的目录产品不纳入配额和许可证管理	
4. 国家对部分出口货物实行指定出口报关口岸管理。出口此类货物，均须到指定的口岸报关出口	

小知识

指定出口报关口岸

1. 甘草出口：天津海关、上海海关、大连海关。

2. 甘草制品出口：天津海关、上海海关。

3. 镁砂项下（按重量计含氧化镁 70%以上的混合物”（海关商品编码为 3824909200）的出口不指定报关口岸）其他产品的出口：大连海关（大窑湾、营口、鲅鱼圈、丹东、大东港、庄河）、青岛海关（莱州）、天津海关（东港、新港）、长春海关（图们）、满洲里海关。

4. 稀土出口：天津海关、上海海关、青岛海关、黄埔海关、呼和浩特海关、南昌海关、宁波海关、南京海关和厦门海关。

5. 锑及锑制品出口：黄埔海关、北海海关、天津海关。

6. 对港澳台地区出口天然砂：限定于企业所在省的海关。

实践指南

报关时出口的大宗、散装货物的溢装数量不得超过出口许可证所列出口数量的 5%。对不实行“一批一证”制的大宗、散装货物，在每批货物出口时，按其实际出口数量进行核扣，最后一批货物出口时，其溢装数量按该许可证实际剩余数量并在规定的溢装上限 5%内计算。

（三）两用物项和技术进出口许可证管理

两用物项和技术是指《中华人民共和国核出口管制条例》《中华人民共和国核两用品及相关技术出口管制条例》《中华人民共和国导弹及相关物项和技术出口管制条例》《中华人民共和国生物两用品及相关设备和技术出口管制条例》《中华人民共和国监控化学品管理条例》《中华人民共和国易制毒化学品管理条例》及《有关化学品及相关设备和技术出口管制办法》所规定的相关物项和技术。

两用物项和技术许可证办理程序如表 2.9 所示。

以任何方式进口或出口，以及过境、转运、通运列入《两用物项和技术进出口许可证管理目录》的商品，进出口经营者应向海关提交有效的两用物项和技术进出口许可证。两用物项和技术许可证管理的内容如表 2.10 所示。

表 2.9 两用物项和技术许可证办理程序

货物内容	批准部门及手续办理程序
核、核两用品、有关化学品、导弹相关物项、易制毒化学品和计算机	核材料出口凭国防科工局的批准文件办理相关手续
	外商投资企业进出口易制毒化学品凭商务部的批复单申请领证
监控化学品进出口	国家禁止化学武器公约工作领导小组办公室签发核准单，向商务部许可证事务局申请领证
进口放射性同位素	报环保部审批，向商务部许可证事务局申请领证

表 2.10 两用物项和技术进出口许可证管理的内容

管理项目内容	注意事项
有效期不得超过 1 年	跨年度使用时，在有效期内只能使用到次年 3 月 31 日，逾期发证机构将根据原许可证有效期换发新证
不得擅自更改证面内容	若需更改，经营者应当在许可证限期内提出更改申请，并将许可证交回原发证机关，由原发证机关重新换发许可证
实行“一证一关”管理	进口许可证实行“非一批一证”制，出口许可证实行“一批一证”制
1. 进出口许可证仅限于申领许可证的进出口经营者使用，不得买卖、转让、涂改、伪造和变造；进出口许可证应在批准的有效期内使用，逾期自动失效，海关不予验放 2. 出口许可证实行联网核查管理，纸质许可证与许可证电子数据同时作为海关监管的依据 3. 进口许可证证面的进口商、收货人应分别与海关进口货物报关单的经营单位、收货单位相一致 4. 出口许可证证面的出口商、发货人应分别与海关出口货物报关单的经营单位、发货单位相一致	

海关有权对进出口经营者进出口的货物是否属于两用物项和技术提出质疑，进出口经营者应按规定向相关行政主管部门申请进口或者出口许可，或者向商务主管部门申请办理不属于管制范围的相关证明。省级商务主管部门受理其申请，提出处理意见后报商务部审定。对进出口经营者未能出具两用物项和技术进口或者出口许可证或者商务部相关证明的，海关不予办理有关手续。

实践指南

如果出口经营者的物项和技术存在被用于大规模杀伤性武器及其运载工具风险的，无论该物项和技术是否列入管理目录，都应当办理两用物项和技术出口许可证。

出口经营者在出口过程中，如果发现拟出口的物项和技术存在被用于大规模杀伤性武器及其运载工具风险的，应及时向国务院相关行政主管部门报告，积极配合采取措施中止合同执行。

（四）自动进口许可证管理

自动进口许可证是指国家对部分自由进口的货物，对外贸易经营者一经向政府提出申请，即应当获得批准，并不得附加任何其他限制条件。自动进口许可证是对自由进口货物实行有效监测的手段。

1. 自动进口许可证管理的商品

实施自动进口许可管理的商品包括非机电产品和机电产品，分为两个管理目录。

目录一（非机电产品）包括牛肉、猪肉、羊肉、肉鸡、鲜奶、奶粉、大豆、油菜子、植物油、食糖、豆粕、烟草、二醋酸纤维丝束、铜精矿、煤、铁矿石、铝土矿、原油、成品油、氧化铝、化肥、废钢共 22 类商品。

目录一商品由商务部授权的地方商务主管部门发证机构或者商务部许可证局负责发证。

目录二（机电产品）包括以下两部分。

（1）由商务部许可证局发证的机电产品，包括烟草机械、移动通信产品、卫星广播电视设备及关键部件、汽车产品（小客车、小轿车、越野车及其发动机）、飞机（中、大、特大型航空器）、船舶（大型客、货轮）、游戏机等 7 类商品。

（2）商务部授权地方、部门机电产品进出口办公室发证的机电产品，包括汽轮机、发动机（非《协调制度》第 87 章所列车辆用）及关键部件、水轮机及其他动力装置、化工装置、食品机械、工程机械、造纸机械、纺织机械、金属冶炼及加工设备、金属加工机床、电气设备、铁路机车、汽车产品（中、大型客、货车及其车身、底盘等）、飞机（直升机、无人机等）、船舶（拖轮、挖泥船等）、医疗设备等 16 类商品。

2. 免交自动进口许可证的商品

进口列入《自动进口许可管理货物目录》的商品，在办理报关手续时须向海关提交自动进口许可证，但下列情形免交自动进口许可证。

（1）加工贸易项下进口并复出口的（原油、成品油除外）。

（2）外商投资企业作为投资进口或者投资总额内生产自用的（旧机电产品除外）。

（3）货样广告品、实验品进口，每批次价值不超过 5 000 元人民币的。

（4）暂时进口的海关监管货物。

（5）进入中华人民共和国保税区、出口加工区等海关特殊监管区域及进入保税仓库、保税物流中心的属自动进口许可管理的货物。

（6）加工贸易项下进口的设备监管期满后留在原企业使用的。

（7）国家法律法规规定其他免领自动进口许可证的。

3. 自动进口许可证管理的内容

自动进口许可证管理的内容如表 2.11 所示。

表 2.11　自动进口许可证管理的内容

管理项目内容	注意事项
有效期为 6 个月	仅限公历年度内有效
原则上实行“一批一证”管理	大宗散装货物，其溢装数量在货物总量 3%以内的原油、成品油、化肥和钢予以免证，其他货物溢装数量在货物总量 5%以内的予以免证
部分货物实行“非一批一证”管理	在有效期内可以分批次累计报关使用，但累计使用次数不得超过 6 次。每次报关时，海关在自动进口许可证原件“海关验放签注栏”内批注后，海关留存复印件；最后一次使用后，海关留存正本。同一进口合同项下，收货人可以申请并领取多份自动进口许可证
自动进口许可证实行联网核查管理，纸质许可证与许可证电子数据同时作为海关监管的依据	

（五）进出口许可证的申请、签发

我国的进出口许可证的审核和签发由商务部统一负责，实行分级管理。申领进出口许可证要按照国家进出口许可证管理商品分级发证目录的要求向各级签发机关办理。

中央、国务院各部委及其所属企业，由其主管部门向商务部配额许可证事务局申领。商务部授权该部驻各地特派员办事处签发沿海开放城市及在其联系地区内有关单位的部分进出口许可证。商务部授权各省、自治区、直辖市、计划单列市的商务厅（局）签发本地区部分出口货物许可证和部分进口货物许可证。

办理进出口许可证的基本程序如图 2.3 所示。

图 2.3　办理进出口许可证的基本程序

读者可在海关总署网站相关栏目通过关键词查询进出口管理相关文件，看看是否有新政策：http://www.customs.gov.cn/publish/portal0/tab49659/

（1）申请。申领单位须向发证机关提出书面申请函件申领进口或出口许可证，并应按照商务部规定的要求填写“进口许可证申请表”或“出口许可证申请表”，在申请表中写明申请单位名称、进口或出口商品名称、进口或出口成交价格、贸易方式、进口国别（地区）或输往国别（地区）、出运或到运口岸等内容。

（2）审核、输入计算机。填好的进出口许可证申请表，由申请单位加盖公章后送交发证机关。经审核符合要求的，将申请表各项内容输入计算机。

（3）发证。发证机构自收到申请之日起 3 个工作日内发放进出口许可证，特殊情况下最多不超过 10 个工作日。发证机关签发中华人民共和国进出口许可证一式四联，将第一、第二、第三联交申领单位，凭以向海关办理货物进出口报关和银行结汇手续。

三、特殊贸易货物管理

对一些特殊贸易货物，国家单独制定了相关的管理办法，主要有废物的进口、濒危物种和野生动植物进出口、药品进出口、金银及制品进出口、音像制品进口等。

（一）固体废物进口管理

《中华人民共和国固体废物污染环境防治法》
http://www.npc.gov.cn/wxzl/gongbao/2013-10/22/content_1811015.htm

废物是指《中华人民共和国固体废物污染环境防治法》管理范围内的废物，即在生产建设、日常生活和其他活动中产生的污染环境的废弃物质，包括工业固体废物（在工业、交通等生产活动中产生的固体废物）、城市生活垃圾（在城市日常生活中或者为城市日常生活提供服务的活动中产生的固体废物，以及法律、行政法规规定视为城市生活垃圾的固体废物）、危险废物（列入国家危险废物名录或者根据国家规定的危险废物鉴别标准和鉴别方法认定的具有危险特性的废物）以及液态废物和置于容器中的气态废物。

《控制危险废物越境转移及其处置巴塞尔公约》
http://www.china.com.cn/law/flfg/txt/2006-08/08/content_7057175.htm

1. 废物进口管理办法

环保部是进口废物的国家主管部门。

根据《中华人民共和国固体废物污染环境防治法》《控制危险废物越境转移及其处置巴塞尔公约》等法律、法规，对进口废物实施禁止、限制以及许可管理。

国家禁止进口不能用作原料的固体废物。禁止进口危险废物在我国境内倾倒、堆放和处置。国家限制可用做原料的固体废物进口，对于可以用作原料的废物进口或外商投资设立（包括与我国企业合资设立）的利用进口废料做原料的加工任务进行严格限制。

国家对进口可用作原料的固体废物的国内收货人及国外供应商实行注册登记制度。申请和审批进口固体废物，按照风险最小化原则，实行“就近口岸”报关。

实践指南

2017 年 2 月 1 日，环境保护部、商务部、国家发改委、海关总署、国家质检总局联合发出通知，将 7 种固体废物从《限制进口类可用作原料的固体废物目录》调入《禁止进口固体废物目录》。这 7 种固体废物及代码分别为“1703100000 甘蔗糖蜜”“1703900000 其他糖蜜”“2525300000 云母废料”“2804619011 含硅量>99.9999999%的多晶硅废碎料”“2804619091 其他含硅量不少于 99.99%的硅废碎料”“4004000090 未硫化橡胶废碎料、下脚料及其粉、粒”“4115200090 成品皮革、皮革制品或再生皮革的边角料”。

2. 固体废物进口管理的内容

废物进口许可证是我国进出口许可管理制度中具有法律效力，用来证明对外贸易经营者经营列入《限制进口类可用作原料的废物目录》及《自动进口许可管理类可用作原料的废物目录》的废物合法进口的证明文件，是海关验放货物的重要依据。不论以何种方式进口列入上述管理范围的废物，均须事先申领废物进口许可证。

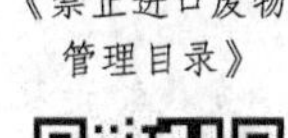

向海关申报进口列入《限制进口类可用作原料的废物目录》和《自动进口许可管理类可用作原料的废物目录》的废物，报关单位应主动向海关提交有效的废物进口许可证、口岸检验检疫机构出具的入境货物通关单及其他有关单据。

固体废物进口管理的内容如表 2.12 所示。

表 2.12　固体废物进口管理的内容

管理项目内容	注意事项
进口相关许可证当年有效	进口相关许可证因故在有效期内未使用完的，企业应当在有效期届满 30 日前向发证机关提出延期申请。发证机关扣除已使用的数量后，重新签发固体废物进口相关许可证，并在备注栏中注明“延期使用”和原证证号。固体废物进口相关许可证只能延期一次，延期最长不超过 60 日
实行“一证一关”管理	一般情况下固体废物进口相关许可证为“非一批一证”制，在有效期内可以多次报关使用，由海关逐批签注核减进口数量，最后一批进口时，允许溢装上限为固体废物进口相关许可证实际余额的 3%，且不论是否仍有余额，海关将在签注后留存正本存档。如要实行“一批一证”，应当同时在固体废物进口相关许可证备注栏内打印“一批一证”字样
1. 进口许可证实行联网核查管理，并根据实际进口数量进行核销	
2. 对废金属、废塑料、废纸等重点废物进口，实施分类管理。进口时不得与其他非重点及不属于固体废物的货物混合装运于同一集装箱内；因特殊原因无法分装的，进口企业在境外启运地装运前应向口岸直属海关提出申请，报经海关总署批准，按分拣后的状态，按规定要求逐项申报	
3. 海关怀疑进口货物为固体废物的，可以要求送口岸检疫部门进行属性检验，必要时，海关可直接送口岸检疫部门进行固体废物检验，并按照检验结果处理	
4. 固体废物从特殊监管区域和场所进口到境内区外或者在海关特殊监管区域场所之间进出的，无须办理固体废物进口相关许可证	
5. 海关特殊监管区域和场所不得以转口货物为名存放进口固体废物	

同步技能训练 2.1

2017 年 2 月 18 日，东风废物利用有限公司向黄埔海关申报进口未硫化橡胶废碎料一批，共计 200 吨，成交价格为 CIF 黄埔 USD150 000。后来黄埔海关没有验放该批货物。

试问：海关的做法合理吗？请你以报关员的身份向东风废物利用有限公司做出正确的解释。

分析：

阅读思考 2.1

根据“海关捣毁 15 个涉嫌走私固体废物团伙”的新闻，如图 2.4～图 2.9 所示，掌握海关对固体废物进口的管理，同时请思考下列问题：

1．国家为什么要对固体废物进行划分？

2．进口国家禁止进口的固体废物有什么危害？

海关捣毁 15 个涉嫌走私固体废物团伙

摘自“海关发布”微信公众号，2017 年 2 月 28 日

2017 年 2 月 24 日早上 6 点，海关总署统一指挥广东分署、天津、南京、深圳、黄埔、上海、宁波、青岛、广州等 9 个海关单位集中开展“国门利剑-2017”打击固体废物走私专项行动，海关缉私部门共出动警力 831 人，分成行动小组 48 个，在 6 个省（市）同步对重点涉案人员实施抓捕，对涉案公司场所开展搜查，对涉嫌走私进境的固体废物存放场所及加工窝点进行查缉，一举打掉涉嫌走私犯罪团伙 15 个，抓获犯罪嫌疑人 90 名。

查获的走私废物主要包括废矿渣、废塑料、废棉、废电子产品等。其中，涉案走私矿渣初步判定为国外冶炼后的残渣，不符合国家环境保护控制标准，违反《中华人民共和国固体废物污染环境防治法》及《固体废物进口管理办法》，极易对生态安全和人体健康造成危害，被国家禁止进口。

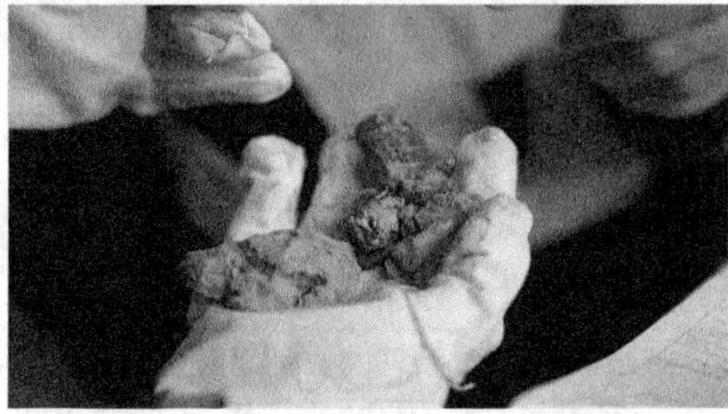

图 2.4　现场查获的废矿渣（黄埔海关）

图 2.5　查获的废光碟破碎料（黄埔海关）

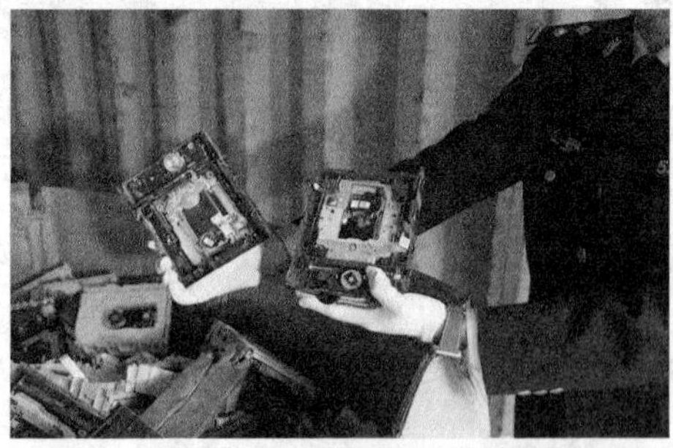

图 2.6　查获的废旧电脑光驱（深圳海关）

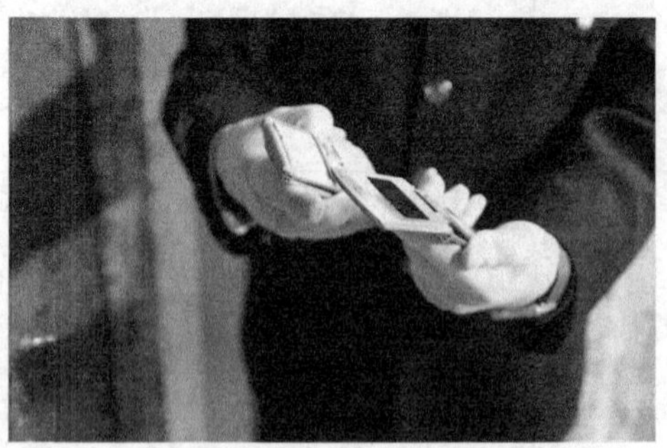

图 2.7　查获的废旧手机（深圳海关）

图 2.8　查获的电子垃圾（广州海关）

图 2.9　查获货物碎牛皮（黄埔海关）

此外，个别国内企业违反国家规定，将限制进口可用作原料的废塑料、废棉等违法转卖给无环保资质的企业。后者在生产提取利用过程中缺乏必要的污防设施，极易对当地环境造成污染威胁。

这次打击走私“洋垃圾”专项行动取得战果，此前几天，也连获战绩。前不久，南京海关破获 1.9 万余吨的特大固体走私案。与此同时，在上海海关的严密监管下，1 800 余吨“洋垃圾”近期也在上海港退运出境。

海关提醒：走私进口禁止类固体废物属于违法行为！进口限制可用作原料的固体废物，一定要严格遵守国家法律法规，履行报批、申领、备案等相应手续，合法进口、合法使用。下一步，全国海关将进一步严密监管，对固体废物实施“三个 100%”的查验措施，进一步加大与环保、质检、公安等相关执法部门的联系配合，严厉持续打击固体废物走私，坚决将走私固体废物“洋垃圾”堵在国门之外，全力保障国家生态环境和人民群众健康。

（二）濒危物种和野生动植物进出口管理

国务院林业、农业（渔业）主管部门组成的国家濒危物种管理办公室是野生动植物物种进出口的管理部门。根据《濒危野生动植物物种国际贸易公约》（也称《华盛顿公约》）和《中华人民共和国野生动物保护法》的规定，林业部门作为国家野生动植物进出口管理机构，依法行使允许进出口证明书的核发权，海关依法享有凭证查验放行权。

读者可在国家林业局规范性文件查询系统输入关键词查询进出境动植物种目录：http://gfxwj.forestry.gov.cn/

《华盛顿公约》http://baike.so.com/doc/6753811-6968389.html

1. 濒危物种和野生动植物进出口管理办法

对我国重点保护野生动植物或其产品出境和濒危物种进出境，海关凭国家濒危物种进出口管理办公室核发的允许进出口证明书并经查验无误后予以放行。凡是无允许进出口证明书的，一律不予放行。对于非法从事野生动植物或其产品、濒危物种或其产品进出境的，海关依照海关法的有关规定行使处罚权，其中情节严重，触犯刑律的，由海关移送司法机关追究其刑事责任。

濒危物种和野生动植物进出口管理办法如表 2.13 所示。

2. 濒危物种和野生动植物进出口管理内容

公约证明和非公约证明均实行“一批一证”制度。

物种证明分为“一次使用”（有效期不得超过 180 天）和“多次使用”（有效期不得超过 360 天）两种。多次使用的只适用于同一物种、同一货物类型在同一报关口岸多次进出口的野生动植物及其产品。

表 2.13 濒危物种和野生动植物进出口管理办法

合法进出口证明文件	证明文件适用范围
公约证明	列入《进出口野生动植物物种商品目录》中属于《濒危野生动植物物种国际贸易公约》成员方应履行保护义务的物种
非公约证明	列入《进出口野生动植物物种商品目录》中属于我国自主规定管理的野生动植物及其产品
物种证明	列入《进出口野生动植物物种商品目录》中适用公约证明、非公约证明管理的《濒危野生动植物物种国际贸易公约》附录及重点保护野生动植物以外的其他列入该目录的野生动植物及相关货物或物品，含野生动植物成分的纺织品

实践指南

海关对经营者进出口的商品或者物品是否为濒危野生动植物及其产品或者是否含濒危野生动植物成分提出质疑的，经营者应按海关的要求，向国家濒危物种管理办公室或其办事处申领物种证明；属于公约证明和非公约证明范围管理的应申领公约证明和非公约证明。

对于超越物种证明中任何一项许可范围的申报行为，海关均不予受理。

经营者不能出具证明书或物种证明的，海关不予放行。

（三）药品进出口管理

国家食药监局是药品药材进出口管理的主管部门，负责签发有关进出口许可证书，货物所有人或其合法代理人凭药品相关的许可证书向海关办理报关手续。

1. 进出口药品管理办法

进出口列入《精神药品品种目录》和《麻醉药品品种目录》中的药品、可能存在盐、酯、醚未列入目录的仍属于管制范围，不论以任何贸易方式进出口列入上述范围的药品，无论用于何种用途，均须事先申领精神药品进出口准许证或麻醉药品进出口准许证。

列入《兴奋剂目录》中的“其他品种”海关不按兴奋剂实施管理，其他六类（蛋白同化制剂、肽类激素品种、麻醉药品品种、刺激剂品种、药品类易制毒化学品种、医疗用毒性药品品种）均须事先申办进口准许证或出口准许证。

进口药品目录：
http://www.sda.gov.cn/WS01/CL0027/68199.html
麻醉药品和精神药品品种目录：
http://www.sda.gov.cn/WS01/CL0844/94735.html
兴奋剂目录：
http://www.sda.gov.cn/WS01/CL0087/168758.html

列入《进口药品目录》的药品、首次在中国境内销售的药品，以口岸药品检验所签发的进口药品通关单的形式实行进口限制管理，进口未列入《进口药品目录》的原料药单位，必须遵守《进口药品管理办法》中各项规定，主动到各口岸药品检验所报检。

2. 进出口药品管理内容

报关时报关单位应主动向海关提交有效的进出口准许证及其他有关单据，进出口准许证实行“一批一证”的海关管理制度，证单仅限在该证单注明的口岸海关使用。其中，兴奋剂的进口准许证有效期 1 年，出口准许证有效期不超过 3 个月。

实践指南

药品必须经由国务院批准的允许药品进口的口岸进口。截至本书出版，允许进口药品的口岸有北京、天津、上海、大连、青岛、成都、武汉、重庆、厦门、南京、杭州、宁波、福州、广州、深圳、珠海、海口、西安、南宁等19个城市所在地直属海关所辖关区口岸。

（四）金银及制品进出口管理

金银及制品进出口管理范围包括：矿藏生产金银；冶炼副产金银；金银条、锭、块、粉；金银铸币；金银制品和金基、银基合金制品；化工产品中含的金银；金银边角料及废渣、废液、废料中含的金银。

《中华人民共和国金银管理条例》

中国人民银行是金银及制品进出口管理的国家职能部门。单位或个人出口或携带金银及制品出境，必须事先到中国人民银行及其授权机构办理“金银制品出口准许证”，作为办理出口报关手续的依据，海关凭证验放。

（五）音像制品进口管理

国家新闻出版广电总局负责全国音像制品进口的监督管理工作，制定音像制品进口规划，审查进口音像制品内容，确定音像制品成品进口经营单位的总量、布局和结构。

音像制品成品进口由国家新闻出版广电总局指定的音像制品经营单位经营，未经国家新闻出版广电总局指定，任何单位或者个人不得从事音像制品成品进口业务。图书馆、音像资料馆、科研机构、学校等单位进口供研究、教学参考用的音像制品成品，应当委托国家新闻出版广电总局指定的音像制品成品进口经营单位办理有关进口审批手续。

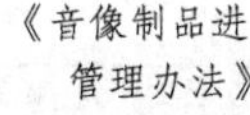

《音像制品进口管理办法》

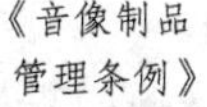

《音像制品管理条例》

音像制品进口单位凭国家新闻出版广电总局进口音像制品批准文件到海关办理母带（母盘）或者音像制品成品的进口手续，海关凭有效的“进口音像制品批准单”办理验放手续。对随机器设备同时进口以及进口后随机器设备复出口的记录操作系统、设备说明、专用软件等内容的音像制品，海关凭进口单位提供的合同发票等有效单证验放。进口音像制品批准单是我国进出口许可管理制度中具有法律效力，用来证明对外贸易经营者，经营音像制品合法进口的证明文件，是海关验放该类货物的重要依据。

同步技能训练 2.2

某大学的图书馆打算从美国进口一批用于教学的音像制品。请你为该大学提出正确的建议，并帮助该大学顺利完成该项进口任务。

分析：

综合上述内容，许可证件及其管理可归纳为表2.14。

表 2.14 许可证件管理一览表

<table>
<tr><th>证件名称（代码）</th><th>发证机构</th><th colspan="2">管理要点</th></tr>
<tr><td>进口许可证（1）</td><td rowspan="2">商务部三级发证；进出口消耗臭氧层物质由地方商务主管部门凭“消耗臭氧层物质进出口审批单”发证</td><td colspan="2" rowspan="2">“一批一证”“一证一关”；“非一批一证”使用不超过 12 次；出口大宗散装溢装 5%（油 3%）以内免证。消耗臭氧层物质在海关特殊监管区、场所与境外之间进出应领审批单、许可证；在海关特殊监管区、场所与境内其他地区或海关特殊监管区、场所之间进出免领审批单、许可证。有效期为进口许可证 1 年，出口许可证 6 个月</td></tr>
<tr><td>出口许可证（4）</td></tr>
<tr><td>两用物项和技术进口许可证（2）</td><td rowspan="2">商务部授权省级商务主管部门凭相关行政主管部门批准文件发证</td><td>“非一批一证”和“一证一关”</td><td rowspan="2">海关有权对是否属于两用物项提出质疑；有效期为 1 年内</td></tr>
<tr><td>两用物项和技术出口许可证（3）</td><td>“一批一证”和“一证一关”</td></tr>
<tr><td>自动进口许可证（非机电产品）（7）</td><td rowspan="2">商务部三级发证机构和地方机电产品进出口办公室发证</td><td colspan="2" rowspan="2">“一批一证”，如“非一批一证”，使用不超过 6 次；大宗散装溢装 5%以内（原油、成品油、化肥、钢材 3%以内）免证。下列情形免证：外商投资额内生产自用；5 000 元以下货样、实验品；暂准进口；进海关特殊监管区、场所。有效期 6 个月</td></tr>
<tr><td>自动进口许可证（机电产品）（0）</td></tr>
<tr><td>固体废物进口许可证（P）</td><td>环保部</td><td colspan="2">“一批一证”“一证一关”；口岸报检；海关有权对是否属于固体废物提出质疑；有效期为当年有效</td></tr>
<tr><td>关税配额证明（t）</td><td>商务部、国家发改委分工发证</td><td colspan="2">“一批多证”制；有效期根据具体规定确定</td></tr>
<tr><td>濒危物种允许进口证明（F）</td><td rowspan="2">国家濒管办</td><td colspan="2" rowspan="2">“一批一证”制</td></tr>
<tr><td>濒危物种允许出口证明（E）</td></tr>
<tr><td>精神药品进出口准许证（I）</td><td rowspan="2">国家食药监局</td><td colspan="2" rowspan="2">“一批一证”制</td></tr>
<tr><td>麻醉品进出口准许证（W）</td></tr>
<tr><td>药品进出口准许证（L）</td><td>国家食药监局</td><td colspan="2">“一批一证”制；境外进入海关特殊监管区或从海关特殊监管区进入境内应领证</td></tr>
<tr><td>药品进口通关单（Q）</td><td>国家食药监局授权口岸药品检验所</td><td colspan="2">“一批一证”制</td></tr>
<tr><td>进口音像制品批准单（Z）</td><td>国家新闻出版广电总局</td><td colspan="2">一次报关使用。有效期：音像制品成品当年有效；出版的影像制品 1 年有效</td></tr>
<tr><td>有毒化学品环境管理通告单（X）</td><td>环保部</td><td colspan="2">海关验放的依据</td></tr>
<tr><td>黄金及其制品进出口准许证（J）</td><td>中国人民银行</td><td colspan="2">海关特殊监管区、场所与境外及海关特殊监管区、场所之间免证</td></tr>
</table>

四、出入境检验检疫管理

对列入《出入境检验检疫机构实施检验检疫的进出境商品目录》（法检目录）及其他法律、法规规定需要检验检疫的货物进出口时，货物所有人或其代理人在办理进出口通关手续前，必须向口岸检验检疫机构报检。

《进出境商品目录（2017）》
http://www.aqsiq.gov.cn/xxgk_13386/jlgg_12538/zjgg/2016/201612/t20161230_479987.htm

检验检疫机构对出入境货物经过报检人的报检/申报、抽样/采样、检验检疫、卫生除害处理（检疫处理）一系列的检疫流程，检疫合格后签发“中华人民共和国检验检疫入境货物通关单”或“中华人民共和国检验检疫出境货物通关单”，并将通关单号标示于“中华人民共和国检验检疫入境货物报检单”或“中华人民共和国检验检疫出境货物报检单”右上角。

入境货物报检单和出境货物报检单

出入境检验检疫的流程如图 2.10 所示。

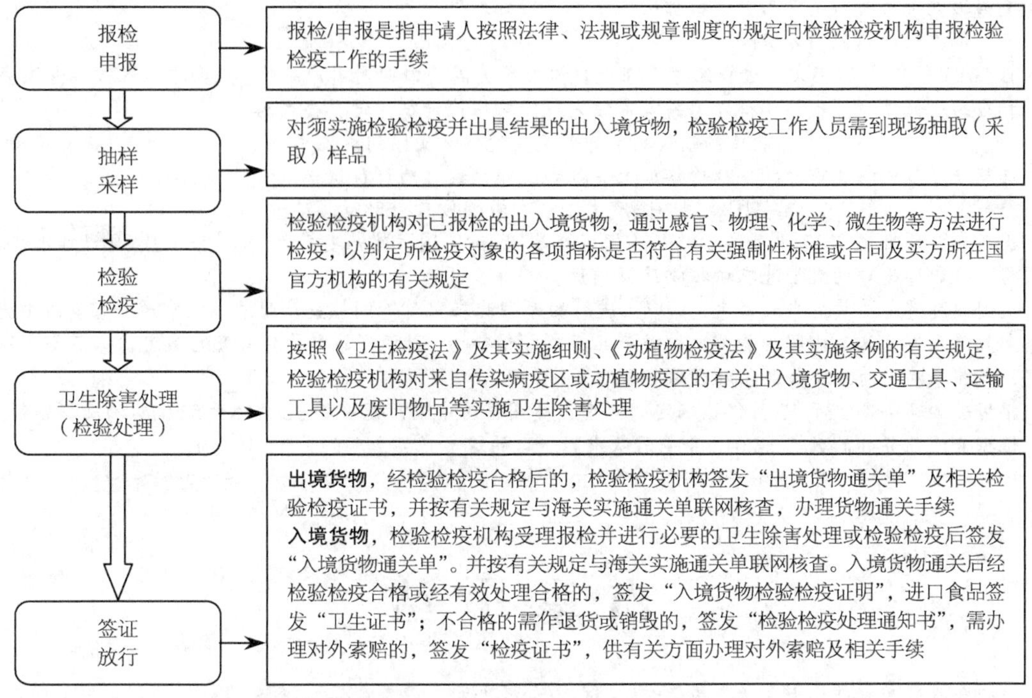

图 2.10　出入境检验检疫的流程图

海关凭口岸出入境检验检疫机构签发的“中华人民共和国检验检疫入境货物报检单”或“中华人民共和国检验检疫出境货物报检单”右上角的通关单号通关验放。

阅读思考 2.2

根据下面两篇新闻报道内容，理解倾销与反倾销的相关知识，同时请思考下面的问题：

1．国际贸易中为什么会产生贸易壁垒？

2．贸易壁垒对国际贸易会有什么影响？

3．中国产品远离反倾销的根本途径是什么？

商务部：未来 5 年继续对美国白羽肉鸡产品征收反倾销税

据中新网 2016 年 9 月 26 日电　据商务部网站消息，商务部今日发布公告，国务院关税税则委员会根据商务部的建议做出决定，自 2016 年 9 月 27 日起，对原产于美国的进口白羽肉鸡产品继续征收反倾销税，实施期限 5 年。

2015 年 9 月 25 日，应中国白羽肉鸡产业协会申请，调查机关发布公告，决定对原产于美国的进口白羽肉鸡产品所适用的反倾销措施进行期终复审调查。

调查机关对如果终止反倾销措施，原产于美国的进口白羽肉鸡产品倾销和对中国白羽肉鸡产业损害继续或再度发生的可能性进行了调查，并依据《中华人民共和国反倾销条例》第四十八条作出复审裁定，现将有关事项公告如下。

一、复审裁定

调查机关裁定，如果终止反倾销措施，原产于美国的进口白羽肉鸡产品对中国的倾销可能继续或再度发生，对中国白羽肉鸡产业造成的损害可能继续或再度发生。

二、反倾销措施

根据《反倾销条例》第五十条的规定，调查机关根据调查结果向国务院关税税则委员会提出继续实施反倾销措施的建议，国务院关税税则委员会根据调查机关的建议作出决定，自2016年9月27日起，对原产于美国的进口白羽肉鸡产品继续征收反倾销税，实施期限5年。

三、征收反倾销税的方法

自2016年9月27日起，进口经营者在进口原产于美国的白羽肉鸡产品时，应向中华人民共和国海关缴纳相应的反倾销税。反倾销税以海关审定的完税价格从价计征，计算公式为

反倾销税额＝海关完税价格×反倾销税税率

进口环节增值税以海关审定的完税价格加上关税和反倾销税作为计税价格从价计征。

美国将对中国产大型洗衣机征收52.5%反倾销税

据新华社华盛顿2017年1月30日电(记者郑启航)美国国际贸易委员会2017年1月30日作出终裁，美国将对从中国进口的大型洗衣机征收反倾销税。

美国国际贸易委员会当天裁定，从中国进口的大型洗衣机对美国相关产业造成了实质损害。由于美国商务部此前已终裁认定中国向美国出口该产品存在倾销行为，国际贸易委员会当天的裁定意味着美国商务部将正式要求海关对此类产品征收反倾销税。

根据美国商务部去年12月终裁确定的幅度，美国将对中国厂商征收32.12%至52.51%的反倾销税。

根据美国商务部的数据，2015年美国从中国进口的这类产品金额约为11亿美元。

本章小结

我国贸易管制制度的内容体系为“备”“证”“检”“核”“救”5个字。

根据管制程度的不同，进出口货物贸易管制又分为禁止进出口货物的管理、限制进出口货物的管理和自由进出口货物的管理。对列入国家公布禁止进出口目录以及国家法律、法规明令禁止或停止进出口的货物、技术，任何对外贸易经营者不得经营、报检、报关。国家实行限制进出口的货物和技术，必须依照国家有关规定，其进出口必须经国务院商务主管部门或者经国务院商务部门会同国务院有关部门许可。国家对部分属于自由进出口的货物实行自动进出口管理，对所有自由进出口的技术实行进出口技术合同登记管理。

我国进出口货物贸易管制的手段主要有进口关税配额管理、进出口许可证管理、特殊贸易货物管理和出入境检验检疫管理四种。

基础与能力训练

一、单选题

1．我国出入境检验检疫的主管部门是（　　）。

A．国家质量监督检验检疫总局　　B．海关
C．工商局　　D．税务局

2．《出入境检验检疫的进出境商品目录》所列商品称为（　　）。

A．法定检验　　B．合同检验　　C．公平检验　　D．委托检验

3．我国对外贸易管制是一种综合管理制度，下列（　　）不在其构成范围。

A．海关监管制度　　B．关税制度　　C．贸易救济制度　　D．进口报关制度

4．反补贴、反倾销是针对（　　）不公平贸易而采取的措施。

A．进口产品激增的情况　　B．价格歧视
C．国别歧视　　D．数量

5．下列（　　）不属于我国贸易管制的法律体系。

A．由国家权力机关制定的法律规范

B．由国务院制定的法律规范

C．由省、自治区、直辖市制定的地方性行政法律规范

D．由国务院有关部委制定的法律规范

6．对于限制出口货物管理，国家规定有数量限制的出口货物，实行（　　）。

A．许可证管理　　B．配额管理　　C．自动出口管理　　D．禁止出口管理

7．（　　）不在我国政府禁止进口的范围。

A．四氯化碳

B．右置方向盘汽车

C．来自疫区的动物和动物产品

D．列入《国家限制进口的可用作原料的废物目录》的固体废物

8．我国对对外贸易经营者实行（　　）管理。

A．国营贸易管理　　B．备案登记管理　　C．行政审批管理　　D．行政许可管理

9．（　　）负责全国音像制品的进口管理，省、自治区、直辖市人民政府音像制品行政管理部门负责管理本行政区域内的音像制品进口工作。

A．商务部　　B．中宣部

C．出入境检验检疫局　　D．国家新闻出版广电总局

10．国家对部分属于自由进口的货物实行（　　）。

A．自动进口许可管理　　B．进口合同登记管理

C．进口许可证管理　　D．自由进口管理

二、多选题

1．下列属于国家禁止出口的是（　　）。

A．犀牛角、虎骨、麝香　　B．硅砂、石英砂

C．劳改产品、木炭　　D．商业性出口的红豆杉

2．下列属于国家禁止进口的是（　　）。

A．四氯化碳　　B．犀牛角、虎骨　　C．氯酸钾、硝酸铵　　D．旧衣服

3．我国限制进口货物管理按照其限制方式划分为（　　）。

A．许可证件管理　　B．关税配额管理

C．绝对配额管理　　D．货物自动进口许可管理

4．经营黄金及其制品合法进出口的监管证件是（　　）。

A．黄金产品出口准许证　　B．中国人民银行授权书

C．黄金产品进出口许可证　　D．黄金产品进出口准许证

5．我国对外贸易管制制度是（　　）一系列管理制度构成的综合管理制度。

A．进出口许可制度　　B．海关监管制度

C．出入境检验检疫制度　　D．出口退税制度

6．列入我国《禁止出口货物目录》的商品有（　　）。

A．麝香　　B．麻黄草　　C．木炭　　D．硅砂

7．实行进口许可证管理的货物是（　　）。

A．监控化学品　　B．易制毒化学品　　C．消耗臭氧层物质　　D．重点旧机电产品

8．国家限制进出口货物采取的主要手段是（　　）。

A．进口关税配额管理　　B．出口配额限制管理

C．进出口许可证管理　　D．自由进出口管理

9．（　　）向海关申报进口时须交验“入境货物通关单”。

A．列入《法检目录》属于进境管理的商品　　B．美国输入我国的非《法检目录》的商品

C．入境运输设备　　　　　　　　　D．进口可再利用废物原料

10．对于未列入（　　）内的固体废物禁止进口。

A．《限制进口类可用作原料的废物目录》

B．《废物进口环境保护管理暂行规定》

C．《自动进口许可管理类可用作原料的废物目录》

D．《中华人民共和国废物污染环境防治法》

三、判断题

1．我国对于旧衣服采取的管理是限制进口。（　　）

2．我国货物限制出口，按照其限制方式划分为出口配额限制和出口非配额限制。（　　）

3．出口配额招标管理是通过直接分配方式进行分配的。（　　）

4．对外贸易管制能有效地保护本国市场和本国的经济利益，在一定程度上也会促进世界各国经济交流，促进国际贸易的发展。（　　）

5．我国对对外贸易经营者的管理实行登记和核准制。（　　）

6．关税配额管理是一种相对数量的限制。（　　）

7．国家规定有数量限制的出口货物，实行许可证件管理。（　　）

8．我国对于实行出口配额限制的出口货物，需凭配额证明到国务院商务主管部门或其授权发证机关申领出口许可证。（　　）

9．自动进口许可管理是在任何情况下对进口申请一律予以批准的进口许可制度。（　　）

10．目前，我国限制进口货物管理按照其限制方式划分为许可证件管理和关税配额管理，其中关税配额管理是指在一定时期内，国家对部分商品的进口指定关税配额税率并规定该商品进口数量总额，在限额内经国家批准后允许按照关税配额税率征税进口，如超出限额则以国家主管部门签发许可证件方式来实现限制进口。（　　）

四、名词解释

1．进出口贸易管制　　2．关税配额管理　　3．出口配额限制　　4．配额管理

5．许可证管理　　6．自动进口许可证　　7．废物

五、简答题

1．简述外贸管制的目的与内容。

2．我国对外贸易管制的手段有哪些？

3．简述我国限制进口货物的管理方式。

4．简述我国限制出口货物的管理方式。

5．简述禁止进口货物的管制制度。

6．简述禁止出口货物的管制制度。

7．什么是许可证管理？简述进口许可证管理的内容。

8．什么是废物？我国对废物进口管理的办法是什么？

六、实训项目

（一）查阅相关资料，分析：

1．申领进口许可证应向发证机关提供的材料有哪些？

2．申领出口许可证应向发证机关提供的材料有哪些？

3．进出口许可证的申领程序是什么？

（二）查阅进出口许可证的相关资料，掌握进出口许可证的填写。

上海某进出口公司向日本某商人出口一批木厚板材，合同号为06-H-28-1000。规格为20×3 000 mm，厚度大于6mm，总数量为15m^2，每平方米价格为USD350.00上海，10月份装运，采用不可撤销即期信用证付款。出口许可证号为06-AC-38000，商品编码为4407999099。根据上述条件在示例2.4中填写出口许可证相关内容。

中华人民共和国出口许可证参考实例

示例 2.4

中华人民共和国出口许可证

EXPORT LICENCE OF THE PEOPLE'S REPUBLIC OF CHINA

NO.

<table>
<tr><td colspan="3">1. 出口商：
Exporter</td><td colspan="3">3. 出口许可证号：
Export licence No.</td></tr>
<tr><td colspan="3">2. 发货人：
Consignor</td><td colspan="3">4. 出口许可证有效截止日期：
Export licence expiry date</td></tr>
<tr><td colspan="3">5. 贸易方式：
Terms of trade</td><td colspan="3">8. 进口国（地区）：
Country/Region of purchase</td></tr>
<tr><td colspan="3">6. 合同号：
Contract No.</td><td colspan="3">9. 付款方式：
Payment conditions</td></tr>
<tr><td colspan="3">7. 报关口岸：
Place of clearance</td><td colspan="3">10. 运输方式：
Mode of transport</td></tr>
<tr><td colspan="3">11. 商品名称：
Description of goods</td><td colspan="3">商品编码：
H. S. code</td></tr>
<tr><td>12. 规格、等级
Specification</td><td>13. 单位
Unit</td><td>14. 数量
Quantity</td><td>15. 单价（USD）
Unit price</td><td>16. 总值
（USD）
Amount</td><td>17. 总值折美元
Amount in USD</td></tr>
<tr><td></td><td></td><td></td><td></td><td></td><td></td></tr>
<tr><td></td><td></td><td></td><td></td><td></td><td></td></tr>
<tr><td>18. 总计 Total</td><td></td><td></td><td></td><td></td><td></td></tr>
<tr><td colspan="3">19. 备注：
Supplementary details</td><td colspan="3">20. 发证机关签章：
Issuing.authority’s.stamp.&.signature
（发证机关盖章）

21. 发证日期：
Licence date</td></tr>
</table>

补充习题及实训

扫描二维码做更多练习，巩固本章所学知识与技能。

第三章

进出口商品归类

【学习目标】

本章内容旨在让学习者熟悉《商品名称及编码协调制度》和我国海关进出口商品分类目录；掌握归类总规则的内容及依据、熟悉商品归类有关依据和申报要求；了解并熟悉我国海关进出口商品分类目录。

完成本章学习后，学习者应获得以下成果：

1. 具有熟练运用进出口商品归类总规则的能力；
2. 具有对进出口商品进行正确归类的能力；
3. 具有根据我国海关商品归类的有关依据和申报要求办理相关业务的能力。

【知识结构】

《协调制度》归类总规则
- 《协调制度》概述
- 《协调制度》归类总规则
- 《协调制度》编码的分类特点

我国海关进出口商品分类目录
- 目录概况
- 进出口商品归类的依据
- 进出口商品归类的基本操作程序

【引　　例】

大连××国际贸易有限公司申报不实被处罚

2015 年 8 月 7 日，大连××国际贸易有限公司申报出口一票货物，报关单号为 09022015022597908，申报品名为泵用硬质叶片，商品编号为 8413910000，出口退税税率为 15%，经查验货物商品编码应为 6815100000，出口退税税率为 0，影响出口退税约 0.66 万人民币，该单货值折合人民币约 4.4 万元。经查，该公司从 2014 年 8 月到案发时共计向海关申报出口 25 票品名为泵用硬质叶片的货物，申报税号均为 8413910000，出口退税税率为 15%，经大连机场海关归类认定，上述货物商品编码应为 6815100000，出口退税税率为 0，需要办理两用物项和技术出口许可证。

> 大连机场海关大机关缉违字[2015]122 号原文：http://dalian.customs.gov.cn/publish/portal101/tab49492/module193386/info816440.htm
>
> 

根据《中华人民共和国海关法》第八十六条（三）项之规定，《中华人民共和国海关行政处罚实施条例》第十五条（三）项、（五）项之规定，决定对当事人做出如下行政处罚：处以大连××国际贸易有限公司罚款 8.5 万元。

通过案例思考：

1. 为什么要查处大连××国际贸易有限公司？
2. 什么是进出口商品归类？它在国际贸易中有什么作用？

3．进出口商品应如何归类？归类时应遵循什么原则？

4．我国如何规范和管理进出口商品归类？

海关在对进出口商品管理的过程中，是按照其所属类别分别适用不同的监管条件和关税税率。同时，不同商品的类别也是海关统计中的一项重要的统计指标。因此，需要按照进出口商品的性质、用途、功能或加工程度等将其归入某一类，这种为海关管理的不同目的进行的进出口商品类别划分就是进出口商品归类。进出口商品归类是报关员必须掌握的基本技能之一，是海关对进出口商品监管、征税及统计的基础，归类正确与否直接关系到进出口货物能否顺利通关，与报关人、报关单位的利益密切相关。报关员必须掌握商品归类的规律和技巧，具备在《商品名称及编码协调制度》中快速查找商品税号和商品编码的能力。进出口商品的归类作用如图 3.1 所示。

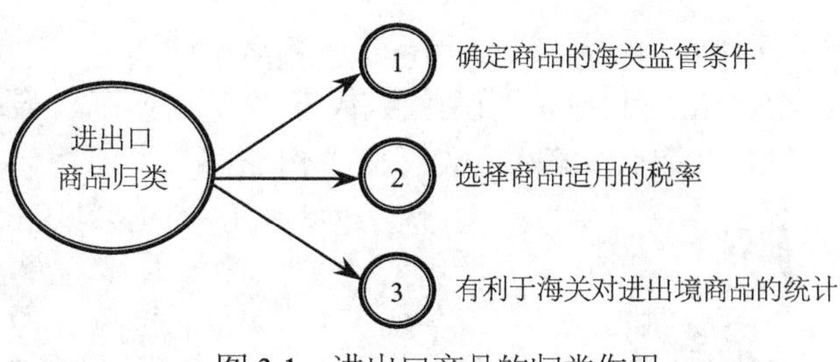

图 3.1 进出口商品的归类作用

商品归类技能的获得和熟练不仅需要专业的训练，还需要有一定的生活常识及相关领域的商品知识，因此，在学习阶段，需要将基础打牢，待正式从事报关工作时，再进一步在实践中深入理解商品归类的规律和技巧。

第一节 《协调制度》归类总规则

世界海关组织（WCO）主持制定的《商品名称及编码协调制度公约》（以下简称《公约》）于 1988 年 1 月 1 日生效，旨在保证其附件——《商品名称及编码协调制度》的顺利实施。《公约》第三条要求各缔约方“必须保证从本公约在本国生效之日起使其税则目录及统计目录与协调制度取得一致”。我国于 1992 年加入《商品名称及编码协调制度公约》。

一、《协调制度》概述

《商品名称及编码协调制度》（The Harmonized Commodity Description and Coding System，H.S.，以下简称**《协调制度》**）是在《海关合作理事会商品分类目录》（CCCN）和联合国《国际贸易标准分类目录》（SITC）的基础上，由世界海关组织参照国际上主要国家的税则、统计、运输等分类目录而编制的一个多用途的**国际贸易商品分类目录**。

1．《协调制度》的特点

《协调制度》相对其他制度有以下特点。

（1）完整性。每一种商品都不能排斥在该目录范围之外。加之归类总规则中规则四“最相类似”原则的综合运用，这就保证了目录对所有货品无所不包。

（2）系统性。《协调制度》将商品按人们所了解的自然属性、生产部类和不同用途来分类排列，同样，还照顾了商业习惯和实际操作的可能，因此便于理解、归类、查找和记忆。

(3)通用性。该目录在国际上影响很大，目前已为上百个国家（地区）所采用。采用同一分类目录的国家的进出口商品相互之间具有可比性。另外，该目录适用性强，它既适合作为海关税则目录，又适合作为对外贸易统计目录，还可作为国际运输、保险、生产、贸易等部门的商品分类目录。

(4)准确性。《协调制度》目录所列品目的概念清楚，互相不存在交叉或重复；另外，加上归类总规则以及类注释、章注释、子目注释的具体说明，因此，各条品目的范围都非常清楚。

2. 商品名称及编码表

《协调制度》按照生产部类、自然属性和不同功能用途等将商品分为22**类**、98**章**。章下分为税目和子目，商品前两位数代表“章”，第三、第四位数代表“税目”，第五、第六位数代表“子目”，第七、第八位数代表“本国子目”。

图3.2 改良种用马

例“改良种用马”（参见图3.2）的编码如下：

编码：	01	01	2	1	0	0
位数：	12	34	5	6	7	8
含义：	章	税目	1级子目	2级子目	3级子目	4级子目

归类总规则规定：前4位数字的商品编码所对应的商品名称栏目称为**品目条文**，后4位数字的商品编码所对应的商品名称栏目称为**子目**。第五位数级代表子目，表示它所在品目下所含商品1级子目的顺序号，第六位数级代表2级子目，表示它在1级子目下所含商品2级子目顺序号，第七、第八位数级依次类推。需要指出的是，若第5～8位上出现数字9，则它并不一定代表在该级子目的实际顺序号，而是通常情况下代表未具体列名的商品，即在9的前面一般留有空序号以便将来修订时增添新商品，如编码：0206.2900中第6位的9并不代表实际顺序号，而是代表除舌、肝以外的冻牛杂碎。而2～9的空序号可以用于将来增添新的商品。

《协调制度》在商品编码表中的商品名称前分别用“–”“––”“–––”“––––”代表一级子目、二级子目、三级子目、四级子目。商品编码表如表3.1所示。

表3.1 商品编码表（部分）

商品编码	商品名称	商品编码	商品名称
01.01	马、驴、骡：	01.04	绵羊、山羊：
	–马		–绵羊：
0101.2100	–––改良种用	0104.1010	–––改良种用
0101.2900	–––其他	0104.1090	–––其他
	–驴		–山羊：
0101.3010	–––改良种用	0104.2010	–––改良种用
0101.3090	–––其他	0104.2090	–––其他

3. 类注释、章注释及子目注释

从总体结构上讲，《协调制度》主要是由品目和子目构成的，为了避免各品目和子目所列商品发生交叉归类，在许多类、章下加有**类注释**、**章注释**和**子目注释**，即设在类、章之首，解释子目的文字说明，并用专用术语来定义或区分某些商品的技术标准及界限。注释除另有规定外，一般只限于使用相应的类、章、品目及子目。

类注释：在类下的注释就是类注释。如“第一类 活动物；动物产品”的类注释如下：

第一类 活动物；动物产品

注释：

一、本类所称的各属种动物，除条文另有规定的以外，均包括其幼仔在内。

二、除条文另有规定的以外，本目录所称干的产品，均包括经脱水、蒸发或冷冻干燥的产品。

章注释：在章下的注释就是章注释。如“第四章　乳品；蛋品；天然蜂蜜；其他食用动物产品”的章注释如下：

第四章　乳品；蛋品；天然蜂蜜；其他食用动物产品

注释：

一、所称“乳”，是指全脂乳及半脱脂或全脱脂的乳。

二、税目 04.05 所称：

（一）“黄油”，仅指从乳中提取的天然黄油、乳清黄油及调制黄油（新鲜、加盐或酸败的，包括罐装黄油），按重量计乳脂含量在 80%及以上，但不超过 95%，乳的无脂固形物最大含量不超过 2%，以及水的最大含量不超过 16%。黄油中不含添加的乳化剂，但可含有氯化钠、食用色素、中和盐及无害乳酸菌的培养物。

（二）“乳酱”是一种油包水型可涂抹的乳状物，乳脂是该制品所含的唯一脂肪，按重量计其含量在 39%及以上，但小于 80%。

三、乳清经浓缩并加入乳或乳脂制成的产品，若同时具有下列三种特性，则视为乳酪归入税目 04.06：

（一）按干重计乳脂含量在 5%及以上的；

（二）按重量计干质成分至少为 70%，但不超过 85%的；

（三）已成形或可以成形的。

子目注释：在子目下的注释就是子目注释。如“第四章　乳品；蛋品；天然蜂蜜；其他食用动物产品”的子目注释如下：

第四章　乳品；蛋品；天然蜂蜜；其他食用动物产品

注释：

一、子目号 0404.10 所称“改性乳清”，是指由乳清成分构成的制品，即全部或部分去除乳糖、蛋白或矿物质的乳清、加入天然乳清成分的乳清及由混入天然乳清成分制成的产品。

二、子目 0405.10 所称“黄油”，不包括脱水黄油及印度酥油（子目号 0405.90）。

4. 注释的定义方式

（1）定义法：以定义形式来划分税目范围及对某些货品的含义做出解释。例如，第 72 章的章注释一（五）对不锈钢的定义为按重量计含碳量在 1.2%及以下、含铬量在 10.5%及以上的合金钢，不论是否含有其他元素，凡符合以上定义的就归入不锈钢。

（2）列举法：列举典型商品名称或允许加工方式，说明商品含义，便于用类比的方法进行商品归类。例如，第 39 章的章注释二（本章不包括）的第 17 条；第 90 章的物品（如光学元件、眼镜架及绘图仪器）。

（3）详列法：通过详列具体商品名称来规定允许加工方式，限定品目或子目的商品范围。例如，第 30 章的章注释四规定了只能归入税目号 3006 的物品，一共详列了 11 种来限定该税目号的范围。第 7 章的章注释二逐一列举了 0709、0710、0711 及 0712 各品目包括的蔬菜名称，从而限定了此处蔬菜的品种范围；第一类的类注释二详列了加工干产品的手段，明确了允许商品加工的全部方式，起到了限定商品范围的作用。

（4）排他法：用排他性条款列出若干不能归入本类、章、品目及子目的商品名称，或不允许采用的加工方式，杜绝商品误归类现象的发生。如第十一类纺织原料及纺织制品的类注释一列出了 21 种不能归入该类的货品；第 67 章章注释一详列了不得归入该章的商品。

二、《协调制度》归类总规则

一个完善的分类体系必须提供规范的归类方法，按照该归类方法操作可以保证商品归类的唯一性，即将每一个商品对应唯一的商品编码，并将似乎也存在其他编码的可能性除外。按照该归类方法操作，还必须保证每一个商品总能归入同一编码，不会因归类人员等的不同而变化。《协调制度》归类总规则，位于《协调制度》文本的卷首，是指导整个《协调制度》商品归类的总规则。

实践指南

纳税义务人应按照《协调制度》规定的条文和归类总规则、类注释、章注释、子目注释以及其他归类注释，对其申报的进出口商品进行商品归类。因此，商品的归类，应遵循《协调制度》中所列归类六规则的有关规定。

归类总规则是《协调制度》中所规定的最为基本的商品归类原则，它规定了6条基本原则，在使用归类总规则时应注意以下两点：一是**按顺序使用每条规则**。当规则一不合适时才用规则二、规则三，依次类推。二是在**使用规则二至规则四时要注意类注释、章注释和品目是否有特别的规定或说明**。如有规定，应按品目或注释的规定归类，而不使用规则二至规则四。如有产品按这个归类规则和方法**不能确定应归税目可向海关请示和咨询**。

课堂讨论 3.1

商品编码申报不符会引起什么问题？

（一）规则一

【条文原文】

类、章及分章的标题，仅为查找方便而设。具有法律效力的归类，应按品目条文和有关类注释和章注释确定，如品目、类注释或章注释无其他规定，按以下规则确定。

【条文解释】

规则一有三层含义：一是“类、章及分章的标题，仅**为查找方便而设**”，不具有法律效力；二是“**具有法律效力的**归类应按品目条文和有关**类注释**或**章注释**确定”；三是按品目条文、注释、归类总原则的归类顺序归类，只有在前级依据无法确定该商品归类时，才能使用下一级依据，各级依据矛盾时，以前级为准。

例如“印有风景画的纸质标签”（参见图3.3）的归类操作如下。

图3.3 纸质标签

第1步：根据类、章及分章标题，该货品看似应该作为纸质品归入第48章或作为印刷品归入第49章。

第48章 纸及纸板；纸浆、纸或纸板制品	第49章 书籍、报纸、印刷图画及其他印刷品；手稿、打字稿及设计图

第2步：对比第48章和第49章的章注释。可见，印有风景画的纸质标签不是以图画作为主要用途，所以印有风景画的纸质标签应归入第48章。

第48章	第49章
章注释： 一、除条文另有规定的以外，本章所称的“纸”包括纸板（不考虑其厚度或每平方米重量） ……	章注释： 一、本章不包括： …… （四）雕版画、印刷画、石印画的原本（品目

十二：除品目 48.14 及 48.21 的货品外，印有图案、文字或图画的纸、纸板、纸纤素絮及其制品，如果所印图案、文字或图画作为其主要用途，应归入第 49 章。

97.02），品目 97.04 的邮票、印花税票、纪念封、首日封、邮政信笺及类似品，以及第 97 章的超过 100 年的古物或其他物品。

第 3 步：查阅第 48 章品目。对比第 48 章品目条文，品目 48.21 的条文为“纸或纸板制的各种标签，不论是否印刷”，可见纸制标签与品目 48.21 条文相符，是品目 48.21 的货品，故应归入品目 48.21。

第 48 章　纸及纸板；纸浆、纸或纸板制品

4801 成卷或成张的新闻纸：

……

4821 纸或纸板制的各种标签，不论是否印制：

48211000 纸或纸板印刷的各种标签

48219000 纸或纸板制的其他各种标签

4822 纸浆、纸或纸板（不论是否穿孔或硬化）制的筒管、卷轴、纡子及类似品：

4823 切成一定尺寸或形状的其他纸、纸板、纤维素絮纸及纤维素纤维网纸；纸浆、纸、纸板、纤维素絮纸及纤维素纤维网纸制的其他物品：

本货品的归类使用了相关章注释、品目条文，因此，归类依据为规则一。

可以肯定的是规则一说明了品目、类注释和章注释与其他归类规则的关系，即明确在商品归类时，品目条文及任何相关的类、章注释是最重要的，是首先要遵循的规定。只有在品目和类、章注释无其他规定的条件下，方可依据规则二至规则四。不可因为某商品符合某一类、章及分章的标题就确定归入该类、章及分章，正确的归类应该是依据税（品）目条文和类注释、章注释及规则一以下的各条规则。

（二）规则二

【条文原文】

（1）品目所列货品，应视为包括该项货品的**不完整品或未制成品**，只要进口或出口的该项不完整品或未制成品**具有完整品或制成品的基本特征**；还应视为包括该货品的完整品或制成品（或按本款可作为完整品或制成品归类的货品）在报检时的**未组装件或拆散件**。

（2）品目中所列材料或物质，应视为包括该种材料或物质与其他材料或物质混合或组合的物品。品目所列某种材料或物质构成的货品，应视为包括全部或部分由该种材料或物质构成的货品，由一种以上材料或物质构成的货品，应按规则三归类。

【条文解释】

（1）规则二专为扩大品目条文的范围而设，适用于品目条文、章注释、类注释无其他规定的场合。

（2）规则二（一）将制成的某些货品的品目范围扩大为不仅包括完整的货品，而且还包括该货品的**不完整品或未制成品**，只要报验时它们具有完整品或制成品的基本特征。还包括完整品或制成品在进口或出口时的**未组装件或拆散件**。

“不完整品”是指缺少一些非关键部分的货品，如未安装座位与缺个门的一辆汽车。例如“缺少轮子的轿车”（参见图 3.4）的归类，归类操作如下。

图 3.4　轿车

第 1 步：缺少轮子的轿车完全具有轿车的基本特征，所以，仍应归入“第 87 章　车辆及其零件、附件，但铁道及电车道车辆除外”。

第 2 步：查阅第 87 章品目。对比第 87 章品目条文可知，不完整品的小汽车应归入 87089999。

第 87 章 车辆及其零件、附件，但铁道及电车道车辆除外

8701 牵引车、拖拉机（税目 87.09 的牵引车除外）：

……

8708 机动车辆的零件、附件，税目 87.01 至 87.05 所列车辆用：

87081000 缓冲器（保险杠）及其零件（品目 8701 至 8705 的车辆用）

车身（包括驾驶室）的其他零件、附件：

……

87089500 机动车辆用带充气系统的安全气囊及其零件

其他：

87089991 其他 8701 至 8704 所列车辆用车架

87089992 其他车辆用传动轴（品目 8701 至 8704 所列车辆用）

87089999 混合动力汽车动力传动装置，机动车辆用未列名零件附件

8709 短距离运输货物的机动车辆，未装有提升或搬运设备，用于工厂、仓库、码头或机场；火车站台上用的牵引车；上述车辆的零件：

实践指南

尚未具有制成品基本形状的半制成品（如常见的杆、盘、管等）不应作为“毛坯”对待。

“未制成品”是指已具有制成品的形状特征，但还不能直接使用，还需要继续加工的货品。不完整品的“基本特征”主要看其关键部件是否存在。对于冰箱，若压缩机、蒸发器这些关键部件存在，则可以判断为具有冰箱的基本特征。

“未制成品”的基本特征主要看其是否具有制成品的特征。齿轮的毛坯，如果其外形基本上与齿轮制成品一致，则可以判断为具有齿轮的基本特征。

“未组装件或拆散件”是指以未组装或拆散的形式报检和用于以组装或拆散的形式报检的不完整品或未制成品。“报检时的未组装件或拆散件”是指其零件可通过紧固件（螺钉、螺母、螺栓等）或通过铆接、焊接等组装方法可装配起来的物品。

“未组装件或拆散件”的基本特征主要看其是否通过简单组装即可装配起来。

组装方法的复杂性可不考虑，但其零件必须是无须进一步加工的制成品。某一物品的未组装零件如超出组装成品所需数量的，超出部分应单独归类。

（3）规则二（二）是针对**混合及组合的材料或物质**构成的货品而设的，目的在于将任何列出某种材料或物质的品目扩大为该种材料或物质与其他材料或物质的混合品或组合品**等同于**单一材料或物质构成的货品。

例如“涂蜡的热水瓶软木塞子”（已加入了其他材料或物质）（参见图 3.5）的归类操作如下。

第 1 步：查章目可知，“涂蜡的热水瓶软木塞子”应归入第 45 章“软木及软木制品”。

第 2 步：查阅第 45 章品目。对比第 45 章品目条文，“涂蜡的热水瓶软木塞子”仍应归入第 45 章 软木及软木制品品目 45031000。

图 3.5 热水瓶软木塞子

第 45 章 软木及软木制品

4501 未加工或简单加工的天然软木；软木废料；碎的、粒状的或粉状的软木：

4502 天然软木，除去表皮或粗切成方形，或成长方块、正方块、板、片或条状（包括作塞子用的方块坯料）：

4503 天然软木制品：

45031000 天然软木塞子

45039000 其他天然软木制品

4504 压制软木（不论是否使用黏合剂压成）及其制品：

但是，本款规则绝不意味着将品目范围扩大到不按照规则一的规定，将不符合品目条文的货品也包括进来，即由于添加了另外一种材料或物质，货品丧失了原品目所列货品特征的情况。如加入了杀鼠剂的稻谷，实际已经是一种用于杀灭老鼠的毒饵，就不能再按 1006 的“稻谷”归类。

（4）只有在规则二（一）无法解决时，方能运用规则二（二）。例如，品目 1503 的品目条文规定为“液体猪油，未经混合”，那么混合了其他油的液体猪油就不能运用规则二（二）归入品目 1503。本款最后规定：混合及组合的材料或物质，以及由一种以上材料或物质构成的货品，如果看起来可归入两个或两个以上品目的必须按规则三归类。

（三）规则三

【条文原文】

当货品按规则二（二）或由于其他原因看起来可以归入两个或两个以上品目时，应按以下规则归类：

（1）列名比较具体的品目，优先于列名一般的品目。但是如果两个或两个以上品目都仅述及混合或组合货品所含的某部分材料或物质，或零售的成套货品中的某些货品，即使其中某个品目对该货品描述得更为全面、详细，这些货品在有关品目的列名应视为同样具体。

（2）混合物、不同材料构成或不同部件组成的组合物以及零售的成套货品，如果不能按照规则三（一）归类时，在本款可适用的条件下，应按构成货品基本特征的材料或部件归类。

（3）货品不能按照规则三（一）或（二）归类时，应按号列顺序归入其可归入的最末一个品目。

【条文解释】

在运用规则三时，必须按其中（一）～（三）款的顺序逐条运用。

1. 规则三（一）

按照“具体列名”原则**列出品名要比列出的类名更具体**。但是，如果两个或者两个以上品目都仅述及混合或组合货品所含的某部分材料或物质，或零售成套货品中的某些货品，即使其中某个品目比其他品目对该货品描述得更为全面、详细，该货品在有关品目的列名应视为同样具体。

（1）具体名称与类别名称相比，前者更具体，因此，按商品**具体名称列目的税号优先于按商品类别列目的税号**。例如“电动剃须刀”（参见图 3.6）的归类操作如下。

图 3.6　电动剃须刀

第 1 步：税则上有三个税号与“电动剃须刀”有关：①税号 8467，是按手提式风动或液压工具及本身装有电动或非电动动力装置的手提式工具的商品名称列目；②税号 8509，是按家用电动器具，税目 85.08 的真空吸尘器除外的商品名称列目；③税号 8510 是按电动剃须刀、电动毛发推剪及电动脱毛器的商品名称列目。三个税号比较如下。

税号 8467	税号 8509	**税号 8510**
手提式风动或液压工具及本身装有电动或非电动动力装置的手提式工具	家用电动器具，税目 85.08 的真空吸尘器除外	**电动剃须刀、电动毛发推剪及电动脱毛器**

显然，电动剃须刀不能按照 8467 列目归类，可归入税号 8509 或 8510。

第 2 步：查阅第 85 章品目。比较第 85 章品目条文，8510 的列目要比 8509 更为具体，因此，根据规则三（一）电动剃须刀应归入 85101000。

第 85 章 电机、电气设备及其零件；录音机及放声机、电视图像、声音的录制和重放设备及其零件、附件

8501 电动机及发电机（不包括发电机组）：

……

8509 家用电动器具，税目 85.08 的真空吸尘器除外：

8510 电动剃须刀、电动毛发推剪及电动脱毛器：

85101000 电动剃须刀

85102000 电动毛发推剪

85103000 电动脱毛器

85109000 品目 8510 所列货品的零件

如果两个税号属同一商品，可比较它的内涵和外延，一般说来内涵越大，外延越小，就越具体。

图 3.7 钢化玻璃

（2）一个税目所列名称更为明确地包括某一货品，则该税目要比所列名称不完全包括该货品的其他税目更为具体。

例如“飞机用钢化玻璃”（参见图 3.7）的归类操作如下。

第 1 步：“飞机用钢化玻璃”看起来可归入两个品目：①按飞机零件归入品目 8803；②按钢化玻璃归入品目 7007。

第 2 步：7007 和 8803 品目比较。根据 7007 和 8803 的品目对比，相对来说，钢化玻璃比飞机零件描述更为具体明确，因此，“飞机用钢化玻璃”的货品应归入 7007。

第 70 章 玻璃及其制品

7001 碎玻璃及废玻璃；玻璃块料：

……

7007 钢化或层压玻璃制的安全玻璃：

钢化安全玻璃：

规格及形状适于安装在航空器及船舶上

70071900 低铁钢化太阳能电池组件封装用玻璃及其钢化安全玻璃

层压安全玻璃：

7008 多层隔温、隔音玻璃组件：

第 88 章 航空器、航天器及其零件

8801 气球及飞艇；滑翔机、悬挂滑翔机及其他：

8802 其他航空器；航天器及其运载工具、亚轨道运载工具：

8803 税目 88.01 或 88.02 所列货品的零件：

88031000 飞机用推进器

88032000 飞机用起落架及其零件（指品目 8802 所列货品用的）

88033000 飞机及直升机用其他零件

88039000 其他的航空器、航天器零件

（3）与商品关系密切的税号应优先于与其关系间接的税号。

例如“小汽车用的羊毛簇绒地毯”（参见图 3.8）的归类操作如下。

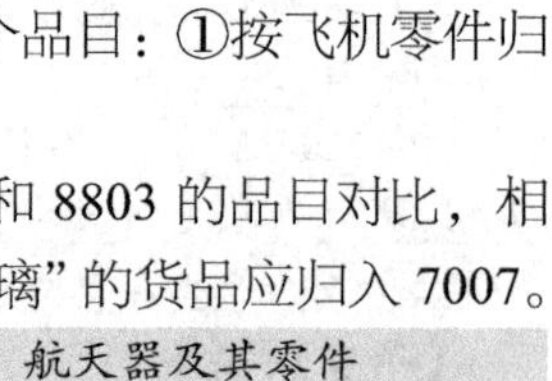

第 1 步：“小汽车用的羊毛簇绒地毯”看起来可归入的有关的税号有两个：一个是税号 8708 的机动车辆用零件、附件，另一个是税号 5703 的簇绒地毯。

图 3.8 小汽车用的羊毛簇绒地毯

对比税号 8708 和税号 5703。这两个税号是不同层次的。机动车辆用零件、附件与汽车用簇绒地毯是间接关系，簇绒地毯及纺织材料的其他簇绒铺地制品与汽车用簇绒地毯是直接关系，因此，汽车用羊毛簇绒地毯应归入 5703。因为品名 5703 明确列明簇绒地毯是列名更为具体商品。

5703	8708
簇绒地毯及纺织材料的其他簇绒铺地制品，不论是否制成的：	机动车辆的零件、附件，税目 87.01 至 87.05 所列车辆用：

第 2 步：查阅第 57 章品目。对比 5703 品目条文可知，汽车用羊毛簇绒地毯应归入 57031000。

第 57 章　地毯及纺织材料的其他铺地制品

5701 结织栽绒地毯及纺织材料的其他结织栽绒铺地制品，不论是否制成的：

5702 机织地毯及纺织材料的其他机织铺地制品，未簇绒或未植绒，不论是否制成的，包括“开来姆”“苏麦克”“卡拉马尼”及类似的手织地毯：

5703 簇绒地毯及纺织材料的其他簇绒铺地制品，不论是否制成的：

57031000 羊毛簇绒地毯及其他簇绒铺地制品（包括动物细毛制，不论是否制成）

57032000 尼龙簇绒地毯及其他簇绒铺地制品（包括其他聚酰胺制，不论是否制成）

57033000 化纤簇绒地毯及其他簇绒铺地制品（尼龙制的除外，不论是否制成）

57039000 其他簇绒地毯及其他簇绒铺地制品（羊毛、化纤制除外，不论是否制成）

5704 毡呢地毯及纺织材料的其他毡呢铺地制品，未簇绒或未植绒，不论是否制成的：

5705 其他地毯及纺织材料的其他铺地制品，不论是否制成的：

2. 规则三（二）

规则三（二）所讲的混合物、组合物是已改变了原来的特征，并由几个各自独立的部件构成的组合，其功能是互相补充，形成一个新的功能，从而构成的一个整体。使用本规则的关键是确定货品的主要特征，一般来说，可在对商品的外观形态、使用方式、主要用途、购买目的、价值比例、贸易习惯、商业习惯、生活习惯等诸因素进行综合分析后来确定。

规则三（二）所讲的**零售成套货品**是指为了某种需要或者开展某项活动，将可归入不同品目的两种或两种以上货品包装在一起，**无须重新包装就可以直接零售的成套货品**。构成“零售成套货品”的商品必须满足的条件一是零包装；二是由归入不同税目号的货品组成；三是用途上是相互补充、配合使用的。

例如“自带 2.5 英寸触摸显示屏，16GB 内存，具有音频播放、视频播放、图片显示和 FM 收音等功能的 iPod nano 7”（参见图 3.9）的归类操作如下。

第 1 步：该产品是一种带声音的录制、重放等功能的无线电广播接收设备，无摄像头，不具备游戏功能。根据归类总规则三（二）应将其按无须外接电源的无线电收音机归入第 85 章。

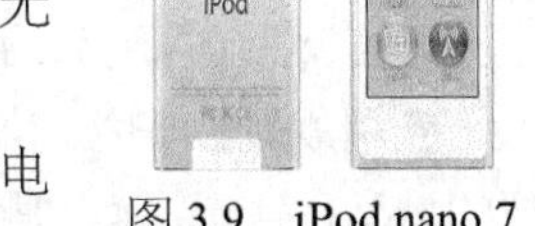

图 3.9　iPod nano 7

第 2 步：查阅第 85 章品目。对比第 85 章品目条文可知，无须外接电源的无线电收音机归入税则号列 8527。

第 85 章　电机、电气设备及其零件；录音机及放声机、电视图像、声音的录制和重放设备及其零件、附件

8526 雷达设备、无线电导航设备及无线电遥控设备：

8527 无线电广播接收设备，不论是否与声音的录制、重放装置或时钟组合在一机壳内：

8528 监视器及投影机，未装电视接收装置；电视接收装置，不论是否装有无线电收音装置或声音、图像的录制或重放装置：

实践指南

只有在不能按照规则三（一）归类时，才能运用规则三（二）。

规则三（二）的归类方法仅适用于下列商品的归类：①混合物；②不同材料的组合物品；③不同部件的组合物品；④零售的成套物品。

3. 规则三（三）

图 3.10　奶糖与巧克力糖混合而成的糖果

不能按照规则三（一）或规则三（二）归类的货品，按照“**从后归类**”原则按规则三（三）归类。

例如“奶糖与巧克力糖混合而成的一袋 500g 的糖果”（参见图 3.10）的操作如下。

第 1 步：由于奶糖与巧克力糖重量相等，因此，可归入品目为 1704 的不含可可的糖食（包括白巧克力），或者是品目为 1806 的巧克力及其他含可可的食品。

第 2 步：查阅第 17 章和第 18 章品目。按“从后归类”的原则，“奶糖与巧克力糖混合而成的一袋 500g 的糖果”最终应归入品目是 1806 的巧克力及其他含可可的食品。

第十七章　糖及糖食	第十八章　可可及可可制品
1701 固体甘蔗糖、甜菜糖及化学纯蔗糖：	1801 整颗或破碎的可可豆，生的或焙炒的：
1702 其他固体糖，包括化学纯乳糖、麦芽糖、葡萄糖及果糖；未加香料或着色剂的糖浆；人造蜜，无论是否掺有天然蜂蜜；焦糖：	……
	1806 巧克力及其他含可可的食品
	18061000 含糖或其他甜物质的可可粉
1703 制糖后所剩的糖蜜：	18062000 每件净重超过 2 千克的含可可食品
1704 不含可可的糖食（包括白巧克力）：	……
17041000 口香糖（不论是否裹糖）	18069000 其他巧克力及含可可的食品（每件净重不超过 2 千克）
17049000 其他不含可可的糖食（包括白巧克力）	

（四）规则四

【条文原文】

根据上述规则无法归类的货品，应归入与其最相类似的品目。

【条文解释】

本规则适用于货品在不能按规则一至规则三归类的情况下，应归入**最相类似**的货品的品目中。由于规则一至三能解决大多数的归类问题，而且基本上《协调制度》中每章都设有“其他未列名货品”的品目，每个品目下基本都设有“其他”子目，所以规则四极其罕用。

应用规则四归类时，第一步要用进口的货品与其相近似的物品逐一比较，从而确定其相近似的物品；第二步确定哪一个税号对该项类似物品最为适用。然后，将进口物品归入该税号之内。

（五）规则五

【条文原文】

除上述规则外，本规则适用于下列货品的归类：

（1）制成特殊形状仅适用于盛装某个或某套物品并适合长期使用的，如照相机套、乐器盒、枪套、绘图仪器盒、项链盒及类似容器，如果与所装物品同时进口或出口，并通常与所装物品一同出售的，应与所装物品一并归类。但本款不适用于本身构成整个货品基本特征的容器。

（2）除规则五（一）规定的以外，与所装货品同时进口或出口的包装材料或包装容器，如果通常是用来包装这类货品的，应与所装货品一并归类。但明显可重复使用的包装材料和包装容器不受本款限制。

【条文解释】

规则五是专门解决货品包装物归类的条款。

1. 规则五（一）

规则五（一）仅适用于同时符合以下规定的容器。

（1）制成特定形状或形式，**专门盛装**某一物品或某套物品的，即专门按所要盛装的物品进行设计的容器。

（2）使用期限与所盛装的物品相比是相称的，适合**长期使用**的容器。在物品不使用期间（例如储藏期间），这些容器还起到保护物品的作用。

（3）与所装物品**一同报验**的，不论其是否为了运输方便而与所装物品分开包装。

（4）通常与所装物**一同出售**的，单独报验的容器则应归属于物品。

实践指南

特别注意：本款规则不适用于本身构成了物品基本特征的容器。例如，装有茶叶的银质茶叶罐（参见图 3.11）的归类操作：银罐本身价值昂贵，已构成整个货品的基本特征，应与所装物品分别归类。

2. 规则五（二）

图 3.11 银质茶叶罐

规则五（二）实际上是对规则五（一）规定的补充，它仅适用于规则五（一）以外的**明显不能重复使用**的包装材料及包装容器。这些材料和容器都是货物的一次性包装物，向海关报验时，它们必须是包装着货物的，当货物开拆后，包装材料和容器一般不能再做原用途使用，例如，包装大型机器设备的木板箱，装着玻璃器皿的纸板箱等，均应与所装物品一并归类。

但本款不适用于明显可以重复使用的包装材料或包装容器，如用以装液化煤气的煤气罐。

规则五解决的是包装材料或包装容器何种情况下单独归类，何种情况下可与所装物品一并归类的问题。重点要注意包装材料或包装容器与所装物品一并归类的条件（与所装货品同时进口或出口）。

图 3.12 香水专用玻璃瓶

图 3.13 照相机套

例如“单独进口某香水专用的玻璃瓶”（参见图 3.12）的归类操作：尽管该玻璃瓶是香水专用的，但应按玻璃瓶归入 7013。

例如“与数字照相机一同进口的照相机套”（参见图 3.13）的归类操作：由于符合规则五（一）的条件，所以应与照相机一并归入数字照相机的税目 8525，而不能按 4202 的“照相机套”的列名归类。

（六）规则六

【条文原文】

货品在某一品目项下各子目的法定归类，应按子目条文或有关的子目注释以及以上各条规则来确定，但子目的比较只能在同一数级上进行。除本制度目录条文另有规定的以外，有关的类注释、章注释也适用于本规则。

【条文解释】

规则六专门解决的是**子目归类**问题。

只有货品在归入了适当的 4 位数级子目后，再考虑将它归入合适的 5 位数级子目或 6 位数级子目，并在任何情况下，优先考虑5位数级子目后再考虑6位数级子目的范围或子目注释。此外，规则六注明，只有属于同一级别的子目才可作比较并进行归类选择，以决定哪个子目较为合适，比较方法为同级比较、层层比较。

实践指南

特别注意：子目归类首先按子目条文和子目注释确定；如无法确定，则采用上述五条归类总规则；有关类注释、章注释也适用于确定子目。本款规则不适用于本身构成了物品基本特征的容器。

确定子目的顺序：①确定一级子目；②确定二级子目；③确定三级子目；④确定四级子目。

图3.14 中华绒毛蟹种苗

确定子目的原则：**"同级比较"（只有同级子目之间才能进行比较，不同级子目之间不能进行比较）**，即一级子目与一级子目比较，二级子目与二级子目比较，依次类推。

例如"中华绒毛蟹种苗"（参见图3.14）的归类操作如下：

第1步：确定"中华绒毛蟹种苗"应归入的品目。查阅类章标题，确定归入第3章。根据第3章（税）品目所示内容，确定应归入税（品）目0306。

第三章 鱼、甲壳动物，软体动物及其他水生无脊椎动物

0301 活鱼：

0302 鲜、冷鱼，但税目03.04的鱼片及其他鱼肉除外：

0303 冻鱼，但税目03.04的鱼片及其他鱼肉除外：

0304 鲜、冷、冻鱼片及其他鱼肉（不论是否绞碎）：

0305 干、盐腌或盐渍的鱼；熏鱼，不论在熏制前或熏制过程中是否烹煮；适合供人食用的鱼的细粉、粗粉及团粒：

0306 带壳或去壳的甲壳动物，活、鲜、冷、冻、干、盐腌或盐渍的；熏制的带壳或去壳甲壳动物，不论在熏制前或熏制过程中是否烹煮；蒸过或用水煮过的带壳甲壳动物，不论是否冷、冻、干、盐腌或盐渍的；适合供人食用的甲壳动物的细粉、粗粉及团粒：

0307 带壳或去壳的软体动物，活、鲜、冷、冻、干、盐腌或盐渍的；不属于甲壳动物和软体动物的水生无脊椎动物，活、鲜、冷、冻、干、盐腌或盐渍的；适合供人食用的水生无脊椎动物（甲壳动物除外）的细粉、粗粉及团粒：

0308 不属于甲壳动物及软体动物的水生无脊椎动物，活、鲜、冷、冻、干、盐腌或盐渍的；熏制的不属于甲壳动物及软体动物的水生无脊椎动物，不论在熏制前或熏制过程中是否烹煮；适合供人食用的不属于甲壳动物及软体动物的水生无脊椎动物的细粉、粗粉及团粒：

第2步：确定"中华绒毛蟹种苗"应归入的子目。查阅0306品目下的子目条文。

（1）确定一级子目。即将两个一级子目"冻的"与"未冻的"进行比较后归入"未冻的"。

（2）确定二级子目。即将二级子目"大螯虾及小龙虾""龙虾""蟹""挪威海螯虾""冷水小虾及对虾""其他小虾及对虾""其他，包括适合供人食用的甲壳动物的细粉、粗粉及团粒"进行比较后归入"蟹"。

（3）确定三级子目。即将两个三级子目"种苗"与"其他"进行比较后而归入"种苗"。

"中华绒毛蟹种苗"正确的归类（重点是子目）是0306.2410。

0306

03061 冻的：

03062 未冻的：

030621 大螯虾及小龙虾：
030622 龙虾：
030624 蟹：
　　03062410 蟹种苗
030625 挪威海螯虾：
030626 冷水小虾及对虾（长额虾属、褐虾）：
030627 其他小虾及对虾：
030629 其他，包括适合供人食用的甲壳动物的细粉、粗粉及团粒：

同步技能训练 3.1

请根据章后的《进出口商品名称与编码表（部分简表）》完成“合成石蜡”“蜡烛（零售用）”“地板蜡”等商品的归类操作。

分析：

三、《协调制度》编码的分类特点

课堂讨论 3.2

六规则有什么用途？商品归类六规则的应用顺序有什么规定？

《协调制度》编码（H.S.编码）的分类有以下特点。

1．以商品所属的社会生产分工为类

《协调制度》一般把同一工业部门或相关工业部门的商品归为一类。例如，第二类（第 6～14 章）植物产品；第六类（第 28～38 章）化学工业及相关工业的产品；第十一类（第 50～63 章）纺织工业产品。但有些章也可自立为一类，例如，第 15 章（第三类）是油脂工业产品，第 93 章（第十九类）是军工业产品，第 97 章（第二十一类）为艺术品。

2．以商品的自然属性（原料性商品）或所具有的功能和用途（制成品）为章

一般来说，不同原料的商品列入不同的章。例如，机织织物按其原料不同分别归入第 50 章（丝织物）、第 51 章（毛织物）、第 52 章（棉织物）、第 53 章（麻织物）以及第 54 章（人造丝织物）；金属制品也按其原料不同分别归入第 73 章（钢铁制品）、第 74 章（铜制品）、第 75 章（镍制品）、第 76 章（铝制品）、第 78 章（铅制品）、第 79 章（锌制品）、第 80 章（锡制品）。

相同原料制成的商品一般编排在同一章内。例如，塑料及其制品在第 39 章，橡胶及其制品在第 40 章，玻璃及其制品在第 70 章。

3．以商品的原料到成品的加工程度、深度依次排列

同一章内商品按照原料到成品的加工程度依次排列。加工程度越深，商品的品目号排得越后。例如，第 44 章的“木和木制品”的排列顺序：木料 4401、原木 4403、粗加工的木棍 4404、锯木 4407、制胶合板用的薄板 4408、胶合板 4412、木制品 4415～4421 的顺序划分为 21 个品目号。

章与章之间的编排也是加工程度越复杂的商品越往后排。例如，活动物排在第 1 章，鲜肉排在第 2 章，肉类制品则排在第 16 章；活树排在第 6 章，木材排在第 44 章，木制玩具排在第

95 章，木制工艺品排在第 97 章。

4．以商品的用途划分

对于由多种原料组成的商品或加工程度较高的工业品，不可能刻板地把所有的商品都按原料分类。因此，许多章是按商品的用途划分的，这时就不考虑其所使用的材料。例如，羽绒衣、羽绒被、羽毛球及羽毛掸，就没有按其所使用的原料归入第 67 章（羽毛，羽绒制品），而是按它们各自的用途分别归入第 62 章（机织服装）、第 94 章（床上用品）、第 95 章（体育用品）以及第 96 章（杂项制品）。此外，像第 57 章的地毯、第 64 章的鞋类以及第 95 章的玩具，也都没有考虑其原料结构归类。

5．章次的顺序多依照动物商品、植物商品、矿物商品的次序排列

活动物以及动物产品在第一类，植物产品在第二类，矿物产品在第三类。例如，第十一类纺织原料及纺织制品中第 50 章、第 51 章为动物纤维及制品，第 52 章、第 53 章为植物纤维及制品。同类商品按具体列名、一般列名和未列名的顺序排列；同一商品按整机在前、零件或配件在后的顺序排列。

6．照顾商业习惯和实际操作可行性排列

对某些进出口数量较多，又难以按生产行业分类的商品，专列类、章和商品品目按照商业习惯和实际操作可行性排列。例如，第二十类第 94 章的活动房屋。

可以看出，商品分类总的原则是按商品的原料来源，结合其加工程度、用途以及所在的工业部门来编排商品。这里，原料来源为编排的主线条，加工程度及用途为辅线条。主辅线条相辅相成，再加上“法定注释”，就能在《协调制度》所涉及的成千上万种商品中迅速、准确地确定自己商品所处的位置。

同步技能训练 3.2

请根据章后的《进出口商品名称与编码表（部分简表）》完成“糖水樱桃罐头”“糖炒栗子（零售包装）”“五香炒花生仁（塑料袋装，每件净重 500 克）”“酿酒葡萄汁（未发酵，未加酒精，50 升桶装，白利糖浓度值为 15）”等商品的归类操作。

分析：

第二节　我国海关进出口商品分类目录

我国的海关进出口商品分类目录是以《协调制度》为基础，结合我国进出口货物实际情况编制而成的。

一、目录概况

进出口商品分类目录是进出口商品归类的主要依据。我国进出口商品分类目录为二十二类，98 章。目录前六位数码及其商品名称与《协调制度》完全一致，第七、八两位数码是根据我国关税、统计和贸易管理的需要细分的，现在根据需要对部分税号又进一步分出了第九、十位数编码。

我国海关进出口商品分类目录对商品的分类和编排是有一定规律的：从类来看，基本上是按社会生产的分工来划分的；从章来看，基本上是按商品的属性或功能、用途来划分的，且每章中各税目的排序一般是按照动物、植物、矿物质产品或原材料、半制成品、制成品的顺序来编排的。

进出口商品各类、章的主要内容如下。

第一类：活动物；动物产品（第 1 章～第 5 章）。本类包括所有活动物以及未加工或仅经过有限加工的动物产品，共 5 章，分三部分：①活动物（第 1 章～第 3 章）；②食用动物产品（第 2 章～第 4 章）；③非食用动物产品（第 5 章）。某些加工程度高的动物产品及作为一些生产行业原材料的动物产品，不归入本类。归入本类的动物产品与归入其他类的动物产品，主要是根据加工程度来区分的，而各章根据不同动物产品的加工程度，都有不同的标准。因此，对动物产品进行归类时，应根据有关各章的注释和税目条文的规定来确定。

第二类：植物产品（第 6 章～第 14 章）。本类包括大多数未加工或仅做了有限加工的植物产品，共 9 章，分三部分：①活植物（第 6 章）；②食用植物产品（第 7 章～第 12 章）；③非食用植物产品（第 13 章～第 14 章）。

第三类：动、植物油、脂及其分解产品；精制的食用油脂；动、植物蜡（第 15 章）。本类既包括原材料，经部分加工或完全加工的产品，也包括处理油脂物质和动、植物蜡所产生的残渣。

第四类：食品；饮料、酒及醋；烟草及烟草代用品的制品（第 16 章～第 24 章）。本类包括加工程度超过第一类和第二类允许的范围，通常供人食用的动物或植物产品，还包括动、植物原料配制的饲料以及烟草及烟草代用品的制品。共 9 章，分 5 部分：①主要以动物产品为原料的食品（第 16 章）；②主要以植物产品为原料的食品（第 17 章～第 21 章）；③饮料、酒及醋（第 22 章）；④食品工业残渣及废料配制的动物饲料（第 23 章）；⑤烟草及其制品（第 24 章）。

第五类：矿产品（第 25 章～第 27 章）。本类包括从陆地或海洋中直接提取的原产状态或只经过洗涤、粉碎或机械物理方法精选的矿产品及残渣、废料，而其加工后的制品则归入以后的类章。

第六类：化工工业及其相关工业的产品（第 28 章～第 38 章）。本类包括化学工业产品及以化学工业产品为原料作进一步加工的相关工业产品，共 11 章，分两部分：①无机化学及有机化学品（第 28 章～第 29 章）；②各种制成品，是非单独的已有化学定义的化学品（少数除外）（第 30 章～第 38 章）。

第七类：塑料及其制品；橡胶及其制品（第 39 章～第 40 章）。本类包括的都是高分子聚合物，但并不包括所有的聚合物。

第八类：生皮、皮革、毛皮及其制品；鞍具及挽具；旅行用品、手提包及类似品；动物肠线（蚕胶丝除外）制品（第 41 章～第 43 章）。

第九类：木及木制品；木炭；软木及软木制品；稻草、秸秆、针茅或其他编结材料制品；篮筐及柳条编结品（第 44 章～第 46 章）。

第十类：木浆及其他纤维状纤维素浆；回收（废碎）纸或纸板；纸、纸板及其制品（第47章～第49章）。

第十一类：纺织原料及纺织制品（第50章～第63章）。本类由14条类注释、两条子目注释和14章构成。除注释规定的商品外，其余各种纺织原料及制品均归入本类。应用本类须注意以下几点：①马毛粗松螺旋花线（税目号51.10）和含金属纱线（税目号56.06），均应作为单一的纺织材料对待；②同一章或同一税目号所列的不同的纺织材料应作为单一的纺织材料对待；③在机织物归类中，金属线应作为一种纺织材料；④当归入第54章及第55章的货品与其他章的货品进行比较时，应将这两章作为单一的章对待。

第十二类：鞋、帽、伞、杖、鞭及其零件；已加工的羽毛及其制品；人造花；人发制品（第64章～第67章）。

第十三类：石料、石膏、水泥、石棉、云母及类似材料的制品；陶瓷产品；玻璃及其制品（第68章～第70章）。

第十四类：天然或养殖珍珠、宝石或半宝石、贵金属、包贵金属及其制品；仿首饰；硬币（第71章）。

第十五类：贱金属及其制品（第72章～第83章）。本类包括贱金属、金属陶瓷及其制品，其中的第77章为空章。“贱金属”是指铁及钢、铜、镍、铝、铅、锌、锡、钨、钼、钽、镁、钴、铋、镉、钛、锆、锑、锰、铍、铬、锗、钒、镓、铪、铟、铌、铼和铊。“金属陶瓷”是指金属与陶瓷成分以极细微粒不均匀结合而成的产品。“金属陶瓷”包括硬质合金（金属碳化物与金属烧结而成）。

第十六类：机器、机械器具、电气设备及其零件；录音机及放声机，电视图像、声音的录制和重放设备及其零件、附件（第84章～第85章）。本类分各种机器及机械器具和电气设备两部分。其归类的重点是在了解商品结构、性能、用途及简单工作原理的基础上，注意区分相似商品（或税目）的归类情况。

第十七类：车辆、航空器、船舶及有关运输设备（第86章～第89章）。

第十八类：光学、照相、电影、计量、检验、医疗或外科用仪器及设备、精密仪器及设备；钟表；乐器；上述物品的零件、附件（第90章～第92章）。

第十九类：武器、弹药及其零件、附件（第93章）。

第二十类：杂项制品（第94章～第96章）。本类杂项制品是指前述各类、章、品目号未包括的货品。

第二十一类：艺术品、收藏品及古物（第97章）。

第二十二类：特殊交易品及未分类商品（第98章，该章为空章）。

小知识

商品编码顺口溜

自然世界动植矿，一二五类在取样；三类四类口中物，矿产物料翻翻五；
化工原料挺复杂，打开六类查一查；塑料制品放第七，橡胶聚合脂烷烯；
八类生皮合成革，箱包容套皮毛造；九类木秸草制品，框板柳条样样行；
十类木浆纤维素，报刊书籍纸品做；十一税则是大类，纺织原料服装堆；

鞋帽伞杖属十二，人发羽毛大半归；水泥石料写十三，玻璃石棉云母粘；
贵金珠宝十四见，硬币珍珠同类现；十五查找贱金属，金属陶瓷工具物；
电子设备不含表，机器电器十六找；光学仪器十八类，手表乐器别忘了；
武器弹药特别类，单记十九少劳累；杂项制品口袋装，家具文具灯具亮；
玩具游戏活动房，体育器械二十讲；二十一类物品贵；艺术收藏古董类；
余下运输工具栏，放在十七谈一谈；商品归类有点难，记住大类第一环。

二、进出口商品归类的依据

《中华人民共和国海关进出口货物商品归类管理规定》第二条对“商品归类”的定义是：“商品归类是指在**《商品名称及编码协调制度公约》**商品分类目录体系下，以**《中华人民共和国进出口税则》**为基础，按照**《进出口税则商品及品目注释》《中华人民共和国进出口税则本国子目注释》**以及海关总署发布的关于商品归类的行政裁定、商品归类决定的要求，**确定进出口货物商品编码**的活动。”

我国的商品归类是以《协调制度》为体系，以《海关进出口税则》和《海关统计商品目录》为依据的。《协调制度》与《海关进出口税则》目录层级对照关系如表 3.2 所示。

表 3.2　《协调制度》与《海关进出口税则》目录层级对照关系表

《协调制度》			《海关进出口税则》		
商品编码	商品名称	编码层级	商品编码	商品名称	编码层级
02.07	品目 01.05 所列家禽的鲜、冷、冻肉及食用杂碎：	品目	02.07	品目 01.05 所列家禽的鲜、冷、冻肉及食用杂碎：	税目
0207.1	—鸡：	一级子目	0207.1	—鸡：	一级子目
0207.11	——整只，鲜或冷的	二级子目	0207.1100	——整只，鲜或冷的	二级子目
0207.12	——整只，冻的	二级子目	0207.1200	——整只，冻的	二级子目
0207.13	——块及杂碎，鲜或冷的	二级子目	0207.13	——块及杂碎，鲜或冷的	二级子目
			0207.131	———块	三级子目
			0207.1311	————带骨的	四级子目
			0207.1319	————其他	四级子目
			0207.132	———杂碎	三级子目
			0207.1321	————翼（不包括翼尖）	四级子目
			0207.1329	————其他	四级子目

进出口商品的归类应当遵循客观、准确、统一的原则。具体的依据如下。

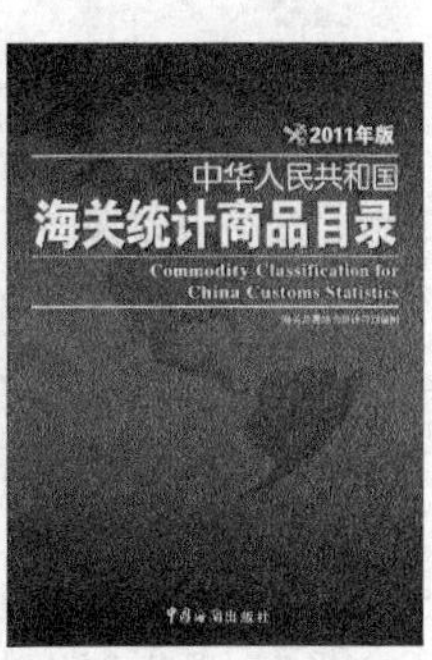

（1）《中华人民共和国海关进出口税则》和《中华人民共和国海关统计商品目录》的归类总原则、类注释、子注释、税目条文。《进出口税则》由国务院批准发布，由国务院关税税则委员会负责修订。修订的方式，一是与《协调制度》同步修订，以保持二者的一致性；二是根据我国进出口贸易政策的调整情况每年进行一次修订，并从次年的 1 月 1 日起实施。如《国务院关税税则委员会关于 2017 年关税调整方案的通知》（税委会【2016】31 号）。

扫一扫阅读税委会 2016 年第 31 号：http://gss.mof.gov.cn/zhengwuxinxi/zhengcefabu/201612/t20161223_2498029.html

国务院关税税则委员会关于 2017 年关税调整方案的通知

税委会【2016】31 号

海关总署：

《2017 年关税调整方案》已经国务院税则委员会第七次全体会议审议通过，并报国务院批准，自 2017 年 1 月 1 日起实施。

特此通知。

附件：2017 年关税调整方案

国务院关税税则委员会

2016 年 12 月 19 日

（2）海关总署下发的关于商品归类的行政规定。包括海关总署发布的文件、归类问答书、预归类决定、归类技术委员会决议及总署转发的世界海关组织商品归类决定等。如海关总署公告 2017 年第 17 号《关于公布、废止部分商品归类决定的公告》。

（3）《海关进出口税则——统计目录商品及品目注释》。其他部委、部门发布的文件和出版物中以 H.S.编码表示的商品归类与海关的规定不符的，应以海关的归类为主。如海关总署公告 2017 年第 16 号文件《关于公布〈中华人民共和国进出口税则本国子目注释〉（2017 年调整和废止部分）的公告〉》。

海关总署公告 2017 年第 17 号：http://www.customs.gov.cn/publish/portal0/tab49661/info845832.htm

海关总署公告 2017 年第 16 号：http://www.customs.gov.cn/publish/portal0/tab49661/info845437.htm

（4）在进出口商品归类过程中，海关可以要求进出口货物的收发货人提供商品归类所需的有关资料，并将其作为商品归类的依据；必要时海关可以组织化验、检验，并将海关认定的化验、检验结果作为商品归类的依据。

同步技能训练 3.3

请根据章后的《进出口商品名称与编码表（部分简表）》完成“水泥熟料”“精制硫黄[①]”“滑石粉”“熔凝的镁氧矿”“卵石”等商品的归类操作。

分析：

① 编辑注：旧作“硫磺”，读者在查询商品编码时需注意商品名称的旧称和俗称的问题，以免查不到对应的商品编码，如：“柑橘”俗称“柑桔”，“石灰岩”俗称“石灰石”。

三、进出口商品归类的基本操作程序

商品归类的基本操作程序如图 3.15 所示。商品归类是一项技术性很强的工作，因此，申报的货物品名、规格、型号等，必须满足归类的要求。下面分别以“冷冻猪肉”和“制作鲜花束用金盏花”为例说明归类准备和归类操作工作要点。

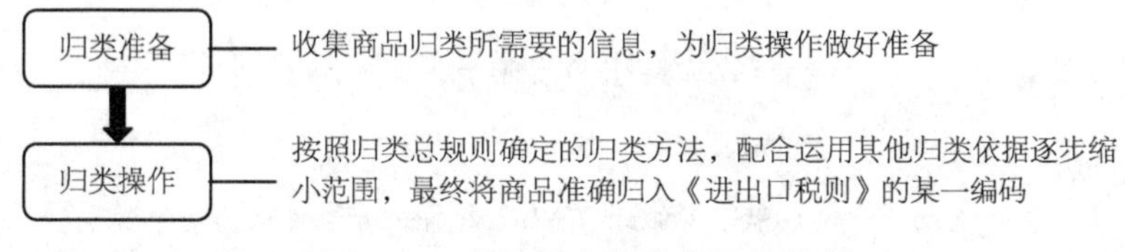

图 3.15 商品归类的基本操作程序

（一）“冷冻猪肉”归类示例

1. 归类准备

归类工作人员要从一系列包括合同、发票、产品说明书等资料中找到与归类有关的商品信息。如从发票中获取商品名称、规格型号、用途、成分、含量等信息；从产品说明书中获取商品功能、原理、作用等信息。① 通过单证资料获得信息。从产品介绍收集商品归类信息。如制作或保存方法（鲜、冷、冻）；加工方法（整头及半头、带骨或去骨等）；包装规格等。可忽略产品的标准、品感、营养价值等信息。② 通过看货取样获得信息。有些商品必须通过看货取样获得信息。如看外包装确定商品的书面资料，观察商品的内部结构获得商品的工作原理、性能指标，通过化验获得化学成分。③ 其他途径获得信息。如请教生产厂家，查询专业书籍，浏览相关网站等。

2. 归类操作

第 1 步：确定品目。明确待归类商品的基本特征（决定商品属于不同的类、章的特征）——查阅类、章标题，列出可能归入的类、章标题——查阅相应类、章中的注释和品目条文（有时相应注释或品目条文又会提及其他需要查找的类、章），如可见该商品的则确定品目，如无规定则运用归类总规则二至五确定品目。

图 3.16 冷冻猪肉

“冷冻猪肉”的物质属性——食用动物产品（参见图 3.16）。查阅类，“冷冻猪肉”作为动物产品应归入第一类“活动物；动物产品”。查阅相应类注释。

第一类 活动物；动物产品

注释：

一、本类所称的各属种动物，除条文另有规定的以外，均包括其幼仔在内。

二、除条文另有规定的以外，本目录所称干的产品，均包括经脱水、蒸发或冷冻干燥的产品。

查阅章标题“冷冻猪肉”作为食用动物产品可归入第二章“肉及食用杂碎”或第五章“其他动物产品”。

查阅相应章注释。第二章无相关注释。第五章章注释一将“食用产品”除外，因此，可确定归入第二章 02。

第二章 肉及食用杂碎

注释：

本章不包括：

一、税目 02.01 至 02.08 或 02.10 的不适合供人食用的产品；

二、动物的肠、膀胱、胃（税目 05.04）或动物血（税目 05.11、30.02）；

三、税目 02.09 所列产品以外的动物脂肪（第十五章）。

第五章 其他动物产品

注释：

一、本章不包括：

（一）食用产品（整个或切块的动物肠、膀胱和胃以及液态或干制的动物血除外）；

（二）生皮或毛皮（第四十一章、第四十三章），但税目 05.05 的货品及税目 05.11 的生皮或毛皮的边角废料仍归入本章；

（三）马毛及废马毛以外的动物纺织原料（第十一类）；

（四）供制帚、制刷用的成束、成簇的材料（税目 96.03）。

二、仅按长度而未按发根和发梢整理的人发，视为未加工品，归入税目 05.01。

三、本目录所称“兽牙”，是指象、河马、海象、一角鲸和野猪的长牙、犀角及其他动物的牙齿。

四、本目录所称“马毛”，是指马科、牛科动物的鬃毛和尾毛。

查阅第二章品目。从品目 0203 的品目注释“鲜、冷、冻猪肉”，确定“冷冻猪肉”归入品目 0203。

第 2 步：确定子目。查阅所属品目的一杠子目条文和适用的注释——如可见该商品归类规定则确定一杠子目（五位数级）——如无规定则运用作适当修改后的归类总规则一至五确定一杠子目。依次重复前述操作程序确定二至四杠子目（六至八数级子目），最终完成归类操作。

第一类 活动物；动物产品

第二章 肉及食用杂碎

0201 鲜、冷牛肉：

0202 冻牛肉：

0203 **鲜、冷、冻猪肉：**

0203 鲜、冷、冻猪肉：

02031 鲜或冷的：

02032 冻的：

整头及半头：

02032110 整头及半头乳猪

02032190 其他

02032200 带骨猪前腿、后腿及其肉块

02032900 其他冻藏猪肉

将 0203 项下子目进行比较（同级可比）。“冷冻猪肉”属“冻猪肉”。最终确定商品编码 02032900。

（二）“制作鲜花束用金盏花”归类示例

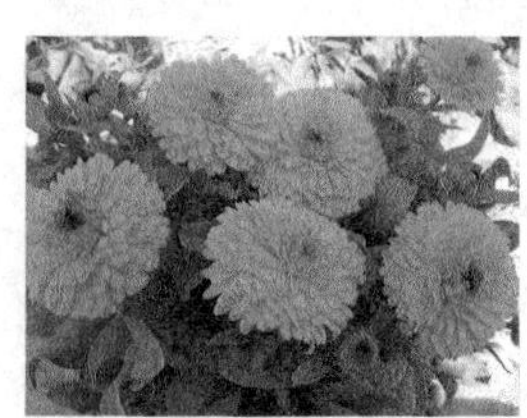

图 3.17 金盏花

按照有关规定需要化验的商品，必须由海关送验，然后再由海关根据化验结果作出归类决定。对一时难以确定归类的商品，凡不涉及许可证管理的，经海关批准，可以向海关交付保证金先予放行；属于许可证管理的商品，则应按有关法律、法规、规章办理。

例如“制作鲜花束用金盏花”（参见图 3.17）的归类。

1. 归类准备

品名：鲜的菊花（制花束或装饰用的）。金盏花又名金盏菊，为菊科金盏菊属植物。金盏菊

植株矮生，花朵密集，花色鲜艳夺目，花期长，是早春园林和城市中最常见的草本花卉。

2. 归类操作（基本操作程序）

第 1 步：确定品目。分析货物特征。物品属性——其他活植物。查阅类、章标题，列出可能归入的类、章标题。根据类标题，制作花束用金盏花应归入第二类植物产品。

第一类：活动物、动物产品	**第二类：植物产品**

根据章标题，制作花束用金盏花应归入第六章活树及其他活植物；鳞茎、根及类似品；插花及装饰用簇叶。

第二类 植物产品

第六章 活树及其他活植物；鳞茎、根及类似品；插花及装饰用簇叶

第七章 食用蔬菜、根及块茎

第八章 食用水果及坚果；柑橘属水果或甜瓜的果皮

第九章 咖啡、茶、马黛茶及调味香料

第十章 谷物

第十一章 制粉工业产品；麦芽；淀粉；菊粉；面筋

第十二章 含油子仁及果实；杂项子仁及果实；工业用或药用植物；稻草、秸秆及饲料

第十三章 虫胶；树胶、树脂及其他植物液、汁

第十四章 编结用植物材料；其他植物产品

查阅相关类、章中的注释和品目条文。

第六章章注释如下（注意章注释二）。

注释：

一、除税号 06.01 的菊苣植物及其根以外，本章包括通常由苗圃或花店供应为种植或装饰用的活树及其他货品（包括植物秧苗）；但不包括马铃薯、洋葱、青葱、大蒜及其他第七章的产品。

二、税号 06.03、06.04 的各种货品，包括全部或部分用这些货品制成的花束、花篮、花圈及类似品，不论是否有其他材料制成的附件。但这些货品不包括税号 97.01 的拼贴画或类似的装饰板。

根据品目条文，制作花束用金盏花应归入第六章 0603 的品目条文：

0601 鳞茎、块茎、块根、球茎、根颈及根茎，休眠、生长或开花的；菊苣植物及其根，但税目 12.12 的根除外；

0602 其他活植物（包括其根）、插枝及接穗；蘑菇菌丝：

0603 制花束或装饰用的插花及花蕾，鲜、干、染色、漂白、浸渍或用其他方法处理的：

0604 制花束或装饰用的不带花及花蕾的植物枝、叶或其他部分，草、苔藓及地衣，鲜、干、染色、漂白、浸渍或用其他方法处理的：

依据品目条文，制作花束用金盏花应归入品目 0603。

第 2 步：确定子目。品目 0603 下子目条文比较（同级可比）。依据子目条文，制作花束用金盏花应归入子目 1400。

0603

06031 鲜的：

06031100 鲜的玫瑰（制花束或装饰用的）

06031200 鲜的康乃馨（制花束或装饰用的）

06031300 鲜的兰花（制花束或装饰用的）

06031400 鲜的菊花（制花束或装饰用的）

06031500 鲜的百合花（百合属）（制花束或装饰用的）

06031900 其他鲜的插花及花蕾（制花束或装饰用的）

06039000 干或染色等加工的插花及花蕾

06039 其他：

制作鲜花束用金盏花最终确定的商品编码是06031400。

阅读思考3.1

上海车站海关行政处罚决定书原文：
http://shanghai.customs.gov.cn/publish/portal27/tab70826/info834991.htm

阅读《中华人民共和国上海车站海关关于××（上海）商业有限公司申报不实行政处罚决定书》（沪关车缉违字【2016】3号）的内容，充分理解进出口商品归类的重要性，同时请思考下列问题：

1．企业愿意瞒报商品品名与商品编码的真正目的？

2．企业在企业归类与海关认定存在分歧的情况下，应该如何正确处理？

本章小结

《协调制度》是一个多用途的国际贸易商品分类目录。它具有完整性、系统性、通用性和准确性的特点，它按照生产部类、自然属性和不同功能用途等把商品分为22类、98章。

《协调制度》主要是由品目和子目构成的，为避免各品目和子目所列商品发生交叉归类，在许多类、章下加有类注释、章注释和子目注释，即设在类、章之首，解释子目的文字说明，并用专用术语来定义或区分某些商品的技术标准及界限。

《协调制度》规定了6条商品归类的总规则。

基础与能力训练

一、实践练习

扫描本章附录“部分进出口商品名称与编码”的二维码，查出下列物品的《协调制度》（H.S.）代码。

1．新鲜苹果

2．家用微波炉

3．大理石毛料

4．涪陵榨菜（小袋包装）

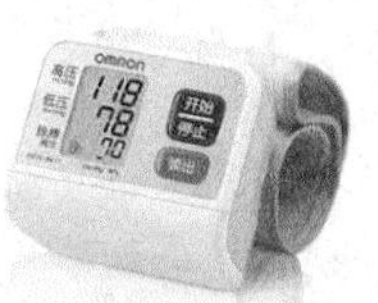

5．血压计

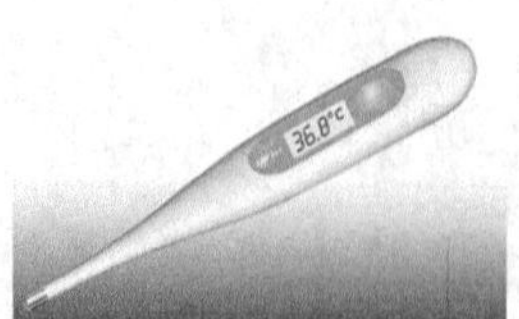

6．体温表

7．无籽小葡萄干

8．金鸡牌鞋油

9．家用电加热杯

10．鲜榨西瓜苹果混合汁
其中：苹果汁比重为60%，
白利糖度值为30

11．蓝牙耳机

12．地面卫星电视接收天线

海关归类信息查询：
http://www.haiguan.info/OnLineSearch/gateway/Classify.aspx?t=1

二、名词解释

1．商品名称及编码协调制度　　2．进出口商品归类
3．归类总规则一　　4．归类总规则二
5．归类总规则三　　6．归类总规则四
7．归类总规则五　　8．归类总规则六

2017年版《协调制度》修订目录中文版
http://www.customs.gov.cn/publish/portal0/tab49661/info817050.htm

三、简答题

1．归类总规则一说明了哪三个问题？
2．使用归类总规则二要注意哪几点？
3．总规则三（二）中所讲的零售成套货品必须同时符合哪些条件？
4．总规则五适用于哪些货品的归类？
5．在使用归类总规则的6条规则时要注意哪几点？
6．总规则四为什么应用得非常少？
7．总规则三（二）中所讲的混合物、组合物必须同时符合哪些条件？
8．进出口商品归类的依据是什么？

四、实训项目

查阅相关资料，规范填写“中华人民共和国海关商品预归类申请表”。

海关对进出口商品实行预归类制度。在海关登记注册的进出口货物经营单位，可以在货物实际进出口的45天前，向实际进出口货物所在地的直属海关申请进出口货物的预归类。申报的商品编码需要修改的，应当按照《中华人民共和国海关进出口货物报关单修改和撤销管理办法》等规定向海关提出申请。

直属海关经审核认为申请预归类的商品归类事项属于《中华人民共和国进出口税则》《进出口税则商品及品目注释》《中华人民共和国进出口税则本国子目注释》以及海关总署发布的关于商品归类的行政裁定、商品归类决定有明确规定的，应当在接受申请之日起15个工作日内制发《中华人民共和国海关商品预归类决定书》，并且告知申请人。

要求：

1．请以学习小组为单位（可以是4～6人），分别以进口人和出口人的身份完成进出口合同的拟定。

2．就合同中交易的商品完成“中华人民共和国海关商品预归类申请表”的填写（如示例3.1所示）。

示例 3.1

中华人民共和国海关商品预归类申请表

（　　　　　　）关预归类申请　　　号

申请人：（企业名称）	
企业代码：（企业在海关备案登记的十位代码）	
通信地址：（如实填写）	
联系电话：（如实填写）	
商品名称（中、英文）：	
其他名称：	
商品描述（规格、型号、结构原理、性能指标、功能、用途、成分、加工方法、分析方法等）：	
进出口计划（进出口日期、口岸、数量等）： （根据合同如实填写）	
随附资料清单（有关资料请附后）：	
此前如就相同商品持有海关商品预归类决定书的，请注明决定书编号：	
申请人（章） 年　月　日	海关（章）： 签收人： 接受日期：　年　月　日

注：① 填写此申请表前应阅读《中华人民共和国进出口货物商品归类管理规定》；② 本申请表一式两份，申请人和海关各一份；③ 本申请表加盖申请人和海关印章方为有效。

补充习题及实训	扫描二维码做更多练习，巩固本章所学知识与技能。		附录	部分进出口商品名称与编码	

第四章

一般进出口货物报关

【学习目标】

本章内容旨在让学习者了解进出境报关在报关事务中的重要性及在报关过程中所处的位置，熟悉进出境报关基本流程，了解并熟悉一般进出口货物报关的特点，掌握一般进出口货物报关的基本程序，掌握一般进出口货物报关的步骤。

完成本章学习后，学习者应获得以下成果：

1．具有对进出境报关中有关申报、配合查验、缴纳税费、提取或装运货物等作业实施是否符合基本报关程序进行分析判断的能力；

2．具有对一般进出口货物进行报关的能力。

【知识结构】

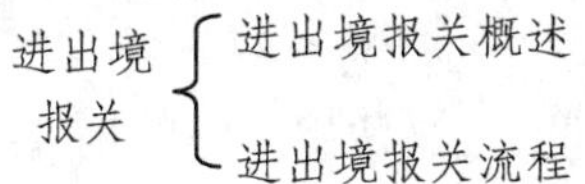

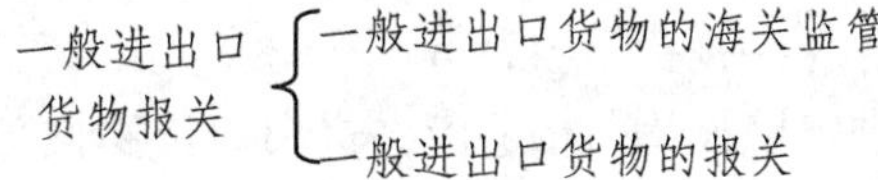

【引　　例】

全国海关通关一体化改革——消除申报关区限制

据浙江在线 2017 年 7 月 4 日讯（浙江在线记者　陈佳莹　通讯员 俞晶 张勤 陈莹）2017 年 7 月 1 日起，海关通关一体化在全国实施，企业可以在任意一个海关完成申报、缴税等海关手续。

全国通关一体化最直观的变化是“报关不再有区域性和局限性，企业可以根据自身需要在全国任意海关报关。”报关行作为专业从事报关服务的企业，是此项改革的直接受益者。

在通关环节，海关将实施“一次申报、分步处置”。企业在货物通关时一次申报，海关在货物放行前、放行后分步处置，即在口岸处置安全准入风险，完成对货物的安全准入甄别后，先予放行；货物放行后，再由属地海关开展税收后续管理。

杭州海关监管处负责人表示：“本次改革将使企业享受多重红利。一是可以选择任意地点报关，消除了申报的关区限制；二是海关执法更统一，在‘两中心’的处置下，全国通关的政策和规定在执行标准上更加一致；三是效率大大提高，简化了口岸通关环节手续，压缩了口岸通关时间。”

浙江在线原文：
http://zjnews.zjol.com.cn/zjnews/zjxw/201707/t20170704_4487992.shtml

通过案例思考：

1. 什么是全国通关一体化？全国通关一体化在“一带一路”中发挥了什么作用？

2. 进出口货物为什么要经过海关的申报、查验后才能放行？

3. 什么是一般进出口货物？一般进出口货物报关有什么特点？它的适用范围是什么？

4. 一般进出口货物报关有哪些基本环节？各环节的具体内容是什么？实际工作中应如何操作？

进出境报关是进出口业务中的一个重要环节，其工作质量的好坏与工作效率的高低直接影响着进出口货物的通关效率和相关企业的经济利益，因此，要做好报关工作首先要熟悉进出口业务流程，熟练掌握常见的商业票据的使用，同时，要加强风险意识，因为在贸易流程中任何一个环节的脱钩都有可能导致难以弥补的经济损失和信誉损失。

第一节　进出境报关

一、进出境报关概述

（一）进出境报关概念

“进出境报关”是指进出口货物的收发货人或其代理人在货物实际进出境时，向海关办理申报、配合查验、缴纳税费、放行等四个环节，以使货物获得海关放行的行为过程。

与货物“进出境报关”相适应，进出口货物收发货人或其代理人应当按程序办理相应的进出口申报、配合查验、缴纳税费、提取和装运货物等手续，货物才能进出境。但是，进出口货物“进出境报关”过程并不能完全满足海关对所有进出境货物的实际监管要求。有些进出口货物海关监管要求需要在货物进出境“申报”前事先办理备案后才能进行申报进出境；而有些进出境货物由于有后期办理核销结案的阶段，所以在海关“放行”货物后并不能代表海关手续办理完毕。

由此可见，海关对进出境货物的监管全过程按照报关流程可分为三个阶段，如图 4.1 所示。

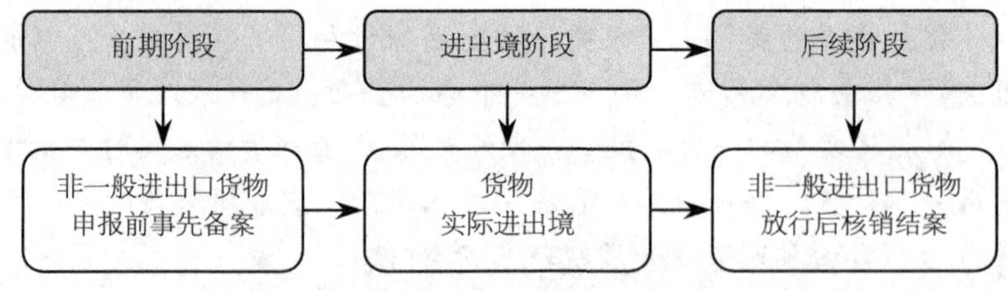

图 4.1　海关对进出境货物的监管全过程

前期阶段和后续阶段主要是针对如保税物流货物、特定减免税货物等的前期阶段和后续阶段的报关。一般进出口货物的报关过程只有进出境阶段。

报关的三个阶段与海关监管货物的关系如表 4.1 所示。

表 4.1　报关的三个阶段与海关监管货物的关系

报关阶段	报关工作内容	适用的海关监管货物
前期阶段	事先备案	保税物流货物、特定减免税货物、暂时进出境货物
进出境阶段	海关：审单、查验、征税、放行 报关单位：申报、配合查验、缴税、装运或提取货物（报关的四个环节）	一般进出口货物、保税物流货物、特定减免税货物、暂时进境货物、其他货物
后续阶段	放行后核销结案	保税物流货物、特定减免税货物、暂时进出境货物

（二）不同运输方式下进出境报关的特点

进出境运输方式分为实际进出境运输方式和无实际进出境运输方式。

货物实际进出中国关境的方式称为实际进出境。实际进出境运输方式包括水路运输、铁路运输、公路运输、航空运输、邮件运输及其他运输（人扛、驮畜、管道、输送带、输电网等）。

货物在中国关境内海关监管区之间流转以及其他境内流转的方式称为无实际进出境。无实际进出境运输方式包括：特殊监管区域之间的流转、调拨货物，特殊监管区域、保税监管场所之间相互流转的货物，特殊监管区域外的加工贸易余料结转、深加工结转、内销等货物运输。不同运输方式下进出境报关的特点如表 4.2 所示。

表 4.2　不同运输方式下进出境报关的特点

<table>
<tr><th colspan="2" rowspan="2">运输方式</th><th colspan="3">进出境报关的特点</th></tr>
<tr><th>申报进出境的地点</th><th>申报基本单证</th><th>申报运输单证</th></tr>
<tr><td rowspan="5">实际进出境</td><td>海运</td><td>设有海关的港区、码头、堆场、分拨仓库等海关监管区域</td><td rowspan="6">发票
装箱单</td><td>海运提单或海运单、提货单、装货单（场站收据）等</td></tr>
<tr><td>空运</td><td>设有海关的机场、航空站、监管仓库等海关监管区域</td><td>空运运单等</td></tr>
<tr><td>铁路</td><td>设有海关的火车站、铁路堆场、监管仓库等海关监管区域</td><td>铁路运单</td></tr>
<tr><td>陆运</td><td>设有海关的边境口岸等海关监管区域</td><td>货运单、进出境载货清单等</td></tr>
<tr><td>邮运</td><td>设有海关的邮局</td><td>邮政包裹单</td></tr>
<tr><td>无实际进出境</td><td>形式</td><td>货物所在地海关及其监管区域</td><td>根据货物流向提供相应的报关单证</td></tr>
</table>

（三）进出境报关流程

进出境报关作业流程如图 4.2 所示，以下介绍前三步。

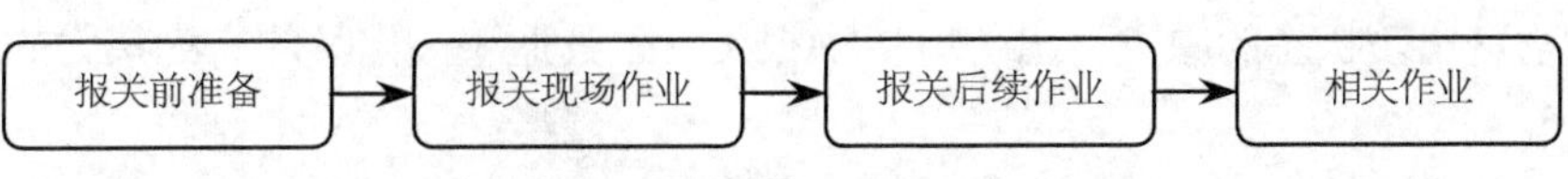

图 4.2　进出境报关作业流程

二、报关前准备

1. 报关单据

报关单据包括进出口商业单证、进出境贸易管理单证、海关单证和其他单证四类。

（1）进出口商业单证。海关工作中所指的进出口商业单证是指由进出口商、货物运输部门、保险公司和金融机构签发的单证，如合同、发票、装箱单、提运单、保险单、信用证等单证材料。与申报货物相关的进出口商业单证一般可分为必备单证和预备单证。必备单证是海关规定申报时必须向海关提交的与申报货物相关的进出口商业单证。预备单证是指在特殊情况下应海关要求向海关提交的其他与申报货物相关的进出口商业单证。进出口商业单证的类型如表 4.3 所示。

表 4.3 进出口商业单证

单证类型	单证名称
必备单证	**进出口合同**。就商品买卖所发生的权利和义务关系而达成的具有法律效力的书面协议
	商业发票。卖方向买方开立的交易货物说明，是卖方凭以向买方收取货款的价目清单
	包装单据。商业发票的补充，常见的有装箱单、包装明细单、包装提要、重量证书、尺码单、花色搭配单等
	运输单据。运输过程中产生的单据，常见的有海运提单、海运单、提货单、装货单、空运总运单、空运分运单、铁路运单等
预备单证	常见的有信用证、付款证明；保险单、保险发票、运费发票；原厂商发票、贸易发票等

实践指南

向海关申报时，预备单证一般无需直接向海关提交。但由于海关审价等工作需要，有时会要求报关员提供这些单证，为提高报关工作效率，报关员应尽可能地提前准备好这些单证。

（2）进出境贸易管理单证。在报关工作中，与申报货物相关的进出境贸易单证类型见表 4.4。

表 4.4 进出境贸易单证主要类型

单证类型	单证名称
进出口许可证件。国家授权主管部门依法对限制或自由进出口的货物和技术中实行许可证管理的货物和技术签发的贸易管理证件	进出口许可证、两用物项和技术进出口许可证、濒危物种允许进出口证明书、固体废物进口许可证、自动进口许可证等
检验检疫证件。列入《法检目录》中属于进出境管理的商品和其他法律、行政法规、规章规定实施法定检验检疫的商品签发的贸易管理证件	出境货物通关单、入境货物通关单等
其他贸易管理证件	原产地证明、关税配额证明等

（3）海关单证。海关单证是指进出口货物申报前由海关依法签发的备案、审核、核准凭证以及证明货物进出境状态的原进（出）口货物报关单、其他海关出具的有约束力的单证或文书等，见表 4.5。

（4）其他单证，是指在办理报关手续时，还必须向海关提交的单证，如表 4.6 所示。

表 4.5　海关单证

单证名称	常见单证
保税加工货物备案凭证	加工贸易手册（包括分册、续册、电子化手册）、通关电子账册（包括分册）、加工贸易不作价设备手册等
减免税货物征免税凭证	中华人民共和国海关进出口货物征免税证明
暂时进出境货物核准凭证	货物暂时进/出境申请批准决定书、经海关签注的 ATA 单证册等
其他报关作业所需凭证	进口货物直接退运表、责令直接退运通知书、加工贸易货物内销征税联系单、原进出口货物报关单、海关出具的预归类决定书等

表 4.6　其他单证

使用前提	单证名称
报关企业接受进出口收发货人委托，办理报关时提交	报关委托书/委托报关协议
无代价抵偿货物、大宗散装货物溢短装等货物向海关申报时提交	检验证明书、溢短装证明
一般退运货物向海关申报时提交	出口未退税、已补税的证明

实践指南

报关单证在报关中的作用

深圳东方贸易公司（海关编码：445306××××）代理东莞飞雨电子机械设备有限公司（组织机构代码：6772××××-Y）于 2017 年 4 月 24 日从深圳蛇口港进口小型立式加工设备两台，深圳东方贸易公司委托深圳速达报关公司代理办理进口报关手续。请分析案例中为顺利通关，各单位应提供的单证类型？

深圳速达报关公司代理办理进口报关时应向海关提供代理报关委托书/委托报关协议、贸易合同、发票、装箱单及海运提单。

委托人提供的其他信息：立式加工设备的商品编码为 85471010。

2. 报关准备

报关准备的翔实和完备是避免报关差错的前提。报关准备工作主要包括接单、理单、制单、复核等四个环节。

（1）接单。接受进出口货物海关申报的任务，行业内俗称接单。接单过程中要尽可能地获取与申报货物有关的全部报关随附单据，主要工作内容如表 4.7 所示。

表 4.7　接单的主要工作内容

接单工作内容	具体要求
获取与申报货物相关的信息	①获取商品归类信息；②申请申报前看货取样；③获取相关检疫证书
检查报关随附单证是否齐全	与委托人沟通，尽可能做到全面、完整地获取与进出口货物相关的商业单证、贸易管理单证、海关单证以及报关随附单证
接单处置	做好各类单证内部流转的签收及各项数据的核实
接单及申领单据	**海运方式下**：将海运提单正本换成可以提货的提货单（小提单）。换单注意：①确认换单时间；②确认提单的有效性；③领取正本提货单。报关企业代理收货人换单时，请提交收货人出具的授权委托书 **其他运输方式下**：凭运单直接向海关报关，不需要换单
	申领许可证件等单据

（2）理单。理单环节是对报关随附单证的有效性、一致性进行审核，为填制报关单草单和现场报关做准备的。理单基本要求是通过对报关单随附单证的审核，保证其齐全、有效和一致。理单时对报关单随附单证审核的基本点如表 4.8 所示。

表 4.8 报关单随附单证审核的基本点

审核基本点	审核要点
完备性审核	报关所要求提交的单据是否齐全
	商业单证是否体现报关时所必备的相关信息
有效性审核	①证明和证书是否在有效期内；②证明和证书的抬头、商品名称、数量、金额等内容是否与其他报关随附单证的抬头、商品名称、数量、金额一致；③证明和证书的签发机构是否符合相关法律法规的规定
单证间内容一致性审核	商业发票与证明或证书中的价格、币制是否一致
	商业发票中货物数量与包装单据、运输单据、保险单据及证明或证书中的货物数量是否一致
	商业发票中对商品的描述与包装单据、运输单据、保险单据及证明或证书中对商品的描述是否一致
	各报关单证的抬头名称是否一致

（3）制单。制单就是报关单草单的填制，基本要求如下：①制单前应根据报关单随附单据及其他有关信息确定报关单关键项目。②发现问题做好记录，及时反馈问题给接单、理单、客户相关人员。③草单填制完成并打印后与整套资料一起交下一岗位。

（4）复核。复核就是对填制完成的草单进行再次核对。复核的重点：随附单据与报关单填报内容与接单、理单、制单的岗位进一步确认；报关单各项目填报内容的逻辑关系及正确性的核对。

进出口货物收发货人或其代理人在向海关办理货物申报进出境手续前必须开展的工作流程如图 4.3 所示。

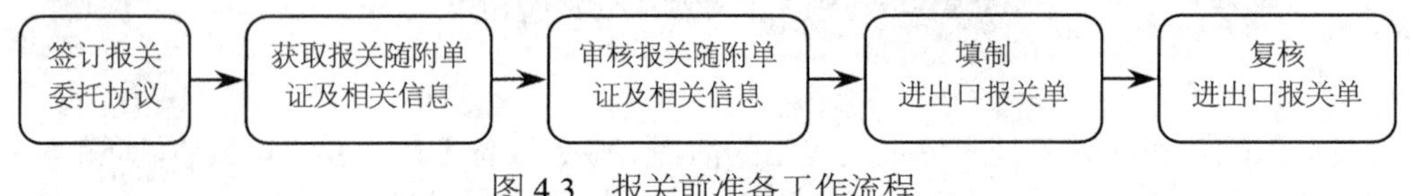

图 4.3 报关前准备工作流程

三、报关现场作业

1. 申报

申报包括报关单电子数据申报和现场交单两个步骤。

（1）报关单电子数据申报，包括预录入和预录入数据审核，具体申报操作程序如表 4.9 所示。

表 4.9 报关单电子数据申报操作程序

顺序	名称	具体内容
1	预录入	按照《报关单填制规范》填制并复核报关单草单后，将数据通过电子口岸快速通关系统（QP）进行录入，形成电子数据报关单
2	预录入数据审核	按照报关单号查找拟审核报关单，打印报关单校对稿，进行审核
		校对审核完成后，再次进入报关单申报系统，查找拟审核报关单，对审核出的错误点进行修改，确认无误后保存
		点击申报确认按钮，完成审核申报操作

（2）报关单电子数据申报结果查询。报关单电子数据发送后，原则上不能对已发送的电子数据进行修改。报关单电子数据申报结果查询可通过查询海关计算机系统发布的信息和查询海关审单中心发布的信息两种方式完成，具体查询方式如表 4.10 所示。

表 4.10　报关单电子数据申报操作程序

查询方式	查询结果	含　义
海关计算机系统发布	1. 等待处理	审单中心正在对报关单数据进行审核或正在等待审核，请继续等待处理结果
	2. 现场交单	已通过计算机审核，请立即向隶属海关现场接单审核/征收税费环节递交纸质报关单及随附单据
	3. 放行交单	已通过计算机审核，请立即携带纸质报关单前往隶属海关放行环节办理交单和放行手续
	对未能通过规范性审核的，海关将通知报关人员，并将电子报关单数据退回，请报关人员按照海关要求修改电子报关单数据后重新进行电子申报	
海关审单中心发布	1. 请修改报关数据	申报有误，请按规定办理报关单数据修改、删除手续
	2. 等待处理	审单中心正在对报关单数据进行审核或正在等待审核，请继续等待处理结果
	3. 与海关联系	通知报关人审单中心需要进一步了解有关情况
	4. 现场交单	已通过计算机审核，请立即向隶属海关现场接单审核/征收税费环节递交纸质报关单及随附单据
	5. 办理放行手续交单	已通过计算机审核，请立即携带纸质报关单前往隶属海关放行环节办理交单和放行手续

2. 现场交单

现场交单办理步骤如表 4.11 所示。

表 4.11　现场交单办理步骤

步骤	办理项目	具体办理内容
1	纸质单证整理	审单中心通过电子数据审核后，打印纸质报关单并备齐相关随附单据
2	递交纸质单证	正式递交。接到海关现场交单或放行交单通知后的 10 个自然日内，持打印的纸质报关单，备齐随附单据并签名盖章，到海关递交书面单证并办理相关海关手续
		特殊情况逾期递交。逾期递交须事先向海关提出书面申请说明原因，经海关核准后在核准的期限内办理
3	查询海关审单处理信息	1. 接单处理完成。可以进入缴纳税费或放行环节
		2. 缴纳税费。请到海关领取各类税费缴款书，并缴纳税费
		3. 已放行。请到海关办理放行手续

实践指南

正式递交时，报关员超过 10 个自然日未到海关现场递交书面单证的，电子数据报关单将会被海关删除，原申报单据无效。若想继续通关，需要重新进行电子数据报关单申报。

逾期递交必须具备两个条件：①需事先向海关申请并经海关核准。②逾期交单最长期限为 30 个自然日。超过海关核准期限仍不能完成交单的，海关将按规定删除该单。

3. 配合查验

（1）配合查验准备。报关员需要了解海关查验作业的方式，向海关确认查验的时间和地点，及时掌握货物及装箱明细等信息，评估查验时可能产生的货损风险，为确保查验过程能及时回答海关提问，需要详细了解申报货物的结构组成、成分含量、工作原理等信息，并准备相关资料。如产品说明书、品牌授权书、预归类建议等。

实践指南

如果货物需要送检，请按照海关取样送检的有关规定，准备好有关产品的相关资料，以及符合取样的取样瓶、袋子、相应取样工具等并及时通知收发货人；有危险品或不具备现场条件取样的，请及时向海关提出申请。

（2）配合查验实施。提前向海关说明待查货物情况，负责完成查验货物的搬移、开拆和重封。如果海关需要，请提供相应的货物资料并回答海关询问，协助海关对货物的取样并在“中华人民共和国海关进出口货物化验取样记录单”上签字确认。

（3）确认查验记录。查验结束后，在查验记录单上签名确认。进出口货物收发货人对查验结论有异议的，经海关同意可提出货物复验要求。

4. 缴纳税费

海关征收的税费，以纳税义务人缴纳方式区分，主要有银行柜台支付和电子支付系统支付两种方式。

（1）银行柜台支付。海关做出征税决定后，纳税义务人在指定银行通过柜台缴纳税款。办理流程如图 4.4 所示。

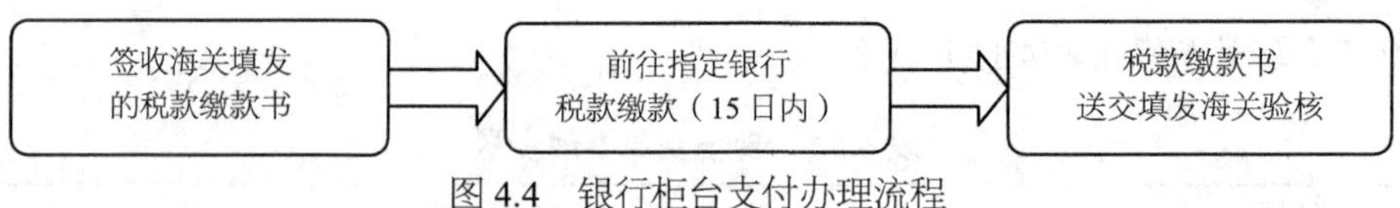

图 4.4 银行柜台支付办理流程

实践指南

报关员缴纳税款后遗失税款缴款书的，可以自缴纳税款之日起 1 年内向填发海关提出确认其已缴清税款的书面申请，经海关审查核实后，将给予确认，但不再补发税款缴款书。

（2）电子支付系统支付。电子支付系统是由海关业务系统、中国电子口岸系统、商业银行系统和第三方支付系统等四个部分的进出口环节税费缴纳的信息化系统。参与电子支付业务的进出口企业，经直属海关关税部门在海关业务系统中备案后，可以参与电子支付业务。中国电子口岸的入网用户，取得企业法人卡及操作员卡，具备联网办理业务条件的报关员，可以参与电子支付业务。电子支付的基本流程如图 4.5 所示。电子支付以税单为单位。对同一份报关单所发生的税费，报关员可全部选择电子支付，也可部分选择电子支付。

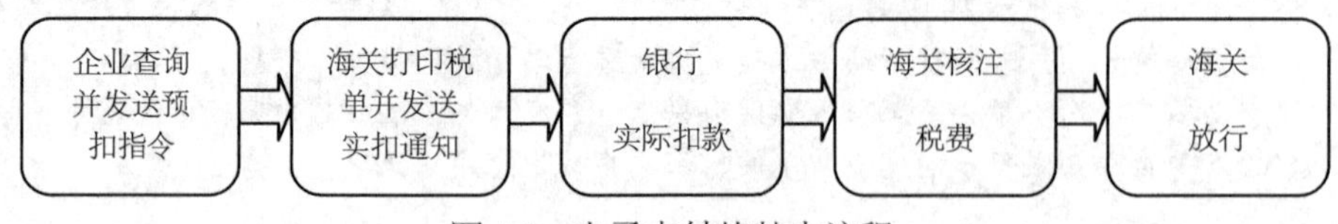

图 4.5 电子支付的基本流程

5. 提取或装运货物

（1）获取货物放行信息。在海关放行窗口领取加盖“海关放行章”的进出口货物提货凭证或出口货物装运凭证，以及（或）通过电子口岸、报关现场电子信息系统等获取电子放行信息。

（2）提取装运货物。进口提货作业流程如图 4.6 所示，出口装货作业流程如图 4.7 所示。

在办理进口提取装运货物作业手续的过程中，如发现海关放行信息有误，请立即与验放海关联系解决。

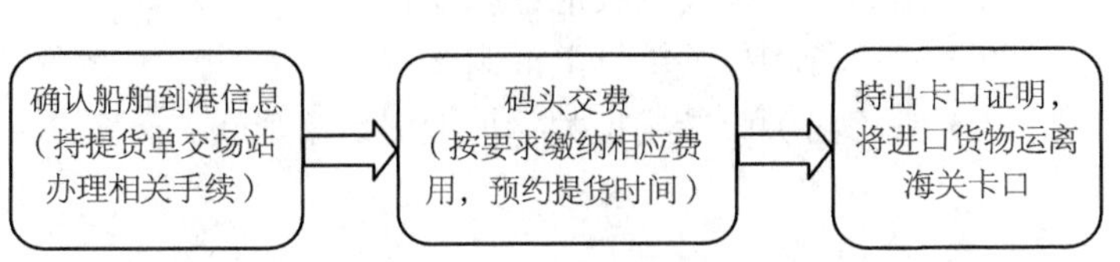

图 4.6　进口提货作业流程

实践指南

海关放行后，因故未实际全部或部分装运，需要到海关办理退关或报关单修改手续。

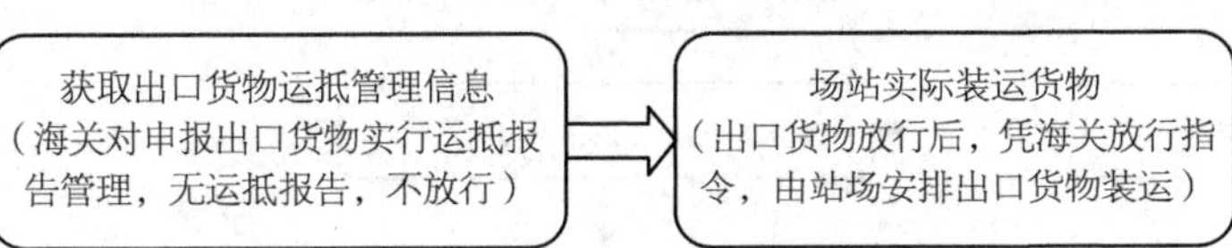

图 4.7　出口装货作业流程

6. 事后交单

“事后交单”，即经海关审核后准予适用“事后交单”通关方式的企业采取“无纸报关”的方式录入报关单向海关申报，经海关审核满足计算机自动放行条件的企业，货物放行后在规定期限内向海关递交纸质报关单证或传输随附单据。事后交单方式如表 4.12 所示。

表 4.12　事后交单方式

类　　型	适用条件	操作方式
低风险快速放行货物的事后交单	①高级认证企业申报的货物；②经海关确定为低风险的货物（包括特殊监管区域或保税监管场货物）不涉及许可证件和税费的；③仅涉及通关单并且通关单联网比对正常，计算机系统完成电子审核后，系统自动按照低风险快速放行的	如进口单位在一般认证企业资质以上且在申报时自主选择无纸方式申报，经海关计算机系统判别后会自动根据企业的类型，发出“事后交单”或“企业暂存”的回执告知企业。事后交单是纸质单据，期限为 10 天
通关作业无纸化的事后交单（传输随附单据的电子数据）	经海关批准且选择“通关作业无纸化”方式申报的经营单位类别为高级认证企业和一般认证生产型企业的	申报时可不向海关发送随附单证电子数据，通关过程中根据海关要求及时提供，海关放行之日起 10 日内由企业向海关提交，经海关批准符合企业存单（单证暂存）条件的可由企业保管

货物进出境的海关作业环节是申报、查验、征税与放行。进出口收发货人或其代理人应当按照海关作业环节相应办理货物的进出口申报、配合查验、缴纳税费、提取或装运货物等手续。报关的现场作业工作流程如图 4.8 所示。

四、报关后续作业

1. 申领报关单证明联

报关单证明联是进出口货物收发货人向海关、税务、外汇管理等部门办理加工贸易手册核

实践指南

海关所签发的报关单证明联上盖有“海关验讫章”。付汇报关单证明联上还同时盖有“付汇专用章”。所有报关单证明联均具有防伪标志，并与税务、外汇管理机构实施联网管理。

销、出口退税、进出口货物收付汇手续的重要凭证。

在办理结关手续后，按照不同的海关监管方式，进出口货物收发货人可以向海关申请签发以下报关证明联：

（1）出口货物报关单出口退税证明联；

（2）出口货物报关单收汇证明联；

（3）进口货物报关单付汇证明联；

（4）进（出）口货物报关单加工贸易核销联。

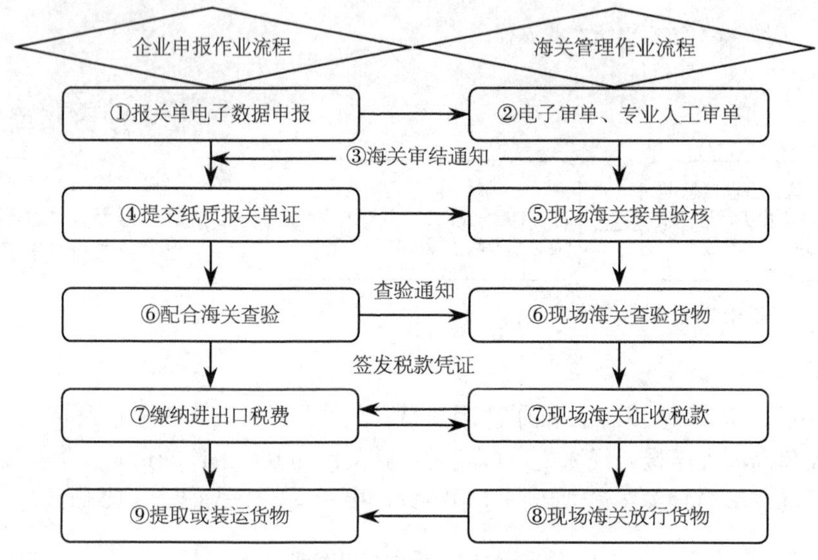

图 4.8　现场作业工作流程

小知识

申领报关单证明联工作流程

1．查询报关单通关状况

（1）登录海关总署网站（http://www.customs.gov.cn/）；

（2）单击“在线报务”中的“通关状态”；

（3）在“通关状态查询”界面输入报关单号（本教材设定为 2308 2013 1083 056113）和验证码，单击“查询”；

（4）显示“已结关”，说明已经可以申领报关单证明联。

2．填制申请表

申请进出口货物报关单出口退税证明联、收付汇证明联及进出口货物报关单付汇证明联时，完成示例 4.1 的填制。申请进（出）口货物报关单核销联时，完成示例 4.2 的填制。申请表应加盖企业报关专用章，由经办人签字。

3．签收证明联

现场海关签发相关证明联后，报关人员签收时要注意检查是否已加盖“海关验讫章”，同时还需要加盖报关专用章。

示例 4.1

××海关进（出）口货物报关单证明联签发、打印申请表

<table>
<tr><td colspan="10">填报单位：</td></tr>
<tr><td colspan="10">说明：</td></tr>
<tr><td colspan="10">高级认证企业和一般认证企业不提供进口付汇联、出口结汇联打印。</td></tr>
<tr><td colspan="10">一般信用企业和失信企业需打印进口付汇联、出口结汇联的，应提供外汇管理类别证明。</td></tr>
<tr><td colspan="10">编号：</td></tr>
<tr><td rowspan="2">序号</td><td rowspan="2">报关单编号</td><td rowspan="2">贸易方式</td><td colspan="4">证明联类别</td><td rowspan="2">签发情况</td><td rowspan="2">打印情况</td></tr>
<tr><td>付汇联</td><td>结汇联</td><td>退税联</td><td>核销联</td></tr>
<tr><td>1</td><td></td><td></td><td></td><td></td><td></td><td></td><td></td><td></td></tr>
<tr><td>2</td><td></td><td></td><td></td><td></td><td></td><td></td><td></td><td></td></tr>
<tr><td colspan="5">申请企业公章</td><td colspan="4">经办人章
申请日期</td></tr>
</table>

示例 4.2

××海关进（出）口货物报关单证明联签发申请表

编号：

<table>
<tr><td rowspan="3">序号</td><td rowspan="3">报关单编号</td><td colspan="6">证明联类别</td><td rowspan="3">签发情况</td><td rowspan="3">打印情况</td></tr>
<tr><td colspan="2">加工贸易核销</td><td rowspan="2">暂时进出境</td><td rowspan="2">修复物品</td><td rowspan="2">直接退运</td><td rowspan="2">其他（监管方式）</td></tr>
<tr><td>来料</td><td>进料</td></tr>
<tr><td>1</td><td></td><td></td><td></td><td></td><td></td><td></td><td></td><td></td><td></td></tr>
<tr><td>2</td><td></td><td></td><td></td><td></td><td></td><td></td><td></td><td></td><td></td></tr>
<tr><td colspan="5">申请企业公章</td><td colspan="5">经办人章
申请日期</td></tr>
</table>

2. 申领货物进口证明书

货物进口证明书是指为满足进出口公司及企事业单位的不同需要，海关对已实际监管进口的货物事后开具的证明文书。目前，需签发“货物进口证明书”的货物主要是进口车辆。海关对贸易性渠道进口的车辆在办结验放手续后一律签发“货物进口证明书”，并实行“一车一证”制，作为货主办理上牌手续的重要依据。

关于《货物进口证明书》相关事宜的公告

关于启用第四版《货物进口证明书》的公告

3. 报关单归档

需要归档的报关单证包括报关单、合同、发票及其他与进出口业务直接有关的其他资料。

企业归档的报关单都应该真实、详细；并按照海关单证管理的规定要求和统一原则进行分类、汇总、存储，形成档案。

代理报关公司接受客户的委托办理报关的，应将收到的进出口货物报关所需要的报关单证扫描或复印后留档，并按照客户的业务种类进行分类。自理报关企业则可根据情况保存好相应的报关文件。

进出口货物放行后，需将已放行的报关单扫描或者复印并留档。代理报关公司与客户交接报关单证时，需进行报关单的签收（如示例 4.3 所示）。

示例 4.3

报关单的签收表

提运单号	报关单号	项数	付汇联	核销联	退税联	收汇联	手册/许可证件号	税单	签收

报关单（证）、进出口单证、合同及与进出口业务直接有关的其他资料，应自进出口货物放行之日或海关解除监管之日起保管 3 年，并自觉接受海关及相关机构的日常监督和检查。

4. 财务结算

委托代理报关服务应根据双方签订的报关服务合同/协议条款内容结算相应的费用。各项费用如表 4.13 所示。

表 4.13 委托代理报关服务费用

服务收费项目	服务收费内容
代垫费用	每票报关业务所产生的费用，如换单费、THC（集装箱码头装卸作业）费、检验检疫费、查验场地费、进出口税费、仓储费等
服务费用	委托代理双方合同条款内容确定的服务费用，如报关服务费、换单服务费、检验检疫服务费、查验服务费、预归类服务费等
除上述正常结算范围的费用外，还包括补充合同/协议及报关服务过程中产生的其他经委托方确认的变更费用、代缴费用等	

委托企业与报关企业最终结算费用的依据是双方签订的报关服务合同/协议。合同/协议中需要明确结算的范围、结算的价格及结算的期限。

报关企业收取委托方费用后应开具全国统一样式的税务机关机打发票，不得虚拟引用，伪造费用凭证，由此带来的法律责任由报关企业承担。

进出口货物收发货人或其代理人在进出口货物放行后开展的后续作业工作流程如图 4.9 所示。

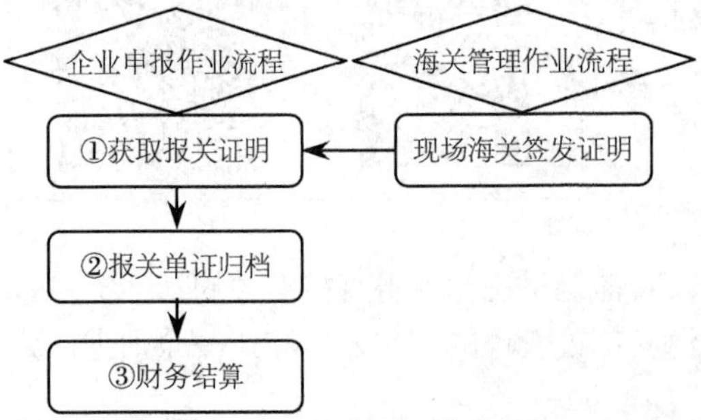

图 4.9 后续作业工作流程

第二节　一般进出口货物报关

一般进出口货物是指在进出境环节**缴纳**了应征的进出口税费并**办结**所有必要的海关手续，海关放行后不再进行监管的，可以直接进入生产和消费领域流通的进出口货物。“一般进出口”是指海关的一种监管制度。“一般”只是海关业务中的一种习惯用语，本身并无特别含义，它只是作为海关监管制度的一种标志，便于区别其他的海关监管制度。

一般进出口货物报关适用于海关放行后可**永久**留在境内或境外，**不能享受**特定减免税优惠的实际进、出口货物。下列货物适用于一般进出口货物的监管制度：以一般贸易方式成交进出口的货物；易货、补偿贸易方式成交进出口的货物；转为实际进口的保税货物、暂准进境货物，转为实际出口的暂准出境货物；不批准保税的寄售代销贸易货物；承包工程项目实际进出口货物；外国驻华商业机构进出口陈列的样品；外国旅游者小批量订货出口的商品；随展览品进境的小卖品；免费提供的进口货物；如外商在经济贸易活动中赠送的进口货物、试车材料，我国在境外的企业、机构向国内单位赠送的进口货物。

小知识

“一般进出口货物”与“一般贸易”进出口货物的区别

报关业务中对货物的分类是根据海关监管要求和监管制度的不同而分成不同类型的。在此所说的“一般进出口”是指海关的一种监管制度，它与交易方式中的“一般贸易”是不同的。一般贸易进出口货物是指经国家有关部门批准有权经营进出口业务的企业单边对外订购进口，或者接受境外客户单边出口订货的正常贸易进出口货物。

一般贸易货物在进口时可以按“一般进出口”监管制度办理海关手续，此时它就是一般进出口货物；可以享受特定减免税优惠，按“特定减免税”监管制度办理海关手续，即为特定减免税货物；经海关批准保税，按“保税”监管制度办理海关手续，此为保税货物。但是，在报关业务中，人们习惯于把“一般进出口货物”称为“一般贸易货物”。

同步技能训练 4.1

某进出口公司进口一批无缝钢管（属于法定检验商品、自动进口许可管理），载货运输工具于2016年4月10日申报进境。

问：应怎样进行报关？

一般进出口货物的基本报关环节和规则，具有普遍适用的意义，既是一般进出口货物的报关规则，同时，由于其他各类货物在其报关过程中均有一段与一般进出口货物类似的进出境经历，因而这些基本规则也同样适用。

一般进出口货物报关的基本环节是**申报**、**查验**、**征税**和**放行**。对报关人来说，一般进出口货物报关的基本程序，由向海关申报、陪同海关查验、缴纳进出口税费和提取或装运货物几个基本环节组成。

一般进出口货物的报关程序如图 4.10 所示。

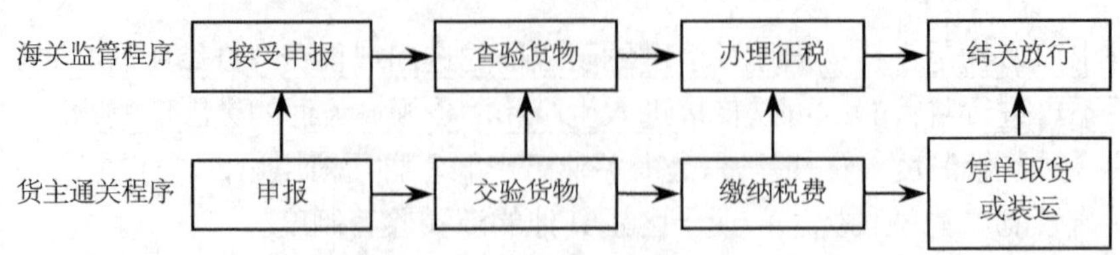

图 4.10　一般进出口货物报关基本环节

同步技能训练 4.2

进出口商向海关报关时，需要提供哪些单证？

分析：

一、申报

申报是指进出口货物收发货人、受委托的报关企业，依照《海关法》及有关法律、行政法规的要求，在**规定**的期限、地点，采用电子报关数据和纸质报关单形式，**向海关**报告实际进出口货物的情况，并**接受**海关审核的行为。《海关法》规定，进出口货物的收发货人应向海关如实申报、交验进出口许可等有关单证。国家限制进出口的货物，没有进出口许可证件的，不予放行。

实践指南

一般正常情况下，进口货物应当由收货人或其代理人在货物的进境地向海关申报，并办理有关进口报关手续；出口货物应当由发货人或其代理人在货物的出境地向海关申报，并办理有关出口报关手续。

为进出口货物收发货人、受委托的报关企业办理申报手续的人员，应当是在海关备案的报关人员。

1. 申报前的准备工作

申报一般进出口货物报关的准备工作流程如图 4.11 所示。

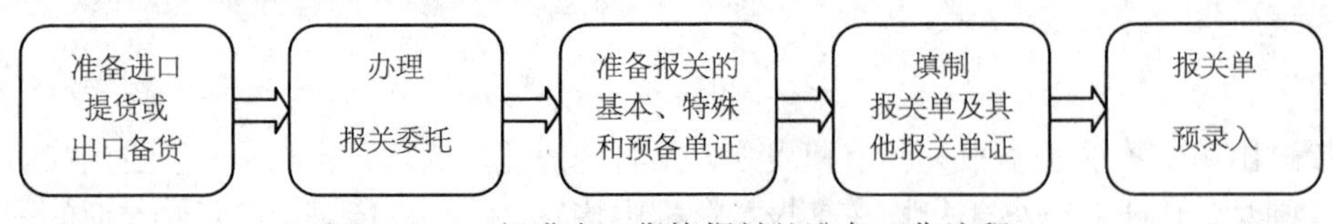

图 4.11　一般进出口货物报关的准备工作流程

2. 申报前看货取样

《海关法》第二十七条规定；“进口货物的收货人**经海关同意**，可以在申报前查看货物或者提取货样。需要依法检验的货物，应当在检验合格后提取货样。”

进口货物的收货人在办理海关手续时，应当承担如实申报的义务，包括准确归类，正确填报数量、规格等。但由于境外发货人在传递信息资料或装运环节上的问题，有可能造成境内收货人单证不全，不能准确地把握进境货物的真实状况，即使通过函电等方式，也无法予以确认，致使所到货物不能及时、准确申报。此时，为严格要求收货人履行如实申报的义务，加快报关速度，提高贸易效率，避免在出现申报内容与实际货物不符时，当事人以错发货为由逃避承担责任。进口货物的收货人可根据《海关法》有关规定，经海关同意提前看货、取样。

由于法律已经赋予收货人在申报前查看货物、提取货物样品的权利，因而在收货人自己放弃行使权利的情况下所产生的法律后果，需由收货人自己承担。

实践指南

如果货物进境已有走私违法嫌疑并被海关发现，海关将不予同意提前看货、取样。法律对收货人借查看货物或提取货物样品之机进行违法活动也有严厉查处的规定。

3. 申报期限

出口货物的发货人或其代理人除海关特许外，应当在装货的**24小时以前**向海关申报。

进口货物的收货人或其代理人应当自载运该货物的运输工具申报进境之日起**14日内**，向海关办理进口货物的报关申报手续。进口货物的收货人自运输工具申报进境之日起超过3个月未向海关申报的，其进口货物由海关提取，并依法变卖处理。所得价款在扣除运输、装卸、储存等费用和税款后，尚有余款的，自货物依法变卖之日起1年内，经收货人申请，予以发还；其中属于国家对进口有限制性规定的，应当提交许可证件；而不能提供的，不予发还。逾期无人申请发还的，上缴国库。

实践指南

申报日期是申报数据被**海关接受**的日期。不论以电子数据报关单申报，还是以纸质报关单方式申报，海关以接受申报数据的日期为接受申报的日期。

电子数据经过海关计算机检查退回的，视为海关不接受申报，进出口货物的收发货人或其代理人应当按照要求修改后重新申报，申报日期为海关接受重新申报的日期。海关已接受申报的报关单电子数据，人工审核确认需要退回修改的，进出口货物收发货人、受委托的报关企业应当在10日内完成修改并重新发送报关单电子数据，申报日期仍为接受原报关单电子数据的日期；超过10日的，原报关单无效，进出口货物收发货人、受委托的报关企业应当另行向海关申报，申报日期为海关再次接受申报的日期。

实践指南

进口货物的收货人或其代理人如果在法定的14天内没有向海关办理申报手续，海关将从**第15天起按日征收**金额为进口货物完税价格的0.5‰的滞报金。

滞报金的计算公式为

$$滞报金额=进口货物完税价格\times 0.5‰\times 滞报天数$$

4. 申报单证

进口货物的收货人或其代理人向海关申报时须**交验**进出口许可证件和有关单证。国家限制进出口的货物，没有进出口许可证件的，不予放行。申报时应交验与所报货物相适应并支持“报关单”填报的单据和证件。

进口货物报关需交验以下单证：① 主要单证，指进口货物报关单；② 基本单证，包括货运单据、商业发票、货物装箱单、进口合同；③ 特殊单证，包括进口货物许可证、入境货物检验检疫证书、其他各种特殊管理证件；④ 预备单证，包括贸易合同、货物原产地证书、委托单位的工商执照证书。

出口货物报关时需交验以下单证：① 主要单证，指出口货物报关单；② 基本单证，包括货物的发票、装箱清单、出境货物通关单；③ 特殊单证，包括原产地证明；④ 预备单证，包括合同、出口许可证和其他证明文件。

各种单据的内容必须齐全，且必须相互符合，做到单单相符、单证相符。报关单位在预备好了上述报关随附单证，按规定填制好进出口报关单，或完成报关单预录入后，应在正式的每份进出口报关单左下角加盖报关单位的报关专用章，负责报关的报关员及其所属企业的法定代表人（或其授权委托的报关业务负责人）签名。至此，报关员才可以向进出口口岸的海关正式递交报关单。

5. 申报方式

一般进出口货物申报可采用电子数据申报或提交纸质报关单申报两种方式。

电子数据申报形式是指进出口货物的收发货人、受委托的报关企业通过计算机系统按照《中华人民共和国海关进出口货物报关单填制规范》的要求向海关传送报关单电子数据并备齐随附单证的申报方式。

纸质报关单申报形式是指进出口货物的收发货人、受委托的报关企业，按照海关的规定填制纸质报关单，备齐随附单证，向海关当面递交的申报方式。

海关审结电子数据报关单后，进出口货物收发货人或其代理人应当自接到海关“现场交单”或“放行交单”信息之日起 10 日内，持打印的纸质报关单，备齐已签名的随附单证到货物所在地海关办理相关报关手续。

实践指南

进出口货物的收发货人、受委托的报关企业应当以电子数据报关单形式向海关申报，与随附单证一并递交的纸质报关单的内容应当与电子数据报关单一致；特殊情况下经海关同意，允许先采用纸质报关单形式申报，电子数据事后补报，补报的电子数据应当与纸质报关单内容一致。在向未使用海关信息化管理系统作业的海关申报时可以采用纸质报关单申报形式。

6. 申报的修改和撤销

进出口货物报关单修改/撤销表

自申报后海关接受时起，申报单证即产生法律效力，对当事人具有约束力。海关在接受申报后，报关单证及其内容不得修改和撤销。

经海关同意，进出口货物收发货人或其代理人申请可修改或撤销的情形：① 由于报关人员操作或者书写失误造成所申报的报关单内容有误，并且未发现有走私违规或者其他违法嫌疑的；② 出口货物放行后，由于装运、配载等原因造成原申报货物部分或者全部退关、变更运输工具的；③ 进出口货物在装载、运输、存储过程中因溢短装、不可抗力的灭失、短损等原因造成原申报数据与实际货物不符的；④ 根据贸易惯例先行采用暂时价格成交、实际结算时按商检品质认定或者国际市场实际价格付款方式需要修改申报内容的；⑤ 已进口的货物办理直接退运手续，需要修改撤销原进口货物报关单的；⑥ 由于计算机、网络系统等方面的原因导致电子数据申报错误的。发生上述情形及由于报关人员操作或书写失误造成申报内容需要修改或者撤销的，进出口货物收发货人或代理人应当向海关提交“进出口报关单修改/撤销表”及相应的证明材料。

进出口货物报关单修改/撤销确认书

海关发现进出口货物报关单需要修改或者撤销，可以采取以下方式主动要求当事人修改或者撤销：① 将电子数据报关单退回，并详细说明修改的原因和要求。当事人应当按照海关要求进行修改后重新提交，不得对报关单其他内容进行变更。② 向当事人制发“**进出口货物报关单修改/撤销确认书**”，通知当事人要求修改或者撤销的内容。当事人应当在 5 日内对进出口货物报关单修改或者撤销的内容进行确认，确认后海关完成对报关单的修改或者撤销。

除不可抗力外，当事人有以下情形之一的，海关可以直接撤销相应的电子数据报关单：① 海关将电子数据报关单退回修改，当事人未在规定期限内重新发送的；② 海关审结电子数据报关单后，当事人未在规定期限内递交纸质报关单的；③ 出口货物申报后未在规定期限内运抵海关监管场所的；④ 海关总署规定的其他情形。

实践指南

需要注意的是，海关已经决定布控、查验以及涉嫌走私或者违反海关监管规定的进出口货物，在办结相关手续前不得修改或者撤销报关单及其电子数据。由于申报数据错误构成违反《海关法》有关规定的，海关在处罚后方可准予修改或撤销原申报单证及其内容，重新申报；对构成走私，受到没收货物处罚的，不允许重新申报。

二、查验

查验是海关为确定进出口货物收发货人向海关申报的是否与进出口货物的**真实情况**相符，或者为**确定**商品的归类、价格、原产地等，依法对进出口货物进行**实际核查**的执法行为。

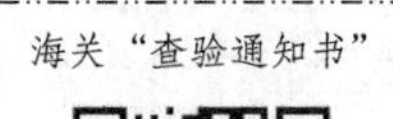

海关“查验通知书”

进口货物的收货人、出口货物的发货人或其代理人应派员到场协助查验，协助查验人员应出示有效证件并负责搬移货物，开拆和重封货物的包装，当海关对相关单证或货物有疑问时应负责解答。

海关查验完毕，报关员特别要注意“海关进出境货物查验记录单”记录内容是否与实际相符，其中的重点内容是：开箱具体情况；货物残损情况及造成的原因；提取货样情况；查验结论。

1. 查验地点

查验进出口货物，一般在设有海关的码头、机场、车站的仓库或场院等海关监管场所进行，对于某些特殊货物，如散装货物、大宗货物、危险货物和鲜活易腐货物，为了加速验放，也可以在船边等现场进行查验。如果要求海关在海关监管场所以外的地方进行查验，应当事先报请海关同意，海关按规定收取规费。

进出口货物，除海关总署特准免验的以外都应该接受海关查验。但为方便大量货物的进出境，海关一般根据进出境货物的风险状况区别对待，有选择地确定被查货物。

2. 查验方法

对一般进出口货物的查验方法有以下几种。

（1）彻底检查。即对货物逐件开箱（包）查验，将货物的品种、规格、数量、重量、原产地、货物状况等逐一与货物申报单详细核对。

（2）抽查。即按一定比例对货物有选择地开箱（包）查验。对集装箱抽查，必须卸货。卸货程度和开箱（包）比例以能够确定货物的品名、规格、数量、重量等查验指令的要求为准。

（3）外形查验。即对货物的包装、标记、唛头等进行验核。外形查验仅适用于大型机器、大宗原材料等不易搬运、移动，但堆放整齐、比较直观的货物。

（4）机查。即使用 X 光机集装箱检查设备对集装箱进行查验。运输集装箱的货车通过 X 光检查设备不用开箱即可完成一般性检查工作。机验不能确定货物性质、数量，需要通过现场卸货查验的，应与其他查验方法配合使用。

同步技能训练 4.3

某报关行代理天津服装进出口公司出口一批服装。申报后，出口货物发货人和报关行及报关员该如何配合海关进行查验？如何处理查验过程中遇到的一些偶然事件？

分析：

（5）海关复验与径行开验。海关复验是指经初次查验未能查明货物的真实属性，需要对已查验货物的某些性状做进一步确认的，或货物涉嫌走私违规，需要重新查验的，或进出口货物收发货人对海关查验结论有异议，提出复验要求并经海关同意而再次进行的查验。已经参加过查验的查验人员不得参加对同一票货物的复验。径行开验是指海关对进出口货物有违法嫌疑，或经海关通知查验，进出口货物收发货人或者其代理人届时未到场的情况下，对进出口货物进行的查验。

3. 查验时限

查验时限一般约定在海关正常工作时间内，但在一些进出口业务繁忙的口岸，海关也可应进出口货物收发货人的请求，在海关正常工作时间以外安排查验作业。

海关查验部门自查验受理时起，到实施查验结束、反馈查验结果最多不得超过 48 小时，出口货物应于查验完毕后半个工作日内予以放行。查验过程中，发现有涉嫌走私、违规等情况的，不受此时限限制。

要求海关出具“中华人民共和国海关检验货物、物品损坏报告书”，以确认货物损坏情况

↓

持“中华人民共和国海关检验货物、物品损坏报告书”向海关提出赔偿的请求，并确定赔偿的金额

↓

在规定的期限内向海关领取赔偿金

图 4.12　海关赔偿查验中被损坏货物的流程

4. 查验货物损坏的赔偿

海关赔偿的范围仅限于在实施查验过程中海关关员的责任造成被查验货物损坏的**直接**经济损失。间接的经济损失不包括在海关赔偿范围之内。直接经济损失的金额根据损坏货物及其部件的受损程度确定，或根据双方共同商定的货物受损程度或修理费用，以海关审定的完税价格为基数，确定赔偿金额。赔款一律用人民币支付。

办理要求海关赔偿查验中被损坏货物的流程如图 4.12 所示。

阅读思考 4.1

扫描二维码阅读海关总署就海关查验答问，请思考下面的问题：

1. 海关查验的目的是什么？
2. 对于海关查验的比例，你认为确定多少比较合适？

《海关总署就海关查验答问》
http://www.customs.gov.cn/publish/portal0/tab7985/info88841.htm

三、征税

进出口货物收发货人或其代理人在收到海关对货物应缴纳关税、进口环节增值税、进口环节消费税、滞报金、滞纳金等所开具的关税和代征税缴款书或收费专用票据后，应在规定的时间内，到银行现场以柜台方式办理缴纳税费手续，再持已缴纳的税款缴纳书到海关办理税费核销或者网上通过电子支付方式向指定银行缴纳税费，由银行将款项缴入海关专用账户。

征收一般进出口货物税费的程序包括**税款征收**和**税费核销**两步。

（1）税款征收。海关对应税货物征收税款（关税、增值税、消费税），对列为反倾销货物的征收反倾销税，并打印税款缴款书；对逾期纳税货物，征收滞纳金，打印滞纳金缴款书。海关对减免税货物、保税货物按规定征收监管手续费，对超出规定期限向海关办理报关手续的进口货物征收滞报金，打印海关行政事业性专用票据，到指定银行缴款。海关对暂时进出口货物或根据有关规定须征收保证金的，打印保证金收据。

（2）税费核销。进出口货物收发货人或其代理人在收到银行缴款成功的信息后，请海关办理货物放行手续。

同步技能训练 4.4

中国矿产钢铁有限责任公司订购一批热拔合金无缝钢管（属于法定检验商品、自动进口许可管理），委托辽宁抚顺锅炉厂有限责任公司制造锅炉内销。载货运输工具于 2017 年 4 月 10 日申报进境。问应如何确定该笔生意的贸易方式？应怎样根据贸易方式决定相关的报关程序？

分析：

四、放行

放行是指海关接受进出口货物的申报、审核电子数据报关单和纸质报关单及随附单证、查验货物、征收税费或接受担保以后，对进出口货物做出结束海关进出境现场监管决定，允许进出口货物**离开海关监管现场**的工作环节。

货物放行一般由海关在进口货物提货凭证或者出口货物装货单上加盖“放行章”。进出口货物或其代理人签收进口提货凭证或者出口装货凭证，凭以提取进口货物或将出口货物装上运输工具离境。无纸化通关模式下，海关放行改为电子数据放行模式。

1．先税后放

先税后放是指在货主或报关企业**付清税费**或**提供足额担保**后，海关放行。

对无须查验的，海关在处理完计算机操作后即在正本提货单或运单上加盖“放行章”，计算机自动将有关放行电子信息传送至港区或机场货代，货主即可办理放行手续。对须查验的货物，放行关员在提货单或运单上加盖查验章退还货主，由货主带至查验地点接受海关对货物的查验。

实际工作中，海关审单和查验完毕，并办理了征税手续或提供担保后才会放行货物。对于违反进出口政策、法令规定，尚未缴纳应缴纳的税款，以及海关总署指示不准放行的进出口货物，海关均不予以放行。

2．先放后税

先放后税是指货物**缴纳税款**或**提供足额担保**前先放行货物。它是在货物进出口通关时，海关对货物安全准入、合法进出口等要素完成风险甄别后而给予大部分货物的通关便利。

对有下列情况之一的进出口货物，海关将不予放行：① 违反海关和其他进出境管理的法律、法规，非法进出境的；② 单证不齐或应税货物未办理纳税手续，而且又未能提供担保的；③ 包装不良，继续运输足以造成海关监管货物丢失的；④ 尚有其他未了事情尚待处理的（如违规罚款未交等）。

3．海关监管货物处置

处置海关监管货物是指进出口货物的收发货人或代理人因某种特殊原因需要对海关监管货物进行加工、提取、装运或内销处理。无论是哪一种处置方式，都必须接受海关监管，按照规定办理相关手续。

实践指南

对于海关施加封志的货物，任何单位和个人都有义务保持其封志的完整，不得擅自开启或者损毁，否则就是违反海关监管的行为。

未经海关许可，任何单位和个人不得实施下列妨碍海关监管的行为：① 开拆货物及其包装；② 从海关提取货物；③ 将货物交给收货人或者其他人员；④ 将货物交运输部门；⑤ 任意调换监管货物的位置、内容或者掺杂其他物品；⑥ 对监管货物进行改装；⑦ 将监管货物作为债务的担保而设定抵押、质押、留置；⑧ 有偿或者无偿地向他人转让监管货物，更换货物或者货物包装上的标记；⑨ 将监管货物移作别的用途；⑩ 进行其他处置。

本章小结

进出境报关是指进出口货物的收发货人或其代理人在货物实际进出境时，向海关办理申报、配合查验、缴纳税费、放行等四个环节，以使货物获得海关放行的行为过程。进出境报关作业过程分为四个阶段，即报关准备、现场作业、后续作业和相关作业。

一般进出口货物是指在进出境环节缴纳了应征的进出口税费并办结所有必要的海关手续，海关放行后不再进行监管的，可以直接进入生产和消费领域流通的进出口货物。一般进出口货物报关程序由申报、查验、征税和放行几个基本环节构成。

申报是进出口货物收发货人、受委托的报关企业，依照《海关法》及有关法律、行政法规的要求，在规定的期限、地点，向海关报告实际进出口货物的情况，并接受海关审核的行为。

查验是海关为确定进出口货物收发货人向海关申报的内容是否与进出口货物的真实情况相符，或者为确定商品的归类、价格、原产地等，依法对进出口货物进行实际核查的执法行为。

征税是进出口货物收发货人或其代理人在收到海关对应税货物所开具的相关征税票据后，在规定的时间内，到银行现场办理缴纳税费手续的行为。

放行是海关接受进出口货物的申报、审核电子数据报关单和纸质报关单及随附单证、查验货物、征收税费或接受担保以后，对进出口货物作出结束海关进出境现场监管决定，允许进出口货物离开海关监管现场的工作环节。

基础与能力训练

一、单选题

1．下列是关于进口货物申报时限的表述，（　　）是正确的。

A．进口货物的申报时限为自装载货物的运输工具申报进境之日起 14 日内（最后一天是法定节假日的顺延至节假日后的第一个工作日）

B．出口货物的申报时限为货物运抵海关监管区后装货的 24 小时内

C．经海关批准准予集中申报的进口货物，自装载货物的运输工具申报进境之日起一个月后办理申报手续

D．经电缆、管道或其他特殊运输方式进出境的货物，报关单位应在货物进出境时向海关办理报关手续

2．（　　）属于海关赔偿范围。

A．在海关查验货物的过程中，由于报关单位陪同查验人员搬移货物时造成货物的损坏

B．易腐、易失效货物在海关工作程序所需时间内发生货物变质或失效

C．海关查验后，货物在入库时收货人发现被查验货物损坏

D．海关查验人员在查验货物过程中造成的货物损坏，并在查验记录上签注

3．（　　）的货物，海关进出境监管现场放行就是结关。

A．一般进出口货物　　B．保税货物

C．特定减免税进口货物　　D．暂时进出口货物

4．下列是关于申报地点的表述，错误的是（　　）。

A．进口货物应当在进境地海关申报

B．出口货物应当在出境地海关申报

C．经海关同意，进口货物应当在指运地海关申报，出口货物应当在启运地海关申报

D．特定减免税货物改变性质转为一般进口货物时，应当在货物原进境地海关申报

5．货物进出境阶段，进出口货物收发货人或其代理人应当按照（　　）的步骤完成报关工作。

A．进出口的申报→配合查验→缴纳税费→提取或装运货物

B．提取或装运货物→进出口的申报→配合查验→缴纳税费

C．进出口的申报→配合查验→提取或装运货物→缴纳税费

D．提取或装运货物→配合查验→进出口的申报→缴纳税费

6．下列有关进出口货物的报关时限说法正确的有（　　）。

A．进口货物自运输工具申报进境之日起7日内

B．进口货物自运输工具申报进境之日起14日内

C．出口货物运抵口岸24小时内

D．出口货物运抵口岸48小时内

7．一般情况下，进口货物应当在（　　）海关申报。

A．进境地　　B．启运地　　C．目的地　　D．设关地附近

8．申报日期是指（　　）。

A．向海关提交电子数据报关单的日期　　B．向海关提交纸质报关单的日期

C．申报数据被海关接受的日期　　D．海关放行日期

9．某外贸公司以一般贸易方式出口货物，在海关放行后，该公司应凭（　　）单据到海关监管仓库，办理将货物装上运输工具离境的手续。

A．由海关签发的“出口货物证明书”　　B．由海关加盖了“放行章”的出口装货凭证

C．由海关签发的“税款缴纳证”　　D．由海关签发的“出口收汇证明”

10．对需要在国家税务机构办理出口退税的货物，报关员应向海关申请签发（　　）。

A．出口货物证明书　B．出口收汇证明联　C．出口退税证明联　D．出口收汇核销单

二、多选题

1．关于一般进出口货物的特征，（　　）是正确的。

A．报关单位向海关申报时应提交相应的进出口许可证件

B．报关单位在向海关办理进出口手续时应按照海关规定缴纳进出口税款

C．进口货物海关签印放行后即结束海关监管

D．出口货物在出口货物装货单上由海关签印放行后即结束海关监管

2．下列是关于进出口货物申报时限的表述，（　　）是正确的。

A．进口货物的申报时限为自装载货物的运输工具申报进境之日起14日内（最后一天是法定节假日的顺延至节假日后的第一个工作日）

B．出口货物的申报时限为货物运抵海关监管区后装货的24小时内

C．经海关批准准予集中申报的进口货物，自装载货物的运输工具申报进境之日起一个月内办理申报手续

D．经电缆、管道或其他特殊运输方式进出境的货物，报关单位应在货物进出境时向海关办理报关手续

3．关于申报地点，以下表述正确的是（　　）。

A．进口货物应当在进境地海关申报

B．出口货物应当在出境地海关申报

C．保税货物转为一般进口时应当在货物原进境地海关申报

D．经收货人申请，海关同意，进口货物可以在设有海关的指运地申报

4．报关程序按时间先后可以分为（　　）。

A．前期阶段　　B．进出境阶段　　C．提货阶段　　D．后续阶段

5．下列属于一般进出口货物特征的是（　　）。

A．在进出境时按有关的法律、法规的规定向海关缴纳应当缴纳的税费

B．进出口时如需提交许可证的，提交相关的许可证

C．海关放行即办结了海关手续

D．暂不纳税

6．一般进出口货物在向海关申报时，应提交的单据是（　　）。

A．贸易合同　B．商业发票　C．装箱单　D．加工贸易手册

7．下列属于一般进出口货物的是（　　）。

A．易货贸易、补偿贸易进出口的货物

B．在展览会中展示或示范用的进口货物、物品

C．转为实际进出口的暂准进出境货物

D．承包工程任务实际进出口货物

8．（　　）属于一般进出口货物。

A．转为实际进口的保税进口货物　B．转为实际进口或出口的暂准进出境货物

C．享受特定减免税优惠的进口货物　D．随展览品进境的小卖品

9．下列免费提供的货物中，属于一般进出口货物的是（　　）。

A．外国政府、国际组织无偿赠送的物资

B．外商在经济贸易活动中赠送的进口货物

C．外商在经济贸易活动中免费提供的试车材料等

D．我国在境外的企业、机构向国内单位赠送的进口货物

10．下列单证中，属于基本单证的是（　　）。

A．合同　B．提货单　C．商业发票　D．原产地证明书

三、判断题

1．一般进出口货物是指一般贸易货物。（　　）

2．进口货物自装载货物的运输工具申报进境之日起超过 3 个月仍未向海关申报的，货物由海关提取依法变卖处理。对于不宜长期保存的货物，海关可以根据实际情况提前处理。（　　）

3．申报日期是指申报数据被海关接受的日期。如报关单位采用电子数据报关和纸质报关两种方式报关，是指报关单位向海关提交纸质报关单证被海关接受的日期。

4．进出境货物的海关现场放行就是结关。（　　）

5．报关程序是指进出口货物的收发货人，运输负责人，物品的所有人或其专业代理人按照海关的规定，办理货物、物品、运输工具进出境及相关海关事务的手续及步骤。（　　）

6．所有的货物进出口报关都要经过前期的备案阶段。（　　）

7．进出口货物收发货人或其代理人配合海关查验的工作包括负责提取海关需要作进一步检验、化验或鉴定的货样。（　　）

8．从货物进出境起到最终办结海关手续止的期限，是海关对监管货物的监管期。（　　）

9．一般进出口货物报关程序由进出口申报、配合查验、缴纳税费、提取或装运货物四个环节构成。（　　）

10．对于一般进出口货物来说，海关放行意味着海关手续已经全部办结。（　　）

四、名词解释

1．一般进出口货物　2．申报　3．查验　4．征税

5．放行　6．彻底查验　7．抽查　8．机查

五、简答题

1．简述一般进出口货物报关的特点。

2．简述一般进出口货物报关的适用范围。

3．一般进出口货物申报前需要做哪些准备？

4．一般进出口货物申报的单证有哪些？

5．什么情况下申报的单证可以修改或撤销？

6．作为报关员在海关查验时需要配合海关做些什么工作？

7. 描述海关赔偿查验损坏货物的流程。

8. 海关放行货物的条件是什么？

六、实训项目

1. 总结本章所学内容，试画出一般进出口货物的报关操作程序图。

2. 表 4.14 是海关工作窗口的错误顺序，请根据一般进出口货物的报关流程，把正确的顺序排列出来。

3. 报关员最常接触的是哪一类海关监管货物？为什么？

表 4.14　海关工作窗口顺序

海关工作窗口的错误顺序				正确的顺序
1	海关 出口征税放行	6	海关 税费缴纳	
2	海关 出口查验	7	海关 出口证明联签发	
3	海关 出口税费签发	8	海关 出口放行	
4	海关 出口删改	9	海关 833 快速缴税	
5	海关 出口接单	10	海关 出口结关出证	

补充习题及实训	扫描二维码做更多练习，巩固本章所学知识与技能。	

第五章

保税货物报关

【学习目标】

本章内容旨在让学习者了解保税货物的概念、范围、基本特征及海关监管要求；熟悉电子化手册的特点及作业流程；掌握保税加工货物和保税物流货物的报关程序。

完成本章学习后，学习者应获得以下成果：

1．具有办理保税加工货物的合同备案与核销的能力；

2．具有参与外发加工、深加工、加工贸易货物内销作业实施的能力；

3．具有办理保税仓库、出口监管仓库、保税物流中心、保税物流园区及保税区货物的报关能力。

【知识结构】

保税货物：
- 保税货物概述
- 保税货物报关的基本程序

保税加工货物报关：
- 保税加工货物的海关监管
- 保税加工货物的报关
- 保税加工特殊业务报关

保税物流货物报关：
- 保税物流货物的海关监管
- 保税物流货物的报关

【引　　例】

长春海关破获走私保税料件案

据中国海关网 2016 年 1 月 22 日报道（刘巍）1 月 22 日，长春海关破获一起伪报贸易性质，利用加工贸易渠道走私保税料件案件。该案查获走私进境聚乙烯塑料颗粒 5 384 吨，案值 5 377 万元，抓捕犯罪嫌疑人 6 名。

经查，哈尔滨市某能源有限公司主管金某，勾结吉林省舒兰市某塑业有限公司法定代表王某、上海市某包装材料有限公司法定代表人王某，利用骗取海关进料加工贸易手册，多次跨关区从上海、青岛和天津保税区等地，将一般贸易进口货物聚乙烯塑料颗粒伪报为进料加工保税货物实施销售。犯罪嫌疑人金某组织上述公司故意隐瞒真实的贸易性质，将需要缴纳税款的货物以保税性质申报通关，逃避海关监管。

中国海关网原文：
http://www.customs.gov.cn/publish/portal0/tab65602/info785336.htm

通过案例思考：

1．为什么海关要对利用加工贸易渠道走私保税料件进行查处？

2．什么是保税货物？海关对保税加工货物有什么样的监管方式？怎样实现加工贸易货物报关？

3. 什么是保税物流？海关对保税物流货物有什么样的监管方式？怎样实现保税物流货物报关？

保税制度是经海关批准，对进口货物**暂不征税**，而采取**保留征税权**予以监管的一种制度。保税制度涉及的保税货物是指经海关批准未办理纳税手续进境，在境内储存、加工、装配后复运出境的货物。向海关申请为保税货物免征进口关税。海关最后根据是否复运出境，再决定需不需要补征相关税费。

保税货物进出境（区）路线如图 5.1 所示。

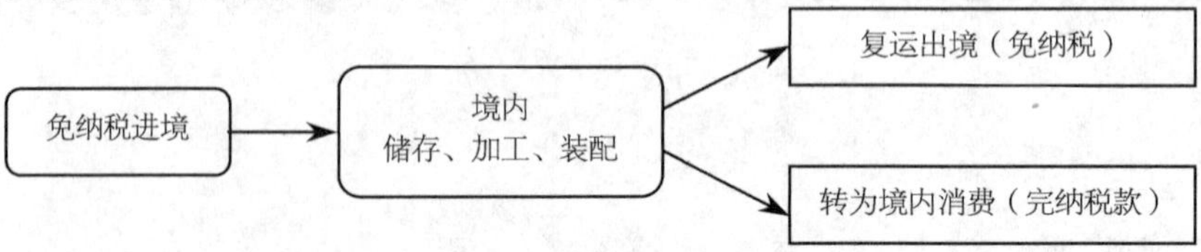

免纳税进境 → 境内 储存、加工、装配 → 复运出境（免纳税）
境内 储存、加工、装配 → 转为境内消费（完纳税款）

图 5.1　保税货物进出境（区）路线

第一节　保税货物

一、保税货物概述

（一）保税货物的形式

海关保税制度的形式主要分两种：一是**海关保税储存**制度，是以经海关批准并在海关监管下设立在海港、河港、车站、机场或其他地点的仓库为依托，以储存货物为目的的形式；二是暂准进口在**国内加工**的制度。在这一制度下，货物暂准进口的目的各不相同，但原则上都要复运出口，既可加工为新产品出口，也可原状复出口。

1. 保税储存

保税储存是指进口货物在**海关监管下**储存于指定场所并暂缓缴纳进口税的一种保税形式。保税储存的目的在于使进口货物在暂缓缴纳进口税的状态下暂时存放于保税仓库，等待最终进入贸易或生产环节。因此，保税储存是一种以仓库为依托，以储存为基础的保税形式。根据我国海关规定，货物可以以寄售、维修、免税销售、转口、结转加工等目的临时进口，存放于经海关注册登记的保税仓库，再根据经营需要将货物提离仓库，实际用于上述目的。如果在储存期内无法实现上述目的，货物将复运出境或经办理进口手续后转为内销。

根据我国的实际情况，海关允许存放于保税仓库的货物有三类：① 供加工贸易（来料加工、进料加工）加工成品复出口的进口料件；② 商务主管部门批准开展的外国商品寄售业务、外国产品维修业务、外汇免税商品业务及保税生产资料市场的进口货物；③ 转口贸易货物以及外商寄存、暂存货物以及国际航行船舶所需的燃料、物料和零配件等。

2. 保税加工

保税加工是指用于制造、加工的货物在**海关监管下**暂缓缴纳进口税，作为原料、材料、辅料、零部件、元器件、配套件和包装物料及半成品临时进口，经加工生产后复运出口的一种保税形式。

（二）保税货物的定义

> **课堂讨论 5.1**
>
> 一般贸易货物与保税货物有什么不同？它们在报关上有什么地方是相同的？有什么地方是不同的？

我国《海关法》对保税货物的定义是："保税货物是指经海关批准**未能办理纳税手续进境**，在境内储存、加工、装配后**复运出境**的货物。"

根据我国海关对保税货物的定义，可以将其分为以下两种。

（1）保税加工货物，包括来料加工货物、进料加工货物、外商投资企业加工贸易货物、保税工厂货物、保税集团货物。

（2）保税物流货物，包括保税仓库储存货物、海关出口监管仓库储存货物、保税物流中心货物（A 型、B 型）、保税物流园区货物、保税区货物。

（三）保税货物的基本特点

保税货物的基本特点反映了货物按保税方式办理报关手续所经历的报关过程及货物经海关放行后的状态。

1. 进境时暂缓办理纳税手续

保税货物是在**海关监管**下在境内进行特定的加工、储存，在进境时可以享有**暂免**缴纳进口环节各项税款的待遇。保税管理下的货物进境后主要用于临时储存或加工出口产品，原则上复出口前并不投入境内的经济循环。因此，对暂时进口储存或加工的货物，在其尚未决定最终去向时，在关税征收上采取暂缓办理的措施。这种暂免纳税不同于关税的免纳，因为保税货物的税收暂免是以将来的复运出境为前提的，若保税货物在特定时间内没有履行复运出境的义务，那么保税货物仍然应履行缴纳关税的义务。

2. 原则上免受进出口国家管制

除国家需实施特别经济保护或货物进口有悖于国家安全、公共卫生、社会文化、道德的要求以外，保税进出口通常**不适用**贸易的禁限措施。但货物一旦将其最终去向确定为内销或超过规定的储存、加工时限，不仅有关税征收的要求，同时也必须按一般进口贸易申领进出口国家管制的许可证件。

3. 进出境报关现场放行后，货物尚未结关

货物因暂时进境而未办纳税手续和未交进出口国家管制的证件。因此，在办妥进境报关现场的海关放行手续时，其报关手续仍未完结，有关货物仍属海关监管的货物范畴，并在加工、储存直至核销结案期间，报关人还须继续承担办结报关手续的义务。

4. 在货物的最终去向确定时，办理相应的报关手续

保税货物虽然原则上须复运出口，但实际上还有内销、结转保税等经济用途。在货物的最终去向确定时，无论其去向如何，均应按所确定的进境经济用途办理相应的报关手续。

5. 核销后结案

核销是指对海关放行后仍属于海关监管范围的货物，报关单位应履行法律规定的义务，在

海关规定的时限内向海关申请核销，由海关审核销案结束海关监管手续的过程。暂时进境加工或储存的货物复出口或办理最终报关手续后，海关的监管才能解除，报关手续才算办结。

同步技能训练 5.1

山东某纺织品进出口有限公司先从韩国进口混纺面料加工成男式风衣销往瑞士，后又从韩国进口尼龙面料加工成滑雪衣销往国内。问这两次报关手续一样吗？

分析：

二、保税货物报关的基本程序

保税货物的报关与一般进出口货物不同，它不是在某个时间办理进口或出口手续后即完成了报关，而是从进境、储存或加工到复运出境的全过程。保税货物的报关程序除了和一般进出口货物报关程序一样有进出境报关阶段外，还有合同备案和核销结案阶段。保税货物报关的程序如图 5.2 所示。

图 5.2　保税货物报关的基本程序

1. 合同备案

合同备案是指经营保税货物的单位持有关证件、对外签约的合同及其他有关单证向主管海关申请办理**合同登记**备案手续，海关核准后，签发有关登记手册。合同登记备案是向海关办理的第一个手续，须在保税货物进口前办妥，它是保税业务的开始，也是经营者与海关建立承担法律责任和履行监管职责的法律关系的起点。

2. 进口货物

进口货物是指已在海关办理合同登记备案的保税货物**实际进境**时，经营单位或其代理人应持海关核发的该批保税货物的登记手册及其他单证，向进境地海关申报，办理进口手续。

3. 储存或加工后复运出口

储存或加工后复运出口是指保税货物进境后，应储存于海关指定的场所或交付给海关核准的加工生产企业进行加工制造，在储存期满或经加工后**复运出境**。经营单位或其代理人应持该批货物的登记手册及其他单证，向出境地海关申报办理出口手续。

4. 核销结案

核销结案是指在备案合同期满或加工产品出口后的一定期限内，经营单位应持有关加工贸易登记手册、进出口货物报关单及其他有关资料，向合同备案海关办理核销手续，海关对保税货物的进口、储存、加工、使用和出口情况进行核实并确定最终征免税后，对该备案合同予以**核销结案**。这一环节意味着海关与经营单位之间的监管法律关系的最终解除，是保税货物整个报关程序的终点。

第二节　保税加工货物报关

保税加工货物是指**经海关批准**未办理纳税手续进境，在境内加工、装配后复运出境的货物。保税加工货物通常被称为加工贸易保税货物。

一、保税加工货物的海关监管

（一）海关监管的内容

保税加工货物海关监管制度主要是针对进料加工、来料加工方式下的料件进口、成品出口。保税加工货物海关监管的主要内容如下。

（1）货物进出境前须向海关办理设立手册（账册）手续。开展加工贸易的企业在开展加工贸易业务前首先应经主管部门同意备案，其次通过向海关办理加工贸易货物手册设立手续的形式获批料件的保税进口。办理加工贸易手册设立手续须向海关提供的材料如下：①进口料件和出口成品的商品名称、价格和原产地、商品编号、贸易方式、单耗等情况；②加工贸易加工企业生产能力证明、合同等有效单证。

实践指南

保税加工设立手册是海关批准保税加工贸易料件进口的法定手续，是保税加工进出口监管制度的一个显著特征，更是进出境适用保税加工进出口监管制度的一个前提条件。

（2）料件进境时暂缓缴纳进口关税及进口环节海关代征税，成品出口时除特殊商品外无须缴纳出口关税。除国家另有规定外，料件进境时免交进口许可证件，但涉及出口许可证件管理的须交验出口许可证。

实践指南

除法律、法规、规章另有规定外，全部使用进口保税料件加工生产的成品出境无须缴纳出口关税；部分使用进口保税料件加工生产的成品（成品中含有国产料件）须按海关核定比例缴纳出口关税。

进境必须交验许可证件的是易制毒化学品、监控化学品、消耗臭氧层物质、原油、成品油等个别商品。

（3）货物经海关现场放行后须接受海关监管，并在规定时间内办理核销结案手续。适用于保税加工进出口监管制度的加工贸易料件，经进境海关放行后可自行提取，但其研发、加工（含结转加工）、装配、制造（含再制造）、检测、维修等产业链全过程始终处于海关监管之下。如特殊原因要改变加工贸易的用途，则必须经过海关批准。加工贸易成品经出境地海关放行后，加工贸易经营人须在规定时间内向海关申请报核，经海关核销，办结全部海关手续后，海关以向经营者签发“核销结案通知书”的形式结束对加工贸易货物的监管。

实践指南

加工贸易货物海关监管的原则：加工贸易货物最终都必须按流向所确定的进出境用途办理相应的通关手续，并经核销后结关。

核销是保税加工进出口监管制度的一个重要特征。

（4）海关对保税加工企业的监管模式。保税加工是经营企业经海关批准未办理纳税手续进口料件，经加工或者装配后，将制成品复运出口的经营活动。海关对保税加工企业的监管实施**物理围网**和**非物理围网**模式如表 5.1 所示。物理围网是指由海关专门划定区域开展保税加工业务实施封闭式管理。目前，主要适用于出口加工区、保税港区、综合保税区。非物理围网是指海关针对经营企业的不同情况分别以电子化手册和电子化账册作为海关的管理模式。

表 5.1　海关对保税加工企业的监管模式

监管模式	监管手段	监管单元
物理围网	核查企业电子底账	以企业作为监管单元，实行联网监管
非物理围网	电子化手册	以保税加工手册作为监管单元
		以企业作为监管单元，实行联网监管

（二）适用于保税加工海关监管制度的货物

通常情况下，保税加工货物适用于开展加工贸易经营活动进口的料件和出口的成品。下列货物适用于保税加工货物报关。

（1）料件：专为加工、装配出口产品而从境外进口的原材料、零部件、元器件、包装物料、辅助材料。

（2）制成品：用进口保税料件生产的成品、半成品。

（3）边角料：保税企业从事加工复出口业务，在海关核定的单位耗量（单耗）内，在加工生产过程中产生的，无法再用于加工该合同项下出口制成品的数量合理的废、碎料和下脚料。

（4）残次品：保税企业从事加工复出口业务，在加工生产过程中产生的有严重缺陷或者达不到出口合同标准，无法复出口的制品（包括完成品和未完成品）。

（5）副产品：保税企业从事加工复出口业务，在加工生产出口合同规定的制成品（主产品）过程中同时产生的，且出口合同未规定应当复出口的一个或一个以上的其他产品。

（三）保税加工业务的特点

相对于一般进出口形式，保税加工进出口的主要特点是料件进口时无需办理纳税手续，以及除另有规定外免于提交进口许可证，两者的异同如表 5.2 所示。

表 5.2　保税加工进出口与一般进出口对比分析

对比项目	保税加工货物	一般进出口货物
进出口税收	料件进口时暂缓缴纳进口关税和进口环节税，并根据出口成品实际耗用的进口料件数量，免收关税和进口环节税；出口成品属于国家对出口有限制性规定的应当向海关提交出口许可证件	料件进口时缴纳进口关税、进口环节税；成品出口缴纳出口关税

续表

对比项目	保税加工货物	一般进出口货物
进出口许可证件	除另有规定外，进口料件属于国家对进口有限制性规定的，免于向海关提交进口许可证件；出口成品属于国家对出口有限制性规定的，应当向海关提交出口许可证件	进口料件、出口成品属于国家对进出口有限制性规定的，应当向海关提交进出口许可证件
海关稽查期限	加工贸易电子化手册结案之日起 3 年内，加工贸易电子化手册核销之日起 3 年内	自海关放行之日起 3 年内
海关管理重点	料件进口，组织生产，成品出口等产、供、销的全过程	与货物进出口税、许可证件相关的商品归类、申报价格等

（四）保税加工业务的经营状况

1. 保税加工货物的对外贸易交易形式

依据进口料件的所有权状况，保税加工货物分为**进料加工货物**与**来料加工货物**。

来料加工是指进口料件由境外企业提供，经营企业不需要付汇进口，按照境外企业的要求进行加工或者装配，我方只收取加工费，制成品由境外企业销售的经营活动。进料加工是指进口料件由经营企业付汇进口，制成品由经营企业外销出口的经营活动。

进料加工和来料加工两种保税加工方式的异同如表 5.3 所示。

表 5.3　来料加工和进料加工的异同

对比项目	来料加工	进料加工
物权	境外企业	境内经营企业
原料采购	境外企业	境内经营企业
兑付外汇	否	是
保税	是	是
利润来源	加工费	销售利润
营销风险	境外企业	境内经营企业
与出口退税相关的税收征管政策	实行增值税不征不退政策	实行增值税免抵退税政策

实践指南

来料加工通常由境内有进出口业务经营权的贸易型和生产型企业与境外客商通过签订委托加工合同的方式实施。

进料加工一般由境内有进出口业务经营权的贸易型和生产型企业与境外客商（进出口对应或非对应）通过签订对口或非对口合同的方式实施。

2. 保税加工业务的境内经营方式

（1）本地加工：加工贸易经营企业对外签约，自行或委托本地加工贸易生产企业完成加工，并在所在地海关办理手续。

（2）异地加工：经营企业对外签约，委托异地生产企业完成加工，并在异地生产企业所在地海关办理手续。

（3）外发加工：因受自身加工贸易企业生产特点和条件的限制，经海关批准并办理有关手续，委托其他承揽者对加工贸易货物进行加工。

（4）深加工结转：加工贸易企业将加工产品转至另一加工贸易企业进一步加工后复运或返销出口。

保税加工业务经营状况如图 5.3 所示。

3. 电子手册管理的保税加工业务流程

对保税加工实施电子手册管理是海关保税加工管理的重要措施，电子化手册管理的保税加工业务作业流程如图 5.4 所示。

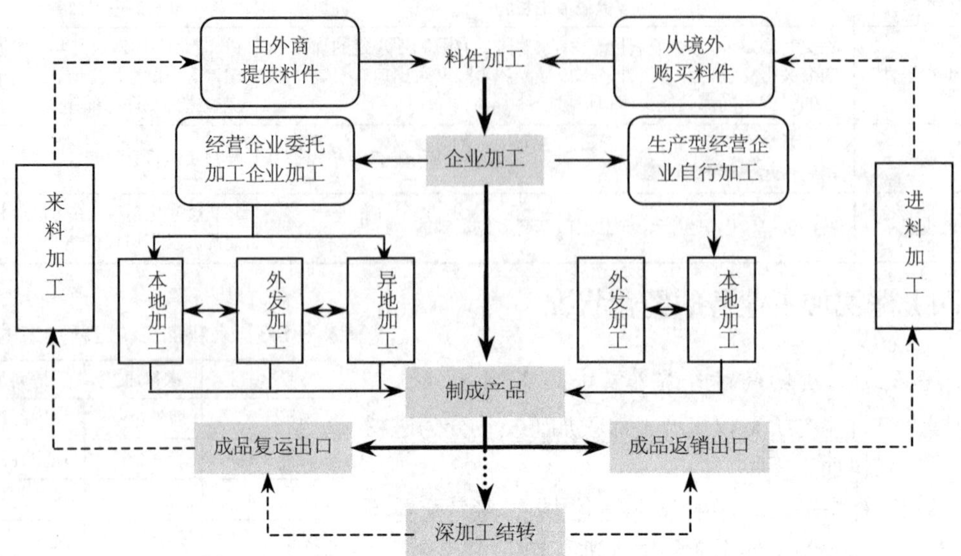

图 5.3 保税加工业务经营状况

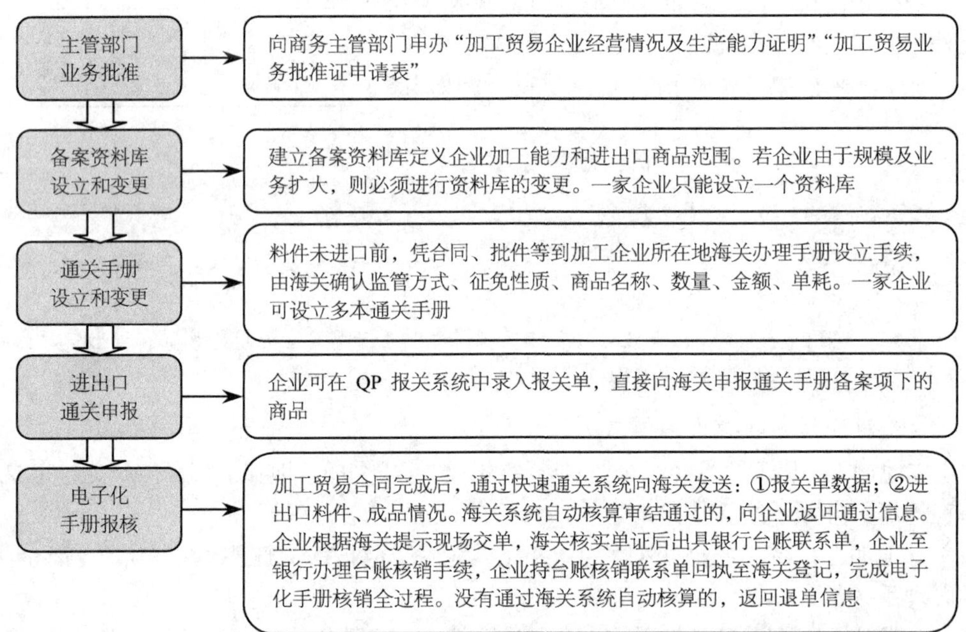

图 5.4 电子化手册管理的保税加工业务作业流程

二、保税加工贸易手册设立

保税加工货物均是**以复出口产品为前提条件的**，在海关管理中，除料件、制成品外，加工过程中产生的边角、副产品、残次品等也属于保税加工货物。

（一）手册设立的管理规定

《中华人民共和国海关加工贸易货物监管办法》

对保税加工货物实施**手册管理**是海关保税加工管理的重要措施。加工贸易手册全称为“中华人民共和国海关加工贸易手册”，也称“海关手册”。加工贸易手册原则上以加工贸易合同为单元，记载经营企业开展贸易所需要进口的原料数量（指标）、出口成品数量（指标）及成品对应的原料单耗情况。目前，电子化手册已全面应用，适用电子化手册管理的保税加工业务是最为常见的保税加工业务形态。

海关关于加工贸易货物手册设立的要求，在**《中华人民共和国海关加工贸易货物监管办法》**中有明确规定。

（1）受理海关。经批准从事对外加工的经营单位或企业，应向所在地海关提交加工贸易合同和商务主管部门的批件，经海关审核无误后，加工贸易经营企业应当向加工企业所在地主管海关办理加工贸易货物手册设立手续。经营企业与加工企业不在同一直属海关管辖区域范围的，应当按照海关对异地加工贸易的管理规定办理手册设立手续。

（2）申报单证。除另有规定外，经营企业办理加工贸易货物的手册设立，应当向海关如实申报贸易方式、单耗、进出口口岸，以及进口料件和出口成品的商品名称、商品编号、规格型号、价格和原产地等情况，并且提交下列单证：①主管部门签发的同意开展加工贸易业务的有效批准文件；②经营企业自身有加工能力的，应当提交主管部门签发的“加工贸易加工企业生产能力证明”；③经营企业委托加工的，应当提交经营企业与加工企业签订的委托加工合同、主管部门签发的“加工贸易加工企业生产能力证明”；④经营企业对外签订的合同；⑤海关认为需要提交的其他证明文件和材料。

（3）海关审核时限。经营企业提交齐全、有效的单证材料，申报设立手册的，海关应当自接受企业手册设立申报之日起 5 个工作日内完成加工贸易手册设立手续。

实践指南

下列情况海关不予办理加工贸易手册设立：①进口料件或者出口成品属于国家禁止进出口的；②加工产品属于国家禁止在我国境内加工生产的；③进口料件不宜实行保税监管的；④经营企业或者加工企业属于国家规定不允许开展加工贸易的；⑤经营企业未在规定期限内向海关报核已到期的加工贸易手册，又重新申报设立手册的。

已经办理加工贸易货物手册设立手续的经营企业可以向海关领取加工贸易手册分册、续册。加工贸易货物手册设立内容发生变更的，经营企业应当在加工贸易手册有效期内办理变更手续。需要报原审批机关批准的，还应当报原审批机关批准，另有规定的除外。

实践指南

经营企业办理加工贸易货物手册设立，申报内容、提交单证与事实不符的，海关按照下列规定处理：①货物尚未进口的，海关注销其手册；②货物已进口的，责令企业将货物退运出境或经营企业可以向海关申请提供相当于应缴税款金额的保证金或者银行、非银行金融机构保函，并且继续履行合同。

同步技能训练 5.2

某服装进出口公司（加工贸易一般认证企业）于 2016 年 12 月与美国公司签订了来料加工合同项下的服装加工业务，合同规定由外商免费提供全棉印花布料，我方根据外商要求加工 5 000 件女式内衣（该料件属加工贸易限制类商品），我方收取加工费。合同签订后，该服装进出口公司应怎样办理报关手续？

分析：

（二）单耗管理

单耗管理是海关加工贸易监管体系中的核心内容之一。海关通过加工贸易手册设立、中期核查和核销核查三个阶段的管理，实现了对监控企业加工贸易货物全过程的动态控制。海关对保税加工货物实行全程监控。保税设立核销机制如图 5.5 所示。

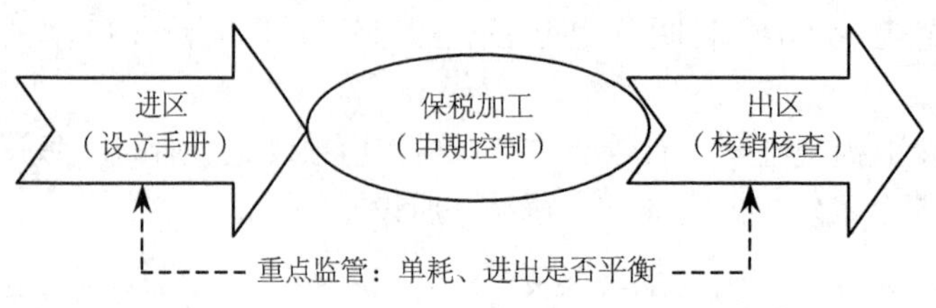

图 5.5　保税设立核销机制

1. 单耗

单耗是指加工贸易企业在正常生产条件下加工生产单位出口成品所耗用的进口保税料件的数量。单耗包括净耗和工艺损耗。

净耗是指加工生产中物化在单位出口成品中的加工贸易进口保税料件的数量。

工艺损耗是指因加工生产工艺要求，在生产过程中除净耗外所必需耗用，但不能完全转化在成品中的加工贸易进口保税料件的数量。工艺性损耗包括有形损耗和无形损耗。有形损耗是指直观可看见的原材料工艺损耗部分，如无法直接回收的边角料；无形损耗是指直观上看不见的原材料工艺损耗部分如原材料在加工中因挥发、溶解等的部分。

实践指南

加工过程中产生的下列消耗不属工艺损耗：①因生产过程中突发停电、停水、停汽或人为原因等造成保税料件、半成品、成品的损耗；②因失窃、丢失、破损等原因造成的保税料件、半成品、成品的损耗；③因不可抗力（台风、地震、海啸、火灾、洪灾）等客观因素引起的保税料件、半成品、成品的损毁、灭失或短少等损耗；④因进口保税料件或出口成品的品质、数量不符合合同要求或约定，以至造成加工用料增加或成品短少的损耗；⑤加工生产过程中非进口料件所产生的损耗；⑥加工生产过程的消耗性材料的损耗。

2. 单耗标准

单耗标准是由海关总署和国家发改委牵头组织，相关部门、行业协会负责起草制订，专家委员会审定通过后公布执行的加工贸易单耗管理规则。所以，单耗标准就是海关在加工贸易单耗管理中，对加工贸易企业生产加工所申报的实际的耗料和海关执法监管核定的单耗，规定应共同遵守并在一定期限内重复使用的规则。

单耗标准一般为通用或者重复使用的加工贸易单位成品耗用量，有一定的幅度范围，对加工成品的单耗设定最高上限值，对出口应税成品的单耗设定最低下限值。

单耗标准适用于海关特殊监管区域、保税监管场所外的加工贸易企业。特殊监管区域、保税监管场所外的加工贸易企业应当在标准内向海关进行单耗备案或者单耗申报，申报在标准内的单耗，海关按照申报的单耗对保税料件进行核销；申报的单耗超出单耗标准的，海关按照单耗标准的最高上限值或者最低下限值对保税料件进行核销。

实践指南

"如实申报，据实核销"是单耗管理的总原则。即加工贸易企业必须如实向海关申报本企业生产成品的实际单耗，海关则根据企业申报或海关核定的单耗进行核销。

单耗标准应当以海关公告形式对外发布。尚未公布单耗标准的，加工贸易企业应当如实向海关申报单耗，海关按照加工贸易企业的实际单耗对保税料件进行核销。

单耗标准不适用海关特殊监管区域保税监管场所内的加工贸易管理。

三、保税加工特殊作业

保税加工货物进出境申报必须持有加工贸易手册或其他准予备案的凭证。保税加工货物进出境阶段的报关程序与一般进出口货物报关的区别如图 5.6 所示。

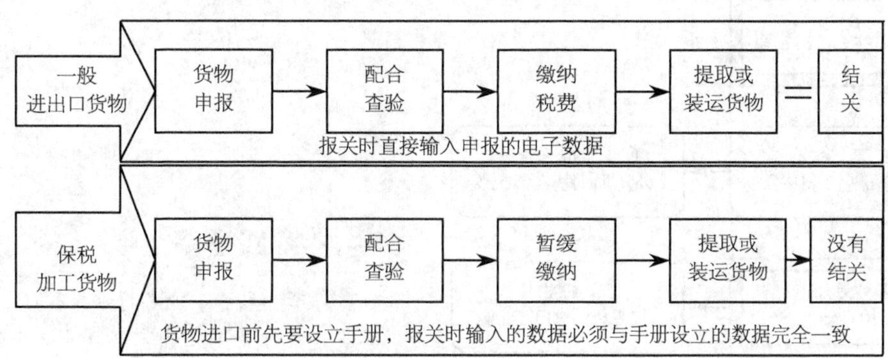

图 5.6　保税加工货物进出境阶段的报关程序与一般进出口货物报关的区别

准予保税加工的料件进口，暂缓纳税。加工贸易项下出口应税商品，如系全部使用进口料件生产的产（成）品，不征收出口关税。加工贸易项下出口应税商品，如系国内料件和保税进口料件混合加工生产的产（成）品，属于应征出口关税的，则按照海关核定的比例征收出口关税。

进口料件，除易制毒化学品、监控化学品、消耗臭氧层物质、原油、成品油等个别商品外，均可免予交验进口许可证。出口成品，属于国家规定应交验出口许可证的，在出口报关时必须交验出口许可证。

（一）外发加工

外发加工，是指经营企业委托承揽者对加工贸易货物进行加工，在规定期限内将加工后的产品最终复出口的行为。

1. 海关对外发加工的管理规范

海关对外发加工的管理要求，在《加工贸易货物监管办法》及相关公告中有明确规定，主要内容如下。

（1）经营企业开展外发加工业务，应当向海关办理备案手续；外发加工基本情况备案应当在货物首次外发之日起 3 个工作日内向海关办理备案手续（以合同为单元管理的首次外发是指在本手册项下对同一承揽者第一次办理外发加工业务；以企业为单元管理的，首次外发是指在本手册核销周期内对同一承揽者第一次办理外发加工业务）。企业外发加工信息有变动时应当向海关办理信息的变更。

（2）经营企业开展外发加工业务，不得将加工贸易货物转卖给承揽者；承揽者不得将加工贸易货物再次外发。

（3）企业应当在货物外发之日起 10 日内向海关申报实际收发情况，同一手（账）册、同一承揽者的收发货情况可合并办理。

（4）企业未按规定向海关办理外发加工手续，或者实际外发情况与申报不一致的，按照《中华人民共和国海关行政处罚条例》有关规定予以处罚。

2. 外发加工作业流程

外发加工作业流程如图 5.7 所示。

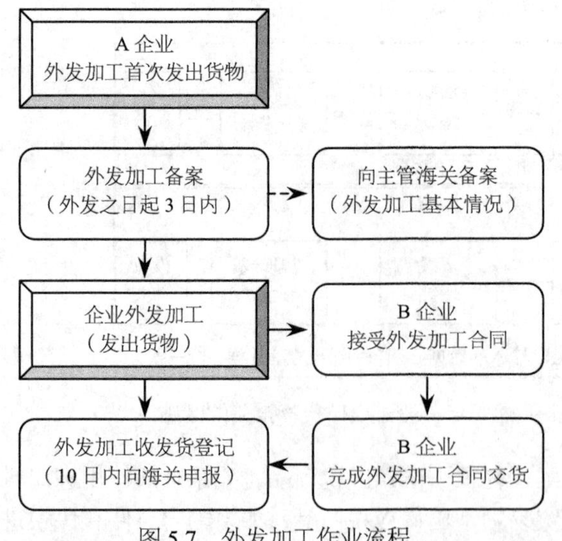

图 5.7 外发加工作业流程

实践指南

办理外发加工业务特别提醒：①外发加工基本情况备案和实际发货情况申报均可在事后规定时间内办理。②对同一手（账）册、同一承揽者的收发货情况可合并向海关办理。③部分工序和全部工序均可外发。

（1）外发加工备案。保税加工企业首次外发加工之日起的 3 个工作日内应向主管海关备案外发加工基本情况。外发加工备案基本信息如示例 5.1 所示。

示例 5.1

加工贸易货物外发加工备案基本情况

经营企业名称		经营企业地址	
经营企业信用级别		海关编码	
法人代表		联系电话	
承揽企业名称		承揽企业地址	
承揽企业负责人		联系电话	

××海关：

因××需要，我公司将 C×××××××××××手册进口的保税料件：　　　　等保税货物进行外发加工，加工完毕后的货物将全部按海关规定运回我公司。外发加工的期限从　　年　月　日至　年　月　日。

以上申报真实无讹。本公司愿意为之承担法律责任，并承诺在外发加工货物收发货的当天，准确及时记录实际收发货情况，包括外发、运回的货物名称、数量、时间等，并留存记录备海关实地核查。

经营企业印章　　　　　　承揽企业印章

年　月　日　　　　　　年　月　日

注：本表一式三份，一份海关存查、一份经营企业留存、一份承揽企业留存。

（2）外发加工收发货登记。外发加工企业应在货物外发之日起 10 日内向海关申报实际货物的收发情况。外发加工发货登记、收货登记信息参考表如示例 5.2 和示例 5.3 所示。

示例 5.2

外发加工发货登记

委托方企业名称			委托方企业海关编码		
手册/账册编号			手册备案地主管海关		
发货日期	商品名称	商品编码	发货数量	计量单位	备注
年　月　日					
年　月　日					
年　月　日					

示例 5.3

外发加工收货登记

委托方企业名称			委托方企业海关编码		
手册/账册编号			手册备案地主管海关		
收货日期	商品名称	商品编码	收货数量	计量单位	备注
年　月　日					
年　月　日					
年　月　日					
年　月　日					
年　月　日					

（3）外发加工需控制的违规风险。外发加工需要控制的违规风险包括**超期外发风险**和**收发失控风险**。超期外发风险一是超过备案的外发加工期限，未能向海关说明，二是超过手册期限。收发失控风险是保税加工企业发出货物与收回货物管理失控，致使企业对外发加工过程中保税货物的动态状况缺乏足够的跟踪，对发出料件和收回成品（半成品）、料件、残次品、边角料等情况说不清楚，道不明白。

（二）深加工结转

深加工结转，是指加工贸易企业将保税进口料件加工的产品转至另一加工贸易企业进一步加工后复出口的经营活动。

1. 海关对深加工结转的管理规范

海关对深加工结转的管理规范在《加工贸易货物监管办法》及相关的公告中有明确规定，主要内容如下。

（1）加工贸易经营企业进口加工贸易货物，可以从境外或者海关特殊监管区域、保税监管场所进口，也可以通过深加工结转方式转入。经营企业出口加工贸易货物，可以向境外或者海关特殊监管区域、保税监管场所出口，也可以通过深加工结转方式转出。

办理深加工结转业务特别提醒：① 深加工结转业务转出、转入方应分别向各自的主管海关申报；② 企业未履行规定的义务时，不得办理深加工结转手续；③ 深加工结转报关单的撤销或者修改有特殊要求。

（2）加工贸易经营企业开展深加工结转的，转入、转出企业应当向各自的主管海关申报办理实际收发货及加工贸易货物进出口报关手续。有下列情形之一的，加工贸易企业不得办理深加工结转手续：① 不符合海关监管要求，被海关责令限期整改，在整改期内的；② 有逾期未报核手册的；③ 由于涉嫌走私已经被海关立案调查，尚未结案的。

（3）加工贸易企业未按照海关规定进行收发货的申报及报关的，在补办有关手续前，海关不再受理新的“深加工结转申请表”，并可根据实际情况暂停已办理的“深加工结转申请表”的使用。

（4）深加工结转报关单因故需要修改或者撤销的，加工贸易企业应按照报关单修改、撤销的规定办理，但对于已放行的深加工结转报关单，不能撤销，只能修改。

（5）转入、转出企业违反有关规定的，海关按照《海关法》和《海关行政处罚条例》的规定处理；构成犯罪的，依法追究刑事责任。

2. 深加工结转的作业流程

深加工结转的作业流程如图 5.8 所示。

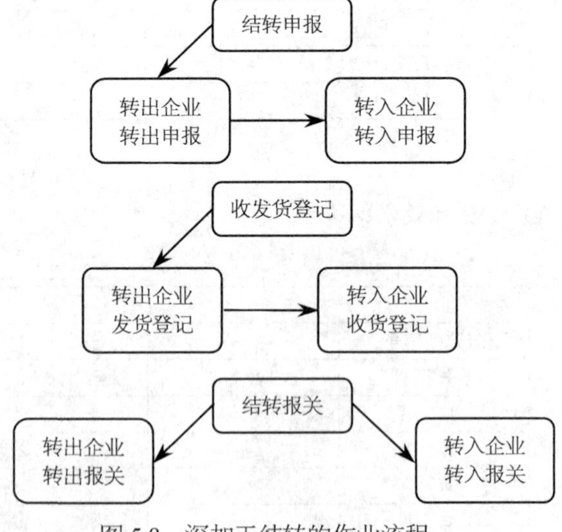

图 5.8　深加工结转的作业流程

（1）深加工结转申报。深加工转出和转入

企业开展结转深加工业务时应向各自的主管海关进行深加工结转申报。申报数据可通过 QP（Quick Pass 电子口岸预录入系统）深加工结转录入系统或通过标准数据接口向海关发送。加工贸易保税货物深加工结转申报表如示例 5.4 所示。

示例 5.4

加工贸易保税货物深加工结转申报表

申报表编号：

<table>
<tr><td colspan="8">××海关：
我××公司需与××公司结转保税货物，特向你关申报，并保证遵守海关法律和有关监管规定。</td></tr>
<tr><td rowspan="6">结转出口货物情况</td><td>项号</td><td>商品编号</td><td>品名</td><td>规格型号</td><td>数量</td><td>单位</td><td>转出手册号</td></tr>
<tr><td></td><td></td><td></td><td></td><td></td><td></td><td></td></tr>
<tr><td></td><td></td><td></td><td></td><td></td><td></td><td></td></tr>
<tr><td></td><td></td><td></td><td></td><td></td><td></td><td></td></tr>
<tr><td></td><td></td><td></td><td></td><td></td><td></td><td></td></tr>
<tr><td></td><td></td><td></td><td></td><td></td><td></td><td></td></tr>
<tr><td colspan="8">说明</td></tr>
<tr><td rowspan="6">结转进口货物情况</td><td>项号</td><td>商品编号</td><td>品名</td><td>规格型号</td><td>数量</td><td>单位</td><td>转出手册号</td></tr>
<tr><td></td><td></td><td></td><td></td><td></td><td></td><td></td></tr>
<tr><td></td><td></td><td></td><td></td><td></td><td></td><td></td></tr>
<tr><td></td><td></td><td></td><td></td><td></td><td></td><td></td></tr>
<tr><td></td><td></td><td></td><td></td><td></td><td></td><td></td></tr>
<tr><td></td><td></td><td></td><td></td><td></td><td></td><td></td></tr>
</table>

（2）深加工结转收发货登记。深加工转出和转入企业应当分别在每批实际发货及收货后规定的时间内通过深加工结转预录入系统向海关申报“保税货物深加工结转收发货单”或“保税货物深加工结转退货单”电子数据。深加工结转管理系统对转出、转入企业申报的收发货数据进行自动登记。

实践指南

深加工结转申报注意事项：①一份申报表对应一个转出企业和一个转入企业；一份申报表对应转出企业一本手册，但可对应转入企业多本手册。②申报表自转入地海关审核通过之后生效，但有效期不能超过对应转出、转入手册的有效期，逾期则不能发货；联网监管企业申报表与电子账册有效期一致。③海关审核通过后，允许进行数量变更及增加新结转商品项目的处理。

（3）深加工结转报关。办理深加工结转申报后，企业应当在实际收发货的次月底前（不得超过手册有效期或核销截止日）办结该批货物的报关手续。若货物多次收发货累加一次录入申报的，以最后一次实际收发货日期作为该批货物收发货的办理报关手续起算时间点。

（三）加工贸易货物内销

1. 加工贸易内销的产品

（1）边角料。边角料是指加工贸易企业从事加工复出口业务，在海关核定的单耗内加工过程中产生的，无法再用于加工该合同项下出口制成品的数量合理的废、碎料及下脚料。

（2）剩余料件。剩余料件是指加工贸易企业在从事加工复出口业务过程中剩余的，可以继续用于加工制成品的加工贸易进口料件。

（3）残次品。残次品是指加工贸易企业从事加工复出口业务，在生产过程中产生的有严重缺陷或者达不到出口合同标准，无法复出口的制品（包括完成品和未完成品）。

（4）副产品。副产品是指加工贸易企业从事加工复出口业务，在加工生产出口合同规定的制成品（即主产品）过程中同时产生的，且出口合同未规定应当复出口的一个或者一个以上的其他产品。

《中华人民共和国海关关于加工贸易边角料、剩余料件、残次品、副产品和受灾保税货物的管理办法》

2. 海关对加工贸易货物内销的管理规范

海关对加工贸易货物内销的管理规范，在《中华人民共和国海关关于加工贸易边角料、剩余料件、残次品、副产品和受灾保税货物的管理办法》（海关总署令第 111 号）、《加工贸易货物监管办法》及相关公告中有明确规定，主要内容如下。

（1）申请内销边角料的，商务主管部门免予审批，企业直接报主管海关核准并办理内销有关手续。① 海关按照企业向海关申请内销边角料的报验状态归类后适用的税率和审定的边角料价格计征税款，免征缓税利息；② 海关按照企业向海关申请内销边角料的报验状态归类后，属于国家发改会、商务部、环保总局及其授权部门进口许可证件管理范围的，免于提交许可证件。

（2）申请内销剩余料件或者内销用剩余料件生产的制成品的管理规范如表 5.4 所示。

表 5.4　申请内销剩余料件或者内销用剩余料件生产的制成品的管理规范

产品类别	管理规范	
剩余料件或者剩余料件生产的制成品内销金额占该加工贸易合同项下实际进口料件总额 3%以内（含 3%）或者人民币 1 万元以下（含 1 万元）的	商务主管部门免予审批，企业直接报主管海关核准，由主管海关对剩余料件按照规定计征税款和税款缓税利息后予以核销	免于提交许可证件
剩余料件或者剩余料件生产的制成品内销金额占该加工贸易合同项下实际进口料件总额 3%以上或者人民币 1 万元以上的	商务主管部门按照有关内销审批规定审批，海关凭商务主管部门批件对合同内销的全部剩余料件按照规定计征税款和缓税利息	属于进口许可证件管理的提交有关进口许可证件

（3）使用剩余料件生产的残次品需内销的，比照边角料内销规定办理。

（4）加工生产过程中产生或者经回收能够提取的副产品，未复出口的，向海关备案或者核销时应当如实申报。需内销的副产品，由商务主管部门按照副产品实物状态列明内销商品名称，并按加工贸易有关内销规定审批，海关凭商务主管部门批件办理内销有关手续。对需内销的副产品，海关按照企业向海关申请内销副产品的报验状态归类后的适用税率和审定的价格，计征税款和缓税利息。如属进口许可证件管理的，企业还须按照规定向海关提交有关进口许可证件。

（5）对实行进口关税配额管理的边角料、剩余料件、残次品、副产品和受灾保税货物的管理规范如表 5.5 所示。

（6）属于加征反倾销税、反补贴税、保障措施关税或者报复性关税的管理规范如表 5.6 所示。

表 5.5 实行进口关税配额管理的边角料、剩余料件、残次品、副产品和受灾保税货物的管理规范

<table>
<tr><th>产品类别</th><th colspan="2">管理规范（实行关税配额管理的商品）</th></tr>
<tr><td>边角料</td><td colspan="2">按照关税配额税率计征税款</td></tr>
<tr><td rowspan="2">副产品、剩余料件、残次品</td><td colspan="2">提交有关进口配额许可证件的按照关税配额税率计征税款</td></tr>
<tr><td colspan="2">未提交有关进口配额许可证件的按照有关规定办理</td></tr>
<tr><td rowspan="3">受灾保税货物</td><td colspan="2">不可抗力因素造成的：海关按照关税配额税率计征税款</td></tr>
<tr><td rowspan="2">其他因素造成的并经海关审核认可的</td><td>提交有关进口配额许可证件，按照关税配额税率计征税款</td></tr>
<tr><td>未提交有关进口配额许可证件，按照有关规定办理</td></tr>
</table>

表 5.6 属于加征反倾销税、反补贴税、保障措施关税或者报复性关税的管理规范

<table>
<tr><th>产品类别</th><th>管理规范</th></tr>
<tr><td>边角料</td><td>报验状态归类属于加征特别关税的，海关免于征收需加征的特别关税</td></tr>
<tr><td>副产品、剩余料件、残次品</td><td>报验状态归类属于加征特别关税的，海关按照规定征收需加征的特别关税</td></tr>
<tr><td rowspan="2">受灾保税货物</td><td>因不可抗力因素造成，并失去原使用价值的，属于加征特别关税的，海关免于征收需加征的特别关税</td></tr>
<tr><td>其他经海关审核认可的受灾保税货物，属于加征特别关税的，海关按照规定征收需加征的特别关税</td></tr>
</table>

（7）加工贸易企业办理边角料、剩余料件、残次品、副产品和受灾保税货物内销的进出口通关手续时，应当按照下列情况办理：①加工贸易剩余料件、残次品以及受灾保税货物内销，企业按照其加工贸易的原进口料件品名进行申报；②加工贸易边角料以及副产品，企业按照向海关申请内销的报验状态申报。

（8）加工贸易保税进口料件和残次品因故转内销的，海关凭主管部门准予内销的有效批准文件，对保税进口料件依法征收税款并且加征缓税利息，另有规定的除外。进口料件属于国家对进口有限制的，经营企业还应当向海关提交进口许可证件。

（9）经营企业申请办理加工贸易货物内销手续，除特别规定外，应向海关提交下列单证：①主管部门签发的"加工贸易保税进口料件内销批准证"；②经营企业申请内销加工贸易的材料；③提交与归类和审价有关的资料。

经营企业申请办理加工贸易货物内销手续，应当如实申报"加工贸易货物内销征税联系单"，凭单办理通关手续。

实践指南

办理加工贸易货物内销业务特别提醒：①除另有规定外，保税加工货物转为内销应经商务主管部门批准，并缴纳进口税和提交相应的进口许可证件；②边角料、副产品内销时，海关按报检状态归类、估价、征税；料件、剩余料件、成品、残次品内销时，海关按加工贸易原进口料件价值（或对应的进口料件价值）估价、征税。

3. 加工贸易货物内销的作业流程

加工贸易货物内销的作业流程如图 5.9 所示。

（1）办理内销批准证和进口许可证。加工贸易货物转内销的，经营企业需要向主管海关办理加工贸易内销批准证和进口许可证。申领加工贸易内销批准证和进口许可证基本要求如图 5.10 所示。商务部门签发的"加工贸易保税加工料件内销批准证"如示例 5.5 所示。

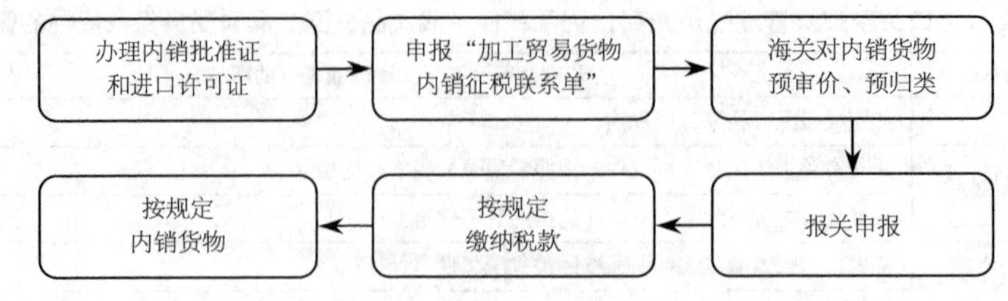

图 5.9 加工贸易货物内销的作业流程

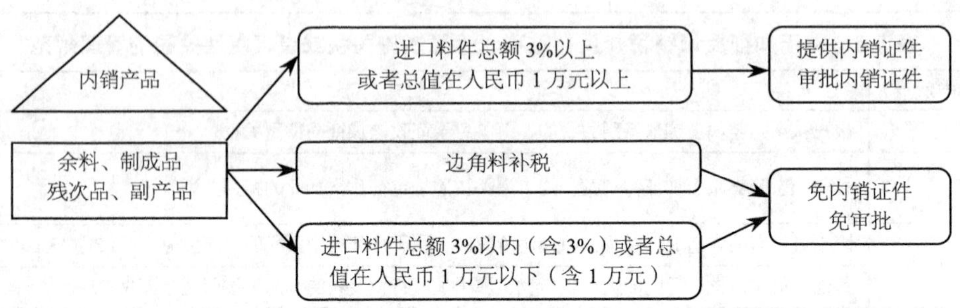

图 5.10 申领加工贸易内销批准证和进口许可证基本要求

示例 5.5

加工贸易保税加工料件内销批准证

内销批准证号：

1. 加工贸易企业名称：				2. 经营企业代码：		
3. 加工贸易业务批准证号：				4. 海关加工贸易登记手册号：		
5. 主管海关：				6. 贸易方式：		
7. 批准内销的进口料件清单						
序号	商品编码	商品名称	规格	单位	数量	金额
8. 备注：			9. 审批机关签章： 10. 批准日期： 年 月 日			

注：本表一式三份（审批机关、海关、企业各一份）

（2）填报“加工贸易货物内销征税联系单”。加工贸易货物内销征税联系单如示例 5.6 所示。

示例 5.6

加工贸易货物内销征税联系单

内销货物状态：料件[　]　成品[　]　半成品[　]　残次品[　]　边角料[　]

副产品[　]　其他[　]（　　　　　　）关内销征税[　　　]年第　　号

加工贸易手册号（或电子账册号）：					贸易方式：			以下内容由海关填写		
项号	商品编码（10 位）	货物名称	规格型号	原产国别	内销数量（个）	申报单价（美元）	原进口报关单号	审定商品编码	审定价格	审价方法
1										
2										
3										
4										
5										
随附单据：										
上述申报情况及有关材料属实，本公司愿意承担相应的法律责任。 公司名称及签章： 申请时间：　年　月　日 联系人：　联系电话：						加工贸易内销审批岗位批注意见： 初审： 年　月　日 复审： 科长：　年　月　日				

填表说明：成品、半成品、残次品折料件申报；边角料、副产品按实际状态申报，不填原产国别及原进口报关单号；无法确定原进口批次的不填原进口报关单号并注明“无法确定”。

（3）海关预归类、预审价。海关根据联系单、“加工贸易保税进口料件内销批准证”、实际成交合同、发票、原进口报关单、加工贸易手册等资料进行预归类、预审价。企业如同意海关审核意见，可至海关内销征税窗口盖章确认联系单信息，并按照预归类、预审价内容申报报关单数据；企业如对海关审核意见有异议，可按规定程序与海关进行磋商，待磋商完成后，按照最终磋商的结果进行报关单数据申报。

（4）报关申报。填制报关单时，需要在随附单据栏注明联系单编号，联系单代码为“c”（小写字母），联系单编号由 11 位手册号+N+4 位流水号组成。企业可通过查看电子口岸信息回执，了解电子审单提示信息。若海关要求人工审单，企业或其代理人需向海关提交联系单、合同、发票、原进口报关单、手册等材料复印件。

（5）缴纳税款。海关审单结束后，企业可按要求办理缴纳税款等手续。如内销的产品，海关除了依法征收进口税款外，还需要加征缓税利息。缓税利息的利率适用海关填发税款缴款书之日的中国人民银行公布的活期存款利率，缓税利息按日征收。缓税利息的计息期限的起始日为内销产品对应的加工贸易手册项下首批料件的进口之日，终止日是内销产品海关填发税款缴款书之日。其计算公式如下：

$$\text{应征缓税利息}=\text{应征税额}\times\text{计息期限}\times\frac{\text{缓税利息率}}{360}$$

（6）内销货物集中纳税。对进出口加工贸易一般信用及以上企业，可根据海关规定采用“集中纳税”的方式缴纳税款。内销集中纳税是指符合条件的加工贸易企业先行内销加工贸易保税货物，再集中向主管海关办理内销纳税手续的操作方式。

加工贸易企业内销商品中若涉及许可证件的，应在取得相应的许可证件后，向海关办理内销集中申报手续。已取消“加工贸易保税进口料件内销批准证”审批的省份，办理内销集中申报手续时，海关不再收取“加工贸易保税进口料件内销批准证”。

四、保税加工贸易手册核销

保税加工贸易手册核销是指加工贸易经营企业在制成品复出口（深加工结转出口）或者加工贸易货物办理内销等海关手续后，按照规定向海关如实申报进口料件、出口成品、边角料、剩余料件、残次品、副产品以及单耗等情况，并且按照规定提交相关单证，海关实施核查后办理**解除加工贸易货物监管手续**的行为。

《中华人民共和国海关加工贸易货物监管办法》

海关对加工贸易手册核销的管理要求在《加工贸易货物监管办法》及相关公告中明确规定。其主要内容如下。

1. 原则要求

（1）加工贸易项下进口料件实行保税监管的，加工成品出口后，海关根据单耗关系与实际加工复出口的数量予以核销。

（2）加工贸易货物的手册设立、进出口报关、核销，应采用纸质单证、电子数据的形式。

（3）由于加工工艺需要使用非保税料件的，经营企业应当向海关如实申报使用非保税料件的比例、品种、规格、型号和数量。经营企业按规定向海关申报非保税料件的，海关核销时应当在出口成品总耗用量中予以核扣。

2. 报核时限

经营企业应当在规定的期限内将进口料件加工复出口，并且自加工贸易手册项下最后一批成品出口或者加工贸易手册到期之日起 30 日内向海关报核。经营企业对外签订的合同提前终止的，应当自合同终止之日起 30 日内向海关报核。

3. 报核申报内容

经营企业报核时应当向海关如实申报进口料件、出口成品、边角料、剩余料件、残次品、副产品以及单耗等情况，并且按照规定提交相关单证。

经营企业向海关报核，单证齐全、有效的，海关应当受理报核。

4. 海关核销方法及时限

（1）海关核销可以采取纸质单证核销、电子数据核销的方式，必要时可以下厂核查，企业应当予以配合。海关应当自受理报核之日起 30 日内予以核销。特殊情况需要延长的，经直属海关关长或者其授权的隶属海关关长批准可以延长 30 日。

（2）加工贸易保税进口料件或者成品因故转为内销的，海关凭主管部门准予内销的有效批准文件，对保税进口料件依法征收税款并且加征缓税利息，另有规定的除外。进口料件属于国家对进口有限制性规定的，经营企业还应当向海关提交进口许可证件。

（3）经营企业因故将加工贸易进口料件退运出境的，海关凭有关退运单证核销。

（4）经营企业在生产过程中产生的边角料、剩余料件、残次品、副产品和受灾保税货物，按照海关对加工贸易边角料、剩余料件、残次品、副产品和受灾保税货物的管理规定办理，海关凭有关单证核销。经营企业遗失加工贸易手册的，应当及时向海关报告。海关按照有关规定处理后对遗失的加工贸易手册予以核销。

（5）对经核销结案的加工贸易手册，海关向经营企业签发“核销结案通知书”。

5. 其他要求

（1）加工贸易货物的手册设立和核销单证自加工贸易手册核销结案之日起留存 3 年。

（2）加工贸易企业出现分立、合并、破产、解散或者其他停止正常生产经营活动情形的，应当及时向海关报告，并且办结海关手续。

（3）加工贸易货物被人民法院或者有关行政执法部门封存的，加工贸易企业应当自加工贸易货物被封存之日起 5 个工作日内向海关报告。

电子化手册报核基本作业流程如图 5.11 所示。

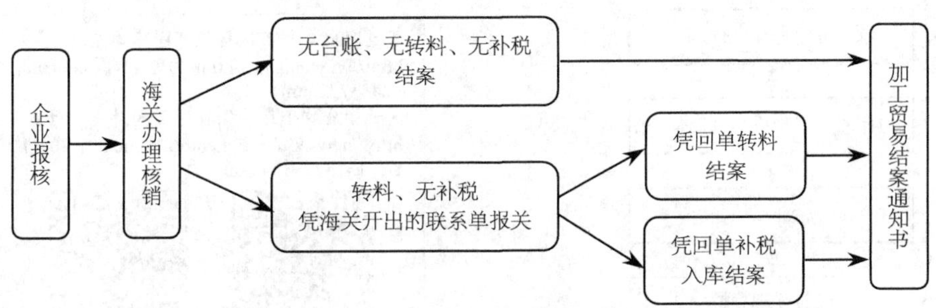

图 5.11　电子化手册报核基本作业流程

实践指南

1. 在规定时间，以规定的方式向海关办理报核是加工贸易经营企业的法定义务；

2. 核销结果是确定保税进口料件免纳或缴纳进口关税及环节税的依据；

3. 复出口、深加工结转或者内销、退运、余料结转等海关手续应在手册有效期内办理，超过手册有效期，经营企业会面临违约风险。

加工贸易企业的报关操作基本步骤相同。一般情况下，加工贸易货物报关操作流程如图 5.12 所示。

第三节　保税物流货物报关

保税物流货物是指**经海关批准**未办理纳税手续进境，在境内储存后复运出境的货物，也称作**保税仓储**货物。已办结海关出口手续尚未离境，经海关批准存放在海关专用监管场所或特殊监管区域的货物，亦带有保税物流货物的性质。

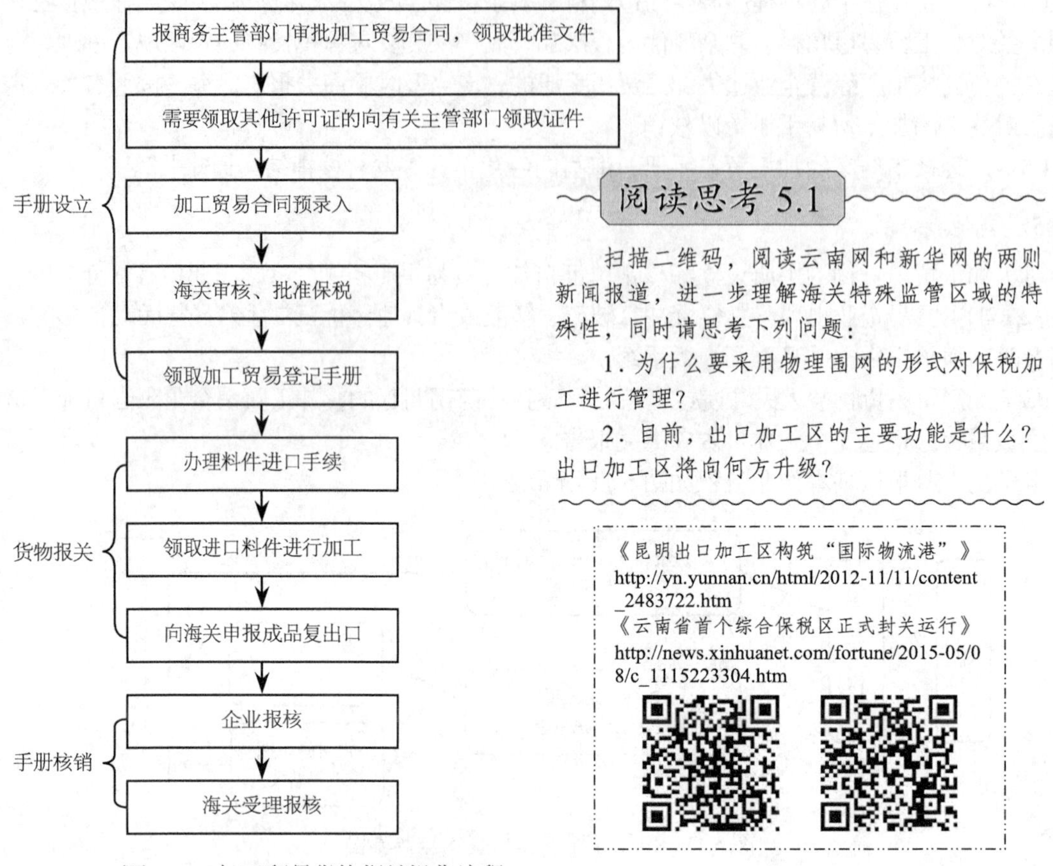

图 5.12 加工贸易货物报关操作流程

阅读思考 5.1

扫描二维码，阅读云南网和新华网的两则新闻报道，进一步理解海关特殊监管区域的特殊性，同时请思考下列问题：

1. 为什么要采用物理围网的形式对保税加工进行管理？

2. 目前，出口加工区的主要功能是什么？出口加工区将向何方升级？

《昆明出口加工区构筑“国际物流港”》
http://yn.yunnan.cn/html/2012-11/11/content_2483722.htm
《云南省首个综合保税区正式封关运行》
http://news.xinhuanet.com/fortune/2015-05/08/c_1115223304.htm

一、保税物流货物的海关监管

（一）保税物流货物海关监管的主要内容

由于保税物流货物以在保税状态下储存、流转为目的，保税物流货物进出口监管制度包括对保税物流储存场所（区域）的管理规范和对进出境货物的进出境管理规范两部分内容。保税物流货物海关监管的主要内容如下。

1. *海关监管场所或者特殊监管区域必须经过法定程序审批设立*

适用于保税物流进出口监管制度的货物进境后或出境前必须存放在经法定程序审批设立的海关保税监管场所或特殊监管区域。未经法定程序审批同意设立的任何场所或区域都不得存放保税物流货物。目前，海关监管场所包括：保税仓库、出口监管仓库、保税物流中心（A 型）等；特殊监管区域包括保税物流中心（B 型）、保税物流园区、保税区、保税港区等。

保税仓库、出口监管仓库、保税物流中心（A 型）、保税物流中心（B 型），要经过海关审批并核发批准证书，凭批准证书设立及存放保税物流货物；保税物流园区、保税区、保税港区要经过国务院审批，凭国务院同意设立的批复设立，并经海关等部门验收合格才能存放保税物流货物。

2. 海关监管场所或者特殊监管区域必须按海关规定开展保税物流业务

不同类型的海关监管场所或者特殊监管区域在开展保税物流业务时必须按照规定的经营范围开展保税物流服务，保税货物的储存、流转、处置等活动也必须按照海关管理的要求办理相应的手续。

保税物流货物报关，在任何一种监管模式下，都没有备案程序，而是通过准予进入来实现批准保税。这样，准予进入成为海关保税物流货物监管目标之一。这个监管目标只有通过对专用场所或者特殊区域的监管来实现。

3. 纳税手续、进出口许可证方面的规定

适用于保税物流进出口监管制度的货物进境时暂缓办理进口纳税手续，除易制毒化学品、监控化学品、消耗臭氧层物质等特殊商品外，免交验进口许可证件；复运出境时，无须办理出口纳税手续，除特殊商品外，免交验出口许可证件。

凡是进境进入保税物流监管场所或特殊监管区域的保税物流货物在进境时都可以暂不办理进口纳税手续，等到运离海关保税监管场所或特殊监管区域时才办理纳税手续，或者征税，或者免税。在这一点上，保税物流监管制度与保税加工监管制度是一致的，但是保税物流货物在运离海关保税物流监管场所或特殊监管区域征税时不需同时征收缓税利息，而保税加工货物（特殊监管区域内的加工贸易货物和边角料除外）内销征税时要征收缓税利息。

4. 货物进境后必须进入海关监管场所或者特殊监管区域，运离这些场所或区域后结关

除了保税物流货物的所有人及其代理人向海关办理报核外，经营保税物流的单位也应当定期以电子数据、纸质单证，向海关申报保税物流货物的进、出、存、销等情况。但是实际结关的时间，除外发加工和暂准运离（维修、测试、展览等）需要继续监管以外，运离专用监管场所或者特殊监管区域，都必须根据货物的实际流向办结海关手续。办结海关手续后，该批货物就不再是保税物流货物。

实践指南

除保税物流货物所有人及其代理人向海关办理相关手续外，经营保税物流业务的单位也需要定期向海关申报保税物流货物的进、出、存、销等情况。

经营者应按运离海关监管场所或者特殊监管区域的流向（复运出境、保税流转；转为一般进口、保税加工、特定减免税等）办理相应的海关手续，办结相应的海关手续后，保税物流货物结关。

5. 监管延伸

对保税物流货物的监管延伸，表现为监管地点延伸和监管时间延伸。

监管地点延伸指进境货物从进境地海关监管现场，已办结海关出口手续尚未离境的货物从出口申报地海关现场，延伸到专用监管场所或者特殊监管区域。

不同保税物流货物存放时间如表 5.7 所示。

适用于保税物流进出口监管制度的货物，一般经过进境（申报、查验、放行）；保税储存、出境、保税流转，或转为一般进口、保税加工、特定减免税步骤，办结相关手续后，才能完成

全部监管过程。

（二）保税物流货物适用范围

通常情况下，保税物流货物适用于以在境内储存、保税流转为目的的货物。下列货物适用于保税物流货物报关。

表 5.7　不同保税物流货物存放时间

保税物流货物	存放时间
保税仓库	1 年，可以申请延长，延长的时间最长 1 年
出口监管仓库	6 个月，可以申请延长，延长的时间最长 6 个月
保税物流中心（A 型）	1 年，可以申请延长，延长的时间最长 1 年
保税物流中心（B 型）	两年，可以申请延长，延长的时间最长 1 年
保税物流园区、保税区、保税港区	没有时间限制

（1）进境经海关批准进入海关保税监管场所或特殊监管区域，保税储存后转口境外的货物。

（2）已经办理出口报关手续尚未离境，经海关批准进入海关保税监管场所或特殊区域储存的货物。

（3）经海关批准进入海关保税监管场所或特殊监管区域保税储存的加工贸易货物，供应国际航行船舶和航空器的油料、物料和维修用零部件，供维修外国产品所进口寄售的零配件，外商进境暂存货物。

（4）经海关批准进入海关保税监管场所或特殊监管区域保税的其他未办结海关手续的进境货物。

《中华人民共和国海关对保税仓库及所存货物的管理规定》

二、保税仓库货物报关

保税仓库是指经海关批准设立的专门存放保税货物及其他未办结海关手续货物的仓库。经海关核准，进口货物（尚未确定最终去向或待复出口）可以暂缓缴纳进口关税存入专门仓库，并在规定期限内复运出口或办理正式进口手续或用作保税加工。但在货物存储期间必须保持货物的原状，除允许在海关监管下进行一些以储存和运输为目的的简单处理外，不得进行任何加工。

（一）保税仓库储存货物的范围

根据我国《海关法》的规定，保税仓库存储货物目前只限于来料加工、进料加工的进口货物，暂时存放后再复运出口的货物，供应国际航行船舶所需的燃料和零部件，以及用于在保修期内免费维修有关外国产品的零部件。一般贸易进口货物及转口的烟、酒不能存入保税仓库。各类保税仓库应在批准的范围内经营保税储存业务。

按照现行报关制度的规定，保税仓库允许储存的进口货物如表 5.8 所示。

表 5.8　保税仓库允许储存的进口货物

允许储存的进口货物	具体要求
加工贸易（加工装配、进料加工）所需的备用料件	进料加工备用料件由境内有经营权的企业购买进口
国际转运货物	包括外商寄存暂存货物、转口贸易货物、供应国际航行船舶的燃料和零配件、免税店待销的免税品等
经海关批准暂缓办理纳税手续进口储存待销的货物	包括以寄售方式进口的维修零配件、免税外汇商品、保税生产资料市场所需的待销商品等

（二）保税仓库货物的报关要求和手续

保税仓库所存货物属于海关监管物，未经海关批准并按规定办理有关手续，任何人不得出售、转让、抵押、质押、留置、移作他用或者进行其他处置。货物在仓库储存期间发生损毁或者灭失，除不可抗力原因外，保税仓库应当依法向海关缴纳损毁、灭失货物的税款，并承担相应的法律责任。

保税货物出库批量少、批次频繁时，经海关批准，可以办理定期集中申报报关手续。

1. 进仓报关

货物在保税仓库所在地进境时，除国家另有规定外，免领进口许可证件，由收货人或其代理人办理进口报关手续，海关进境现场放行后存入保税仓库。

货物在保税仓库所在地以外其他口岸入境时，经海关批准，收货人或其代理人，可以按照转关运输的报关程序办理手续，也可以直接在口岸海关办理异地报关手续。

2. 出仓报关

保税仓库货物出仓可能出现进口报关和出口报关两种情况。保税仓库货物出仓根据情况可以逐一报关，也可以集中报关。保税仓库货物出仓报关要求如表5.9所示。

表5.9　保税仓库货物出仓报关要求

出仓流向	报关要求
用于加工贸易的	由加工贸易企业或其代理人按加工贸易货物的报关程序办理进口报关手续
用于可以享受特定减免税的	由享受特定减免税的企业或其代理人按特定减免税货物的报关程序办理进口报关手续
进入国内市场或使用于境内其他方面的	由收货人或其代理人按一般进口货物的报关程序办理进口报关手续
为转口或退运到境外的	保税仓库经营企业或其代理人按一般出口货物的报关程序办理出口报关手续，但可免缴纳出口关税，免交验出口许可证件

保税仓库货物的进仓与出仓报关方式比较如表5.10所示。

表5.10　保税仓库货物的进仓与出仓报关方式比较

进仓报关	进口报关	在保税仓库所在地入境	办理进口报关手续
		在保税仓库所在地之外口岸入境	按照进口货物转关
出仓报关	进口报关	出仓用于加工贸易	按照加工贸易报关程序报关
		出仓用于特定减免税	按照特定减免税报关程序报关
		出仓用于国内市场销售	按照一般进出口报关
	出口报关	出仓出口	按照一般出口货物报关程序
		退运出口	按照一般出口货物报关程序

保税仓库所存保税货物，应定期向海关办理核销手续。每月前5日内向海关办理核销手续，并将上月转存货物的收、付、存等情况列表报送当地海关核销。

三、出口监管仓库货物的报关

出口监管仓库，是指经海关批准设立，对已办结海关出口手续的货物进行存储、保税货物配送，提供流通性增值服务的海关专用监管仓库。

《中华人民共和国海关对出口监管仓库及所存货物的管理办法》

经海关批准可以存入出口监管仓库的货物有以下几种：一般贸易出口货物；加工贸易出口货物；从其他海关特殊监管区域、场所转入的出口货物；其他已办结海关出口手续的货物。出口配送型仓库还可以存放为拼装出口货物而进口的货物。

出口监管仓库不得存放下列货物：国家禁止进出境货物；未经批准的国家限制进出境货物；海关规定不得存放的货物。

1. 进仓报关

出口货物存入出口监管仓库时，发货人或其代理人应当向主管海关办理出口报关手续，填制出口货物报关单。对经批准享受入仓即退税政策的出口监管仓库，海关在货物入仓办结出口报关手续后，予以签发出口货物报关单退税证明联；对不享受入仓即退税政策的出口监管仓库，海关在货物实际离境后签发出口货物报关单退税证明联。

2. 出仓报关

出口监管仓库货物出仓时为出口的按照出口报关。出口监管仓库货物转进口的，应当经海关批准，按照进口货物的有关规定办理相关手续。

出口监管仓库货物出仓的报关要求如表 5.11 所示。

表 5.11　出口监管仓库货物出仓的报关要求

报关方式	出仓流向	报关要求
出口报关	用于出口的	仓库经营企业或其代理人应向海关申报，提交报关必需的单证，并提交仓库经营企业填制的出口监管仓库货物出仓清单。入仓没有签发出口货物报关单退税证明联的，出仓离境海关按规定签发出口货物报关单退税证明联
进口报关	用于加工贸易的	由加工贸易企业或其代理人按加工贸易货物的报关程序办理进口报关手续
	用于可以享受特定减免税的	由享受特定减免税的企业或其代理人按特定减免税货物的报关程序办理进口报关手续
	进入国内或境内使用的	由收货人或其代理人按一般进口货物的报关程序办理进口报关手续

3. 结转报关

经转入、转出方所在地主管海关批准，并按照转关运输的规定办理相关手续后，出口监管仓库之间，出口监管仓库与税区、出口加工区、保税物流园区、保税物流中心、保税仓库等特殊监管区域、专用监管场所之间，可以进行货物流转。

4. 更换报关

对已存入出口监管仓库因质量等原因要求更换的货物，经仓库所在地主管海关批准，可以更换货物。被更换货物出仓前，更换货物应当先行入仓，并应当与原货物的商品编码、品名、规格型号、数量和价值相同。

四、保税物流中心货物的报关

（一）保税物流中心的功能

保税物流中心的功能是保税仓库和出口监管仓库功能的叠加，既可以存放进口货物，也可以存放出口货物，还可以开展多项增值服务。

存放货物的范围主要是：① 国内出口货物；② 转口货物和国际中转货物；③ 外商暂存货物；④ 加工贸易进出口货物；⑤ 供应国际航行船舶和航空器的物料、维修用零部件；⑥ 供维修外国产品所进口寄售的零配件；⑦ 未办结海关手续的一般贸易进口货物；⑧ 经海关批准的其他未办结海关手续的货物。

开展业务的范围主要是：① 保税存储进出口货物及其他未办结海关手续货物；② 对所存货物开展流通性简单加工和增值服务；③ 全球采购和国际分拨、配送；④ 转口贸易和国际中转业务；⑤ 经海关批准的其他国际物流业务。

不得开展业务的范围主要是：① 商业零售；② 生产和加工制造；③ 维修、翻新和拆解；④ 存储国家禁止进出口货物，以及危害公共安全、公共卫生或者健康、公共道德或者秩序的国家限制进出口货物；⑤ 存储法律、行政法规明确规定不能享受保税政策的货物；⑥ 其他与物流中心无关的业务。

《中华人民共和国海关对保税物流中心（A型）的暂行管理办法》

（二）保税物流中心（A 型）

保税物流中心（A 型）是指经海关批准，由中国境内企业法人经营、专门从事保税仓储物流业务的海关监管场所。

按服务范围分，保税物流中心（A 型）又可以分为公用型和自用型两类。公用型物流中心是指专门从事仓储物流业务的中国境内企业法人经营，向社会提供保税仓储物流综合服务的海关监管场所。自用型物流中心是指中国境内企业法人经营，仅向本企业或者本企业集团内部成员提供保税仓储物流服务的海关监管场所。

1. 保税物流中心（A 型）的设立

保税物流中心（A 型）应当设在国际物流需求量较大、交通便利且便于海关监管的地方。保税物流中心（A 型）的设立流程如图 5.13 所示。

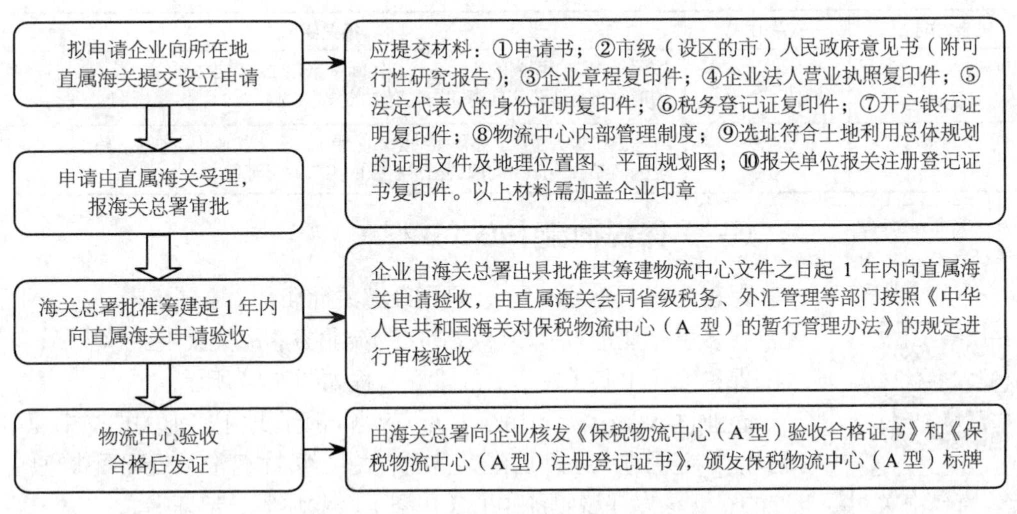

图 5.13　保税物流中心（A 型）的设立流程

实践指南

获准设立保税物流中心的企业确有正当理由未按时申请验收的，经直属海关同意可以延期验收，但延期不得超过 6 个月。如果有特殊情况需要二次延期的，报海关总署批准。获准设立物流中心的企业无正当理由逾期未申请验收或者验收不合格的，视同其撤回设立物流中心的申请。

保税物流中心（A 型）注册登记证书有效期为 2 年。经营企业应当在有效期满 30 日前，向直属海关办理延期审查申请手续。海关对检查合格的企业准予延期 2 年。

2. 保税物流中心（A 型）与境外之间进出的货物报关

保税物流中心与境外之间进出的货物，应当在保税物流中心主管海关办理相关手续。保税物流中心与口岸不在同一主管海关的，经上级海关批准，可以在口岸海关办理相关手续。

保税物流中心与境外之间进出的货物，除实行出口被动配额管理和中华人民共和国参加或者缔结的国际条约及国家另有明确规定的以外，不实行进口配额、许可证件管理。

从境外进入保税物流中心内的货物，凡属于规定存放范围内的货物予以保税；属于保税物流中心企业进口自用的办公用品、交通运输工具、生活消费品等，以及保税物流中心开展综合物流服务所需进口的机器、装卸设备、管理设备等，按照进口货物的有关规定和税收政策办理相关手续。

3. 保税物流中心（A 型）与境内之间的进出货物报关

保税物流中心内货物运往所在关区外，或者跨越关区提取保税物流中心内货物，可以在保税物流中心主管海关办理进出中心的报关手续，也可以按照境内监管货物转关运输的方式办理相关手续。企业根据需要，经主管海关批准，可以分批进出货物，月度集中申报报关，但集中申报报关不得跨年度办理。

保税物流中心与境内之间的进出货物报关要求如表 5.12 所示。

表 5.12　保税物流中心与境内之间的进出货物报关要求

进出方向	报关方式	报关要求
出中心进入关境内其他地区	进口报关	按照货物进入境内的实际流向和实际状态办理进口报关手续；属于许可证件管理的商品，企业还应向海关出具有效的许可证件
进中心	出口报关	办理出口报关手续。如需缴纳出口关税的，应当按照规定纳税；属于许可证件管理的商品，还应当向海关出具有效的出口许可证件

《中华人民共和国海关对保税物流中心（B 型）的暂行管理办法》

（三）保税物流中心（B 型）

保税物流中心（B 型），是指经海关批准，由中国境内一家企业法人经营，多家企业进入从事保税仓储物流业务的海关集中监管场所。

保税物流中心（B 型）的设立流程如图 5.14 所示。

企业进入保税物流中心（B 型）应当向所在地主管海关提交书面申请，提供能够证明进入条件已经具备的有关文件。主管海关受理后报直属海关审批。直属海关对经批准的企业核发保税物流中心（B 型）企业注册登记证书。

实践指南

保税物流中心（B型）注册登记证书有效期为3年。经营企业应当在有效期满30日前，向直属海关办理延期审查申请手续。海关对检查合格的企业准予延期3年。

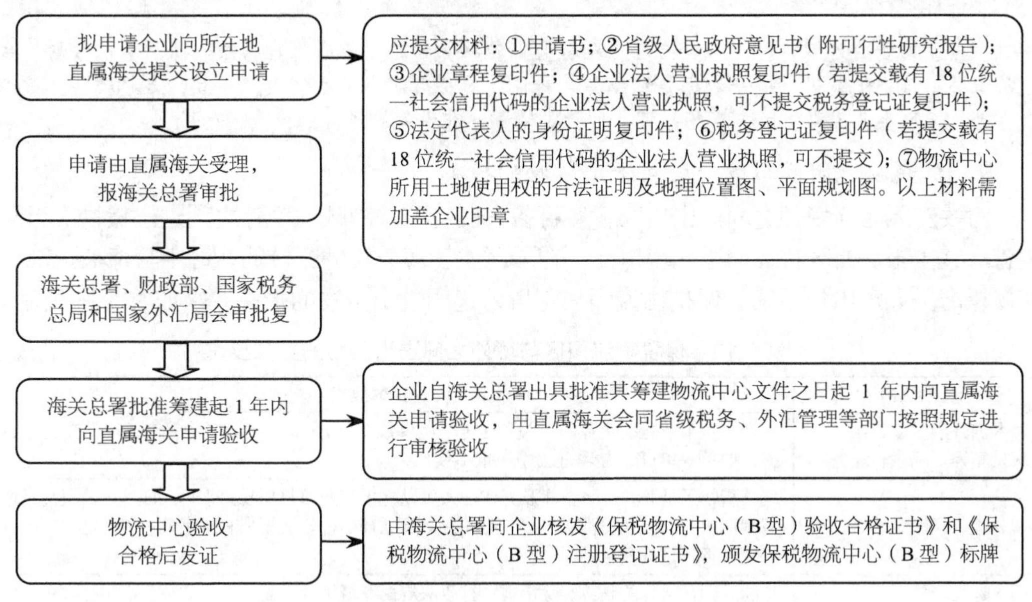

图5.14　保税物流中心（B型）的设立流程

保税物流中心（B型）与境外之间的进出货物报关和境内之间的进出货物报关，要求和程序与保税物流中心（A型）相同。

实践指南

保税物流中心内的货物可以在中心内企业之间进行转让、转移并办理相关海关手续。未经海关批准，中心内企业不得擅自将所存货物抵押、质押、留置、移作他用或者进行其他处置。

五、保税物流园区货物的报关

> **课堂讨论5.2**
> 请总结保税物流中心（A型）与保税物流中心（B型）的不同点。

保税物流园区是指经国务院批准，在保税区规划面积或者毗邻保税区的特定港区内设立的、专门发展现代国际物流的海关特殊监管区域。保税物流园区的主要功能是保税物流。

《中华人民共和国海关对保税物流园区的管理办法》

海关在园区派驻机构，依照有关法律、行政法规，对进出园区的货物、运输工具、个人携带物品，以及园区内相关场所实行24小时监管。

海关对园区企业实行电子账册监管制度和计算机联网管理制度。园区企业建分电子计算机管理系统及终端设备，并与海关进行联网。园区企业须依照法律、行政法规的规定，规范财务管理，设置符合海关监管要求的账簿、报表，记录本企业的财务状况和有关进出园区货物、物品的库存、转让、转移、销售、简单加工、使用等情况，如实填写有关单证、账册，凭合法、有效的凭证记账核算，编制月度货物进、出、转、存情况表和年度财务会计报告，并定期报送园区主管海关。

实践指南

园区内货物可以自由流转。园区企业转让、转移货物时，应当将货物的具体品名、数量、金额等有关事项向海关进行电子数据备案，并在转让、转移后向海关办理报核手续，未经园区主管海关许可，园区企业不得将所存货物抵押、质押、留置、移作他用或者进行其他处置。

1. 保税物流园区与境外之间进出货物的报关

海关对园区与境外之间进出货物，实行备案制管理。园区与境外之间进出货物应当向园区主管海关申报。园区货物的进出境口岸不在园区主管海关管辖区域的，经主管海关批准，可以在口岸海关办理申报手续。保税物流园区与境外之间进出货物的报关要求如表 5.13 所示。

表 5.13　保税物流园区与境外之间进出货物的报关要求

货物流向	具体要求
园区内开展整箱进出、二次拼箱等国际中转业务	由开展该项业务的企业向海关发送电子舱单数据，园区企业向园区主管海关申请提箱、集运等，提交舱单等单证，办理进出境申报手续
境外运入园区	境外货物到港后，园区企业及其代理人可以先提交舱单将货物直接运到园区，再提交进境货物备案清单向园区主管海关办理申报手续。除法律、行政法规另有规定外，境外运入园区的货物不实行许可证件管理
园区运往境外	从园区运往境外的货物，除法律、行政法规另有规定外，免征出口关税，不实行许可证件管理

2. 保税物流园区与区外之间进出货物的报关

园区与区外之间进出的货物，由区内企业或者区外的收发货人或其代理人在园区主管海关办理申报手续。园区企业在区外从事进出口贸易且货物不实际进出园区的，可以在收发货人所在地的主管海关或者货物实际进出境口岸的海关办理申报手续。保税物流园区与区外之间进出货物报关要求如表 5.14 所示。

实践指南

进境货物未经流通性简单加工，需原状退运出境的，园区企业可以向园区主管海关申请办理退运手续。

表 5.14　保税物流园区与区外之间进出货物报关要求

货物流向	报关要求	具体单证要求
园区货物运往区外	视同进口	园区企业或者区外收货人或其代理人按照进口货物的有关规定向园区主管海关申报，海关按照货物出园区时的实际监管方式的有关规定办理
区外货物运入园区	视同出口	由区内企业或者区外的发货人或其代理人向园区主管海关办理出口申报手续。属于应当缴纳出口关税的商品，应当照章缴纳；属于许可证管理的商品，应当同时向海关出具有效的许可证件

小知识

上海外高桥保税物流园区

上海外高桥保税物流园区是国务院批准的首家区港联动试点项目，是上海市“十五”期间重点规划的现代物流园区，享受保税区和出口开发区的相关政策，2004 年 4 月 15 日经海关总署联合验收小组验收，封关运作面积 1.03 平方公里。园区于 2006 年底基本建成，总投资 33 亿元人民币。

园区具备的四大业务功能：①国际中转，即对进入园区的国际、国内货物及保税货物进行分拆、集拼，转运至境内外其他目的港，集装箱在园区堆存无时间限制；②国际配送，即境外进入我国的货物，可以把货物储存在物流园区内，根据市场的需求，向国内外进行分拨配送；③国际采购，即对采购进区的国内货物和保税货物进行出口集运的综合处理和临港增值加工后向国内外分销；④国际转口贸易，即保税物流园区内企业可展开以转口贸易为核心的服务贸易，加快国际物流运作。

六、保税区进出货物的报关

保税区是在港口作业区和与之相连的特定区域内，具有国际中转、国际采购、国际配送、国际转口贸易、商品展示、出口加工、口岸等功能的特殊经济区，是经国务院批准设立的、海关实施特殊监管的经济区域，是我国目前开放度和自由度最大的经济区域。

保税区货物报关可分进出境报关和进出区报关。进出境报关采用报关制和备案制相结合的运行机制，即保税区与境外之间进出境货物，属自用的，采取报关制，填写进出口报关单；属非自用的，包括加工出口、转口、仓储和展示，采取备案制，填写进出境备案清单。进出区报关要根据不同的情况按不同的报关程序报关。

《保税区海关监管办法》

1. 保税加工货物进出区的报关

保税加工货物进出区的报关要求见表5.15。

2. 进出区外发加工货物的报关

保税区企业货物外发到区外加工，或区外企业货物外发到保税区加工，需经主管海关核准；进区提交外发加工合同向保税区海关备案，加工出区后核销，不填写进出口货物报关单，不缴纳税费；出区外发加工的，须由区外加工企业在加工企业所在地海关办理加工贸易备案手续，需要建立银行保证金台账的，应当设立台账，加工期限最长6个月，情况特殊，经海关批准可以延长，延长的最长期限是6个月；备案后按加工贸易货物出区进行报关。

表5.15　保税加工货物进出区的报关要求

加工货物	货物流向	具体单证要求
货物进区，按出口报关	进入保税加工区	提交《加工贸易手册》或者《加工贸易电子账册》，填写出口报关单，提供有关的许可证件，海关不签发出口货物报关单退税证明联
货物出区，按进口报关	进入国内市场	按一般进口货物报关，填写进口货物报关单，提供有关的许可证件
	用于加工贸易	按加工贸易货物报关，填写加工贸易进口货物报关单，提供《加工贸易手册》或者《加工贸易电子账册》
	用于可以享受特定减免税企业	按特定减免税货物报关，提供“进出口货物征免税证明”和应当提供的许可证件，免缴进口税

3. 设备进出区的报关

不管是施工还是投资设备，进出区均需向保税区海关备案，设备进区不填写报关单，不缴纳出口税，海关不签发出口货物报关单退税证明联，设备系从国外进口已征进口税的，不退进口税；设备退出区外，也不必填写报关单申报，但要报保税区海关销案。

阅读思考 5.2

阅读《昆明高新保税物流中心通过初验》和《新闻办就自由贸易试验区建设有关情况举行新闻发布会》两则新闻报道，进一步理解保税物流和自由贸易试验区，同时请思考下列问题：

1. 保税物流中心出现的原因是什么？

2. 分析物流中心（A 型）与物流中心（B 型）之间的区别？

3. 对于普通民众来说，自由贸易试验区的挂牌会带来什么利好？

http://www.km.gov.cn/c/2017-04-13/1756307.shtml

http://www.gov.cn/xinwen/2017-03/31/content_5182484.htm

本章小结

保税货物是经海关批准未办理纳税手续进境，在境内储存、加工、装配后复运出境的货物。保税货物根据其功能或用途可以划分为保税加工货物和保税物流货物两种。

保税加工货物是经海关批准未办理纳税手续进境，在境内加工、装配后复运出境的货物。保税加工货物通常被称为加工贸易保税货物。对保税加工货物实施手册管理是海关保税加工管理的重要措施。

保税物流货物是经海关批准未办理纳税手续进境，在境内储存后复运出境的货物，也称作保税仓储货物。海关对于保税物流货物的管理采用的是许可证管理和通关管理制度。

基础与能力训练

一、单选题

1. 加工贸易经营单位委托异地生产企业、加工企业加工产品出口，办理合同备案手续的海关是(　　)。

A．加工企业所在地主管海关　　B．经营单位所在地主管海关

C．海关总署　　D．进口料件进境地海关

2.（　　）属于国家禁止开展加工贸易的商品，不得办理来料加工业务。

A．废旧汽车、摩托车及其主要部件的拆解、翻新

B．金银制品

C．为出口商品所生产的纸质包装物料

D．天然牛黄、白金

3. 某保税工厂办理属许可证管理商品进料加工料件进口申报手续时，在向海关提交相关的单据和证明文件中，不必递交的单据和证明文件是（　　）。

A．登记手册　　B．加盖保税工厂货物戳记的报关单

C．进口货物许可证　　D．进口该批料件的随附单据

4. 某外贸公司以一般贸易方式从境外订购一批进口货物，在如实申报、接受查验、缴纳进口税费后由海关放行，该公司到海关监管仓库提取货物的单据是（　　）。

A．由海关签发的“进口货物证明书”　　B．由海关加盖了放行章的货运单据

C．由海关签发的“税款缴纳证”　　D．由海关签发的“出口货物证明书”

5. 下列（　　）从境外进口时应照章征税。

A．出口加工区从境外进口的区内企业自用的生产管理设备

B．保税区企业从境外进口的仓储设备

C．保税物流园区进口的仓储设备、管理设备

D．出口加工区从境外进口自用的交通工具、生活消费品

6．天津A加工贸易企业进口料件生产半成品后转给廊坊B加工企业继续深加工，最终产品由廊坊B加工企业出口。结转申报手续正确的是（　　）。

A．先由A企业报进口，后B由企业报出口　　B．先由A企业报出口，后B由企业报进口

C．先由B企业报进口，后A由企业报出口　　D．先由B企业报出口，后A由企业报进口

7．适用保税通关制度的是（　　）。

A．展览品　　B．进料加工外商免费提供的加工贸易设备

C．暂时进口的施工机械　　D．来料加工中外商免费提供的加工贸易设备

8．保税加工货物内销，海关按规定免征缓税利息的是（　　）。

A．副产品　　B．残次品

C．边角料　　D．不可抗力受灾保税货物

9．（　　）不属于海关非物理围网监管模式的监管。

A．来料加工企业和进料加工企业　　B．保税工厂

C．保税集团　　D．出口加工区

10．按照海关规定，加工装配和进料加工出口货物应在办理了（　　）后，才能结关。

A．料件进口海关放行手续　　B．成品出口海关放行手续

C．海关对备案的加工贸易合同核销手续　　D．海关核查企业报送的报表

二、多选题

1．属出口许可证管理的商品在（　　）情况下不能免领出口许可证。

A．进料加工项下出口产品　　B．来料加工、加工装配项下复出口产品

C．对外经济技术交流中提供的试验性货样　　D．租赁贸易项下的出口商品

2．根据我国《海关法》的规定，保税区内企业可以开展的业务有（　　）。

A．可从事出口加工，保税仓储　　B．可从事国际转口贸易

C．可从事与上述业务相关的配套服务业务　　D．国家禁止进出口的货物、物品

3．国家对进料加工成品出口，许可证管理上的要求有（　　）。

A．进料加工贸易合同项下的制成品出口均免领取许可证

B．属于国家许可证管理的商品应申领交验出口许可证

C．属于国家实行被动配额管理的纺织品，应申领并交验纺织品出口许可证

D．加工后的金或银制品出口时应交验金银制品出口许可证

4．根据进料加工的有关管理规定，进料加工经营单位必须是经商务部或其授权的主管部门批准的有进出口经营权的企业。这些企业包括（　　）。

A．国有外贸、工贸公司　　B．具有法人资格的出口生产企业

C．中外合作经营企业　　D．中外合资及外商独资企业

5．从境外进入保税区的货物，应该（　　）。

A．进口自用的生产设备、物资免税　　B．进口加工贸易货物全额保税

C．转口货物保税　　D．进口自用交通工具、生活物资征税

6．从境外进入物流园区的货物，表述正确的是（　　）。

A．园区从境外进口的自用设备、物资免税

B．园区企业为开展业务进口的自用设备、装卸设备、仓储设备、管理设备免税

C．园区企业、行政机构及其经营主体进口的自用合理数量的办公用品免税

D．园区企业、行政机构及其经营主体进口的自用交通工具和生活物资，照章征税

7．物流中心、物流园区、出口加工区、保税区货物出区到境内区外，表述正确的是（　　）。

A．出区报进口。海关一律按照一般进口货物照章征税并办理其他相应报关手续

B．出区报进口。如用于境内消费，海关按照一般进口货物报关程序照章征税，并办理相应的海关手续

C．出区报进口。如用于境内消费，海关按照特定减免税报关程序办理海关手续

D．出区报进口。如用于加工贸易，海关按照加工贸易报关程序办理海关手续

8．境内区外货物进入物流中心、物流园区、出口加工区、保税区，表述正确的是（　　）。

A．进区报出口。对进入物流中心、物流园区、出口加工区货物在办理进区出口手续时，海关即可签发出口退税报关单证明联（自用交通工具、生活物资等除外）

B．进区报出口。对进入保税区的货物，在办理进区出口手续时，海关不立即签发出口退税报关单证明联，待货物实际运输出境，经海关核实再签发出口退税报关单证明联

C．进区报出口。对境内区外的国产设备进入物流中心、物流园区、出口加工区自用，在办理进区出口手续时，海关即可签发出口退税报关单证明联；对进入保税区自用的国产设备，应向海关备案，不填写报关单，不缴纳出口税，海关不签发出口退税报关单证明联

D．对进入物流中心、物流园区、出口加工区、保税区自用的原进口设备，在办理进区手续时，海关不退还原进口时已征的进口税款，也不签发出口退税报关单证明联

9．进出海关特殊监管区域办理海关手续时不适用保税通关制度的是（　　）。

A．物流园区货物出区运往境内区外用于消费的货物

B．境内区外加工贸易货物进入物流园区

C．出口加工区货物出区运往境内区外用于特定减免税的货物

D．保税区货物出区运往境内区外用于加工产品出口

10．从境外进口的区内自用的机器设备可以享受特定减免税待遇的是（　　）。

A．出口加工区　　B．保税区　　C．保税物流中心（B型）　　D．保税物流园区

三、判断题

1．因为来料加工进口的料件和加工的成品所有权属外商，外商有权在我国境内直接提取加工的成品。（　　）

2．某公司与美国客商签订进口 5 000 台分体空调成套散件进料加工合同，欲在国内组装成成品后出口。此批散件进口时海关按 95%予以保税，5%不能出口部分予以征税。企业为减少资金占用，先把海关征税部分组装成成品内销，这样做是符合规定的。（　　）

3．对于经过批准以加工贸易方式保税进口的原材料转为内销时，在向海关办理纳税手续时，其税率适用向海关申报转为内销之日的税则税率。（　　）

4．保税加工进口料件在进口报关时，暂缓纳税，加工成品出口报关时再征税。（　　）

5．凡是海关准予备案的加工贸易料件一律可以不办理纳税手续，保税进口。（　　）

6．来料加工和进料加工是加工贸易的两种形式。（　　）

7．保税加工货物也就是通常所说的加工贸易保税货物。（　　）

8．纳税暂缓是海关对保税加工货物监管的特征之一。（　　）

9．保税加工的料件离开进境地口岸海关监管场所后进行加工、装配的地方，都是海关监管的场所。（　　）

10．一般认证企业可以开展禁止类商品的加工贸易。（　　）

四、名词解释

1．保税制度　2．保税储存　3．保税加工　4．保税物流货物
5．进料加工　6．出料加工　7．保税仓库　8．保税物流中心

五、简答题

1．简述保税货物的形式。

2．简述保税货物的基本特点。

3．简述保税货物报关的基本流程。

4．什么是保税加工货物？来料加工与进料加工有什么不同？

5．如何取得《加工贸易手册》？
6．《加工贸易手册》如何报核？
7．简述保税仓库货物的进仓与出仓报关。
8．简述保税区货物的进区与出区报关。

六、实训项目

星火公司是一家专营进料加工集成电路块出口的外商投资企业，属于适用海关一般信用管理的企业。该公司于 2016 年 5 月对外签订了主料硅片（非限制类商品）等原料的进口合同，按合同，企业 30%加工成品内销，70%加工成品外销，原料 6 月底交货。8 月份与境外商人订立集成电路块出口合同，交货期为 12 月底。11 月底产品全部出运。

试分析：

1．如果你是星火公司的报关员，该怎样办理这笔进料加工业务的报关手续？
2．如果你是星火公司的代理报关员，该怎样办理这笔进料加工业务的报关手续？

补充习题及实训	扫描二维码做更多练习，巩固本章所学知识与技能。	

第六章

特殊形式下进出口货物报关

【学习目标】

本章内容旨在让学习者掌握特定减免税货物的进口范围、基本特征及海关监管要求；掌握暂时进出境货物的范围、基本特征及海关监管要求；熟悉转关的含义、海关监管的要求及报关程序；了解过境、转运、通运货物的不同点，掌握过境、转运、通运货物的报关；熟悉无代价抵偿货物的特点，掌握无代价抵偿货物的报关；清楚货物退运、通关的条件，掌握退运、通关货物的报关；熟悉进出境快件的报关；了解溢卸、误卸货物，放弃货物、超期未报货物的概念，掌握溢卸、误卸货物，放弃货物、超期未报货物的报关。

完成本章学习后，学习者应获得以下成果：

1．具有识别特定减免税货物和暂时进出境货物等不同通关制度下货物类别的能力；
2．具有办理特定减免税货物和暂时进出境货物报关手续的能力；
3．具有办理转关运输货物报关的能力；
4．具有对过境货物、转运货物、通运货物进行报关的能力；
5．具有办理退运、通关货物的报关的能力；
6．具有办理进出境快件的报关的能力；
7．具有办理溢卸、误卸货物，放弃货物、超期未报货物报关的能力。

【知识结构】

- 特定减免税进口货物报关
  - 特定减免税进口货物的海关监管
  - 特定减免税进口货物的报关程序
- 暂时进出境货物的报关
  - 暂时进出境货物的海关监管
  - 暂时进出境货物的报关程序
- 转关运输货物报关
  - 转关运输货物的海关监管
  - 转关运输货物的报关程序
- 其他特殊进出口货物报关
  - 过境、转运、通运货物报关
  - 无代价抵偿货物报关
  - 退运、退关货物报关
  - 进出境快件报关
  - 溢卸、误卸货物，放弃货物，超期未报货物的报关

【引　　例】

违规处置减免税设备案

据海关总署官网2016年6月16日消息　近日，新余海关在“国门利剑2016”联合专项行动中查获1起擅自违规处置减免税设备案件，涉及货值2 700余万元。经查，辖区内某纺织企业将仍在海关监管期限内的减免税设备擅自抵押给某银行贷款，并且将该设备擅自转让给其他企业，涉及货值2 700余万元，目前案件正在进一步办理中。

通过案例思考：

1．为什么减免税设备不能擅自违规处置？

2．什么是特定减免税货物？海关对特定减免税货物的监管方式是什么？

3．什么是暂时进出境货物？海关用什么方式对暂时进出境货物进行监管？

4．什么是转关运输货物？海关对转关运输货物的监管方式是什么？

5．什么是过境、转运、通运货物？海关用什么方式对过境、转运、通运货物进行监管？

6．什么是无代价抵偿货物？无代价抵偿货物应如何报关？

7．退运、退关货物应如何报关？进出境快件应如何报关？

8．溢卸、误卸货物，放弃货物、超期未报货物应如何报关？

海关总署官网原文：
http://www.customs.gov.cn/publish/portal167/tab64489/info803472.htm

按照《海关法》的一般原则，货物进出口，不论其原产地是外国还是本国，都应征收关税和其他税费。但货物暂时（准）进出口制度是这种一般原则的例外，它通过有条件地准予免纳关税和其他税收来体现海关法所给予的便利和优惠，从而形成了一项单独的海关业务制度。另外，特定减免税货物进口的报关，从特定减免税的申请到海关核销后解除海关监管，从报关的时限看长于传统的报关时间范围，由此就必然要制定一些特殊的报关规则。

第一节　特定减免税进口货物报关

一、特定减免税进口货物的海关监管

（一）特定减免税概念

特定减免税是指依照国务院规定的范围和办法，对进口货物给予的**关税优惠**。

特定减免税制度是我国在改革开放初期为吸引外商投资而实施的一项政策性减免关税及其他进口环节税的制度，主要是对**特定地区**、**特定企业**和**特定用途**的进口货物予以减免关税和其他进口税。

《中华人民共和国海关进出口货物减免税管理办法》

“特定地区”是指我国关境内由行政法规规定的某一特别限定区域；享受减免税优惠的货物只能在这一专门规定的区域内使用。

“特定企业”是指由国务院制定的行政法规专门规定的企业，享受减免税优惠的进口货物只能由这些专门规定的企业使用。

“特定用途”指国家规定可以享受减免税优惠的进口货物，只能用于行政法规专门规定的用途。

特定减免税进口货物只有在特定条件或规定范围内使用才可减免进口关税和增值税，且原则上受各项进出境管制规定的约束，货物进口验放后仍受海关监控。一旦脱离特定范围使用，便须补缴进口关税和增值税。

特定减免税货物与保税货物一样在进口时均不缴纳税款，但海关对这两类货物有不同的办理程序和管理方法。特定减免税货物与保税货物的区别参见表 6.1。

表 6.1 特定减免税货物与保税货物的区别

项目	性 质	海关手续	海关监管方式
保税货物	在境内储存、加工、装配后复运出境的货物	办理保税合同登记备案，海关核发加工贸易手册	海关监管方式实行核销管理，以复出口为解除监管的依据。经营者不仅要承担不得擅自转口、出售的法律义务，还要履行复出口的义务
特定减免税货物	国家对特定地区、特定企业、特定用途的进口货物，为支持、鼓励其在国内使用或消费而给予的税收优惠	办理减免税申请，海关签发征免税证明	海关实行时效管理，以监管年限为解除监管的依据，在监管年限内，经营者承担不得擅自转让、出售的法律义务

（二）特定减免税进口货物海关监管的主要内容

货物进口前的备案、审批，进口时受理申报、查验，海关监管到期时解除海关监管都是特定减免税进口货物海关监管的主要内容。

1. 货物进境前须向海关办理减免税备案、审批手续

减免税申请人在相关货物进境前，须向主管海关办理进口货物减免税备案手续。向主管海关办理进口货物减免税备案手续程序如图 6.1 所示。

实践指南

减免税备案、审批是货物适用特定减免税进口监管制度的基础和前提，也是该制度的一个显著特征。

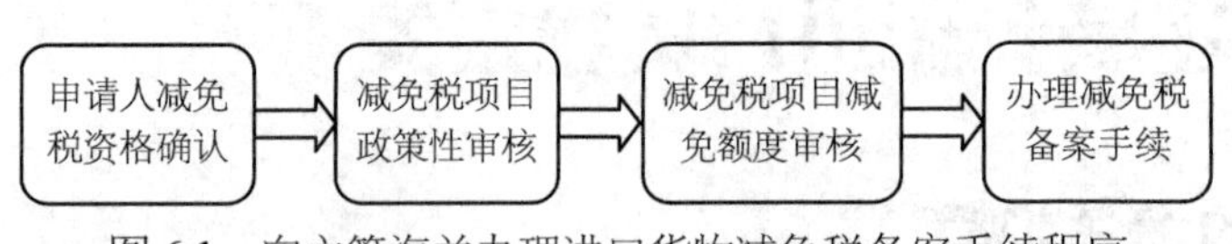

图 6.1 向主管海关办理进口货物减免税备案手续程序

2. 货物进境时应提交进口许可证件和其他相关证件

货物进境时减纳或免纳进口关税，进境时应向海关提交国家实施贸易管制的进口许可证件和其他相关证件。

特定减免税货物进境时减纳或免纳进口关税，除另有规定外，进口收货人或其代理人都应在进口申报时间内向海关提交进口许可证件。原则上“免税不免证”是特定减免税货物进口监管的另一特征。

3. 货物经进境海关现场放行后须接受海关监管

海关放行的特定减免税进口货物进入关境后，在规定的期限内，只能在规定的地区、企业内和规定的用途范围内使用，并接受海关的监管。各类特定减免税货物的海关监管期限见表 6.2。

表 6.2 各类特定减免税货物的海关监管期限

特定减免税货物种类	海关监管期限
船舶、飞机	进口之日起 8 年
机动车辆	进口之日起 6 年
其他货物	进口之日起 3 年

特定减免税货物进口后，在海关监管期限内，未经海关许可，未补缴原减征或免征的税款，擅自在境内出售谋利的，属于走私行为。特定减免税进口货物监管期限到期时，进口收货人或其代理人应向海关申请解除对特定减免税货物的监管。

4. 货物脱离规定范围或特定条件使用须申请并补缴进口税款

货物脱离规定范围或特定条件使用，须向海关申请并补缴进口税款。

特定减免税是我国海关关税优惠政策的重要组成部分，是国家无偿向符合条件的进口货物使用企业提供的关税优惠，其目的是优先发展特定地区的经济，鼓励外商在我国直接投资，促进国有大中型企业和科学、教育、文化、卫生事业的发展。因此，只能在国家行政法规规定的特定条件下，在特定条件或规定范围内使用可减免进口关税和增值税。

特定减免税进口货物在海关监管期限内，将货物移至特定范围以外、出售、转让或移作他用时，进口货物的收货人应事先向海关申请，经海关批准，按货物使用年限折旧后补缴原减征或免征的税款。

5. 海关监管期限届满或办结海关手续后可以解除海关监管

货物的海关监管期限届满或办结海关手续的，可以解除海关监管。

特定减免税进口货物在海关监管期满时，自动解除海关监管，纳税义务人可以在规定的期限内向海关申请领取解除监管证明。特定减免税进口货物在海关监管期限内要求解除海关监管的，纳税义务人必须先办结海关手续（包括补税或退运出境、放弃、结转等）后，可凭有关单证向主管海关申请领取解除监管证明。

（三）适用于特定减免税进口监管制度的货物

特定减免税进口监管制度适用原则如下：减免税申请人应具备规定的资格；进口货物适用范围或用途符合规定的要求；进口货物不属于国家规定的《不予免税的进口商品目录》。

目前，适用于特定减免税进口监管制度的货物主要是符合国家特定减免税优惠政策的特定地区、特定企业、特定用途的进口货物，具体范围如下。

1. 特定地区进口货物

特定地区进口货物主要包括：保税区、出口加工区、保税物流园区、保税港区、自由贸易试验区等特定地区进口的区内生产性基础性设施建设任务所需的机器、设备和基建物资；区内企业进口企业自用的生产、管理设备；区内管理机构自用合理数量的管理设备和办公用品。

2. 特定企业进口货物

特定企业包括我国境内建立的中外合资经营企业、中外合作经营企业和外商独资经营企业，这三类企业统称为外商投资企业，外商投资企业在投资总额内进口的生产、管理设备属于特定企业的进口货物。

3. 特定用途进口货物

特定用途进口货物主要包括：科学研究机构和学校进口的专用科教用品；残疾人专用及残疾人组织和单位进口的货物；国家重点任务进口货物；通信、港口、铁路、公路、机场建设进口设备等。

实践指南

特定减免税申请人，是指根据有关进口税收优惠政策和有关法律法规的规定，可以享受进口税收优惠，并依法向海关申请办理减免税相关手续的具有独立法人资格的企事业单位、社会团体、机关团体、国家机关；符合规定的非法人分支机构；经海关总署审查确认的其他组织。

特定减免税申请人可以自行或者由报关企业或进出口货物收发货人代理办理申请减免税备案、审批、税收担保和后续管理业务等相关手续。

二、特定减免税进口货物的报关程序

（一）特定减免税进口货物报关流程

根据特定减免税报关的有关规定，特定减免税进口货物的报关手续由三个阶段性步骤组成，操作流程如图 6.2 所示。

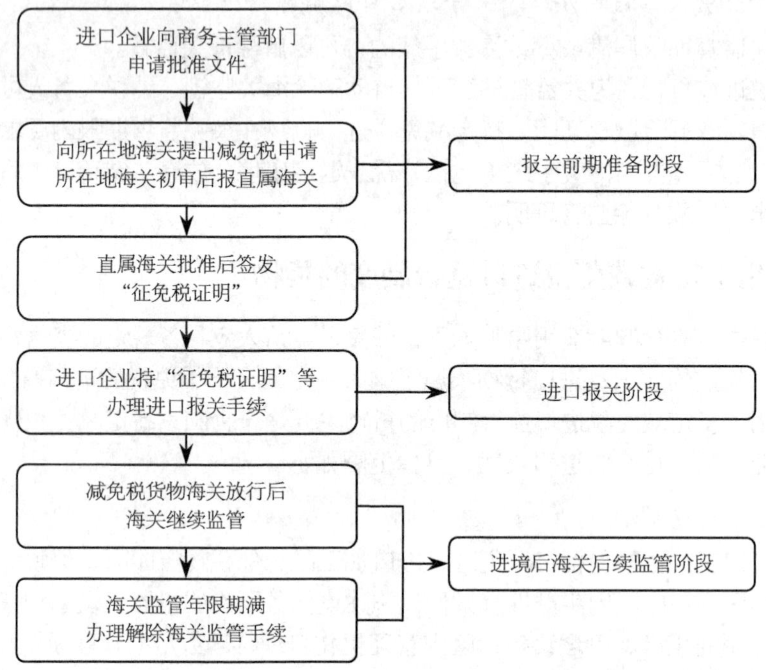

图 6.2　特定减免税货物进口报关操作流程

1. 报关前期准备阶段

减免税备案。特定减免税货物的纳税人或其代理人应在货物进口前，向海关提出减免税申请，由海关审核货物的性状、用途、申请人的资格等。

海关审核发证。对符合规定、具备条件的，核发相应的"征免税证明"，并由此取得合法享受减免税进口优惠。

征免税证明的有效期为 6 个月，持证人应在自海关签发进出口货物征免税证明的 6 个月内进口经批准的特定减免税货物。如果情况特殊，可以向海关申请延长，延长期限最长为 6 个月。

征免税证明实行"一证一批"的原则，即一份进出口货物征免税证明上的货物只能在一个进口口岸一次性进口。如果一批特定减免税货物需要分两个口岸进口，或者分两次进口，持证人应事先分别申领进出口货物征免税证明。

小知识

进出口货物征免税证明申请

在备案项下每批货物进口前，减免税申请人应向海关申领“进出口货物征免税证明”。由海关减免税管理部门受理，办理步骤如图6.3所示。

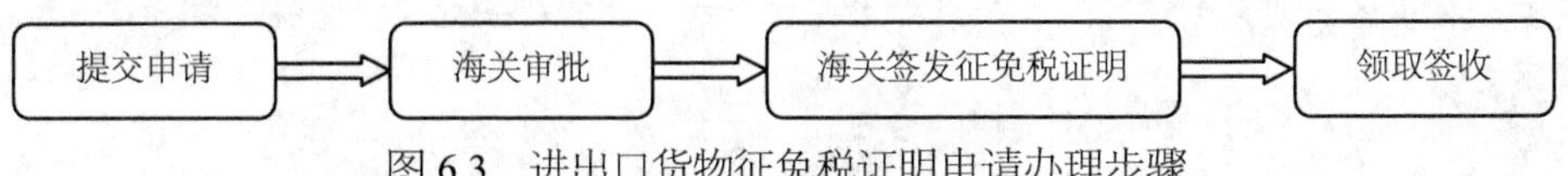

图6.3　进出口货物征免税证明申请办理步骤

第一步：提交申请。项目单位向海关申请货物减免税进口时，须向海关提交下列单证：①进出口货物征免税申请表；②企业营业执照或者事业单位法人证书、国家机关设立文件、社团登记证书、民办非企业单位登记证书、基金会登记证书等证明材料；③进口合同、发票及相关货物的产品情况资料；④相关政策规定的享受进口税收优惠政策资格的证明材料；⑤海关认为需要提供的其他材料（如图片等）。

第二步：海关审批。

第三步：海关签发征免税证明。海关通过电子数据的审核，打印一式三联的征免税证明并签章。

第四步：领取签收。由申请人领取签收已签章的征免税证明第二、三联。

2. 进口报关阶段

特定减免税货物运抵口岸后，收货人或其代理人向入境地海关办理进口手续，填写进口货物报关单，交验相关单证，包括进出口货物征免税证明，海关按一般报关程序经有选择地查验无误后，免税放行，由货物收货人或其代理人提货。特定减免税货物进口报关时提交的单证及注意事项如表6.3所示。

表6.3　特定减免税货物进口报关时提交的单证及注意事项

提交的单证	注意事项
报关单等普通必要的单据和“进出口货物征免税证明”	海关在审单时从计算机调阅征免税证明的电子数据，核对纸质的“进出口货物征免税证明”
一般应提交进口许可证件	对某些外商投资和某些许可证件种类，国家规定有特殊优惠政策，可以豁免进口许可证
享受减税或免税优惠	一般要缴纳海关监管手续费，而对某些货物根据规定也可以免予征收
填制特定减免税货物进口报关单	注意报关单中“备案号”的填写。“备案号”栏内填写“进出口货物征免税证明”上的12位编码，若将12位编码写错，则不能通过计算机逻辑审核，或在提交纸质报关单时无法顺利通过海关审单

3. 进境后海关后续监管阶段

特定减免税货物海关放行后海关继续监管。特定减免税货物虽经海关放行，但仍属海关监管货物，在法律规定的使用年限内应接受海关的核查和监督。特定减免税货物在使用期间，收货人或使用单位应按照海关的要求，定期或不定期呈报反映减免税货物使用情况的报表，配合海关抽查账册或实存数，接受海关的监督。对监管期限内因故出售、转让和移作他用的，需提前向海关报告。

海关监管年限期满办理解除海关监管手续。特定减免税货物的监管年限一旦到期，如货物由原使用单位或企业继续使用，通常即可自行结关。但对期满后需出售、转口的，则应在办理解除海关监管的手续后结关。

特定减免税货物在监管期内，原使用企业如要出售、转让或者企业破产清算的特定减免税进口货物，应向主管海关报告并补缴进口税，由海关核销后解除海关监管，使货物可自由流通。

同步技能训练 6.1

某外商投资企业分别于2010年3月1日、2016年5月5日，在鼓励任务下免税进口两批生产设备，现企业提出解除两批免税进口生产设备海关监管的要求。试分析两批免税进口生产设备的海关监管要求。

分析：

（二）特定减免税货物进口报关应用

1. 科教用品进口报关

科教用品免税进口只适用于四类单位：国务院各部、直属机构和省、自治区、直辖市、计划单列市所属专门从事科研开发的机构；国家教育部承认学历的大专以上全日制高等院校；财政部会同国务院有关部门批准的其他科研开发机构和学校；国家有关部门核定的技术中心、国家工程研究中心、国家重点实验室、国家工程技术研究中心等。

科教用品备案、审批手续

（1）科教用品进口的减免税申请。凡首次申办科教用品免税进口的科教单位，应持上级主管部门的批准文件向所在地海关办理资格认定手续，经海关审核符合法定条件的，发给《科教用品免税进口登记手册》。申请进口的单位在每次进口前，应填写“进出口货物免税证明”，携带《科教用品免税进口登记手册》及有关单证向海关申请免税，海关审核后在《科教用品免税进口登记手册》上批注，并在“进出口货物征免税证明”上加盖章后退还给申请单位，作为货物进口免税的凭证。

（2）科教用品进口的报关。科教用品进入关境后，由收货人或其代理人向海关办理进口报关手续，按一般报关规则在有选择的查验无误后，免税放行。按照海关法的有关规定，免税进口的科教用品必须用于特定用途，不得出售、转口或移作他用，在使用满法定期限后解除海关监管。

2. 残疾人专用品进口报关

（1）残疾人专用品的报关。残疾人专用品是指：肢残者用的支辅具、假肢及其零部件、假眼、假鼻、内脏托带、矫形器、矫形鞋、非机动步行器、代步工具、生活自助工具、特殊卫生用品；视力残疾者用的盲杖、导盲镜、助视镜、盲人阅读器；语言、听力残疾者用的语言训练器；助力残疾者用的行为训练器、生活能力训练使用品。上述残疾人专用品由进口收货人或其代理人直接填写“进出口货物征免税证明”并报关，由海关审核并在查验无误后予以免税放行。

（2）残疾人专用设备的报关。残疾人专用设备是指：残疾人康复及专用设备，包括病房监护设备、中心监护设备、生化分析仪和超声诊断仪；残疾人特殊教育设备和职业教育设备；残疾人职业能力评估测试设备；残疾人专用劳动设备和劳动保护设备；残疾人文化活动专用设备；假肢专用生产、装配、检测设备等。上述国内不能生产的残疾人专用设备，由民政部所属企业、事业单位，省、自治区、直辖市民政部门所属福利机构、假肢厂、军队医院及中国残疾人联合会和省、自治区、直辖市所属残疾福利、康复机构，报经民政部、中国残联批准，并报海关总署审核同意后，凭批准文件向货物入境地海关报关，经查验无误后免税放行。进口残疾人专用品和专用设备的单位，不得将其擅自移作他用。

阅读思考 6.1

阅读 2017 年 1 月 5 日《中华人民共和国黄岛海关关于青岛××传动机械有限公司擅自抵押减免税设备违规案的处罚决定》（黄关违字〔2017〕1 号），进一步理解特定减免税货物的特殊性，同时请思考下列问题：

1．决定书中提到的减免税设备的海关监管年限应该是多少年？

2．青岛××传动机械有限公司正确的做法应该是什么？

中国海关网处罚决定原文：http://www.customs.gov.cn/publish/portal105/tab70846/info844222.htm

第二节　暂时进出境货物的报关

暂时进出境货物是指为了**特定的目的，经海关批准**暂时进境或暂时出境，**按规定期限**原状复运进出境的货物。

一、暂时进出境货物的海关监管

暂时进出境监管制度，是指经海关批准，货物在规定范围内暂予免纳进出口税费进境或出境，在规定期限内除因正常使用而产生的折旧或者损耗外原状复运出境、进境，并办结海关手续的监管规程或准则。暂时进出境货物包括暂时进境货物和暂时出境货物两类。

（一）暂时进出境货物监管制度的主要内容

暂时进出境货物是通过采取有条件地准予免纳关税和其他税收来体现海关法所给予的便利和优惠的一项单独的海关报关业务。暂时进出境货物监管制度的主要内容如下。

中华人民共和国海关暂时进出境货物管理办法

1．货物进出境前向海关办理暂时进出境核准手续

适用于暂时进出境海关监管制度的货物进出境前须向主管地海关提出暂时进出境申请，直属海关或其授权海关按照海关行政许可程序受理和核准申请。对于非 ATA 单证册下暂时进出境货物的暂时进出境申请同意的，签发“中华人民共和国海关暂时进/出境申请批准决定书”；对于 ATA 单证册下暂时进出境货物的暂时进出境申请同意的，则在 ATA 单证册上予以批注。

小知识

ATA 单证册

ATA 是由法文 admission temporaire 和英文 temporary admission 两词的首字母复合而成的，译为“暂

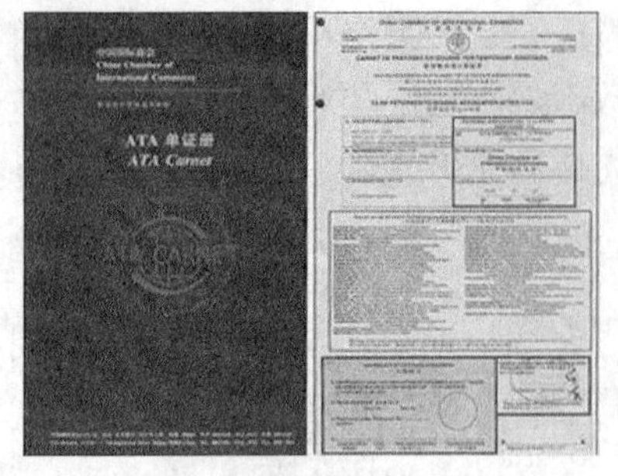

图 6.4 ATA 单证册

时允许进入”。ATA 是《货物暂时进境公约》和《关于货物暂时进境的 ATA 单证册海关公约》中规定的专用于代替各缔约国海关暂时进出境货物报关单和税费担保的国际报关文件，如图 6.4 所示。

ATA 单证册一般由 8 页组成：一页绿色封面、一页黄色出口单证、一页白色进口单证、一页白色复出口单证、两页蓝色过境单证、一页黄色复进口单证、一页绿色封底。我国海关只接受用中文或英文填写的单证册。

1．ATA 单证册的通关特点

ATA 单证册由各国的国际商会组织作为国家担保机构共同组成国际联保，所以，ATA 单证册既是一份各国通用的暂时进境报关单，又是一份具有国际效力的担保书。它通过提供国际担保的形式，简化海关手续，便利暂时进出境货物的报关，被各缔约国广泛采用。其通关特点表现为以下几方面：①简化报关手续。持证人使用 ATA 单证册后，无须填写各国国内报关文件，并免交货物进口关税的担保，可极大地简化货物报关手续。②节约报关费用和时间。使用 ATA 单证册报关，使贸易商、销售人员、参展人员和专业工作者可以预先安排好去一个或多个国家的海关手续，并可以保证快捷报关，无须其他手续和费用。③降低持证人的风险。准备将货物带往国外，特别是去多个国家的货主，使用 ATA 单证册后，就不用再缴各国进口关税担保或携带高额外汇出国。④减少持证人的报关准备工作。ATA 单证册有效期为 1 年，持证人可以在有效期内使用一份单证册在本国多次进出口或去多个国家过境报关。

2．ATA 单证册的管理

①ATA 单证册的申报。凭 ATA 单证册进出境的货物，通过货运渠道的，应委托有报关资格的单位向海关申报办理相关手续；属于随身携带进出境的，则可由持证人直接向海关申报并办理报关手续。凭 ATA 单证册进口的货物在境内出售、转让或移作他用时，持证人声明放弃货物，以及由于灭失、损坏、被窃等原因而不能复运出境时，海关除依法办理相关手续外，还要在 ATA 单证册上签注上述情况。②单证册的核销。凭 ATA 单证册进口的货物，在复运出境时由海关核销并在单证上签注核销情况。如因特殊情况未经海关核销，则应向海关提供另一缔约国提供的该国海关当局在单证上签注的进口或复进口情况证明，并须缴纳调整费。③税款追索。凭 ATA 单证册进口的货物经海关发现不符合暂时进境或过境条件时，海关可以向担保人追索货物的进口关税、海关调整费并处以罚款。追索的期限为该单证册有效期满后 1 年内。海关处以罚款的金额一般不超过税费的 10%。在海关提出追索之日起 6 个月内，担保人应向海关提供货物已复出口或 ATA 单证册已注销的证据。

ATA 单证册未正常使用时的索赔与追偿如图 6.5 所示。

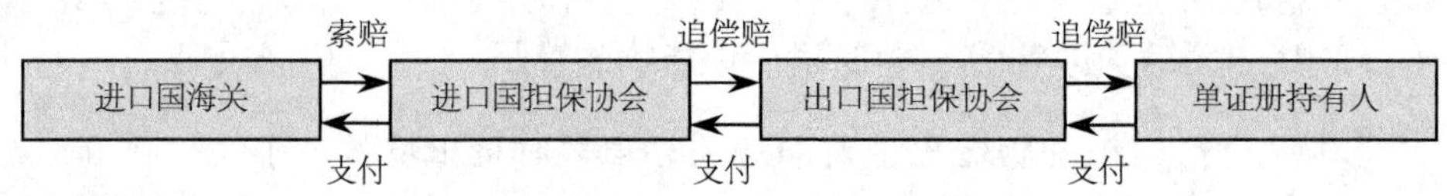

图 6.5 ATA 单证册未正常使用时的索赔与追偿

3．我国 ATA 单证册的使用

我国于 1993 年加入了《关于货物暂时进口的 ATA 单证册海关公约》《货物暂时进口公约》和《展览会和交易会公约》。自 1998 年 1 月起，我国开始实施 ATA 单证册制度。经国务院批准、海关总署授权，中国国际贸易促进委员会（中国国际商会）是我国 ATA 单证册的出证和担保商会，负责我国 ATA 单证册的签发和担保工作。

暂时进出境核准是货物适用于暂时进出境监管制度办理通关手续的基础和前提，也是该制度的一个显著特征。

2. 货物进出境时向海关提供担保

暂时进出境货物须向海关提供担保，海关凭担保和相关单证材料放行。

ATA 单证册下暂时进出境货物由担保机构予以担保。中国国际商会签发的 ATA 单证册下暂时进出境货物，统一由其向海关总署提交总担保。非 ATA 单证册下暂时进出境货物应当向海关提交相当于税款的保证金或者其他海关依法认可的担保。在海关指定场所或者海关派专人监管的场所举办展览会的，经主管地直属海关批准，可以就参展的展览品免予向海关提供担保。

3. 货物进出境暂时免予缴纳进出口税款，除另有规定外，免予提交进出口许可证件

暂时进出境货物收发货人向海关提供担保后有条件的暂免予缴纳税费。这是暂时进出境货物暂时免纳关税进出口的前提条件和必要保障。

不是实际进出口，按照暂时进出境有关法律、行政法规办理进出境手续的货物，可免予交验进出口许可证件；涉及公共道德、安全、卫生的暂时进出境货物应凭许可证进出境。

4. 货物进出境后用于特定目的的，并在规定期限复运出进境

暂时进出境货物报关的基本条件就是应按原状复运出境或复运进境。除了因为使用的原因使货物产生正常的耗损（如陈旧、粗糙）外，一般来说，货物不能发生物理形态的变化。

暂时进出境货物应当在 6 个月的期限内复运出境或复运进境，特殊情况需要延长期限的，要向海关提出申请，经核准后方能延长期限，延期最多不超过 3 次，每次延长期限不超过 6 个月。国家重点工程、国家科研项目使用的暂时进出境货物及参加展期在 24 个月以上展览会的展览品，在前款所规定的延长期届满后需要延期的，由主管地直属海关批准。

5. 货物复运出进境或按最终的实际流向办理海关手续后销案结关

在规定期限内，货物收发货人须根据货物的不同使用情况向海关办理核销手续。

确需实际进出口的，暂时进出境货物收发货人应当在货物复运出境、进境期限届满 30 日前向主管地海关申请，经主管地海关批准后，按照规定办理进出口手续。货物复运出（进）境或按最终的实际流向办理海关手续后，凭相关材料向海关办理暂时进出境销案手续，货物结关。

实践指南

暂时进出境货物的申报人或其代理人对暂时进出境货物负有用于特定目的的法律义务，一旦预定的特定目的实现或达到后，货物将复运出境或复运进境。未经海关同意并办理相关海关手续，申报人或其代理人不得将暂时进出境货物移作他用或转让。海关会不定期对暂时进口货物进行检查，对此，申报人或其代理人应予接受和配合。

（二）适用于暂时进出境海关监管制度的货物

暂时进出境货物应**向海关提供担保**，进出境后**按照规定的用途使用**，在规定期限**原状复运出境或进境的货物**，在暂时进境或出境时全额暂时免税。

《中华人民共和国海关暂时进出境货物管理办法》第三条规定，适用于暂时进出境监管制度办理通关手续的货物主要包括以下 13 类。

（1）在展览会、交易会、会议及类似活动中展示或者使用的货物；

（2）文化、体育交流活动中使用的表演、比赛用品；

（3）进行新闻报道或者摄制电影、电视节目使用的仪器、设备及用品；
（4）开展科研、教学、医疗活动使用的仪器、设备及用品；
（5）上述1～4项所列活动中使用的交通工具及特种车辆；
（6）货样；
（7）慈善活动使用的仪器、设备及用品；
（8）供安装、调试、检测设备时使用的仪器及工具；
（9）盛装货物的包装材料；
（10）旅游用自驾交通工具及其用品；
（11）工程施工中使用的设备、仪器及用品；
（12）测试用产品、设备、车辆；
（13）海关总署规定的其他暂时进出境货物。

课堂讨论 6.1

下面几个例子提及的货物哪些属于暂时进出境货物？这些货物属于暂时进出境的哪一种？

例 1：演出中使用的服装和道具（图 6.6）。此剧在我国巡回演出时演员所穿的服装、道具全部从美国用了9个集装箱运过来，多达3 500多套，每个演员还有两个人专门负责换衣服。

图 6.6 美国百老汇《42街》剧照

例 2：广交会上展出的悍马汽车（图 6.7）。在102届广交会举办前夕的10月12日，美国通用汽车公司参展使用的4辆悍马、别克等品牌汽车在广州海关驻新风办事处申报进口。

图 6.7 悍马汽车

例 3：奥运会期间，各国记者使用的专业拍摄设备（图 6.8）。

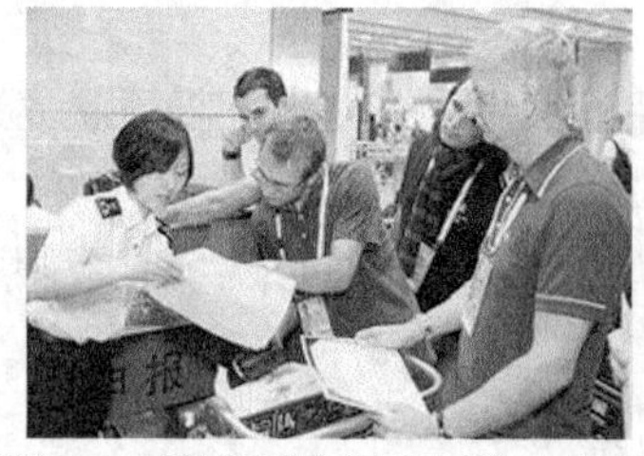

图 6.8 西班牙电视台工作人员在北京奥运会注册

例 4：2007年2月5日，北京奥运会专用物资——郑庄发电厂两台燃气机组设备在天津二公司码头顺利接卸（图 6.9）。为配合2008年北京奥运会“绿色环保”理念，提高清洁能源的利用率，北京在“十一五”期间规划建设了五座以天然气为能源的发电厂，为奥运会运动场馆及各类设施提供电力供应。郑庄发电厂进口的燃气机组设备为德国西门子公司制造，单件重达183吨，从德国汉堡装船。用于郑庄发电厂后将为奥运会运动场馆及各类设施和周边居民提供清洁的能源。

图 6.9 卸货燃气机组的天津港

二、暂时进出境货物的报关程序

（一）使用 ATA 单证册的暂时进出境展览品报关

1. 进境申报

进境货物收货人或其代理人持 ATA 单证册向海关申报进境展览品时，先在海关核准的出证协会，将 ATA 单证册上的内容预录入海关与商会联网的 ATA 单证册电子核销系统，然后向展览会主管海关提交纸质 ATA 单证册、提货单等单证。海关在白色进口单证上签注，并留存白色进口单证（正联），退还其存根联和 ATA 单证册其他各联给货物收货人或其代理人。

2. 出境申报

出境货物发货人或其代理人持 ATA 单证册向海关申报出境展览品时，向出境地海关提交国家主管部门的批准文件、纸质 ATA 单证册、装货单等单证。海关在绿色封面单证和黄色出口单证上签注，并留存黄色出口单证（正联），退还其存根联和 ATA 单证册其他各联给出境货物发货人或其代理人。

3. 过境申报

过境货物承运人或其代理人持 ATA 单证册向海关申报，将货物通过我国转运至第三国参加展览会的，不必填制过境货物报关单。海关在两份蓝色过境单证上分别签注后，留存蓝色过境单证正联，退还其存根联和 ATA 单证册其他各联给运输工具承运人或其代理人。

《中华人民共和国海关暂时进出境货物管理办法》

4. 异地复运出境、进境申报

使用 ATA 单证册进出境的货物异地复运出境、进境申报，ATA 单证册持证人应当持主管地海关签章的海关单证向复运出境、进境地海关办理手续。货物复运出境、进境后，主管地海关凭复运出境、进境地海关签章的海关单证办理核销结案手续。

5. 结关

持证人在规定期限内将进境展览品、出境展览品复运出境、复运进境，海关在白色复出口单证和黄色复进口单证上分别签注，留存单证正联，退还其存根联和 ATA 单证册其他各联给持证人，正式核销结关。

（二）不使用 ATA 单证册的暂时进出境展览品报关

1. 进境申报

展览品进境 20 个工作日前，展览会主办单位应当将举办展览会的批准文件连同展览品清单一起送展出地海关，办理登记备案手续。展览品进境申报手续可以在展出地海关办理。从非展出地海关进境的，可以申请在进境地海关办理转关运输手续，将展览品在海关监管下从进境口岸转运至展览会举办地主管海关办理申报手续。展览品中涉及检验检疫等管制的，还应当向海关提交有关许可证件。展览会主办单位或其代理人应当向海关提供担保。海关一般在展览会举办地对展览品开箱查验。

对非 ATA 单证册项下的暂时进出境货物，报关单位在进出口前应向主管海关提交“货物暂时进/出境申请书”、货物清单、发票、合同或者协议及其他相关单据并提交担保，向主管海关申请批准备案，在货物进出境向进出境地海关办理报关手续时，应向海关提交以下单证：进出口货物报关单；暂时进出境货物清单；担保证明；“货物暂时进/出境申请批准决定书”；发票、装箱单；合同；其他相关单证。

进口展览品的暂时进境期限是 6 个月，即自展览品进境之日起 6 个月内复运出境。如果需要延长复运出境的期限，应当向主管海关提出申请，经批准，可以延长，延长期限最长不超过 6 个月。出口展览品的暂时出境期限为自展览品出境之日起 6 个月内复运进境。如果需要延长复运进境的期限，应当向主管海关提出申请。

2. 出境申报

展览品出境申报手续应当在出境地海关办理。在境外举办展览会或参加国外展览会的企业应当向海关提交国家主管部门的批准文件、报关单、展览品清单一式两份等单证。

展览品属于应当缴纳出口关税的，向海关缴纳相当于税款的保证金；属于核用品、核两用品及相关技术的出口管制商品的，应当提交出口许可证。海关对展览品开箱查验，核对展览品清单。查验完毕，海关留存一份清单，另一份封入关封交还给出口货物发货人或其代理人，凭以办理展览品复运进境申报手续。

3. 核销结关

核销结关方式如表 6.4 所示。

表 6.4 核销结关方式

<table>
<tr><th>结关原因</th><th colspan="2">办理方式</th></tr>
<tr><td rowspan="2">复运进出境</td><td colspan="2">按规定期限复运进出境后，海关分别签发报关单证明联，展览品所有人或其代理人凭以向主管海关办理核销结关手续</td></tr>
<tr><td colspan="2">未能按规定期限复运进出境的，展览会主办单位或出国举办展览会的单位应当向主管海关申请延期，在延长期内办理复运进出境手续</td></tr>
<tr><td rowspan="2">转为正式进出口</td><td colspan="2">进境展览品：被人购买的，由展览会主办单位或代理人向海关办理进口申报、纳税手续，其中属于许可证件管理的，还应提交进口许可证件</td></tr>
<tr><td colspan="2">出境展览品：被销售的，由海关核对展览品清单后要求企业补办有关正式出口手续</td></tr>
<tr><td rowspan="2">放弃或赠送</td><td colspan="2">放弃：交由海关处理的，由海关变卖后将款项上缴国库；单位接受放弃展览品的，应当向海关办理进口申报、纳税手续</td></tr>
<tr><td colspan="2">赠送：受赠人应向海关办理进口手续，海关根据进口礼品或经贸往来赠送品的规定办理</td></tr>
<tr><td rowspan="3">毁坏、丢失、被窃不能复运出境</td><td rowspan="3">展览会主办单位或其代理人应当向海关报告</td><td>毁坏的展览品：海关根据毁坏程度估价征税</td></tr>
<tr><td>丢失或被窃的展览品：海关按照进口同类货物征收进口税</td></tr>
<tr><td>不可抗力遭受损毁或灭失：海关根据受损情况，减征或免征进口税</td></tr>
</table>

（三）其他暂时进出境货物报关

其他暂时进出境货物是指可以暂不缴纳税款的 13 项暂时进出境货物，除使用或不使用 ATA 单证册报关的展览品、集装箱箱体按各自的监管方式由海关进行监管外，按《中华人民共和国海关暂时进出境货物管理办法》进行监管的货物。

同步技能训练 6.2

上海市公安局邀请境外一无线电设备生产厂商到上海展览馆展出其价值 100 万美元的无线电设备，并委托上海红天公司办理一切手续。上海展出后又决定把其中价值40万美元的设备运到杭州展出。设备从杭州返回后，上海市公安局决定购买其中的20万美元设备。境外厂商为了感谢上海市公安局，赠送了 5 万美元的设备给上海公安部门，其余设备退出境外。作为红天公司的报关员应当办理哪些手续?

分析：

1．上海展出手续

2．杭州展出手续

3．展品闭馆出境前的仓储手续

4．20万美元的留购展品手续

5．5万美元的赠送展品手续

6．其他手续

暂时进出境货物进出境要经过海关的核准。暂时进出境货物进出境核准属于海关行政许可范围的，应当按照海关行政许可的程序办理。

其他暂时进出境货物应当自进境或出境之日起 6 个月内复运出境或者复运进境。因特殊情况不能在规定期限内复运出境或者复运进境的，应当向海关申请延期，经批准可以适当延期，延长期最长不超过 6 个月。

1. 其他暂时进出境货物的进境申报

暂时进境货物进境时，收货人或其代理人应当向海关提交主管部门允许货物为特定目的而暂时进境的批准文件、进境货物报关单、商业及货运单据等，向海关办理暂时进境申报手续。暂时进境货物在进境时，进境货物的收货人或其代理人免予缴纳进口税，但必须向海关提供担保。

2. 其他暂时进出境货物的出境申报

暂时出境货物出境，发货人或其代理人应当向海关提交主管部门允许货物为特定目的而暂时出境的批准文件、出境货物报关单、货运和商业单据等，向海关办理暂时出境申报手续。

3. 其他暂时进出境货物的结关

其他暂时进出境货物结关如表 6.5 所示。

表 6.5 其他暂时进出境货物结关

<table>
<tr><th>结关原因</th><th colspan="2">办理方式</th></tr>
<tr><td>复运进出境</td><td colspan="2">留存由海关签章的复运进出境报关单，准备报核</td></tr>
<tr><td>转为正式进出口</td><td colspan="2">在货物复运出境、进境期限届满 30 个工作日前向主管地海关申请，经直属海关批准后，按规定提交有关许可证件，正式办理货物的进口或出口报关纳税手续</td></tr>
<tr><td>放弃</td><td colspan="2">声明放弃的，海关按放弃货物的有关规定办理</td></tr>
<tr><td rowspan="2">不可抗力</td><td colspan="2">应当及时向主管海关报告</td></tr>
<tr><td>具有使用价值：凭有关部门出具的证明材料办理复运出境、进境手续</td><td>失去使用价值：经海关核实后可以视为货物已经复运出境、进境</td></tr>
<tr><td>非不可抗力</td><td colspan="2">按照货物进出口的有关规定办理海关手续</td></tr>
</table>

第三节 转关运输货物报关

转关运输货物是指由进境地入境后，运往另一设关地点办理进口海关手续的货物；在启运地已办理出口海关手续运往出境地，由海关放行的货物；由国内一设关地点转运到另一设关地点的应受海关监管的货物。转关运输货物属海关监管货物。承运转关运输货物的国内运输工具也受海关监管。

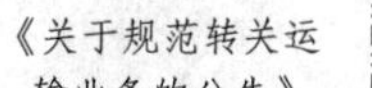

一、转关运输货物的海关监管

一般进口商品经主管地海关和进境地海关同意并备案后均可以办理转关手续。

（一）转关运输货物的种类

转关运输货物类型如图 6.10 所示。

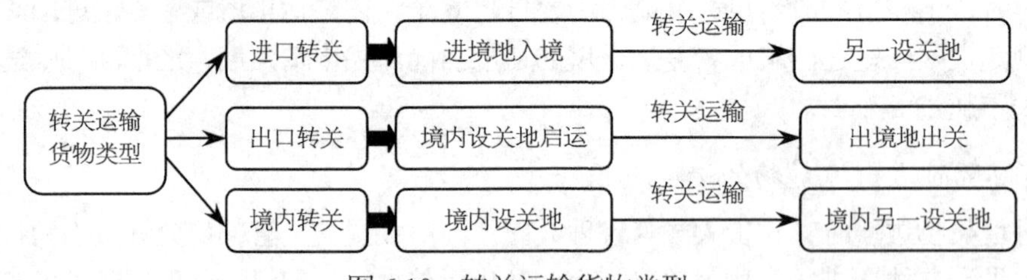

图 6.10 转关运输货物类型

1. 进口转关货物

进口转关货物是指货物由进境地入境后，向海关申请运往另一个设关地点（指运地）办理进口海关手续。其中，进境地是指货物进入关境的口岸，指运地是指进口转关货物运抵报关地点。

2. 出口转关货物

出口转关货物是指在境内一设关地点（启运地）办理出口海关手续，后运往出境地，由出境地海关监管放行的货物。其中，出境地是指货物离开关境口岸的地点，启运地是指出口转关货物报关发运的地点。

3. 境内转关货物

境内转关货物是指从境内一设关地点运往另一设关地点的海关监管货物。

（二）转关运输货物的条件

进出口货物经收发货人或其代理人向进境地海关提出申请，并具备**下列条件者**，可核准办理转关运输。

（1）多式联运货物以及具有全程提（运）单需要在境内换装运输工具的进出口货物，其收发货人可以向海关申请办理多式联运手续，有关手续按照联程转关模式办理。

（2）进口固体废物满足海关设定条件的，经海关批准后，其收发货人方可申请办理转关手续，开展转关运输。

（3）易受温度、静电、粉尘等自然因素影响或者因其他特殊原因，不宜在口岸海关监管区实施查验的进出口货物，满足海关设定条件的，经主管地海关（进口为指运地海关，出口为启运地海关）批准后，其收发货人方可按照提前报关方式办理转关手续。

（4）邮件、快件、暂时进出口货物（含 ATA 单证册项下货物）、过境货物、中欧班列载运货物、市场采购方式出口货物、跨境电子商务零售进出口商品、免税品以及外交、常驻机构和人员公自用物品，其收发货人可按照现行相关规定向海关申请办理转关手续，开展转关运输。

实践指南

不能申请转关的货物：①进口固体废物（废纸除外）；②进口易制毒化学品、监控化学品、消耗臭氧层物质；③国家质检部门规定必须在口岸检验检疫的商品。

小轿车转关应符合下列条件：集装箱运输；铁路运输；使用专用运输工具运输。

（三）转关运输的方式

1. 提前报关转关

提前报关转关是指进口货物在指运地先申报再到进境地办理进口转关手续，出口货物在货物未运抵启运地监管场所前先申报，货物运抵监管场所后再办理出口转关手续的方式。

进口转关货物应在电子数据申报之日起 5 日内，向进境地海关办理转关手续，超过期限的，进境地海关撤销提前报关的电子数据。出口转关货物应于电子数据申报之日起 5 日内，运抵启运地海关监管场所，办理转关和验放等手续，超过期限的，启运地海关撤销提前报关的电子数据。

2. 直转转关

进口直转转关是指进境货物在进境地海关办理转关手续，货物运抵指运地再在指运地海关办理报关手续的转关。

出口直转转关是出口货物在货物运抵启运地海关监管场所报关后，在启运地海关办理出口转关手续再到出境地海关办理出境手续的转关。

以直转方式转关的进口货物应当自运输工具申报进境之日起 14 日内向进境地海关办理转关手续，在海关限定期限内运抵指运地之日起 14 日内，向指运地海关办理报关手续的转关。逾期按规定征收滞报金。

3. 中转转关

中转转关是指在收发货人或其代理人向指运地或启运地海关办理进出口报关手续后，由境内承运人或其代理人统一向进境地或启运地海关办理进口或出口转关手续的转关。具有全程提运单，须换装境内运输工具的进出口中转货物适用中转方式转关运输。

（四）转关运输货物的海关监管

海关对转关运输货物的监管包括以下几个方面。

（1）转关运输货物未经海关许可，不得开拆、改装、调换、提取、交付；对海关加封的运输工具和货物，申请人和承运人应当保持海关封志完整，不得擅自开启或损坏。

（2）转关运输货物必须存放在经海关同意的仓库、场所。存放转关运输货物的仓库、场所的经营人应依法向海关负责，并按照海关规定办理收存、交付手续。

（3）海关需要派员押运转关货物时，申请人应当按规定向海关缴纳规费，并提供为执行监管任务必要的方便。

（4）保税仓库间的货物转关，应经海关核准，除应办理正常的货物进出保税仓库手续外，还应填写转关进境申报单，并在指运地栏内注明货物将要存入的保税仓库名称，不再填写进出口货物报关单。

（5）转关运输货物在国内储运中发生损坏、短少、灭失情况时，承运人、申请人和保税仓库负责人应当及时向有关海关报告。对所损坏、短少、灭失的货物，除因不可抗力外，承运人、申请人和保税仓库负责人应承担纳税责任。

二、转关运输货物的报关程序

（一）进口货物转关报关

1. 提前报关货物转关

（1）向指运地海关录入“进口货物报关单”电子数据。进口货物的收货人或其代理人在进境地海关办理进口货物转关手续前，向指运地海关传送进口货物报关单电子数据。指运地海关提前受理电子申报，接受申报后，计算机自动生成进口转关货物申报单，向进境地海关传输有关数据。提前报关的进口转关货物的收发货人或其代理人应在电子数据申报之日起 5 日内向进境地海关呈报“进口转关货物申报单”编号。

（2）提前报关时提交的单证包括以下几种：①进口转关货物核放单（广东省内公路运输的，提交进境汽车载货清单）；②汽车载货登记簿或船舶监管簿；③提货单。

提前报关的进口转关货物，进境地海关因故无法调阅进口转关数据时，可以按直转方式办理转关手续。

2. 直转方式货物转关

（1）在进境地海关录入转关申报数据。货物的收货人或其代理人在进境地海关办理直转手续时，录入进口转关运输货物申报单并发送申报电子数据。

（2）直转方式转关时提交的单证包括以下几种：①进口转关货物申报单（广东省内公路运输的，提交进境汽车载货清单）；②汽车载货登记簿或船舶监管簿；③提货单。

直转方式转关运输货物应在运输工具申报进境或运抵指运地之日起 14 日内向海关申报办理转关手续。逾期申报将缴纳滞报金。

3. 中转方式的转关

具有全程提运单、需要换装境内运输工具的中转转关货物的收货人或其代理人向指运地海关办理进口报关手续后，由境内承运人或其代理人向进境地海关提交进口转关货物申报单、进口货物中转通知书、按指运地目的港分列的纸质舱单（空运方式提交联程运单）等单证办理货物转关手续。

（二）出口货物转关报关

同步技能训练 6.3

江苏连云港 A 公司向香港 B 公司出口叉车，经海关批准，该批货物运抵连云港海关监管现场前，先向该海关录入出口货物报关单电子数据。货物运至海关监管现场后，办理有关手续转关至上海吴淞口岸装运出境。

问：该批出口货物的转关运输应采用什么方式？海关对转关货物管理有什么规定？

分析：

1. 提前报关的转关

（1）“出口货物报关单”电子数据录入。由货物的发货人或其代理人在货物未运抵启运地海关监管场所前，先向启运地海关传送出口货物报关单电子数据，由启运地海关提前受理电子申报，生成出口转关货物申报单数据，传输至出境地海关。

（2）提前报关货物转关时提交的单证包括以下几种：①出口货物报关单；②汽车载货登记簿或船舶监管簿；③公路运输的，提交进/出境汽车载货清单。

货物到达出境地后，发货人或其代理人应持启运地海关签发的出口货物报关单、出口转关货物申报单或出境汽车载货清单、汽车载货登记簿或船舶监管簿等单据向出境地海关办理转关货物出境手续。

2. 直转方式的转关

（1）“出口货物报关单”电子数据录入。由发货人或其代理人在货物运抵启运地海关监管场所后，按基本报关程序向启运地海关传送出口货物报关单电子数据，启运地海关受理电子申报，生成“出口转关货物申报单”数据，传输至出境地海关。

（2）直转报关货物转关时提交的单证包括以下几种：①出口货物报关单；②汽车载货登记

簿或船舶监管簿；③公路运输的，提交进/出境汽车载货清单。

直转的出口转关货物到达出境地后，发货人或其代理人应持启运地海关签发的出口货物报关单、出口转关货物申报单或出境汽车载货清单、汽车载货登记簿或船舶监管簿等单证向出境地海关办理转关货物的出境手续。

3. 中转方式的转关

具有全程提运单、需要换装境内运输工具的出口中转转关货物，货物的发货人或其代理人向启运地海关办理出口报关手续后，由承运人或其代理人向启运地海关传送并提交出口转关货物申报单，凭出境运输工具分列的电子或纸质舱单、汽车载货登记簿或船舶监管簿等单证，向启运地海关办理货物出口转关手续。

经启运地海关核准后，签发“出口货物中转通知书”，承运人或其代理人凭以办理中转货物的出境手续。

（三）境内货物转关报关

境内监管货物的转关运输，除加工贸易深加工结转按有关规定办理外，均应按进口转关方式办理。具体如下。

1. 提前报关

由转入地（指运地）货物收货人或其代理人，在转出地（进境地）海关办理监管货物转关手续前，向转入地海关传送进口货物报关单电子数据报关。

由转入地海关提前受理电子申报，并生成“进口转关货物申报单”，向转出地海关传输。转入地货物收货人或其代理人应持进口转关货物核放单和汽车载货登记簿或船舶监管簿，并提供进口转关货物申报单编号，向转出地海关办理转关手续。

2. 直转报关

由转入地货物收货人或其代理人在转出地录入转关申报数据，持进口转关货物申报单和汽车载货登记簿或船舶监管簿，直接向转出地海关办理转关手续。

货物运抵转入地后，海关监管货物的转入地收货人或其代理人向转入地海关办理货物的报关手续。

第四节 其他特殊进出口货物报关

一、过境、转运、通运货物报关

过境、转运和通运货物的**共同特点**都是从境外启运，通过我国境内继续运往境外的货物。这类货物，仅通过我国境内运输或短暂停留，不在境内销售、加工、使用以及贸易性储存。按照《中华人民共和国海关法》第三十六条的规定：“过境、转运和通运货物，运输工具负责人应当向进境地海关如实申报，并应当在规定期限内运输出境。”从这个意义来说，这类货物也具有暂时进境的性质，但我国海关规定这三类货物不属暂时进出境通关制度的适用范围，适用特别通关制度，它们的异同如表 6.6 所示。

表 6.6　过境、转运、通运货物的异同

<table>
<tr><th>类别</th><th>运输形式</th><th>是否在我国境内换装运输工具</th><th>启运地</th><th>目的地</th></tr>
<tr><td>过境</td><td>通过我国境内陆路运输</td><td>不论是否换装运输工具</td><td rowspan="3">我国境外</td><td rowspan="3">我国境外</td></tr>
<tr><td>转运</td><td>不通过我国境内陆路运输</td><td>换装运输工具</td></tr>
<tr><td>通运</td><td>随原航空器船舶进出境</td><td>不换装运输工具</td></tr>
</table>

（一）过境货物的报关

过境货物是指从国外启运，通过我国境内**陆路**运输，继续运往境外的货物。过境货物的过境期限为 6 个月，如有特殊原因可以向海关申请延期，经海关同意后，可延期 3 个月。过境货物超过规定的期限 3 个月仍未过境的，海关按规定依法提取变卖，变卖后的货款按有关规定处理。过境货物过境流程如图 6.11 所示。

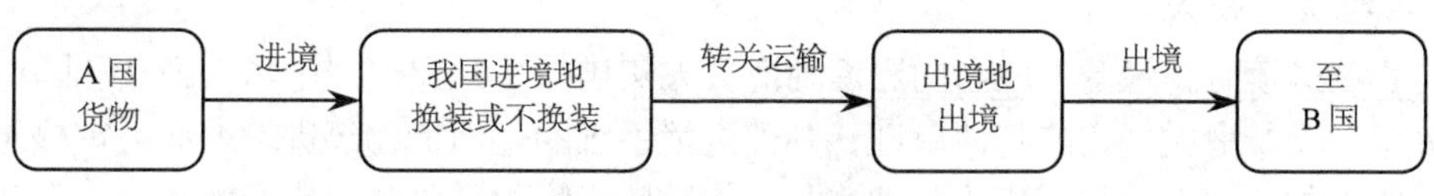

图 6.11　过境货物过境流程

1. 准许过境货物

准许过境货物包括以下两类。

（1）与我国签有过境货物协定国家的过境货物，或与我国签有铁路联运协定的国家收发货的过境货物，按有关协定准予过境。

（2）对于同我国未签有上述协定国家的过境货物，应当经国家商务、运输主管部门批准，并向入境地海关备案后准予过境。

准许过境货物的装载过境运输工具，应当具有**海关认可**的加封条件或装置。海关认为必要时，可以对过境货物及其装载装置加封，未经海关许可，任何单位或个人不得开拆、提取、交付、发运、调换、抵押、转让或者更换标记。运输部门和经营人应当持主管部门的批准文件和工商行政管理部门颁发的营业执照，向海关申请办理报关注册登记手续，并负责保护海关封志的完整，任何人不得擅自开启或损毁。

2. 禁止过境货物

禁止过境的货物如表 6.7 所示。

表 6.7　禁止过境的货物

序号	禁止过境的货物
1	来自或运往我国停止或禁止贸易的国家和地区的货物
2	各种武器、弹药、爆炸物品及军需品（通过军事途径运输的除外）
3	各种烈性毒药、麻醉品和鸦片、吗啡、海洛因、可卡因等毒品
4	我国法律、法规禁止过境的其他货物、物品

实践指南

过境货物海关监管的目的是防止过境货物在我国境内运输过程中滞留国内，或将我国货物混入过境货物出境；防止禁止过境货物从我国过境。

3. 过境货物的海关监管

一般过境货物的海关监管主要有以下内容：①过境货物进境后因换装运输工具等原因需卸地储存时，应当经海关批准并在海关监管下存入经海关指定或同意的仓库或场所；②过境货物在进境以后、出境以前，应当按照运输主管部门规定的路线运输，运输主管部门没有规定的，由海关指定；③海关派员押运过境货物时，经营人或承运人应免费提供交通工具和执行监管任务的便利。

特殊过境货物的海关监管主要有以下内容：①民用爆炸品、医用麻醉品等过境运输，应经海关总署的有关部门批准后，方可过境；②有伪报货名和国别，借以运输我国禁止过境的货物以及其他违反我国法令的事情，货物将被海关依法扣留处理；③海关在对过境货物的监管过程中，除发现有违法或者可疑情形外，一般在做外形查验后，即予以放行。海关查验过境货物时，经营人或承运人应当到场，负责搬移货物、开拆和重封货物的包装；④过境货物在境内发生灭失和短少时（除不可抗力的原因外），经营人应当负责向出境地海关补办进口纳税手续。

4. 过境货物报关

过境货物进境时，经营人应当向**进境地海关**如实申报，并递交“中华人民共和国海关过境货物报关单”以及海关规定的其他单证，办理进境手续的过境货物经进境地海关审核无误后，海关在运单上加盖“海关监管货物”戳记，并将过境货物报关单和过境货物清单制作关封后加盖“海关监管货物”专用章，连同上述运单一并交经营人。经营人或承运人应当负责将进境地海关签发的关封完整及时地带交出境地海关。

过境货物复出境时，经营人应当向**出境地海关**申报，并递交进境地海关签发的关封和海关需要的其他单证，经出境地海关审核有关单证、关封和货物无误后，由海关在运单上加盖放行章，在海关监管下出境。

（二）转运货物的报关

转运货物是指由境外启运，通过我国境内**设立海关的地点换装**运输工具，**不通过境内陆路**运输，继续运往境外的货物。转运货物转运流程如图 6.12 所示。

1. 转运货物的条件

进境运输工具载运的货物必须具备表 6.8 中所列的条件之一，方可办理转运手续。

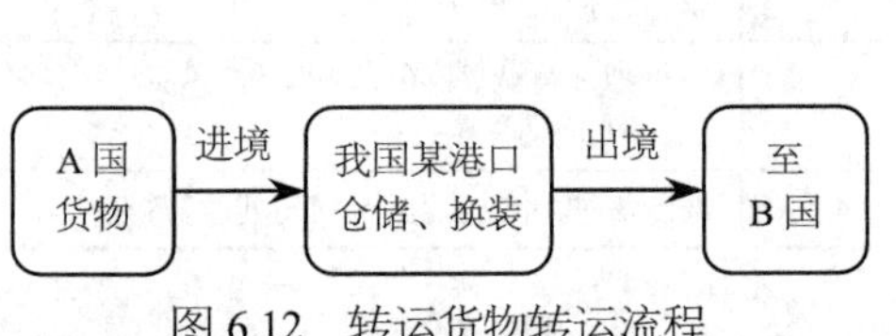

图 6.12 转运货物转运流程

表 6.8 转运货物的条件

序号	转运货物的条件
1	持有转运或联运提货单的
2	进口载货清单上注明是转运货物的
3	持有普通提货单，但在起卸前向海关声明转运的
4	误卸的进口货物，经运输工具经理人提供确实证件的
5	因特殊情由申请转运，经海关批准的

2. 转运货物的海关监管

海关对于转运货物的监管包括以下几个方面。

（1）外国转运货物在中国口岸存放期间，不得开拆、改换包装或进行加工。

（2）转运货物必须在 3 个月内办理海关手续并转运出境。超过限期的，海关将按规定提取变卖。

（3）海关对转运的外国货物有权检查，如果没有发现有违法或可疑情形，海关将只做外形查验。

3. 转运货物的报关

海关对转运货物实施**监管**，主要是防止货物在口岸换装过程中混卸进口或混装出口。为此，海关规定转运货物的报关程序如下。

（1）转运货物承运人的责任就是确保其继续运往境外，载有转运货物的运输工具进境后，承运人应当在进口载货清单上载明转运货物的名称、数量、启运地和到达地，并向海关申报进境。

（2）转运货物换装运输工具时，申报经海关同意后，在海关指定的地点接受并配合海关的监装、监卸至货物装运出境为止。

实践指南

转运货物在转运过程中须在海关的全程监管之下进行。

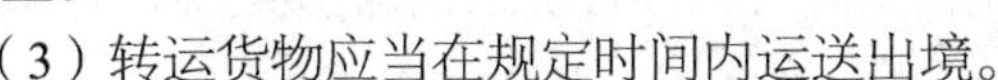

（3）转运货物应当在规定时间内运送出境。

（三）通运货物的报关

通运货物是指从境外启运，不通过我国境内陆路运输，运进境后由**原运输工具载运出境**的货物。通运货物通运流程如图 6.13 所示。

通运货物需要办理以下报关手续。

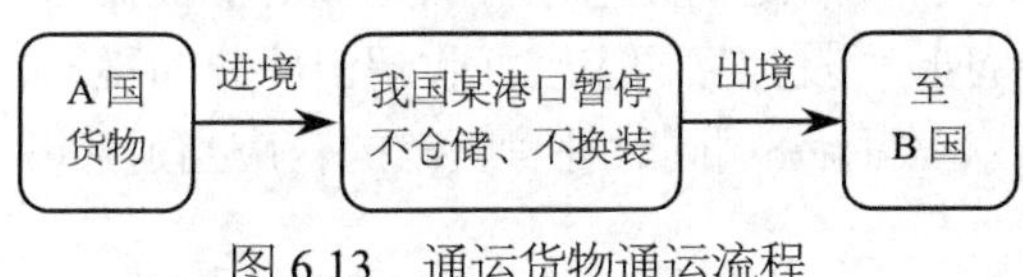

图 6.13 通运货物通运流程

（1）运输工具进境时，运输工具的负责人应凭注明通运货物名称和数量的“船舶进口报告书”或国际民航机使用的“进口载货舱单”向进境地海关申报。

（2）进境地海关在接受申报后，在运输工具抵、离境时对申报的货物予以核查，并监管货物实际离境。

（3）运输工具因装卸货物需搬运或倒装货物时，应向海关申请并在海关的监管下进行。

二、无代价抵偿货物报关

（一）无代价抵偿货物概述

无代价抵偿货物是指进口货物在征税或免税**放行之后**，发现货物残损、短少、品质不良或规格不符，而由境外承运人、发货人或保险公司免费补偿或更换的与原货物相同或与合同相符的货物。

实践指南

海关审核认为理由正当且税则号列未发生改变的，属于无代价抵偿货物范围。

海关审核认为理由不当且税则号列与原进出口货物的税则号列不一致的，属于一般进出口货物范围。

无代价抵偿货物有以下几个特征。

（1）是执行合同的过程中发生的损害赔偿。即买卖双方在执行交易合同中，买方根据货物损害的事实状态向卖方请求偿付，而由卖方进行的赔偿。对于违反进口管理规定而索赔进口的，不能按无代价抵偿货物办理。

（2）海关已经放行。货物已办理了进口手续，并已经按规定交纳了关税或者享受减免税的优惠，经海关放行之后发现损害而索赔进口的。

（3）仅抵偿直接损失部分。根据国际惯例，除合同另有规定外，抵偿一般只限于成交商品所发生的直接损失（如残损、短少、品质不良等）以及合同规定的有关方面（如对迟交货物罚款等）。对于所发生的间接损失（如因设备问题所发生的延误投产所造成的损失），一般不包括在抵偿的范围内。

无代价抵偿货物的抵偿形式如表 6.9 所示。

表 6.9 无代价抵偿货物的抵偿形式

无代价抵偿货物的原因	无代价抵偿货物的抵偿形式
补缺	补足短少部分
更换错发货物	退运错发货物，换进应发货物
换品质不良货物	退运品质不良货物，改换质量合格的货物
贬值	因品质不良而削价的补偿
补偿备件	对残损的补偿，由买方自行修理
修理	因残损，原货物运到境外修理后再进口

（二）无代价抵偿货物的报关

1. 无代价抵偿货物海关监管

海关对无代价抵偿货物监管包括以下几方面。

（1）进出口无代价抵偿货物免予交验进出口许可证件。

（2）进口无代价抵偿货物，不征收进口关税和进口环节海关代征税；出口无代价抵偿货物，不征收出口关税。但是进出口与原货物或合同规定不完全相符的无代价抵偿货物，应当按规定计算与原进出口货物的税款差额，高出原征收税款数额的应当征收超出部分的税款，低于原征收税款，原进出口货物的发货人、承运人或者保险公司同时补偿货款的，应当退还补偿货款部分的税款，未补偿货款的，不予退还。

（3）现场放行后，海关不再按无代价抵偿货物进行监管。

2. 申报办理无代价抵偿货物进出口手续的期限

向海关申报进出口无代价抵偿货物应当在原进出口合同规定的索赔期内，而且不超过原货物进出口之日起 3 年。

3. 无代价抵偿货物报关应提供的单证

收发货人向海关申报无代价抵偿货物进出口时，除应当填制报关单和提供基本单证外，还应当提供其他特殊单证。无代价抵偿货物报关应提供的单证如表 6.10 所示。

实践指南

海关认为需要时，纳税义务人还应当提交具有资质的商品检验机构出具的原出口货物残损、短少、品质不良或者规格不符的检验证明书或者其他有关证明文件。

4. 残损、品质不良或规格不符引起的无代价抵偿货物进出口报关

残损、品质不良或规格不符引起的无代价抵偿货物，进出口前应当先办理被更换的原进出口货物中残损、品质不良或规格不符货物的有关海关手续，如表 6.11 所示。

表 6.10　无代价抵偿货物报关应提供的单证

进出口类别	需要的单证
进口	原进口货物报关单
	原进口货物退运出境的出口货物报关单，或者原进口货物交由海关处理的货物放弃处理证明，或者已经办理纳税手续的单证（短少抵偿的除外）
	原进口货物税款缴纳书或者进出口货物征免税证明
	买卖双方签订的索赔协议
出口	原出口货物报关单
	原出口货物退运进境的进口货物报关单或者已经办理纳税手续的单证（短少抵偿的除外）
	原出口货物税款缴纳书
	买卖双方签订的索赔协议

表 6.11　残损、品质不良或规格不符引起的无代价抵偿货物进出口报关

处置方式	操作要点	报关要求
退运进出境	原进出口货物的发货人或其代理人应当办理被更换的原进出口货物中残损、品质不良或规格不符货物的退运进境的报关手续	被更换的原出口货物退运进境时不征收进口关税和进口环节海关代征税。被更换的原进口货物退运出境时不征收出口关税
放弃交由海关处理	不退运出境，原进口货物的收货人愿意放弃，交由海关处理，海关应当依法处理并向收货人提供依据	凭海关收据申报进口无代价抵偿货物
不放弃不退运进出境	不交由海关处理或原进出口货物也不退运进出境。按照海关接受申报进出口之日适用的有关规定申报进出口	按照海关对原进出口货物重新估定的价格计算的税额缴纳进出口关税，并交验相应的许可证件

三、退运、退关货物报关

（一）退运货物的报关

退运货物是指货物因品质不良或交货时间延误等原因，被买方拒收退运或因错发、错运造成的溢装、漏卸而退运的货物。退运货物包括一般退运货物和直接退运货物。

一般退运货物是指已办理申报手续且海关已放行出口或进口，因各种原因造成退运进口或退运出口的货物。

直接退运货物是指进口货物收发货人、原运输工具负责人或者其代理人（以下统称当事人）在有关货物进境后海关放行前，由于各种原因依法向海关申请将全部或者部分货物直接退运境外，或者海关根据国家有关规定责令直接退运的货物。

1. 一般退运货物的报关

进口货物海关放行后，因故**退运出口**报关时，原收货人或其代理人应填写货物报关单申报出境，并提供原进境时的进口货物报关单，以及商品检验证书，保险公司、承运人溢装、漏卸证明，与国外发货人索赔的业务函电等有关资料，经海关核实无误后，验放有关货物出境。因品质或者规格原因，进口货物自进口之日起 1 年内原状复运出境的，不征收出口关税；已征进口关税的货物，因品质或者规格原因，原状退货复运出境的，纳税义务人自缴纳税款之日起 1 年内，可以向海关书面申请并提供原缴税款凭证及相关资料办理退税。

已收汇的原出口货物被境外**退运进口**，若该批出口货物已收汇、核销，原出口货物的发货人在向海关申报进口时，应提供原出口货物报关单，并提供国税局“出口商品退运已补税证明”，保险公司证明或境外收货人退运的业务函电、承运人溢装、漏卸的证明等资料，办理退运报关手续，经海关核查属实，验放货物进境。

未收汇原出口货物被境外退运进口时，原出口货物的发货人或其代理人在向海关办理退运进口报关手续时，应向海关提供原出口货物报关单、报关单退税联、境外收货人退运的函电等资料，经海关核实，签发进口货物报关单，验放货物进境。

因品质规格原因，进口货物自进口之日起 1 年内原状退运出境的，经海关核实，可不征收出口关税，已经征收进口税的，自缴纳进口税款之日起一年内退还。

2. 直接退运货物的范围

直接退运货物的范围如表 6.12 所示。

表 6.12 直接退运货物的范围

直接退运情形	直接退运货物的范围
由海关责令当事人将进口货物直接退运	进口国家禁止进口的货物
	违反国家检验检疫政策法规的货物
	擅自进口属于限制进口的固体废物，经海关依法处理后的货物
	违反国家有关法律、行政法规，应当责令直接退运的货物
货物进境后、办结海关放行手续前，当事人申请办理直接退运	国家贸易管制政策调整，无法提供相关证件的货物
	错发、误卸或者溢卸并能够提供当事人书面证明文件的货物
	双方协商一致同意退运并能够提供双方同意退运书面证明文件的货物
	有关贸易发生纠纷并能提供法院判决书、仲裁机构仲裁决定书或者无争议的有效货物所有权凭证的货物
	国家检验检疫不合格并能提供相关检验证明文件的货物
	已向海关申报进口，海关放行前，收货人要求退运的货物

实践指南

需要提交各类许可证件的货物，属于无证到货的，除海关按照国家规定责令直接退运的货物外，不得办理直接退运。

3. 直接退运货物报关

申请办理直接退运手续的货物，一般应在运载该批货物的运输工具申报进境之日起或自运输工具卸货之日起 3 个月内，由货物的所有人或其代理人向海关提出书面申请，填写“直接退运货物审批表”并向海关提交境外发货人错发、错运的业务函电、境外发货人同意退运的业务函电等资料申请海关批准。

《中华人民共和国海关进口货物直接退运管理办法》（含《进口货物直接退运表》和《责令进口货物直接退运通知书》）

直接退运一般先申报出口，再申报进口。经海关批准同意直接退运的货物，因为尚未向海关申报进口或中止进口报关手续，而向海关申请批准直接退运境外，所以，在办理退运手续时，应先填写出口货物报关单向海关申报，再填写进口货物报关单，并在进口货

物报关单的“标记唛码及备注”栏填报报关单（出口报关单）号。

经海关审批同意直接退运的货物，进出口货物报关单在相关栏目内填报进出口报关单编号。属于承运人的责任造成错发错运、误卸准予退运的，可免填报关单。

经海关审批同意直接退运的货物，在办理直接退运的出口和进口申报时，不需要交验进出口许可证件，也不需要缴纳税费及滞报金。

同步技能训练 6.4

某加工贸易企业专业从事各种电脑显示器的研发、制造和销售业务，产品 70%外销。该企业出口的彩色显示器保修期为 3 年，期间接受客户任何理由无条件退货。因此每年均有少量的外销显示器由于各种原因从欧美等国家和地区退回工厂维修。

请问：退货的成品应如何办理报关手续？

分析：

（二）退关货物的报关

退关是指向海关申报出口并获准放行的货物，因故未能装上运输工具，经发货人单位请求，退运境内不再出口。

海关对出口退关货物的监管如下。

（1）出口货物的发货人及其代理人应在得知出口货物未装上运输工具，并决定不再出口之日起 3 天内，向海关申请退关；

（2）经海关核准且撤销出口申报后方能将货物运出海关监管场所；

（3）已缴纳出口关税的退关货物，可在缴纳税款之日起 1 年内向海关申请退还税款；

（4）出口货物的发货人及其代理人办理出口货物退关手续后，海关应对所有单证予以注销，并删除有关报关电子数据。

视野拓展

进出境快件、溢卸货物、误卸货物、放弃货物、超期未报货物的报关

本章小结

特定减免税是依照国务院规定的范围和办法，针对特定地区、特定企业和特定用途的进口货物而给予的关税优惠。特定减免税货物的报关包括报关前期准备阶段；进口报关阶段；进境后海关后续监管阶段三个阶段性步骤。

暂时进出境货物是为了特定的目的暂时进境或暂时出境，有条件免纳进出口税并豁免进出口许可证，在特定的期限内除因使用中正常的损耗外，按原状复运出境或进境的货物。

转关运输货物是由进境地入境后，运往另一设关地点办理进口海关手续的货物；是在启运地已办理出口海关手续运往出境地，由海关放行的货物；是由国内一设关地点转运到另一设关地点的应受海关监管的货物。转关运输货物和承运转关运输货物的国内运输工具都要接受海关监管。转关运输货物包括进口转关货物、出口转关货物和境内转关货物三类。

过境、转运和通运货物都是从境外启运，通过我国境内继续运往境外的货物。这类货物，仅通过我国境内运输或短暂停留，不在境内销售、加工、使用以及贸易性储存。

无代价抵偿货物是进口货物在征税或免税放行之后，发现货物残损、短少、品质不良或规格不符，而由境外承运人、发货人或保险公司免费补偿或更换的与原货物相同或与合同相符的货物。

退运货物是指货物因品质不良或交货时间延误等原因，被买方拒收退运或因错发、错运造成的溢装、漏卸而退运的货物。

基础与能力训练

一、单选题

1. 作为特定减免税货物的机动车辆，海关的监管年限为（　　）年。
A. 1　　B. 5　　C. 6　　D. 8
2. 下列（　　）不按照暂时进出境货物进行管理。
A. 进出境修理货物　　B. 参加国外展览会出境货物
C. 来华参加国际展览会进境货物　　D. 国外来华演出团进境货物
3. 下列进口的（　　），可以申请转关运输。
A. 木制品废料　　B. 废纸
C. 废电机、电器产品　　D. 纺织品废物
4. A企业与B企业都属于享受进口减免税优惠的企业，A企业将特定减免税货物转让给B企业，由（　　）应当先向主管海关申领“进出口货物征免税证明”，凭以办理货物的结转手续。
A. A企业　　B. B企业　　C. 其他企业　　D. 以上答案都不对
5. 特定减免税货物在海关监管期内销售、转让的，企业应向海关办理（　　）。
A. 缴纳进口税费的手续　　B. 缴纳出口税费的手续
C. 不需要办理纳税手续　　D. 以上答案都不对
6. 在海关监管期限内不能申请解除海关监管的特定减免税货物是（　　）。
A. 在海关监管期限内在境内出售的货物
B. 在海关监管期限内在境内转让给同样享受进口减免税优惠的企业，接受货物的企业可以凭“征免税证明”办理结转手续，继续享受特定减免税优惠待遇的货物
C. 可以申请将特定减免税货物退运出境的货物
D. 可以书面申请放弃交海关处理的货物
7. 不适用暂时进出境通关制度的货物或物品的是（　　）。
A. 展览会期间出售的小卖品　　B. 在展览会中展示或示范用的进口货物、物品
C. 承装一般进口货物进境的外国集装箱　　D. 进行新闻报道使用的设备、仪器
8. 参展期在24个月以上展览会的展览品，在18个月延长期届满后仍需要延期的，由（　　）审批。
A. 隶属海关　　B. 直属海关　　C. 海关总署　　D. 直属海关关长
9.（　　）不得向海关申请放弃。
A. 保税货物　　B. 在海关监管期限内的特定减免税货物
C. 捐赠进口的医学废物　　D. 暂时进境货物
10. 从境外启运，在我国境内不论是否换装运输工具，通过我国陆路运输，继续运往国外称为（　　）。
A. 转运货物　　B. 通运货物　　C. 过境货物　　D. 以上答案都不对

二、多选题

1. 关于特定减免税货物管理表述正确的是（　　）。
A. 应按实际去向办理相应的报关和纳税手续　　B. 在特定条件和规定范围内使用可减免进口税费
C. 原则上免予交验进出口许可证件　　D. 货物进口验放后仍需受海关监管

2. 海关规定特定减免税货物的海关监管期限是（　　）。

A. 飞机、船舶 8 年　B. 机动车辆 6 年　C. 机器设备 5 年　D. 其他货物 5 年

3. 特定减免税货物在海关监管期限内申请解除海关监管的，应按（　　）办理。

A. 在海关监管期限内在境内出售的海关可免征进口税

B. 在海关监管期限内在境内转让给同样享受进口减免税优惠的企业，接受货物的企业可以凭"征免税证明"办理结转手续，继续享受特定减免税优惠待遇

C. 可以申请将特定减免税货物退运出境

D. 可以书面申请放弃交海关处理

4. 属于暂时进出境货物范围的是（　　）。

A. 在展览会、交易会、会议及类似活动展示的货物

B. 文化、体育交流活动中使用的表演、比赛用品

C. 货样

D. 盛装货物的容器

5. 下列（　　）货物与展出活动有关，但不是展览品，不按展览品申报进境。

A. 展览会期间出售的小卖品

B. 展览会期间使用的含酒精的饮料、烟叶制品、燃料

C. 参展商随身携带进境的含酒精饮料、烟叶制品

D. 供各种国际会议使用或与其有关的档案、记录、表格及其他文件

6. 北京某企业将一批机械设备销往南非，该批货物采用出口直转的方式，已向北京海关办理了相关转关手续，并将货物用汽车运至天津口岸，在天津口岸出境时，报关员应该向天津海关出具（　　）单证资料。

A. 北京海关签发的出口货物报关单　B. 出口转关货物申报单

C. 出境汽车载货清单　D. 汽车载货登记簿

7. 下列（　　）货物不得申请转关运输。

A. 易制毒化学品　B. 监控化学品

C. 消耗臭氧层物质　D. 汽车类，包括成套散件和二类底盘

8. 申请转关运输应符合的条件要求是（　　）。

A. 指运地和启运地设有海关机构

B. 转关的指运地和启运地应当设有经海关批准的监管场所

C. 承运转关运输货物的企业是经海关核准的运输企业

D. 按海关对转关路线范围和途中运输时间所作的限定，将货物运往指定的场所

9. 无代价抵偿货物进口，在向海关申报时，应提供（　　）。

A. 原进口货物报关单　B. 买卖双方的索赔协议

C. 原进口货物税款缴纳书　D. 原进口货物退运出境的"出口货物报关单"

10. 禁止过境的货物是（　　）。

A. 各种烈性毒药、麻醉品和毒品

B. 与我国签有铁路运输联运协议的国家收发货人的过境货物

C. 来自或运往我国停止或禁止贸易的国家和地区的货物

D. 与我国签有过境货物协定的国家的过境货物

三、判断题

1. 广州市某企业进口一批特定减免税货物，分两批装运，向有关部门申领了"进出口货物征免税证明"，在进口报关的时候，可以凭着一份"进出口货物征免税证明"对进口的货物分两次报关。（　　）

2. 企业要求放弃特定减免税货物的，以口头方式向主管海关提出放弃货物的申请。（　　）

3. 某经济特区内的一家外商投资企业以企业自用的名义进口了一辆旅行车，进口后即捐赠给当地的一个社会福利院，半年后被海关发现，因该企业从事公益活动，海关不得对此进行处罚。（　　）

4. 特定减免税进口货物，除另有规定外，一般不豁免进口许可证件。（　　）

5. 企业破产清算时仍在海关监管期限内的特定减免税货物，应在破产清算之前，向海关申请办理解

除海关监管手续，有关货物才能进入破产清算、变卖、拍卖程序。对进入法律程序的特定减免税货物，如属于进口许可证管理的货物，原进口时未向海关提交进口许可证件的，海关可凭人民法院的判决和国家仲裁机关的仲裁证明免交进口许可证件。(　　)

6．展览会期间使用的含酒精的饮料、烟叶制品、燃料，海关对这些商品不征收关税。(　　)

7．直接退运的报关手续，应先申报进口，后申报出口。(　　)

8．过境货物自入境时起至出境时属于海关监管货物，未经海关许可不得开拆、提取、交付、发运、调换、转让、更换标记或是移做他用，但允许在海关监管下在边境换装运输工具。(　　)

9．船舶或航空器装载从一国境外启运，经该国设立海关地点，不换装运输工具，继续运往其他国家的货物，称为转运货物。(　　)

10．对于过境、转运和通运货物，运输工具负责人应当向进境地海关如实申报，并应当在规定期限内运输出境。(　　)

四、名词解释

1．ATA　　2．暂时进出境货物　　3．转关运输货物　　4．过境货物

5．转运货物　　6．通运货物　　7．无代价抵偿货物　　8．退运货物

五、简答题

1．简述特定减免税货物的特点。

2．简述特定减免税进口货物报关管理的特点。

3．ATA 单证册有什么通关特点？

4．什么是转关？转关运输货物的条件是什么？

5．简述转关运输货物的海关监管。

6．我国禁止过境货物有哪些？

7．转运货物的条件是什么？

8．通运货物应如何报关？

六、实训项目

1．试查阅相关资料，指出科教用品免税进口业务所指的科学研究机构和学校。

2．昆明某日资企业系高级认证加工贸易企业，2016 年 8 月接到日本某公司的订单，订购计算机摄像头。因生产需要，有一部分料件从日本公司进行采购，金额为 8 000 美元。成品生产完成后销往日本。问：报关员应如何完成该项进出口业务报关？

补充习题及实训

扫描二维码做更多练习，巩固本章所学知识与技能。

第七章

进出口税费

【学习目标】

本章内容旨在让学习者熟悉我国海关关税的构成，掌握我国海关关税的纳税依据；清楚及掌握进出口货物完税价格审定的构成要素；了解海关征收税款的一般程序；掌握出口货物完税价格和出口关税税额的计算；熟悉并掌握进口关税、环节税和其他税费的征收和计算；能根据货物的不同种类进行海关关税的计算。

完成本章学习后，学习者应获得以下成果：

1．具有对出口货物完税价格审核和出口关税税额的计算能力；

2．具有对进口货物完税价格审核和进口关税税额的计算能力；

3．具有对进口环节税税额和其他税费的计算能力。

【知识结构】

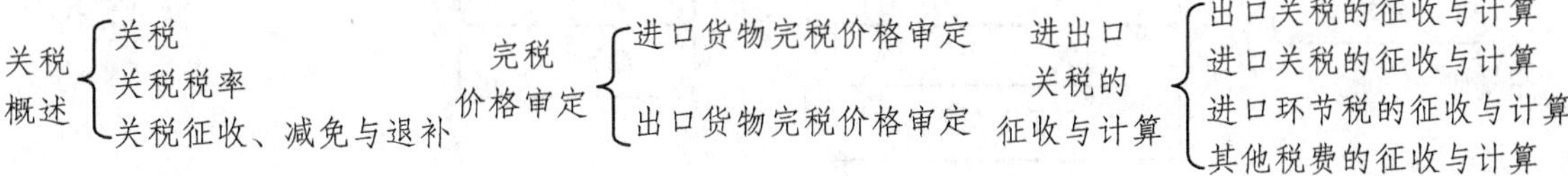

【引　　例】

案值2亿元走私进口洋酒案

据中新网广州2017年4月24日电（唐贵江　埔关）记者24日从黄埔海关获悉，4月18日凌晨黄埔海关开展“HP2017-02”打击走私进口洋酒专项行动，查获一起涉嫌低报价格走私进口白兰地干邑案，查获走私白兰地干邑一批，一举打掉1个涉嫌走私洋酒团伙。

扫一扫阅读原文：
http://www.chinanews.com/sh/2017/04-24/8207731.shtml

海关工作人员现场查获220L/桶的洋酒728桶，235L/桶的洋酒148桶，以及不锈钢罐8罐共36吨，现场还查获已分装完毕的洋酒300余箱，约2 000瓶，查获货值约4 000万元。据该关介绍，通过对案件的前期调查和初步侦查证实，2013年以来，汕头某白兰地有限公司、珠海市某贸易有限公司、珠海某投资有限公司等公司从境外供应商采购马尼奴XO白兰地干邑，通过制作虚假合同、虚假发票等贸易单证的手法，以低报价格方式委托报关公司向海关申报进口。经查证，该案案值约2亿元。

通过案例思考：

1. 为什么低于真实成交价格的报价是一种走私？它给国家的税收会造成什么样的损失？
2. 应该通过什么方式来征收出口关税？出口关税征收有什么样的要求？
3. 应该通过什么方式来征收进口关税？进口关税征收有什么样的要求？

对进出口货物征收关税及相关税费是国家运用经济手段来调节进出口货物数量的基本方法。关税制度是国家关税政策的具体化、制度化、法律化，它由关税征收制度、减免制度、保税制度、退补制度、缴纳制度、纳税争议复议制度和违法行为处理制度构成，属海关管理的基本制度之一。进出口税费征纳的法律依据是《海关法》《进出口关税条例》以及相关的法律与法规。

进出口税费的设置与征收涉及国家税收来源，是海关监管的一个重要环节。作为报关单位和报关员，不仅要按时依法纳税，更要清楚有关税种的设置和税率变化的最新情况，以便更好地服务于企业。

进出口税费是指在进出口环节由海关依法征收的关税、消费税、增值税、船舶吨税等税费，其主要内容如图 7.1 所示。

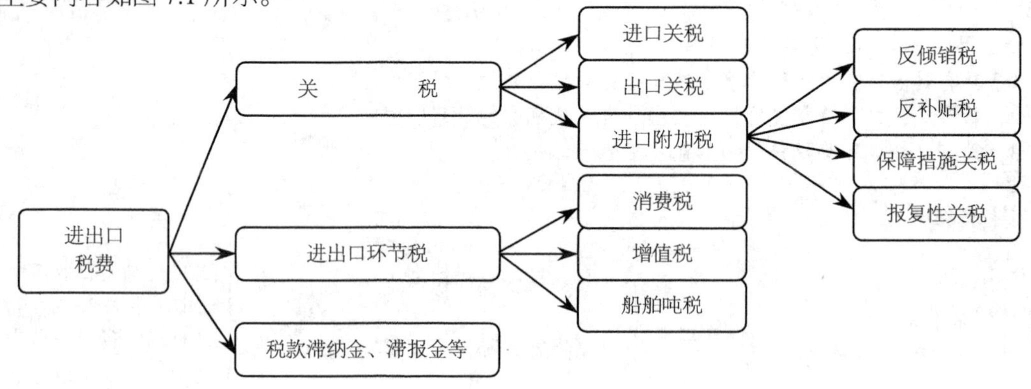

图 7.1　进出口税费构成图

第一节　关税概述

一、关税

税收是指国家凭借其行政权力，运用法律手段向社会组织和个人无偿、强制征收实物或货币的行为及与其有关的一切活动。

关税是由海关代表国家，按照国家制定的关税政策、公布实施的进出口税则，对进出口货物和进出境物品所征收的进出境环节的流转税。广义的关税，不仅包括关税本身，还包括海关在进出境环节应征的其他国内税费，如增值税、消费税、船舶吨税等。

世界海关组织将关税定义为“在海关税则中规定的对进出境货品征收的税”。所以，关税是由国家海关对进出国境或关境的货物、物品征收的一种税。关税课税对象是法律规定征收关税的标的物。我国《海关法》规定的关税课税对象是进出中国关境的应税货物和物品。

（一）关税税率制定原则

《中华人民共和国海关进出口税则》制定税率的原则如下。

（1）对进口国内不能生产或供应不足的动植物良种、粮食、肥料、饲料、药剂、精密仪器仪表、关键机械设备等，制定低税或免税。

（2）原料的进口税率，比半成品、成品低。

（3）国内不能生产或质量未过关的零件、部件，进口税率比整机低。

（4）国内能生产的物品、奢侈品，制定高税率。

（5）国内需要保护的产品或内外差价大的产品，制定更高税率。

（6）对绝大多数出口商品不征出口税。仅对需要限制出口的极少数原料、材料和半成品征收适当的出口税。

> **课堂讨论 7.1**
> 一个国家为什么要设立关税？设立关税就是贸易保护吗？

（二）关税课税标准

课税标准就是课税对象的数量化、金额化的标准。根据关税课税标准不同，课税通常有从量税、从价税、复合税和滑准税等几种计税方法。

1. 进口关税正税

进口关税是指一国海关以进境货物和物品为课税对象所征收的关税。在国际贸易中，它一直被各国公认是一种重要的经济保护手段。

正税是指按照《进出口税则》中的进口税率征收的关税，具有规范性、相对稳定性的特点。进口关税正税一般有从量税、从价税、复合税、滑准税等几种计征方法。

（1）从量税。从量税是指以商品的重量、容量、长度、面积、体积、个数等数量单位为依据，按规定的单位数额为税率来计算税款的。目前我国只对啤酒、原油、胶卷等少量进口商品按从量税计征关税。进口商品征收从量关税时应按规定的计量单位如实申报进口数量，如未按规定计量单位成交，并且在有效单证上也没有按规定计量单位标明数量的，应按“从量关税商品计量单位换算表”换算后再行申报。

（2）从价税。从价税是指以货物的价格或价值作为征收标准，按一定的比例（税率）征收的税款。我国关税的计税标准以从价税为主。从价税是按照进出口商品的价格为标准计征的关税，其税率表现为货物价格的百分率。

（3）复合税。复合税又称混合税，是指在税则的同一税目中规定了从价和从量两种税率，征税时同时使用两种税率计征的税款。我国对进口录像机、放像机、摄像机和摄录一体机、部分数字照相机等进口商品征收复合关税。

（4）滑准税。滑准税是在《进出口税则》中预先按产品的价格高低分档制订若干不同的税率，然后根据进口商品价格的变动而增减进口税率的一种关税。当商品价格上涨时采用较低税率，当商品价格下跌时则采用较高税率，其目的是使该种商品的国内市场价格保持稳定。目前，我国对关税配额外进口的一定数量的棉花（税号：5201.0000）实行 5%～40%的滑准税；对滑准税率低于 5%的进口棉花按 0.570 元/千克计征从量税。

2. 进口附加税

进口附加税指国家由于特定需要对进口货物除征收关税正税之外另行征收的一种进口税。进口附加税一般具有临时性，包括反倾销税、反补贴税、保障措施关税、报复性关税等特别关税在内。世界贸易组织不准其成员方在一般情况下随意征收进口附加税，只有符合世界贸易组织反倾销、反补贴条例等有关规定的，才可以征收。

《中华人民共和国反倾销条例》

（1）反倾销税，就是对倾销商品所征收的进口附加税。当进口国因外国倾销某种产品，国内产业受到损害时，征收相当于出口国国内市场价格与倾销价格之间差额的进口税。根据《中华人民共和国反倾销条例》的规定。凡进口产品低于其正常价值出口到我国且对我国相关企业造成实质性损害的即为倾销。

（2）反补贴税，是指对直接或间接接受出口津贴或补贴的外国商品低于正常价格进口时所征收的一种特别税。根据《中华人民共和国反补贴条例》的规定，“补贴”指出口国（地区）政府或者任何公共机构提供的为接受者带来利益等的财政资助及任何形式的收入或者价格支持。进口产品存在补贴，并对已经建立的国内产业造成实质性损害或者产生实质损害威胁，或者对建立的国内产业造成实质阻碍的，采取反补贴措施。

（3）保障措施关税，是由于进口数量激增给生产同类产品的国内产业造成严重损害或威胁时，进口国采用的数量限制和提高关税的措施。保障措施关税不分国别，对来自所有国家和地区的同一产品，一般只适用一个税率。

《中华人民共和国反补贴条例》

（4）报复性关税，是指为报复他国对本国出口货物的关税歧视，而对相关国家的进口货物征收的一种进口附加税。《中华人民共和国进出口关税条例》规定：“任何国家或者地区违反与中华人民共和国签订或者共同参加的贸易协定及相关规定，对中华人民共和国在贸易方面采取禁止、限制、加征关税或者其他影响正常贸易的措施的，对原产于该国家或地区的进口货物可以征收报复性关税，适用报复性关税税率。”

3. 进口环节海关代征税

进口货物、物品在办理海关手续放行后，进入国内流通领域，与国内货物同等对待，所以应缴纳应征的国内税。进口货物、物品的国内税依法由海关征收。

（1）进口环节增值税。增值税是以商品的生产、流通和劳务各个环节所创造的新增价值为课税对象的一种流转税。进口环节增值税是在货物、物品进口时，由海关依法向进口货物、物品的法人或自然人征收的税种，基本涉及所有进口货物。

（2）进口环节消费税。消费税是以消费品或消费行为的流转额作为课税对象而征收的一种流转税。我国消费税的征收是在对货物普遍征收增值税的基础上，选择少数消费品再征收的税，进口的应税消费品的消费税由海关征收。我国开征消费税的目的是调节消费结构，引导消费方向，确保国家财政收入。

4. 出口关税

出口关税是指海关以出境货物、物品为课税对象所征收的关税。征收出口关税的主要目的是限制、调控某些商品的过度、无序出口，特别是防止本国一些重要资源和原材料的无序出口。

截至本书出版，我国主要对资源性、高耗能类商品征收出口关税。

我国出口关税征收主要以从价税计征方法为标准。

（三）关税缴纳

1. 关税缴纳程序

截至本书出版，进出口税费的缴纳方式有进出口地纳税和属地纳税两种方式。

进出口地纳税是指货物在设有海关的进出口地纳税。进出口货物进出口时纳税人必须向海关申报，海关按照规定的程序查验、放行，纳税人按照规定缴纳税款或办理进出口手续。属地纳税是指进出口货物应缴纳的税款由纳税人所在地主管海关征收，纳税人在所在地缴纳税款。

2. 关税缴纳期限

纳税人应当自海关填发税款缴款书之日起 15 日内缴纳，逾期则按日征收万分之五的滞纳金（不属于海关行政处罚，是强制执行行为）。超过 3 个月仍未缴纳的，海关将采取强制措施。申请缓缴应在货物进口之前或海关办理该货物内销通关申报手续之后的 7 日内提出申请。关税的缓纳期一般为 3 个月，因特殊原因超过 3 个月的，需要向海关总署提出申请。

二、关税税率

关税税率是根据课税标准计算关税税额的比率或标准。从量税的税率表现为每单位数量的课税对象应纳税额，即定额税率；从价税的税率表现为应纳税额与课税对象的价格或价值的百分比的固定税率。税率的高低直接体现着国家的关税政策，是关税政策中最重要的内容。

（一）进口关税税率

我国对进口关税税率设置最惠国关税税率、协定关税税率、特惠关税税率、普通关税税率、暂定税率等常用税率，其具有规范性、相对稳定性的特点。一般情况下，上述税率均在《进出口税则》中体现。

（1）最惠国关税税率。最惠国关税税率适用于原产于世界贸易组织成员国（地区）或与我国签订有相互给予最惠国待遇条款的双边贸易协定的国家（地区）的进口货物。对于原产地是我国香港地区、澳门地区和台澎金马关税区的进境货物和经批准的我国内地生产的货物复进口须征税的，按最惠国税率征税。

课堂讨论 7.2

假设有甲、乙两国是世界贸易组织的成员国，丙国不是世界贸易组织成员国。丙国生产的服装对乙国出口，乙国再将其出口到甲国，甲国对此笔贸易征收 13%的关税。若甲国在世界贸易组织中的承诺关税是 10%，其是否违反了最惠国待遇原则？为什么？

小知识

最惠国待遇

最惠国待遇是指缔约一方在贸易、航海、关税、公民的法律地位等方面给予缔约国另一方的优惠待遇，应自动地、无条件地提供给缔约的第三方。按照《1994 年关贸总协定》第一部分第 1 条第 1 款规定：“最惠国待遇是指一成员方对于原产于或运往其他成员方的产品所给予的利益、优惠、特权或豁免都应当立即无条件地给予原产于或运往所有任一成员方的相同产品。”换言之，一国（或地区）根据条约给予另一国

（或地区）的利益、优惠、特权或豁免，无论在何时，都不应低于其给予任何其他第三国（或地区）的各种优惠待遇。

（2）协定关税税率。协定关税税率适用于我国参加的含有关税优惠条款的区域性贸易协定的有关缔约国（地区）的进口货物。

（3）特惠关税税率。特惠关税税率适用于与我国签订有特殊优惠关税协定的国家（地区）的进口货物。

（4）普通关税税率。普通关税税率适用于上述国家（地区）以外的国家（地区）的进口货物。

（5）暂定税率。国务院关税税则委员会每年根据我国产业发展状况的需要，对部分进出口货物制定较最惠国税率更低的暂定最惠国税率。暂定税率适用于产品而不是产地。按照普通税率征税的进口货物，不适用进口货物暂定税率。

实践指南

对适用最惠国关税税率、协定关税税率、特惠关税税率的进口货物在一定时期内可以实行暂定税率。其中，对适用于最惠国关税税率的进口货物有暂定税率的，应当适用暂定税率；适用暂定税率、特惠关税税率的进口货物有暂定税率的，应当从低适用税率，适用普通关税税率的进口货物，不适用暂定税率。暂定税率一般按照年度制定或根据需要恢复税则税率征税。

（6）信息技术协议税率（ITA 税率）。根据《信息技术协议》，我国对部分非全税目信息技术产品的进口执行 ITA 税率，适用于 ITA 税率的前提是进口单位需事先在进口地直属海关关税部门办理“适用 ITA 税率商品用途认定证明”。

实践指南

针对同一票货物最惠国关税税率、协定关税税率、特惠关税税率、普通关税税率、暂定税率及 ITA 税率均只能按照税率适用原则选取其一，如果选择最惠国关税税率计征，则不能适用协定关税税率。如果按照暂定税率计征，则不能同时适用最惠国关税税率。

除了上述常规税率外，凡是对进口原产于中国的货物征收歧视性关税或给予其他歧视性待遇的国家（地区），我国可以对原产于该国家（地区）的进口货物按规定征收反倾销税、反补贴税、保障措施税、报复性关税等特别关税，其征税品种、税率和起征、停征的时间，由国务院关税税则委员会决定。

（二）出口关税税率

国家对征收出口关税的货物征收出口关税，对于部分征收出口关税的货物还设有暂定税率。

对于同时适用多种税率的进出口货物，在选择适用的税率时，基本原则是“从低适用”，特殊情况除外。同时有两种以上税率可适用的进出口货物最终适用的税率如表 7.1 所示。

表 7.1　同时有两种以上税率可适用的进出口货物最终适用的税率汇总表

进出口货物可选用的税率	税率适用规定
同时适用最惠国税率、进口暂定税率	适用暂定税率
同时适用国家优惠政策、进口暂定税率	按国家优惠政策进口暂定税率商品时，按优惠政策计算确定的税率与暂定税率两者取低计算关税，但不得在暂定税率基础上再进行减免

续表

进出口货物可选用的税率	税率适用规定
普通税率的进口货物，存有进口暂定税率	普通税率征税的进口货物，不适用暂定税率
适用关税配额税率、其他税率	关税配额内的，适用关税配额税率，关税配额外的，适用其他税率
同时适用 ITA 税率、其他税率	适用 ITA 税率
适用于出口税率的出口货物，存有出口暂定税率	适用出口暂定税率
反倾销税、反补贴税、保障措施关税、报复性关税	适用反倾销税率、反补贴税率、保障措施关税税率、报复性关税税率

实践指南

在最惠国税率及减征税率比较时，优先选择减征税率。但要注意，执行国家有关进出口关税减征政策时，是在最惠国税率基础上计算有关税目的减征税率的，而不是在暂定税率基础上进行减免的。按照最惠国税率减免后的税率与同一税目的特惠关税税率、协定关税税率、进口暂定税率进行比较，按照“从低适用”的原则执行较低税率。

对于出口货物，在计算出口关税时，出口暂定税率的执行优先于出口税率。

同步技能训练 7.1

当一个企业需要进口机械设备用于生产某产品时，除了设备本身的成本外，还需考虑进口通关时是否要缴纳进口关税。如果需要缴纳进口关税，应该以何种价格为基准计算进口关税？如果产品生产出来后又希望打入国际市场，在核算产品价格时，是否要缴纳出口关税？又应该以何种价格为基准计算出口关税？

分析：

（三）关税税率适用的时间

我国关税条例规定，进出口货物应当按照收发货人或其代理人申报进出口之日实施的税率征税。当事人违反规定须补征税款的，适用该行为发生之日实施的税率；该行为发生之日不能确定的，适用海关发现该行为发生之日实施的税率。适用税率时间及规定如表 7.2 所示。

表 7.2　适用税率时间及规定

进出口货物可选用的税率	税率适用规定
按照申报进境之日实施的税率	进口货物到达前，经海关核准先行申报的
	超期未报，海关变卖进口货物日
	进口转关适用指运地海关接受申报日
	出口转关适用启运地海关接受申报日
	集中申报适用每次货物进出境海关接受申报日

续表

进出口货物可选用的税率	税率适用规定
违反规定行为发生之日实施的税率	追征
海关发现违规行为发生之日实施的税率	
再次申报办理纳税手续之日实施的税率	保税货物经批准不复运出境的
	保税仓储货物转入国内市场销售的
	减免税货物经批准转让或者移作他用的
	暂准进境货物经批准不复运出境或进境的
	租赁进口货物，分期缴纳税款的

实践指南

同一税则号列如果存在不同适用税率的，按照《关税条例》关于税率适用的要求，可采用“从低适用”的原则选择适用的税率。但适用于普通税率的进口货物不能采用“从低适用”的原则选择适用的税率，因为普通税率的货物不适用暂定税率，而是要采用“从高适用”的原则选择适用的税率。

（四）关税税率的确定

适用税率的确定前提是商品归类、货物原产地的确定。只有在确定货物的商品归类和货物原产地的基础上才能运用税率适用的相关规定确定最合适的计征税率。

1. 商品归类确定

按照归类六规则，将应税的进出口货物归入适当的税则号列。

2. 原产地规则确定

在国际贸易中，“原产地”就是指商品的“经济国籍”。原产地规则是指一国根据国家法令或国际协定确定的原则制定并实施的，以确定生产或制造货物的国家或地区的具体规定。通过原产地规则确定关税税率的程序如图7.2所示。

通过单证确定货物原产地 → 通过税则号列及货物原产地信息查找常规设置税率 → 通过税则号列及货物原产地信息查找附加税率 → 根据已收集信息确定应适用的原产地规则

图7.2 通过原产地规则确定关税税率的程序

为了实施关税的优惠或差别待遇、数量限制或与贸易有关的其他措施，海关必须根据原产地规则的标准来确定进口货物的原产国，给予相应的海关待遇。

中华人民共和国进出口货物原产地条例

中华人民共和国海关进出口货物优惠原产地管理规定

原产地规则按是否适用优惠贸易的角度划分为优惠原产地规则和非优惠原产地规则。

优惠原产地规则是指一国为了实施国别优惠政策而制定的法律、法规，是以优惠贸易协定通过双边、诸边协定形式或者是由本国自主形式制定的一些特殊原产地认定标准，因此也称为协定原产地规则。

非优惠原产地规则是指一国根据实施其海关税则和其他贸易措施的需要，由本国立法自主制定的规则，因此也称为自主原产地规则。按照世界贸易组织的规定，适用于非优惠性贸易政策措施的原产地规则，其实施必须遵守最惠国待遇原则，即必须普遍地、无差别地适用于所有原产地为最惠国的进口货物。我国海关对非优惠贸易协定下进口货物执行最惠国待遇条款，即对进口货物按照最惠国税率征税，不需要进口单位提供原产地证书。但遇到执行反倾销、反补贴等特殊情况时，因涉及不同国家及厂商的差别待遇，必须提供原产地证书。

关于非优惠原产地规则中实质性改变标准的规定
http://www.customs.gov.cn/publish/portal101/tab62631/info225339.htm

阅读思考 7.1

阅读下面两篇新闻，进一步加强对原产地证书在进出口商品税费计算和征收中的重要性认知，同时请思考下列问题：

1. 为什么企业明知原产地证书是假的还要购买？
2. 原产地证书在进出口贸易中有什么重要的作用？

中国原产地证书样本

瑞士原产地证书样本

中国香港 CEPA 原产地证书样本

中国澳门 CEPA 原产地证书样本

买卖 6 份假原产地证获刑二年四个月

据厦门出入境检验检疫局 2015 年 12 月 23 日新闻 近日，湖里区法院对一起买卖原产地证书案件进行了宣判。被告人李某因从网上购买了 6 份假原产地证书并转手卖给了厦门 Z 公司，从中获利 300 元，被控买卖国家机关证件罪，获刑二年四个月，缓刑三年。

李某为厦门某货代公司员工，在代办厦门 Z 公司出口业务时，Z 公司要求其代办原产地证书。李某一方面不熟悉原产地证书办证程序，另一方面图方便，就在网上找人以每份 150 元做了 6 份假原产地证书并提供给 Z 公司，并向 Z 公司每份收取了 200 元的费用。该批货物在国外通关时，国外海关发现证书有异常，即发函给厦门出入境检验检疫局进行查询。经厦门出入境检验检疫局周密调查，查获了上述案件。

根据《中华人民共和国刑法》第二百八十条的规定，伪造、变造、买卖国家机关公文、证件、印章的，可处三年以下有期徒刑、拘役、管制或者剥夺政治权利；情节严重的，可处三年以上十年以下有期徒刑。

厦门出入境检验检疫局提醒外贸相关人，办理原产地证书应严格遵循合法渠道办理，切勿心存侥幸，以身试法。

山东首批货物凭价格承诺原产地证书通关

据山东出入境检验检疫局 2017 年 1 月 17 日新闻发布会 山东淄博××进出口贸易有限公司一批出口瓷砖在墨西哥顺利通关，涉及货值 2.25 万美元。凭检验检疫机构签发的价格承诺原产地证书，企业免缴反倾销税 4.08 万美元，保住了山东瓷砖在墨西哥的市场份额。这是山东检验检疫部门首次利用原产地签证帮助企业成功突破国外反倾销措施。

2015 年 5 月 8 日，墨西哥对我国出口瓷砖发起反倾销调查，经过中国五矿商会、国家质检总局、商务部和墨西哥主管机关协商，墨方于 2016 年 10 月 24 日发布最终裁决，以企业价格承诺的方式结案，并通过商会行业自律和政府机关原产地签证监管相结合的方式，监督价格承诺的执行。山东 29 家已向国家质检总局作出书面承诺的瓷砖生产企业和出口企业，可依照其书面承诺向出入境检验检疫机构申领价格承诺原产地证书。在墨西哥通关时，企业可凭有关原产

山东出入境检验检疫局 2017 年 1 月 17 日新闻发布会全部内容：
http://www.sdciq.gov.cn/zwgk/xwbd/xwrd/201701/t20170117_114537.html

地证书免予缴纳货值50%～225%的高额反倾销税。

原产地证书是反倾销执行的重要依据，山东出入境检验检疫局作为山东原产地签证管理部门，在墨西哥作出最终裁决后，第一时间与省商务厅联合组织输墨西哥瓷砖生产及出口企业召开价格承诺政策说明会，就反倾销税规避、出口商业发票认证、原产地签证程序及有关要求进行专题培训，并组建反倾销工作组，与价格承诺清单内企业开展“一对一”对接，实行一人一企保姆式服务，指导企业办理价格承诺原产地证书，帮助企业突破反倾销措施。

三、关税征收、减免与退补

（一）关税征收

1. 征收期限

《进出口关税条例》规定：“纳税义务人应当自海关填发税款缴款书之日起15日内向指定银行缴纳税款，纳税义务人未按期缴纳税款的，从滞纳税款之日起，按日加收滞纳税款万分之五的滞纳金”。

纳税义务人因不可抗力或者在国家税收政策调整的情形下，不能按期缴纳税款的，应当在货物进出口前办理进出口申报纳税手续所在地直属海关或其授权的隶属海关提出申请延期缴纳税款的书面申请并随附相关资料，同时提供纳税计划，由其直属海关或其授权的隶属海关在规定期限内审核批准，可以延期缴纳税款。延期缴纳税款的期限为海关放行货物之日起最长不得超过6个月。

货物实际进口时，纳税义务人要求海关先行放行货物的，应当向海关提供税款担保。

2. 关税计算

完税价格，海关按照货物适用税率之日适用的计征汇率折合为人民币。

小知识

海关计征关税的汇率

我国规定，计征汇率每月变动一次。

海关每月使用的汇率是上一个月第三个星期三（第三个星期三为法定节假日的，顺延采用第四个星期三）中国人民银行公布的外汇对人民币的基准汇率；以基准汇率币种以外的外币计价的，采用同一时间中国银行公布的现汇买入价和现汇卖出价的中间值（人民币元后采用四舍五入法保留4位小数）。

汇率发生重大变动时，海关有权另行规定汇率并对外公布。

关税均以人民币计征，采用四舍五入法计算至分。进出口货物关税，以从价计征、从量计征或者国家规定的其他方式征收。

进出口货物的纳税义务人应当向货物申报进出口地海关办理纳税手续。缴纳税款的方式可以是银行柜台支付，也可以是电子支付。

（二）关税减免

作为关税政策的一种灵活体现，国家对某些纳税义务人、某些课税对象实施税收优惠。降低适用的关税税率是常用的一种形式。它与对纳税义务人的豁免和对课税对象的豁免等共同构成关税减免制度。

《中华人民共和国进出口关税条例》

关税减免包括法定减免、特定减免和临时减免三种情况。以下是与其申办和管理相关的规定。

1. 法定减免税

法定减免税是指进出口货物按照《中华人民共和国海关法》《中华人民共和国进出口关税条例》和其他法律、法规的规定可以享受的减免关税优惠。法定减免税的范围如下。

（1）关税税额在人民币 50 元以下的一票货物免征关税。

（2）无商业价值的广告品和货样。无商业价值是指无商业价值和其他用途，如单只鞋、袜或不成材的布料、纸张以及外商署名且无实用价值的广告宣传品。

（3）外国政府、国际组织无偿赠送的物资。无偿援助进出口物资是指外国政府、国际组织对我国无偿援助或赠送的（不包括经贸往来赠送，华侨、港澳台地区同胞捐赠和其他团体或个人的捐赠），或我国对国外无偿援助或赠送的物资。

（4）在海关放行前遭受损坏或者损失的货物。在海关放行前遭受损坏或者损失的货物，经海关在放行前查验确认，或放行前已送商检等部门检验且检验结果经海关认可的，可以根据海关认定的受损程度减征关税。

（5）进出境运输工具装载的途中必需的燃料、物料和饮食用品。

（6）中华人民共和国缔结或者参加的国际条约规定减征、免征关税的货物、物品。

（7）法律规定的其他免征或者减征关税的货物，海关根据规定可以免征或者减征。

2. 特定减免税

特定减免税是指海关根据国家规定，对特定地区、特定用途和特定企业给予的减免关税的优惠，也称政策性减免税。

进出口货物征免税证明

特定减免税的范围主要是外商投资项目投资额度内进口自用设备、外商投资企业投资总额外进口自用设备、国内投资项目进口自用设备、贷款项目进口物资、特定区域物资、科教用品、科技开发用品、无偿援助项目进口物资、残疾人专用品、远洋渔业项目进口自捕水产品、远洋船舶及设备部件项目、集成电路项目、海上及陆上石油项目、货款中标项目进口零部件、救灾捐赠物资、扶贫慈善捐赠物资。

实践指南

特定减免税货物只能用于批准该货物减免税时海关审定的区域、企业或者用途，任何未经海关核准并未补缴关税，将享受特定减免货物用于原批准的区域、企业或者用途以外的企业，都应当承担违反《海关法》的责任。

3. 临时减免税

临时减免税是指法定减免税和特定减免税以外的其他减免税，是由国务院根据某个单位、某类商品、某个时期或某批货物的特殊情况，按规定给予特别的临时性的减免税优惠。临时性减免税具有集权性、临时性、局限性、特殊性的特点，一般是一案一批。

临时减免税的范围主要是：内销远洋船用设备及关键部件、国内航空公司进口维修用航空器材、国有公益性收藏单位进口藏品、专项税收政策（振兴装备制造业进口部分关键设备先征后退）。

4. 关税减免的申办及管理

申请特定减免税的单位或企业，应在货物进出口前向海关提出申请，由海关按照规定的程序进行审理。符合规定的，由海关发给一定形式的减免税证明，受惠单位或企业凭证明申报进口特定减免税货物。由于特定减免税货物有地区、企业和用途的限制，海关需要对其进行后续管理。

（三）关税退补

1. 退税条件

退税是指纳税义务人或其代理人缴纳税款后，由海关依法退还误征、溢征和其他应退还款项的行为。可以办理退税的条件如下。

（1）已缴纳进口环节代征税款的进口货物，因品质或者规格原因原状退货复运出境的。

（2）已缴纳出口关税的出口货物，因品质或者规格原因原状退货复运进境的，并重新缴纳因出口而退还的国内环节有关税收的。

（3）已缴纳出口关税的货物，因故未装运出口，已退关的。

（4）已征税放行的散装进出口货物发生短卸、短装，如果该货物的发货人、承运人或者保险公司已对短卸、短装部分退还或者赔偿相应货款，纳税义务人可以向海关申请退还进口或者出口短卸、短装部分的相应税款。

（5）进出口货物因残损、品质不良、规格不符等原因，由进出口货物的发货人、海运承运人或者保险公司赔偿相应货款的，纳税义务人可以向海关申请退还赔偿货款部分的相应税款。

（6）因海关误征，致使纳税义务人多缴的税款。

纳税人在缴纳税款后发现有规定的退税情形的，应在缴纳税款之日起 1 年内向海关申请退税，逾期海关不予受理。

按海关规定，退税必须在原征税海关办理。办理退税时，纳税义务人应填写退税申请表，连同原盖有银行收款章的税款缴纳收据正本及其他必要单证（合同、发票等）送海关审核，海关同意后，应按原征税或者补税之日所实施的税率计算退税额。

2. 税款追征和补征

少征关税是指海关已经作出征税决定，但征税决定中确定征收的税额比应当征收的税额少；漏征关税则是指海关误将货物免税放行或者因其他原因对应予征税的货物未征收税款。少征关税和漏征关税统称为短征关税。

追征就是由于纳税义务人违反规定造成短征关税的，海关对短征的税款予以征税的行为；补征是指非因纳税义务人违反规定造成短征关税的，海关对短征的税款予以征税的行为。

符合下面追征和补征税款条件的应进行税款的追征和补征：①进出口货物放行后，海关发现少征或者漏征税款的；②因纳税义务人违反规定造成少征或者漏征税款的；③海关监管货物在海关监管期内因故改变用途按照规定需要补征税款的。

追征、补征税款的期限和要求：①进出口货物放行后，海关发现少征或者漏征税款的，应当自缴纳税款或者货物放行之日起 1 年内，向纳税义务人补征税款；②因纳税义务人违反规定造成少征或者漏征税款的，海关可以自缴纳税款或者货物放行之日起 3 年内追征税款，并按规定加收滞纳金；③海关发现海关监管货物因纳税义务人违反规定造成少征或者漏征税款的，应当自纳税义务人应缴纳税款之日起 3 年内追征，并按规定加收滞纳金。

海关追征或补征进出口货物关税和进口环节代征税时，应当向纳税义务人填发“海关专用缴款书”（含关税、进口环节代征税）。纳税义务人凭“海关专用缴款书”向指定银行或开户银行缴纳税款。进口货物收货人或其代理人缴纳税款后，应将盖有“收讫”章的“海关专用缴款书”第一联送签发海关验核，海关凭以办理有关手续。

第二节　完税价格审定

进出口货物完税价是海关对进出口货物征收从价税时审查估价的应税价格，是凭以计征进出口货物关税及进口环节税税额的基础。

一、进口货物完税价格审定

进口货物完税价格由海关以该货物成交价格为基础审查确定，并包含货物运抵中华人民共和国境内输入地点起卸前的运输及其相关费用、保险费。

海关确定进口货物完税价格的方法依次顺序运用如图 7.3 所示。

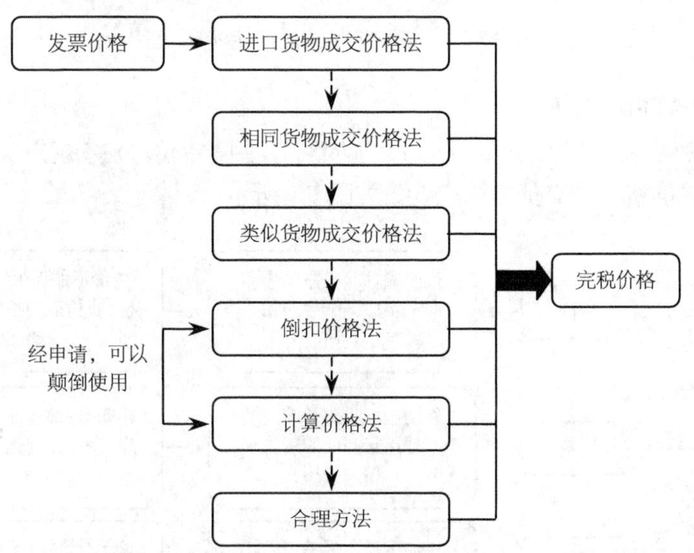

图 7.3　进口货物的完税价格估价方法顺序运用

上述方法应依次采用，特殊情况下，纳税义务人向海关提供有关资料后，可以提出申请，颠倒使用倒扣价格法和计算价格法，合理方法是原则而非方法。

（一）进口货物成交价格法

进口货物成交价格法是《审价办法》规定使用的第一种办法，进口货物的完税价格应尽可能采用本方法。

《中华人民共和国海关审定进出口货物完税价格办法》

进口货物成交价格，是指卖方向中华人民共和国境内销售该货物时买方为进口该货物向卖方实付、应付的，并按照规定调整后的价款总额，包括直接支付的价款和间接支付的价款。

【例 7.1】国内某进口商向卖方购买一台设备，交易价格为 5 000 元人民币。货款支付方式：一是合同约定买方需要在进口前支付 3 000 元人民币，剩余的 2 000 元人民币需要在安装以后再对外支付。二是卖方由于过去交易的未结事项，仍欠买方 2 000 元人民币，买卖双方约定此次交易价格抵扣过去的欠款后，确定最终的结算价格为 3 000 元人民币。请计算货物的成交价格。

分析：

第一种情况：实付价格为 3 000 元人民币，应付价格为 2 000 元人民币，被估货物成交价格为两者之和 5 000 元人民币。

第二种情况：卖方由于过去交易的未结事项，仍欠买方 2 000 元人民币。买卖双方约定此次交易价格抵扣过去的欠款后，确定最终的结算价格为 3 000 元人民币。则直接支付价格为 3 000 元人民币，间接支付价格为 2 000 元人民币，被估货物成交价格为两者之和 5 000 元人民币。

对一般进口货物而言，成交价格法是完税价格确定过程中最主要，也是最核心的方法。成交价格法的确定步骤如图 7.4 所示。

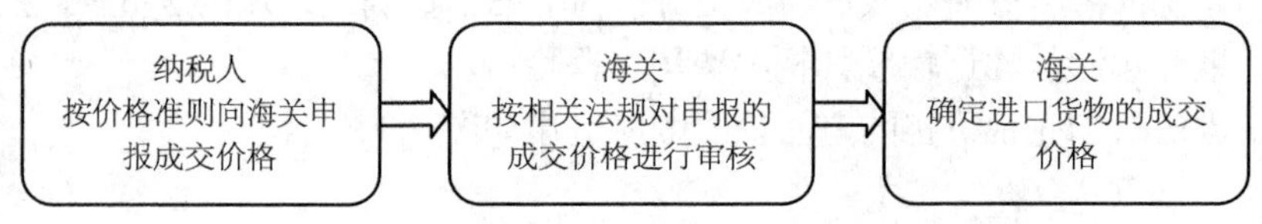

图 7.4 成交价格法的确定步骤

1. 成交价格的构成要素

成交价格是按法律规范要求向海关申报的价格，我国《审价办法》规定，成交价格是在 CIF 贸易术语下的交易价格。成交价格构成要素如图 7.5 所示。

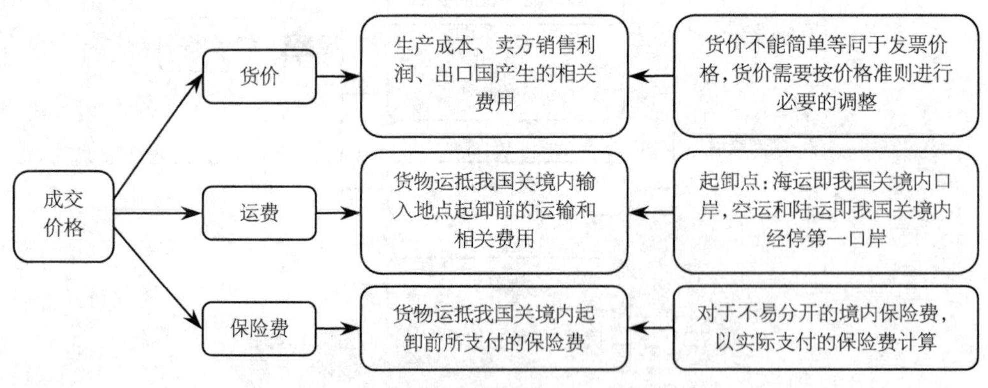

图 7.5 成交价格构成要素

实践指南

关于运费的计算应注意： 免费携带不计算运费，超重费要计入运费中；邮寄进口货物以邮费作为运费；与运输相关费用是指加急费、危险货物附加费、运输中介费、装卸费、港口机场使用费、临时仓储费、集装箱租赁费。

关于保险费的计算应注意： 如果报关时保险费已经支付，海关按下列公式计算保险费：

保险费=CIF×（1＋10%）×保险费率

式中，10%为保险费加成率。对无法确定和未实际发生的保险费，海关按下列公式计算保险费：

保险费=（货价＋运费）×3%

2. 成交价格中属于计入的项目

进口货物的成交价格不完全等同于贸易中实际发生的发票价格，需要按有关规定进行调整。实际操作中，应按照相关规定计算进口货物的成交价格。

以成交价格为基础审查确定进口货物的完税价格时，未包括在该货物实付、应付价格中的下列费用或者价值应当计入完税价格。

（1）购货佣金以外的佣金和经纪费。购货佣金是买方向其采购代理人支付的，购货佣金是买方自行从事的活动与卖方的销售无关，不用计入进口货物的完税价格。销售佣金是卖方向其销售代理人支付的佣金。如果销售佣金由卖方直接支付，并已包含在进口货物的成交价格内，则不用计入进口货物的完税价格；如果销售佣金直接支付给代理人，则应计入进口货物的完税价格。经纪费是中间人向交易双方收取的费用。中间人向买方收取的经纪费应全部计入进口货物的完税价格。

（2）在审查确定完税价格时与该货物视为一体的容器的费用。“与有关货物视为一体的容器”是与有关货物作为一个整体，与所装货物一同使用或出售。容器费用具体归入方法如表 7.3 所示。

（3）包装材料费用和包装劳务费用。如果合同规定包装材料费用和包装劳务费用由买方在合同货价内支付，不需要另行计算；如果合同规定包装材料费用和包装劳务费用由买方在合同货价之外另行支付，或者买方为了运输或再运输的目的而额外对货物进行了包装，则这些费用应计入进口货物的完税价格。

（4）与进口货物的生产和向中华人民共和国境内销售有关的，由买方以免费或者以低于成本的方式提供，并且可以按适当比例分摊的货物或者服务的价值。价值的计算标准如表 7.4 所示。

表 7.3　容器费用具体归入方法

作价方式	销售方式	是否计入完税价格
不单独作价	与货物一起销售	已包含在所销售商品价值内
单独作价	与货物一起销售	计入
	可重复使用	不计入

表 7.4　价值的计算标准

序号	计算标准
1	进口货物包含的材料、部件、零件和类似货物
2	在生产进口货物过程中使用的工具、模具和类似货物
3	在生产进口货物过程中消耗的材料
4	在境外进行的为生产进口货物所需的工程设计、技术研发、工艺及制图等相关服务

（5）买方必须支付的，与该货物有关的特许权使用费。特许权使用费是进口货物的买方为了取得知识产权权利人及权利人有效的授权人关于专利权、商标权、专有技术、著作权、分销权或者销售权的许可或转让而支付的费用。如果企业在进口货物时，需要另外支付特许权使用费，其支付的特许权使用费则要计入进口货物的完税价格。该计入进口货物的完税价格的特许权使用费如表 7.5 所示，不能计入进口货物的完税价格的特许权使用费如表 7.6 所示。

表 7.5 应该计入进口货物的完税价格的特许权费用

序号	计入完税价格的形式	费用计入完税价格的条件
1	用于支付专利权或者专有技术使用权	含有专利或者专有技术的；用专利方法或者专有技术生产的；为实施专利或者专有技术而专门设计或者制造的
2	用于支付商标权	附有商标的；进口后附上商标直接可以销售的；进口时已含有商标权，经过轻度加工后附上商标即可以销售的
3	用于支付著作权	含有软件、文字、乐曲、图片、图像或者其他类似内容的进口货物，包括磁带、磁盘、光盘或者其他类似载体的形式；含有其他享有著作权内容的进口货物
4	用于支付分销权、销售权或者其他类似权利	进口后可以直接销售的；经过轻度加工即可以销售的

实践指南

买方不支付特许权使用费则不能购得进口货物，或者买方不支付特许权使用费则该货物不能以合同议定的条件成交的，应当视为特许权使用费的支付构成进口货物向中华人民共和国境内销售的条件。

表 7.6 不能计入进口货物的完税价格的特许权使用费

序号	不能计入进口货物的完税价格费用
1	特许权使用费与该货物无关
2	特许权使用费的支付不构成该货物向中华人民共和国境内销售的条件

【例 7.2】为取得某外国品牌运动鞋的销售资格，某公司以 10 万美元的价格，购买运动鞋商标使用权。同时该公司从其品牌运动鞋厂家分批进口：生产运动鞋原料 1 000 千克，每千克售价 200 美元；该品牌运动鞋 10 000 双，每双 20 美元。

请分析：该公司应如何申报成交价格?

分析：此案例要从特许权使用费满足条件入手。对于购进生产运动鞋的原料，该货物进口与商标使用权没有直接关系，所以，进口生产运动鞋向海关申报成交价格是

1 000 千克×200 美元=20 万美元

对于购买品牌运动鞋，申报成交价格是

10 000 双×20 美元＋10 万美元=30 万美元

（6）卖方直接或者间接从买方获得的该货物进口后转售、处置或者使用的收益。买方在货物进口之后，将一部分收益转让给卖方的，应计入进口货物的完税价格。

实践指南

上述所有项目的费用或价值要计入完税价格，必须同时满足三个条件：① 费用由买方负担；② 未包括在进口货物的实付或应付价格中；③ 有客观量化的数据资料。如果缺乏客观量化的数据，无法确定应计入的准确金额的，则不应使用成交价格法进行估价，而应使用其他方法确定该货物的完税价格。

【例 7.3】我国某音像公司从美国哥伦比亚电影公司进口一部电影拷贝，成交条件为 CIF 上海，放映期限一年。该进口合同的发票列示如下：电影拷贝放映权 500 000 美元，卖方佣金 25 000 美元，放映技术

境内培训费 20 000 美元。合同同时规定：票房收入 30%返回美国哥伦比亚电影公司。经预测，该电影在我国每月平均放映 50 场，每场票房收入人民币 1.5 万元。

请分析：（1）该进口货物是否可以使用成交价格法确定完税价格？

（2）如果可以使用成交价格法，该货物完税价格是多少？（美元兑人民币汇率以 1∶6.9876 计算）

分析：买方给卖方的转让费是使用成交价格法确定的重点，也是难点。

按照我国《进出口关税条例》第 18 条规定，买方给卖方的转让收益如果能够确认或计算，则可以使用成交价格法，否则就不能使用成交价格法。本题中作为买方给卖方的转让费的票房收入是可以计算的。所以本题可以使用成交价格法。

买方给卖方的转让费的票房收入是属于计入项目，要加在发票价格中。

转让收益（票房收入）=15 000 元/每场×50 场×12 个月×30%=2 700 000（元）

该货物向海关申报的成交价格由两部分组成：拷贝进口价格＋票房收入。其中，拷贝进口价格中含有的境内培训费用属于不计入项目，不包含在成交价格中。

该货物的完税价格=（500 000 放映权＋卖方佣金 25 000）×6.9876＋2 700 000=6 368 490（元）

3. 成交价格中属于不计入的项目

成交价格的扣减项目是指进口货物价款中单独列明的一些费用，如果成交价格中包含这些费用则应从成交价格中扣除。

进口时在货物的价款中列明的下列税收、费用，不能计入该货物的完税价格。

（1）厂房、机械或者设备等货物进口后发生的建设、安装、装配、维修或者技术援助费用，但是保修费用除外。

（2）进口货物运抵中华人民共和国境内输入地点起卸后发生的运输及其相关费用、保险费。

（3）进口关税、进口环节海关代征税及其他国内税。

（4）为在境内复制进口货物而支付的费用。

（5）境内外技术培训及境外考察费用。

（6）符合如表 7.7 所示条件的利息费用不计入完税价格。

表 7.7　不能计入完税价格的利息费用

序号	不能计入完税价格的利息费用项目
1	利息费用是买方为购买进口货物而融资所产生的
2	有书面的融资协议的
3	利息费用单独列明的
4	纳税义务人可以证明有关利率不高于在融资当时当地此类交易通常应当具有的利率水平，且没有融资安排的相同或者类似进口货物的价格与进口货物的实付、应付价格非常接近的

实践指南

进口货物的价款中单独列明的上述税收和费用，不计入该货物完税价格，必须同时满足三个条件：①有关税收或费用已经包括在进口货物的实付、应付价格中；②有关费用是分列的，并且纳税义务人可以向海关提供客观量化的资料；③有关费用应在合理范围内。

如果贸易中存在上述规定的税收或费用之一的，且未能单独分列的上述费用，或者缺乏客观量化的资料，则上述税收或费用不能扣除。

【例 7.4】某公司从美国进口一套机械设备，发票列明：设备价款 CIF 上海 300 000 美元。设备进口后的安装及技术服务费用 10 000 美元，买方佣金 1 000 美元，卖方佣金 1 500 美元。计算该批货物的完税价格。

分析：题目中没有说明这些费用已经在设备价款中，因此，不是扣减项目，而是要根据不同的项目判断是否要计入项目。

本题中发生在起卸后的安装及技术服务费用不属于计入项目，买方佣金也不属于计入项目，卖方佣金为计入项目。

该批货物的完税价格=设备价款＋卖方佣金=300 000＋1 500=301 500（美元）

实践指南

只有在使用成交价格法时，海关才会对进口货物的完税价格按规定的价格调整项目对买卖双方的交易价格进行调整。在使用其他估价方法时，因已不使用买卖双方的交易金额，而另行参照其他的价格估定，因此不再涉及上述加项及减项价格调整。

4. 进口货物成交价格法使用的条件

按照《审价办法》进口货物成交价格法使用应同时满足以下条件，否则不能采用进口货物成交价格法来确定进口货物的完税价格。

（1）买方对进口货物的处置和使用不受限制。"限制"是指买方进口货物进境后，包括已经全额支付货款后，仍旧不能自由处置或使用该货物，而只能在卖方设定的范围内使用该货物。对买方的处置和使用进口货物进行了限制的情形如表 7.8 所示，不影响成交价格限制的情形如表 7.9 所示。

表 7.8 对买方处置和使用进口货物进行了处置和使用限制的情形

序号	限制的情形
1	进口货物只能用于展示或者免费赠送的
2	进口货物只能销售给指定第三方的
3	进口货物加工为成品后只能销售给卖方或者指定第三方的
4	其他经海关审查，认定买方对进口货物的处置或者使用受到限制的

表 7.9 不影响成交价格的限制情形

序号	不影响的限制情形
1	法律、行政法规规定实施的限制
2	对货物销售地域的限制
3	对货物价格无实质性影响的限制

（2）进口货物的价格不得受到使该货物成交价格无法确定的条件或者因素的影响。进口货物的成交价格应该就是向境内销售时的对应价格，如果销售行为针对被估货物的同时还针对了其他无法客观量化的因素，则可认为该货物的价格受到了使该货物成交价格无法确定的条件或因素的影响，如表 7.10 所示。

（3）卖方不得直接或者间接获得因买方销售、处置或者使用进口货物而产生的任何收益，除非上述收益能够合理确定。如果买方在购进货物后，仍需要将部分销售收益返还给卖方，则上述需返还的利润或收益应计入进口货物的完税价格。

（4）买卖双方之间没有特殊关系，或者虽然有特殊关系但不对成交价格产生影响。认定买卖双方存在特殊关系的情形如表 7.11 所示。

实践指南

买卖双方在经营上相互有联系，一方是另一方的独家代理、独家经销或者独家受让人，如果符合认定买卖双方存在特殊关系八种情形的规定，也应当视为存在特殊关系。

表 7.10　进口货物的价格受到了使该货物成交价格无法确定的条件或者因素影响的情形

序号	受影响的情形
1	进口货物的价格是以买方向卖方购买一定数量的其他货物为条件而确定的
2	进口货物的价格是以买方向卖方销售其他货物为条件而确定的
3	其他经海关审查，认定货物的价格受到使该货物成交价格无法确定的条件或者因素影响的

表 7.11　认定买卖双方存在特殊关系的情形

序号	买卖双方存在特殊关系的情形
1	买卖双方为同一家族成员的
2	买卖双方互为商业上的高级职员或者董事的
3	一方直接或者间接地受另一方控制的
4	买卖双方都直接或者间接地受第三方控制的
5	买卖双方共同直接或者间接地控制第三方的
6	一方直接或者间接地拥有、控制或者持有对方 5%以上（含 5%）公开发行的有表决权的股票或者股份的
7	一方是另一方的雇员、高级职员或者董事的
8	买卖双方是同一合伙的成员的

买卖双方有特殊关系这个事实本身并不能构成海关拒绝成交价格的理由，买卖双方之间存在特殊关系，可通过价格测试或销售环境测试确定特殊关系是否对进口货物的成交价格产生影响。通过价格测试或销售环境测试的，则可认定特殊关系未对成交价格构成影响。

价格测试，即纳税人能证明其成交价格与同时或者大约同时发生的下列任何一款价格相近的，视为特殊关系没有对进口货物的成交价格产生影响（参见表 7.12）。

表 7.12　特殊关系未对进口货物的成交价格产生影响的情形

序号	特殊关系未影响的情形
1	向境内无特殊关系的买方出售的相同或者类似进口货物的成交价格
2	按照倒扣价格法估价方法所确定的相同或者类似进口货物的完税价格
3	按照计算价格法估价方法所确定的相同或者类似进口货物的完税价格

实践指南

在使用成交价格进行比较时，应当考虑商业水平和进口数量的不同，以及买卖双方有无特殊关系造成的费用差异。

销售环境测试，即通过对与货物销售有关的情况进行审定，如果认定销售符合一般销售惯例，也可认定特殊关系未对进口货物的成交价格产生影响。

如进口货物申报价格全部符合上述成交价格定义及条件方面的要求，或有关费用虽有不符但能够进行量化数据调整的，则应首先使用成交价格方法确定完税价格，用以核算税款。

（二）相同及类似货物成交价格法

不能采用成交价格法的货物，按照顺序考虑采用相同及类似货物成交价格法。

相同及类似货物成交价格估价方法，是指海关以与进口货物同时或者大约同时向中华人民共和国境内销售的相同货物及类似货物成交价格为基础，审查确定进口货物的完税价格的估价方法。相同及类似货物成交法确定步骤如图 7.6 所示。

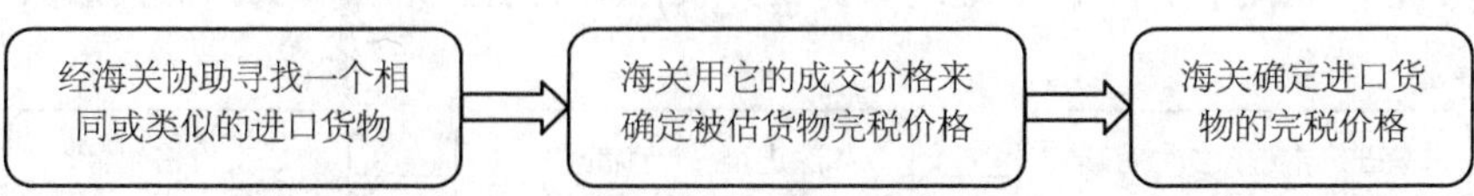

图 7.6　相同及类似货物成交价格法的确定步骤

相同货物，是指与进口货物在同一国家或者地区生产的，在物理性质、质量和信誉等所有方面都相同的货物，但是表面的微小差异允许存在。

类似货物，是指与进口货物在同一国家或者地区生产的，虽然不是在所有方面都相同，但是却具有相似的特征，相似的组成材料，相同的功能，并且在商业中可以互换的货物。

同时或者大约同时，是指海关接受货物申报之日的前后各 45 日。

相同及类似货物成交价格法的适用原则如表 7.13 所示。

表 7.13 相同及类似货物成交价格法的适用原则

顺序	顺序的内容	使用原则
1	同一生产商生产的相同或者类似货物的成交价格	1. 应当使用与进口货物处于相同商业水平、大致相同的数量或者类似货物的成交价格
2	同一生产国或者地区其他生产商生产的相同或者类似货物的成交价格	2. 可以使用不同商业水平或者不同进口数量的相同或者类似货物的成交价格
3	有多个相同或者类似货物的成交价格，应以最低的成交价格为基础审查确定进口货物的完税价格	**使用上述价格注意**：以客观量化的数据资料，对因商业水平、进口数量、运输距离和运输方式不同而在价格、成本和其他费用方面产生的差异做出调整

【例 7.5】我国某机械制造公司从德国批发进口程控机床 30 台，采用相同及类似成交价格法确定完税价格。该设备进口时间为 2017 年 4 月 1 日。合同采用 CIF 贸易术语。表 7.14 显示了经海关协助该公司查找的类似货物。

表 7.14 经海关协助该公司查找的类似货物

类似货物	数量（件）	价格（美元）	进口时间	产地	商业水平	贸易术语
A	30	600 万	2017.04.16	德国	零售	CIF
B	30	650 万	2017.01.16	德国	批发	FOB
C	32	620 万	2017.03.19	法国	批发	FOB
D	32	690 万	2017.03.19	法国	批发	CIF
E	32	550 万	2017.04.19	美国	批发	CIF
F	55	520 万	2017.04.19	德国	批发	CIF

分析：按照约束条件来分析。

（1）从时间要素同时或大约同时进口的要求，排除类似货物 B。

（2）从出口国（产地）的规定，排除类似货物 E。

（3）按照商业水平一致的要求，排除类似货物 A。

（4）考虑相同贸易术语，排除类似货物 C。

（5）从大致相同数量可确定该公司的完税价格是类似货物 D 的成交价格 690 万美元。

（三）倒扣价格法

倒扣价格法，是指海关以进口货物、相同或者类似进口货物在境内的销售价格为基础，扣除境内发生的有关费用后，审查确定进口货物完税价格的估价方法。倒扣价格法的确定步骤如图 7.7 所示。

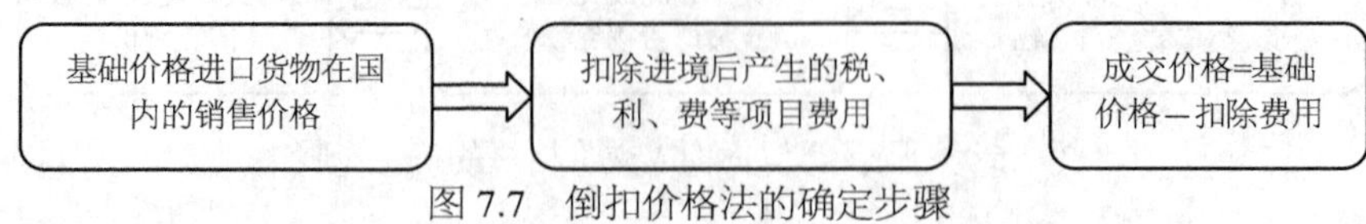

图 7.7 倒扣价格法的确定步骤

表 7.15 表明倒扣价格估价方法中的销售价格应当同时符合的条件。

表 7.15　销售价格应当同时符合的条件

序号	销售价格应当同时符合的条件
1	该货物进口时或者大约同时，以该货物、相同或者类似进口货物在境内销售的价格
2	按照货物进口时的状态销售的价格
3	在境内第一销售环节销售的价格
4	向境内无特殊关系方销售的价格
5	按照该价格销售的货物合计销售总量最大

实践指南

"进口时或者大约同时"是指海关接受货物申报之日的前后 45 日。如果进口货物、相同或者类似货物没有在海关接受进口货物申报之日前后 45 日内在境内销售，可以将在境内销售的时间延长至接受货物申报之日前后 90 日内。

【例 7.6】请根据表 7.16 内容某进口商品在国内销售情况确定商品的基础价格。

表 7.16　某进口商品在国内销售情况确定商品的基础价格

销售量（件）	单位价格（元）	商业水平
400	100	批发
300	90	零售
150	100	批发
500	95	批发
250	105	零售
350	90	零售
50	100	批发

分析：（1）确定可以使用的销售价格。由于商业水平销售条件的要求，此例单位价格 90 元和 105 元的销售量不能使用，单位价格 95 元和 100 元的销售量可以使用。

（2）确定基础价格。基础价格是 95 元还是 100 元？如果按一次销售量计算，95 元的销售量（500 件）最大，但是，按合计销售总量计算 100 元的销售量（400＋150＋50=600 件）最大，所以，基础价格是 100 元，而不是 95 元。

使用倒扣价格法审查确定进口货物完税价格的，必须扣除的项目如表 7.17 所示。

表 7.17　倒扣价格法必须扣除的项目

序号	扣除的项目
1	同等级或者同种类货物在境内第一销售环节销售时，通常的利润和一般费用（包括直接费用和间接费用）以及通常支付的佣金
2	货物运抵境内输入地点起卸后的运输及其相关费用、保险费
3	进口关税、进口环节海关代征税及其他国内税

如果以货物经加工后在境内的销售价格作为倒扣价格的基础，则必须扣除加工增值额部分。加工增值额应当依据与加工成本有关的客观量化数据资料、行业公认的标准、计算方法及其他的行业惯例计算。

（四）计算价格法

计算价格法是指以发生在生产国或地区的生产成本作为基础，审查确定进口货物完税价格的估价方法。计算价格法的确定步骤如图 7.8 所示，表 7.18 所示内容为计算价格估价方法的构成项目。

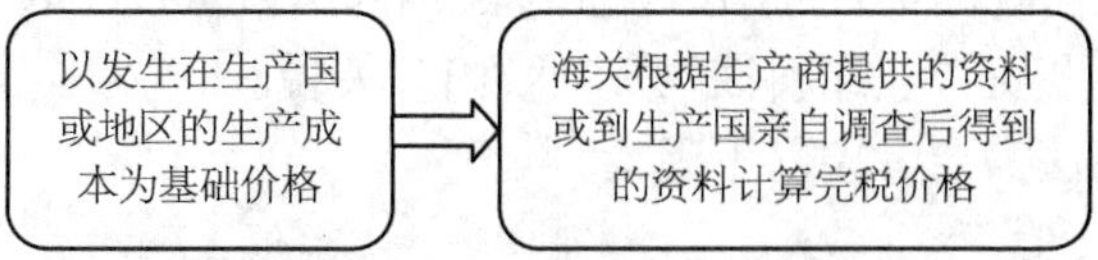

以发生在生产国或地区的生产成本为基础价格 ⇒ 海关根据生产商提供的资料或到生产国亲自调查后得到的资料计算完税价格

图 7.8　计算价格法的确定步骤

表 7.18　计算价格法的构成项目

序号	构成项目
1	生产该货物所使用的料件成本和加工费用
2	向境内销售同等级或者同种类货物通常的利润和一般费用（包括直接费用和间接费用）
3	该货物运抵境内输入地点起卸前的运输及相关费用、保险费

实践指南

如果进口货物的纳税义务人提出要求，计算价格法可以与倒扣价格法颠倒使用。海关在征得境外生产商同意并且提前通知有关国家或者地区政府后，可以在境外核实该企业提供的有关资料。

（五）合理方法

合理方法，是指当海关不能根据成交价格法、相同货物成交价格法、类似货物成交价格法、倒扣价格法和计算价格法确定完税价格时，海关根据本办法第二条规定的原则，以客观量化的数据资料为基础审查确定进口货物完税价格的估价方法。

合理方法本身并不是具体估价的一种方法，此方法表明在实际运用上述方法时，应顺序合理、灵活使用。

在采用合理方法确定进口货物的完税价格时，禁止使用表 7.19 中所示的价格。

二、出口货物完税价格审定

出口货物的完税价格由海关以该货物的成交价格为基础审查确定，并且应当包括货物运至中华人民共和国境内输出地点装载前的运输及其相关费用、保险费。

出口货物的完税价格估价方法顺序如图 7.9 所示。

表 7.19　采用合理方法估价时禁止使用的价格

序号	禁止使用的价格
1	境内生产的货物在境内的销售价格
2	两种价格中选择的较高的价格
3	货物在出口地市场的销售价格
4	以计算价格法规定之外的价值或者费用计算的相同或者类似货物的价格
5	出口到第三国或者地区的货物的销售价格
6	最低限价或者武断、虚构的价格

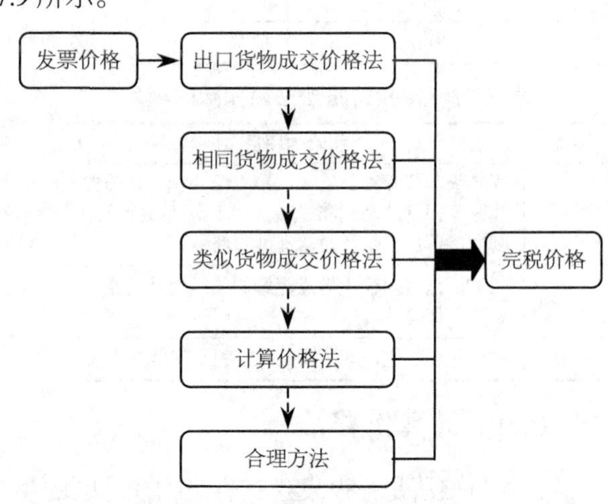

图 7.9　出口货物的完税价格估价方法顺序运用图

（一）出口货物成交价格法

出口货物的成交价格，是指该货物出口销售时，卖方为出口该货物应当向买方直接收取和间接收取的价款总额。目前，我国仅对少数涉及资源、原料性物资征收出口关税。

判断申报价格是否符合出口货物成交价格法需要考虑以下因素。

1. 出口销售是否符合《审价办法》的规定

出口销售是确定出口货物存在成交价格的前提条件。

交易符合销售定义必须是以下的条件同时发生，否则销售不存在：所有权发生转移，该交易由卖方转移给买方；买方为了获得该货物支付了对价；货物风险发生了转移，包括货物灭失的风险和货物损益的风险。

2. 直接收取和间接收取是否符合《审价办法》的规定

出口货物的成交价格包括我国卖方向境外买方直接收取和间接收取的款项总额，其中直接收取是指卖方直接向境外买方收取的款项，而间接收取是指境外买方根据卖方的要求，将货款全部或部分支付给第三方，或冲抵买卖双方之间的其他资金往来。

 **实践指南**

出口货物成交价格估价方法应用注意：不能计入出口货物完税价格的费用包括出口关税和在货物价款中单独列明的货物运至中华人民共和国境内输出地点装载后的运输及其相关费用、保险费。前述费用如不能单独列明或无法证明各段费用则不予扣除。

（二）出口货物成交价格法以外的方法

出口货物的成交价格不能确定时，海关经了解有关情况，完税价格依次按下列方法确定：

（1）相同货物成交价格法。条件是同时或者大约同时（前后各 45 天）向同一国家或者地区出口的相同货物的成交价格。

（2）类似货物成交价格法。条件是同时或者大约同时（前后各 45 天）向同一国家或者地区出口的类似货物的成交价格。

（3）计算价格法。条件是按照境内生产相同或者类似货物的成本、利润和一般费用（包括直接费用和间接费用）、境内发生的运输及其相关费用、保险费计算所得的价格。

（4）合理方法。由海关放宽条件估定完税价格。

第三节 进出口关税的征收与计算

一、出口关税的征收与计算

征收出口关税的主要目的是限制、调控某些商品的出口，特别是防止本国一些重要自然资源和原材料的出口。

目前我国征收的出口关税都是从价税。在实际操作中，我国出口货物完税价格以 FOB 价格为基础审核确定，如果出口货物采用其他术语成交，均需视情况将其他术语价格转换成 FOB 术语价格。应征出口关税税额的计算公式为

$$\text{应征出口关税税额}=\text{出口货物完税价格}\times\text{出口关税税率}$$

式中，以 FOB 成交的出口货物完税价格计算公式为

$$\text{出口货物完税价格}=\frac{\text{FOB（中国境内口岸）}}{1+\text{出口关税税率}}$$

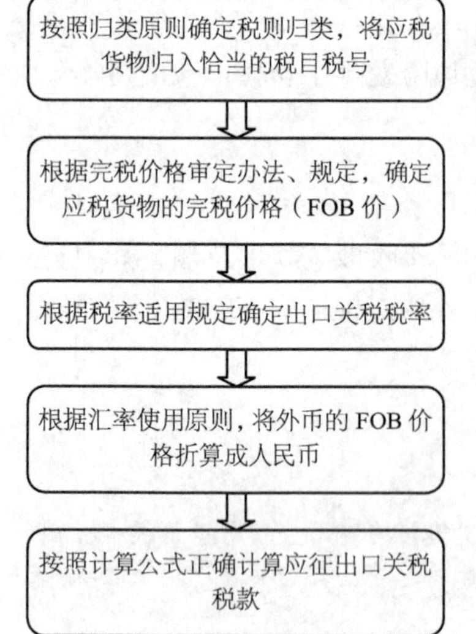

图 7.10 出口关税税额的计算步骤

以 CIF 成交的出口货物完税价格计算公式为

$$出口货物完税价格=\frac{CIF-运费-保险费}{1+出口关税税率}$$

以 CFR 成交的出口货物完税价格计算公式为

$$出口货物完税价格=\frac{CFR-运费}{1+出口关税税率}$$

出口关税税额的计算步骤如图 7.10 所示。

完税价格的总值计算到元为止，元以下四舍五入；关税税额计算到分为止，分以下四舍五入。税款总额在 50 元以下的（不含 50 元）免征。

【例 7.7】某进出口公司出口某货物，成交价为 CIF 纽约 1 000 万美元（约折合人民币 6 400 万元）。已知运费折合为 1 500 万元人民币，保费为 50 万元人民币，出口关税税率为 15%。求应征关税税额。

分析：CIF 价转变为 FOB 价为

6 400－（1 500＋50）＝4 850（万元）

$$出口关税税额=\frac{FOB 价}{1+出口税税率}\times 出口税税率$$

$$=\frac{4850}{1+15\%}\times 15\%$$

＝4 217.391 3×15%

＝632.608 696（万元）

＝6 326 086.96（元）

实践指南

出口关税从价计算注意：①价格认定必须符合相关规定，若成交价格定义及条件影响申报价格成立的，必须进行适当的项目调整，或按照其他估价方法另行确定完税价格以保证税费核算的准确性。②企业必须正确地对所进口的货品进行正确的归类。税则归类不准确，一是会导致适用税率错误，无法准确核算税款；二是会导致监管证件发生变化，以致无法按计划通关，影响生产及经营。③国家对多数出口商品不征收出口关税，需要关注出口税收政策的变化，防止漏算出口关税。④出口完税价格需要扣除出口关税，注意不要直接使用 FOB 价格计算税款。

二、进口关税的征收与计算

海关依照《进出口税则》对进口货物和从境外采购进口的原产于中国境内的货物征收进口关税。

（一）进口货物完税价格计算

在实际操作中，我国进口货物完税价格以 CIF 价格为基础审核确定，如果进口货物采用其他术语成交，均需视情况将其他术语价格转换成 CIF 术语价格。

以我国口岸到岸价格（CIF）成交，完税价格等于 CIF 价格。以境外口岸 FOB 价成交，完

税价格的计算公式为

$$完税价格=\frac{FOB价格+运费}{1-保险费费率}$$

以我国口岸 CFR 价成交，完税价格的计算公式为

$$完税价格=\frac{CFR价}{1-保险费费率}$$

【例 7.8】某进出口公司从日本以 FOB 形式购进一批圆钢，计 500 吨，其申报的发票价格及有关费用如下：申报运费 60 元（人民币）/吨；保险费费率 0.1%；总额 190 000 美元；当时的外汇牌价 100 美元＝640 元人民币。问应如何计算进口完税价格？

分析：进口关税的完税价格计算如下：

（1）以美元计价的 FOB 价格折合成人民币价格为

190 000×6.4＝1 216 000（元）

（2）经查核实际支出运费为

500×60=30 000（元）

（3）费率已知为 0.1%时：

完税价格＝（FOB 价＋运费）÷（1－保险费费率）
＝（1 216 000＋30 000）÷（1－0.1%）
＝1 247 247.25（元）

完税价格计算到元为止，故本批圆钢完税价格为 1 247 247 元。

（二）进口关税税额的计算公式

进口关税税额一般根据进口货物价格、进口货物数量或价格与数量复合计算而得。从价进口关税的计算公式为

进口关税税额＝进口货物完税价格（CIF）×关税税率

式中，正常征收的关税税额按法定进口关税税率计算，减税征收的进口关税税额按减征进口关税税率计算。

从量计算进口关税税额的公式为

进口关税税额=商品进口数量×单位税额

复合计算进口关税税额的公式为

进口关税税额=商品进口数量×单位税额+进口货物完税价格×关税税率

（三）进口关税的计算

1. 从价关税

从价关税征收的计算程序如图 7.11 所示。

【例 7.9】某进出口公司向德国购进柴油船用发动机 2 台，成交价格为 CIF 境内目的地口岸 700 000 美元。经批准该发动机进口关税税率减按 1%计征。已知外币折算率为 1 美元＝6.4 元人民币。

要求：计算进口关税。

分析：发动机归入税目税号 8 408.1 000，原产国德国适用最惠国税率 5%，审定完税价格为 700 000 美元，外币价格折算成人民币为 4 480 000 元。

减税征收的进口关税税额＝进口货物完税价格×减按进口关税税率
＝4 480 000×1%
＝44 800.00（元）

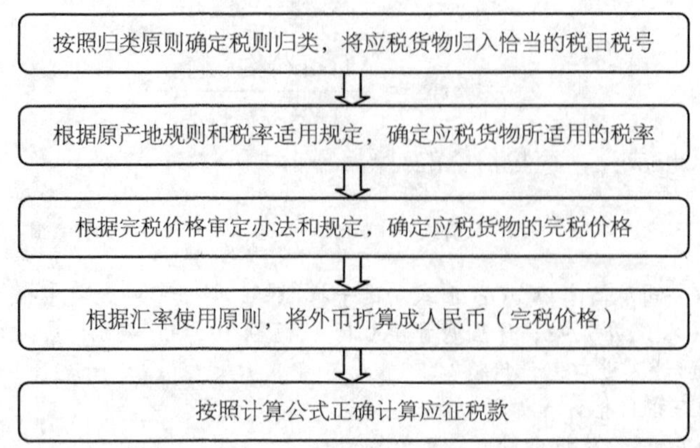

图 7.11　从价关税计算程序

【例 7.10】某进出口公司进口一批应税消费品，成交价折合人民币 1 085 万元，货物运抵我国关境内输入地点起卸前、起卸后的运费分别为 35 万元和 2 万元，保险费分别为 5 万元和 0.4 万元。包装材料费用和包装劳务费用 10 万元，与货物视为一体的容器的费用 15 万元，与该货物有关的特许权使用费用 50 万元，该应税消费品关税税率为 20%。

要求：计算该批货物的进口关税税额。

分析：计算货物的完税价格：

进口关税完税价格＝1 085+35+5+10+15+50＝1 200（万元）

应纳进口关税税额＝1 200×20%＝240（万元）

说明：进口货物运抵境内输入地点起卸后的运输费、保险费不计入该批货物的完税价格。

 **实践指南**

进口关税从价计算注意事项：①价格认定必须符合相关规定，若成交价格定义及条件影响申报价格成立的，必须进行适当的项目调整，或按照其他估价方法另行确定完税价格以保证税费核算的准确性。②企业必须对所进口的货品进行正确的归类。税则归类不准确，一是会导致适用税率错误，无法准确核算税款；二是会导致监管证件发生变化，以致无法按计划通关，影响生产及经营。③报关人员必须密切关注国家外贸政策的变化及海关发布的政策调整公告。

2. 从量关税

从量关税计算程序如图 7.12 所示。

【例 7.11】国内某公司从日本购进激光胶片 81 820 平方米，成交价格为 CIF 境内某口岸 602 日元/平方米。已知当时外币折算率为 1 日元=0.065 0 元人民币，计算应征进口关税税额。

分析：激光胶片归入税目税号 3 702.429 2，原产地为日本，适用最惠国税率为 2.4 元/平方米。

实际进口量＝81 820（平方米）

进口关税税额＝商品进口数量×单位税额

＝81 820×2.4

＝196 368.00（元）

 **实践指南**

进口关税从量计算注意事项：①企业必须对所进口的货品进行正确的归类。税则归类不准确，一是会导致适用税率错误，无法准确核算税款；二是会导致监管证件发生变化，以致无法按计划通

关，影响生产及经营。②完税数量的确定非常关键，部分合同或发票项下货物非以从量税征收计算，需要特别注意按照规定的折算公式换算。③征收从量税的货物，仅仅是征收进口关税时按从量税征收，代征税仍然是按照从价征收，需要对进口货物完税价格进行认定。对成交价格认定必须符合相关规定，若成交价格定义及条件影响申报价格成立的，必须进行适当的项目调整，或按照其他估价方法另行确定完税价格以保证税费核算的准确性。

3. 复合关税

复合关税的计算程序如图 7.13 所示。

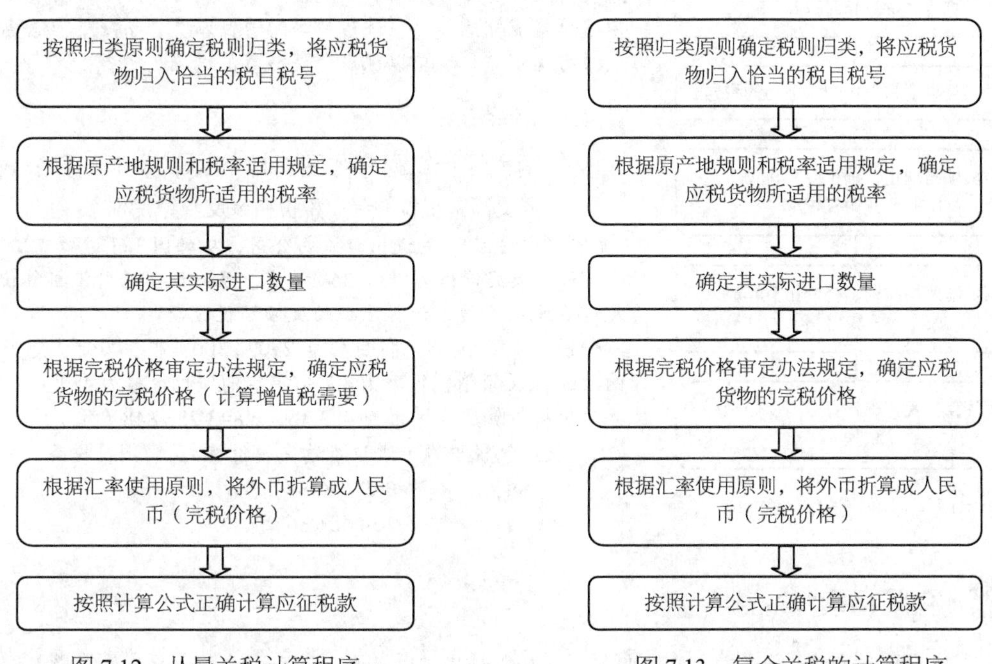

图 7.12　从量关税计算程序

图 7.13　复合关税的计算程序

【例 7.12】某进出口公司从日本购进非特种用途广播级电视摄像机 20 台，其中有 12 台成交价格为 CIF 境内某口岸 4 900 美元/台，其余 8 台成交价格为 CIF 境内某口岸 5 200 美元/台。已知当时外币折算率为 1 美元＝6.8 元人民币，计算进口关税。

分析：广播级电视摄像机归入税目税号 8525.8012；原产国日本适用最惠国税率，完税价格不高于 5 000 美元/台的关税税率为单一从价税 35%；完税价格高于 5 000 美元/台的，关税为 12 960 元人民币再加 3% 的从价关税；审定后完税价格分别为 58 800 美元（12×4 900）和 41 600 美元（8×5 200）；外币价格折算成人民币分别为 399 840 元（58 800×6.8）和 282 880 元（41 600×6.8）。

从价进口关税税额＝进口货物完税价格×进口关税税率
＝399 840×35%
＝139 944.00（元）

复合进口关税税额＝商品进口数量×单位税额＋进口货物关税价格×关税税率
＝8×12 960 + 282 880×3%
＝112 166.40（元）

合计进口关税税额＝从价进口关税税额＋复合进口关税税额
＝139 944.00+ 112 166.40
＝252 110.40（元）

实践指南

进口关税复合计算注意事项：①企业必须对所进口的货品进行正确的归类。税则归类不准确，一是会导致适用税率错误，无法准确核算税款；二是会导致监管证件发生变化，以致无法按计划通关，影响生产及经营。②复合税中从量税，完税数量的确定非常关键，部分合同或发票项下货物非以从量税征收计算，需要特别注意按照规定的折算公式换算。③征收复合税的货物，从价税部分及代征税仍然按照从价征收，需要对进口货物完税价格进行认定。对成交价格的认定必须符合相关规定，若成交价格定义及条件影响申报价格成立的，必须进行适当的项目调整，或按照其他估价方法另行确定完税价格以保证税费核算的准确性。

按照归类原则确定税则归类，将应税货物归入恰当的税目税号

⇩

按照归类规则将货物归入适当的税号

⇩

根据反倾销规定，确定应税货物所适用的反倾销税税率

⇩

根据汇率使用原则，将外币折算成人民币（完税价格）

⇩

按照计算公式正确计算应征反倾销税税款

图 7.14　反倾销税计算程序

4. 反倾销税

反倾销税的计算程序如图 7.14 所示，税额计算公式为

反倾销税税额＝完税价格×反倾销税税率

【例 7.13】上海某进出口贸易公司，从韩国 LG 进口双酚 A 一批，CIF 的成交价格为 483 360 美元。已知适用的外汇折算价为 1 美元=6.8 元人民币，计算应征的反倾销税税额。

分析：双酚 A 归入税目税号 2907.2300；根据规定，原产于韩国的双酚 A 反倾销税税率为 4.7%；审定的完税价格为 483 360 美元；将外币价格折算成人民币为 483 360×6.8=3 286 848（元）。

反倾销税税额＝进口货物完税价格×反倾销税税率
＝3 286 848×4.7%
＝154 481.86（元）

实践指南

反倾销税税额计算注意事项：①反倾销税属于从价计征税款，若成交价格定义及条件影响申报价格成立的，必须进行适当的项目调整，或按照其他估价方法另行确定完税价格以保证税费核算的准确性。②企业必须对所进口的货品进行正确的归类。税则归类不准确，一是会导致适用税率错误，无法准确核算税款；二是会导致监管证件发生变化，以致无法按计划通关，影响生产及经营。③不能认为国家对某些价格偏低的货物征收反倾销税，在进口价格审核环节就人为否定申报价格，而应该按照成交价格定义及条件的相关要求正常审核，如无不符合成交价格规定的情况，申报价格应予以认可。应该认识到，不能采用价格审核的方式应对倾销、补贴等不公平贸易产品，对上述产品应采取反倾销、反补贴等措施。④征收反倾销税产品，如有协定或特惠税率等优惠税率，仍应优先执行协定或特惠税率等优惠税率。⑤反倾销税属于附加关税，其征收公式与正常关税相同，均为关税完税价格与各自税率之积。

三、进口环节税的征收与计算

《中华人民共和国消费税暂行条例》

（一）进口环节消费税

进口环节消费税除国务院另有规定者外，一律不得给予减税、免税。进口的应税消费品，由纳税人（进口人或其代理人）向报关地海关申报纳税。进口环节消费税的缴纳期限与关税相同。根据《中华人民共和国消费税暂行条例》的规定，

我国纳入消费品征税范围的仅限于少数范围，具体包括：过度消费会对人的身体健康、社会秩序、生态环境造成危害的烟、酒、酒精、鞭炮、焰火；奢侈和非生活必需品的贵重首饰及珠宝玉石、化妆品；高耗能的汽车轮胎、摩托车、小汽车等；不可再生的汽油、柴油等。

我国消费税按从价、从量、复合征收的方法计算。进口环节消费税的计算程序如图 7.15 所示，从价消费税计算公式如下：

从价消费税税额＝组成计税价格×消费税税率

$$组成计税价格=\frac{关税完税价格+关税税额}{1-消费税税率}$$

从量消费税计算公式如下：

从量消费税税额＝进口数量×消费税定额税率

从价、从量复合消费税计算公式如下：

复合消费税税额＝组成计税价格×消费税税率+进口数量×消费税定额税率

按照归类原则确定税则归类，将应税货物归入适当的税号

⇩

根据原产地规则和税率适用规定，确定应税货物所适用的关税和消费税税率

⇩

根据审定完税价格的有关规定，确定应税货物的 CIF 价格

⇩

根据汇率适用规定，将外币折算成人民币（完税价格）

⇩

按照计算公式正确计算关税税款

⇩

按照计算公式正确计算消费税税款

图 7.15 进口环节消费税计算程序

$$组成计税价格=\frac{关税完税价格+关税税额+进口数量\times消费税定额税率}{1-消费税税率}$$

【例 7.14】某公司进口货物一批，经海关审核其成交价格为 CIF 境内某口岸 12 800 美元，折合人民币 81 920 元。已知这批货物的关税税率为 20%，消费税税率为 17%。

要求：计算应征消费税税额。

应征消费税税额计算如下：

应征关税税额＝完税价格×关税税率

＝81 920×20%

＝16 384.00（元）

$$应征消费税税额=\frac{关税完税价格+关税税额}{1-消费税税率}\times消费税税率$$

$$=\frac{81\,920+16\,384}{1-17\%}\times17\%$$

$$=20\,134.55（元）$$

实践指南

《关于简并增值税税率有关政策的通知》财税〔2017〕37 号 http://szs.mof.gov.cn/zhengwuxinxi/zhengcefabu/201705/t20170502_2591609.html

消费税计算注意事项：①企业必须对所进口的货品进行正确的归类。税则归类不准确，一是会导致适用税率错误，无法准确核算税款；二是会导致监管证件发生变化，以致无法按计划通关，影响生产及经营。②从量消费税，完税数量的确定非常关键，部分合同或发票项下货物非以从量税征收计算，需要特别注意按照规定的折算公式换算。③征收从量消费税的货物，关税及其他代征税仍然按照从价征收，所以，需要对进口货物完税价格进行认定。对成交价格认定必须符合相关规定，若成交价格定义及条件影响申报价格成立的，必须进行适当的项目调整，或按照其他估价方法另行确定完税价格以保证税费核算的准确性。④消费税计算公式比较复杂，核算时注意公式的正确应用。

按照归类原则确定税则归类，将应税货物归入适当的税号

⇩

根据原产地规则和税率适用规定，确定应税货物所适用的关税税率、消费税税率和增值税税率

⇩

根据审定完税价格的有关规定，确定应税货物的 CIF 价格

⇩

根据汇率适用规定，将外币折算成人民币（完税价格）

⇩

按照计算公式正确计算关税税款

⇩

按照计算公式正确计算消费税税款

⇩

按照计算公式正确计算增值税税款

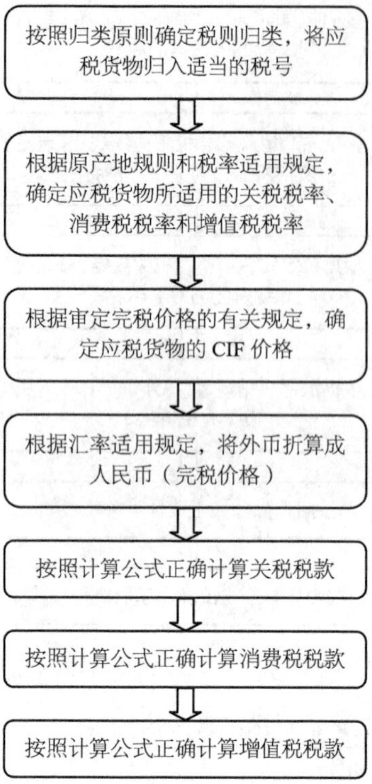

图 7.16　进口环节增值税计算程序

（二）进口环节增值税

我国增值税采取基本税率再加一档低税率的模式。

纳税人销售或者进口低税率和零税率以外货物并提供加工、修理修配劳务的，税率为 17%，这就是基本税率。纳税人销售或者进口农产品（含粮食）、自来水、暖气、石油液化气、天然气、食用植物油、冷气、热水、煤气、居民用煤炭制品、食用盐、农机、饲料、农药、农膜、化肥、沼气、二甲醚、图书、报纸、杂志、音像制品、电子出版物，按低税率 11%计征增值税。增值税计算公式为

进口环节增值税税额＝组成计税价格×增值税税率

组成计税价格＝关税完税价格+关税税额+消费税税额

进口环节增值税的计算程序如图 7.16 所示。

【例 7.15】某外贸公司进口美国产数控铣床一台，FOB 价格为 223 343 美元，运费人民币 42 240 元，保险费费率为 0.3%，填发海关代征税缴款书之日美元兑人民币外汇市场买卖中间价为 1 美元＝6.4 元人民币。试计算数控铣床的增值税。

分析：数控铣床应归入税则税号 8459.6100；数控铣床的税率为 15%；数控铣床以 FOB 成交价折算成人民币 1 429 395.2 元。

进口完税价格＝（FOB 价+运费）÷（1−保险费费率）

＝（1 429 395.2+42 240）÷（1−0.3%）

＝1 476 063（元）

数控铣床应征关税税额＝1 476 063×15%

＝221 409.45（元）

数控铣床增值税组成计税价格＝关税完税价格+关税税额

＝1 476 063+221 409.45

＝1 697 472（元）

数控铣床应征增值税税额＝组成计税价格×增值税税率

＝1 697 472×17%

＝288 570.24（元）

实践指南

增值税计算注意事项：① 企业必须对所进口的货品进行正确的归类。税则归类不准确，一是会导致适用税率错误，无法准确核算税款；二是会导致监管证件发生变化，以致无法按计划通关，影响生产及经营。② 价格认定必须符合相关规定，若成交价格定义及条件影响申报价格成立的，必须进行适当的项目调整，或按照其他估价方法另行确定完税价格以保证税费核算的准确性。③ 国家仅对少数商品征收消费税，注意不要遗漏核算消费税。④ 特别注意税款核算应按关税、消费税、增值税的顺序进行。

四、其他税费的征收与计算

（一）船舶吨税

船舶吨税是对境外港口进入境内港口的船舶征收的税种。

1. 船舶吨税征收范围

船舶吨税的纳税义务人是进出我国港口的外国籍船舶的经营人，期租中国籍船舶进出我国港口的外国经营人，中外合资经营的船舶或外商投资企业租用中、外国籍船舶进出我国港口的经营人以及我国租用外国籍船舶在国际、国内沿海航行进出我国港口的经营人。

2. 船舶吨税征收期限

船舶吨税缴款期限为自海关填发缴款书之日起 15 日内（缴款期限届满日如果是节假日可顺延），逾期按日征收税款额千分之一的滞纳金。凡是征收了船舶吨税的船舶不再征收车船税；对已经征收车船使用税的船舶，不再征收船舶吨税。

船舶吨税起征日为“船舶直接抵港之日”。如过境后驶达锚地的，以船舶抵达锚地之日起计算；进境后直接靠泊的，以靠泊之日起计算。船舶抵港之日，船舶负责人或其代理人应向海关出具船舶停留时仍然有效的《船舶吨税执照》（简称《执照》），如所领《执照》期满后尚未离开中国，则应在期满之次日起续征；如未能出具《执照》者，应按规定向海关申报，缴纳船舶吨税，并领取《执照》。

船舶吨税征收方法分为 90 天期缴纳和 30 天期缴纳两种，并分别确定税额，缴纳期限由纳税人在申请完税时自行选择。

3. 船舶吨税的征收

船舶吨税计算公式如下：

船舶吨税＝净吨位×吨税税率（元/净吨）

净吨位＝船舶的有效容积×吨/立方米

根据船舶吨税暂行条例规定，确定船舶净吨位、吨税税率

⇩

按照计算公式正确计算船舶吨税

图 7.17 船舶吨税计算程序

式中，净吨位是指由船籍国（地区）政府授权签发的船舶吨位证明书上标明的净吨位。船舶净吨位的尾数，按四舍五入原则，0.5 吨以下的免征尾数；0.5 吨以上的按 1 吨计算。不及 1 吨的小型船舶，除经海关总署特准免征者外，应一律按 1 吨计征。船舶吨税的计算程序如图 7.17 所示。

【例 7.16】 有一净吨位为 88 000 吨的英国籍轮船，停靠在我国境内某港口装卸货物。纳税人自行选择为 30 天期缴纳船舶吨税。求应征的船舶吨税。

分析：查《中华人民共和国船舶吨税暂行条例》知净吨位 88 000 吨的轮船 30 天期的优惠税税率为 3 元/净吨。

船舶吨税＝净吨位×吨税税率

＝88 000×3

＝264 000（元）

实践指南

船舶吨税计算注意事项：①中华人民共和国籍的应税船舶，船籍国（地区）与中华人民共和国签订含有相互给予船舶税费最惠国待遇条款的条约或者协定的应税船舶，适用优惠税率。其他应税船舶，适用普通税率。②应税船舶在进入港口办理入境手续时，应当向海关申报纳税领取吨税执照，或者交验吨税执照。应税船舶在离开港口办理出境手续时，应当交验吨税执照。

（二）滞报金

《中华人民共和国海关征收进口货物滞报金办法》

进口货物未能按海关规定期限向海关申报产生滞报的，由海关按照规定征收滞报金。进口货物收货人要求在缴清滞报金前先放行货物的，海关可以在其提供与应缴纳滞报金等额的保证金后放行。

1. 超过规定期限向海关申报产生滞报

进口货物应自运输工具申报进境之日起 14 日内向海关申报，未按规定期限申报的，从自运输工具申报进境之日第 15 日为起征日，以海关接受申报之日为截止日。规定申报期限内含有双休日或法定节假日不予扣除，规定的计征日如遇有休息日或者法定节假日，则顺延至其后的第一个工作日。国务院临时调整休息日与工作日的，海关按照调整后的情况确定滞报金的起征日。征收进口货物滞报金应当按日计征，起征日和截止日均计入滞报期间。

小知识

法定节假日

法定节假日是指根据各国、各民族的风俗习惯或纪念要求，由国家法律统一规定的用以进行庆祝及度假的休息时间。法定节假日制度是国家政治、经济、文化制度的重要反映，涉及经济社会的多个方面，涉及广大人民群众的切身利益。

本教材中所称的“法定节假日”是指根据国务院发布的《全国年节及纪念日放假办法》（国务院令第 270 号）第二条中规定的“全国公民放假的节日”，具体包括：元旦（1 月 1 日）；春节（农历正月初一、初二、初三）；清明节（农历清明当日）；劳动节（5 月 1 日）；端午节（农历端午当日）；中秋节（农历中秋当日）；国庆节（10 月 1 日、2 日、3 日），不含调休日。

2. 未按规定期限提交纸质单据，撤销后重新申报产生滞报

撤销后重新申报产生滞报是由于进出口货物收发货人向海关传送报关单电子数据后，未在规定期限或核准期限内提交报关单，海关予以撤销电子数据报关单，由此重新向海关申报所产生的滞报金。滞报金的征收以自运输工具申报进境之日第 15 日为起征日，以海关重新接受申报之日为截止日。

3. 未按规定期限内重新发送电子数据报关单，撤销后重新申报产生滞报

海关已接受申报的报关单电子数据，人工审核确认需要退回修改的，进出口货物收发货人、受委托的报关企业应当在 10 日内完成修改重新发送电子数据报关单。超过规定期限的，海关予以撤销电子数据报关单处理。重新向海关申报所产生的滞报金以自运输工具申报进境之日第 15 日为起征日，以海关重新接受申报之日为截止日。

4. 按规定撤销原申报，重新申报产生滞报

进出口货物收发货人依法撤销原报关单电子数据，因删单重报产生滞报的，以撤销原报关单电子数据之日第 15 日为起征日，以海关重新接受申报之日为截止日。

5. 超过规定期限未向海关申报，提取变卖发还余款产生滞报

进口货物因收货人在运输工具申报进境之日起超过 3 个月未向海关申报，被海关提取作变卖处理后，收货人申请发还余款的，滞报金的征收，以自运输工具申报进境之日起第 15 日为起征日，以该 3 个月期限的最后 1 日为截止日。

6. 滞报金的征收

滞报金的日征收金额为进口货物完税价格的万分之五，以人民币“元”为计征单位，不足人民币 1 元的部分免予计征。滞报金的起征点为人民币 50 元。滞报金的计算程序如图 7.18 所示。

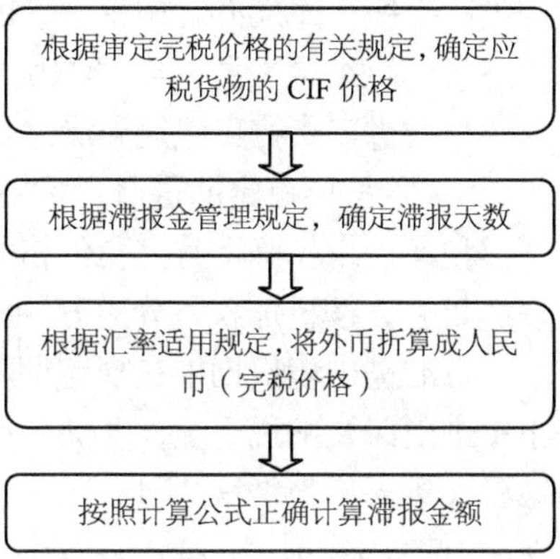

根据审定完税价格的有关规定，确定应税货物的 CIF 价格
↓
根据滞报金管理规定，确定滞报天数
↓
根据汇率适用规定，将外币折算成人民币（完税价格）
↓
按照计算公式正确计算滞报金额

图 7.18 滞报金计算程序

【例 7.17】国内某进出口公司从德国进口瓶装葡萄酒一批，货物于 2014 年 3 月 6 日（星期四）进境，该公司于 2014 年 3 月 28 日向海关传输数据，同时，海关接受申报。已知该货物 CIF 成交价格为 852 636 欧元，适用的外汇折算价格为 1 欧元=8.340 3 元人民币。

要求：计算应征的滞报金。

分析：货物进境日 2014 年 3 月 6 日（星期四），法定申报时间为 14 天，即 3 月 20 日前申报不产生滞报金。自 3 月 21 日起开始计算滞报期间，3 月 28 日海关接受申报，起、止日均要计入滞报期间，共滞报 8 天。

滞报金金额＝进口货物完税价格×0.000 5×滞报天数
＝852 636×8.3403×0.000 5×8
＝28 444.96（元）

实践指南

滞报金计算注意事项：① 价格认定必须符合相关规定，若成交价格定义及条件影响申报价格成立的，必须进行适当的项目调整，或按照其他估价方法另行确定完税价格。滞报金的征收，若遇海关调整或另行确定完税价格，以最终确定的金额为基础进行计算。② 报关人员应熟悉滞报金管理规定，正确理解起征日、截止日、顺延期间等相关规定。

（三）滞纳金

《关税条例》规定：“进出口货物的纳税义务人，应当自海关填发税款缴纳书之日起 15 日内向指定银行缴纳税款”。

滞纳金是指应纳关税的单位或个人因在规定期限内未向海关缴纳税款而依法征收的款项。纳税人或其代理人，应当自海关填发税款缴款书之日起 15 日内缴纳进口税款，逾期缴纳的、海关依法在原税款的基础上加收每日万分之五的滞纳金。

1. 常规进出口货物超过规定缴款期限产生滞纳

进口关税、进口环节增值税、消费税、船舶吨税等的纳税人或其代理人，超过自海关填发

税款缴款书之日起 15 日内向指定银行缴纳税款的规定，应自规定期限届满之日起至缴清之日止按日征收滞纳金。

2. 特殊交易方式进出口货物违反规定产生滞纳

租赁进口货物分期支付租金的，纳税义务人应当在每次支付租金后的 15 日内向海关申报办理纳税手续，逾期办理申报手续的，海关除了征收税款外，还应当自申报办理纳税手续期限届满之日起至纳税义务人申报纳税之日止，按日加收万分之五的滞纳金。

租赁进口货物自租期届满之日起 30 日内，应向海关申请办结海关手续，逾期办理办结手续的，海关除按照审定的进口货物完税价格的有关规定和租期届满后第 30 日该货物适用的计征汇率、税率，审校确定其完税价格，计征税款外，还应当自租期届满之日起至纳税义务人申报纳税之日止，按日加收万分之五的滞纳金。

暂准进出境货物未在规定期限内复运出境或复运进境，且纳税义务人未在规定期限届满前申报进出口及纳税手续，海关除按规定征收应缴纳的税款外，还应当自规定期限届满之日起至纳税义务人申报纳税之日止，按日加收万分之五的滞纳金。

3. 经批准延期缴纳税款货物逾期缴纳税款产生滞纳

纳税义务人在批准延期的期限内缴纳税款的，不征收滞纳金。超过批准延期的期限缴纳税款的，自延期缴纳税款期限届满之日起至纳税义务人申报纳税之日止，按日加收万分之五的滞纳金。

4. 纳税义务人违反规定造成少征或者漏征税款产生滞纳

进出口货物放行后，海关发现因纳税人违反规定造成少征或者漏征税款的，可以自缴纳税款或进出口货物放行之日起 3 年内追征税款，并从缴纳税款或进出口货物放行之日至海关发现日止，按日加收少征或者漏征税款万分之五的滞纳金。

5. 滞纳金征收

海关对滞纳金的征收是自缴纳期限届满次日起，至进出口货物的纳税（费）义务人缴纳税费之日止，其中的法定节假日不予扣除。缴纳期限届满日遇双休日或者法定节假日的，应当顺延到双休日或者法定节假日之后的第一个工作日。

滞纳金按每票货物的关税、进口环节增值税和消费税单独计算，起征点为人民币 50 元，不足 50 元的免予征收。滞纳金的计算程序如图 7.19 所示，计算公式为

关税滞纳金金额＝滞纳关税税额×0.000 5×滞纳天数

代征税滞纳金金额＝滞纳代征税税额×0.000 5×滞纳天数

监管手续费滞纳金金额＝滞纳监管手续费金额×0.000 5×滞纳天数

“应缴纳税款之日”是指纳税义务人违反规定行为发生之日。该行为发生之日不确定的，应当以海关发现该行为之日作为应缴纳税款之日。

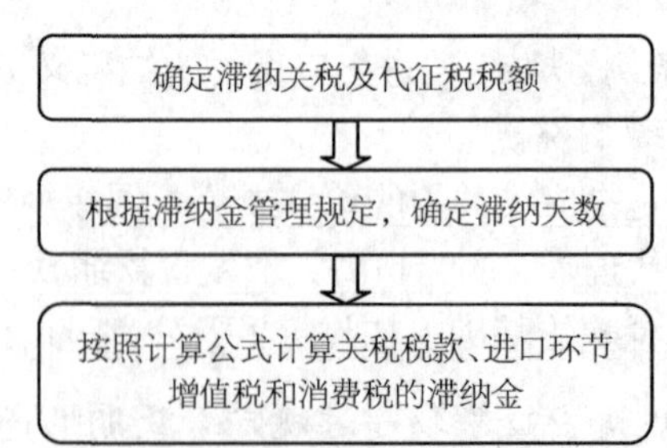

图 7.19 滞纳金计算程序

【例 7.18】某公司从日本进口丰田轿车一批，已知该批货物应征的关税为 352 793.52 元；应征进口环节增值税为 247 726.38 元、消费税为 72 860.70 元。海关于 2011 年 4 月 6 日填发海关专用缴款书，该公司于 4 月 29 日缴纳税款。要求计算应征的滞纳金。

分析：先确定滞纳天数，然后再分别计算应缴纳的关税、进口环节增值税和消费税的滞纳金。若其中滞纳金金额不足 50 元免予征收。

税款缴纳期限为 2011 年 4 月 21 日（星期四），4 月 22 日至 4 月 29 日（星期五）为滞纳期，共 8 天。

关税滞纳金金额＝滞纳关税税额×0.000 5×滞纳天数

＝352 793.52×0.000 5×8＝1 411.17（元）

增值税滞纳金金额＝滞纳增值税税额×0.000 5×滞纳天数

＝247 726.38×0.000 5×8＝990.91（元）

消费税滞纳金金额＝滞纳消费税税额×0.000 5×滞纳天数

＝72 860.70×0.0005×8＝291.44（元）

同步技能训练 7.2

企业从国外进口高级小轿车，除了要缴纳进口关税外，还需要缴纳什么税费？这些税费应该向税务机关还是直接向海关缴纳？一个船运公司租用外国籍船舶从事国际航运，是否需要缴纳船舶吨税？

分析：

实践指南

滞纳金计算注意事项：①报关人员应熟悉滞纳金管理规定，特别是针对缴纳期限等顺延规定。②只对发生滞纳部分计算滞纳金，且各种滞纳金应分别进行计算，不得合并。

（四）担保金

根据《中华人民共和国海关事务担保条例》的规定，进出口通关环节，进出口单位为申请提前放行货物及申请办理特定海关业务时可办理担保手续。

《中华人民共和国海关事务担保条例》

下列情形海关将收取担保资金：海关尚未确定商品归类、完税价格、原产地、进口货物物品数量等征税要件的；正在海关办理减免税审批手续的；申请延期缴纳税款的；暂时进出境的；进境修理和出境加工的；因残损、品质不良或者规格不符，纳税义务人申报进口或者出口无代价抵偿货物时，原进口货物尚未退运出境或者尚未放弃交由海关处理的，或者原出口货物尚未退运进境的。

上述海关事务担保可采取交付担保金或保证函的形式，其担保金额不得超过可能承担的最高税款总额。税款担保不超过 6 个月，特殊情况下经直属海关关长批准或授权的隶属海关关长批准可酌情延长。

担保金的计算程序如图 7.20 所示。

按照归类原则确定税则归类，将应税货物归入适当的税号

⇩

根据原产地规则和税率适用规定，确定应税货物所适用的关税税率和进口环节代征税税率

⇩

根据审定完税价格的有关规定，确定应税货物的 CIF 价格

⇩

根据汇率适用规定，将外币折算成人民币（完税价格）

⇩

按照计算公式计算关税税款、进口环节代征税税款

⇩

将各种应征税款合计得出担保金

图 7.20 担保金计算程序

阅读思考 7.2

根据下面文档的信息，进一步了解海关事务担保，同时请思考下列问题：

1．同业联合担保模式对于中小微企业有什么作用?

2．跨境电商平台、展会平台等有实力的第三方企业怎么样才能吸引更多的中小微企业入驻平台共图发展、利益共享?

同业联合担保模式改革于福州启动试点 系全国首创

据2017年4月8日《福建日报》报道（记者 郑璜 通讯员 林宜）4月7日，全国首创的同业联合担保模式改革在福建自贸试验区福州片区启动实施。当天，福州海关、中国银行福建省分行联合举办同业联合担保推介会。会上，福建海淘乐网络技术有限公司等3家首批担保试点企业向福州海关隶属马尾海关递交《同业联合担保企业专项评估表》和总金额150万元的中国银行同业联合担保保函。

据福州海关介绍，同业联合担保是福州海关和中国银行福建省分行在全国首创的一项海关税款担保改革措施，该模式突破现行进口企业只能自行申请海关税款担保的模式，允许同一行业或同一产业的企业中，由大公司向银行申请海关税款保函，供中小微企业办理通关事务。

根据海关规定，进出口企业在办理通关业务时一般要提供税收担保，相对于现金保证金，银行保函的费率一般较低，实际占用资金较少，但门槛较高。与此同时，一些第三方公司，如跨境电商平台、贸易市场平台，在银行普遍有较高的授信额度，申请保函比较简便。而且，它们对入驻平台的企业可有效管控，出于吸引客户、扩大市场占有份额的目的，愿意为相关企业提供担保。

同业联合担保模式改革启动后，一方面减轻了中小微企业的担保资金压力，让中小微企业可以把有限的资金用在扩大经营上去，另一方面也有利于推动平台企业吸纳更多客户，推动新业态快速成长。

本章小结

关税是海关代表国家，按照国家制定的关税税率和公布实施的税法及进出口税则，对准许进出关境的货物、物品向纳税人征收的一种流转税。进出口税费是指在进出口环节中由海关依法征收的关税、消费税、增值税、船舶吨税以及其他手续费。

为限制、调控某些商品的过度、无序出口，特别是防止本国一些重要资源和原材料的无序出口，海关对出境货物、物品征收出口关税。

作为一种重要的、各国公认的经济保护手段，对于进口货物和物品除按《进出口税则》中的进口税率征收进口关税和进口环节税外，有时也可能会由于特定需要对进口货物再征收包括反倾销税、反补贴税、保障措施关税、报复性关税等特别关税。

作为关税政策的一种灵活体现，国家对某些纳税义务人、某些课税对象实施税收优惠。关税减免是海关关税管理制度中一项必不可少的内容。进出口税费减免包括法定减免、特定减免和临时减免三种。

基础与能力训练

一、单选题

1．我国关税的征税主体是（　　）。

A．国家及代表国家的海关　　B．国家税务局

C．进出口货物的收发货人　　D．财政部

2．我国关税的客体即征税对象是（　　）。

A．进出口货物的货主　　B．办理通关手续的海关

C．准许进出境的货物和物品　　D．各类进出境人员、运输工具、货物和物品

3．滞纳金的征收标准是（　　）。

A．0.1%　　B．0.05%　　C．1%　　D．0.5%

4．某进出口贸易公司从美国进口一台电梯，发票列明如下：成交价格为 100 000 美元，电梯进口后的安装、调试费为 6 000 美元。经海关审查上述成交价格属实，且安装、调试费已包括在成交价格中，则海关审定该台电梯的完税价格为（　　）。

A．100 000 美元　　B．106 000 美元　　C．94 000 美元　　D．96 000 美元

5．某公司从英国进口一套机械设备，发票列明如下：发票价格为 CIF 上海 200 000 美元，设备进口后的安装及调试费为 8 000 美元，设备进口后从上海运至武汉的运费为 1 000 美元，进口关税为 1 000 美元，上述安装调试费、上海运至武汉的运费、进口关税已包括在价款中，则经海关审定的该设备的成交价格为（　　）。

A．200 000 美元　　B．208 000 美元　　C．191 000 美元　　D．190 000 美元

6．出口货物的完税价格由海关以该货物的成交价格为基础审查确定，如果成交价格包含出口关税，则出口货物的完税价格为（　　）。

A．FOB　　B．CIF　　C．FOB–出口税　　D．CIF–出口税

7．进口产品低于正常价格出口到我国且对我国相关企业造成实质性损害的，我国海关将对其征收进口附加税，其名称为（　　）。

A．反倾销税　　B．反补贴税　　C．保障措施关税　　D．报复性关税

8．根据《中华人民共和国关税条例》的规定，货物进口或出口时，一般情况下，海关按照（　　）实施的税则税率计征关税。

A．办理海关手续之日　　B．装载货物的运输工具进境之日

C．海关接受货物申报进口或者出口之日　　D．向海关指定银行缴纳税款之日

9．关税税额在人民币（　　）以下的一票进出口货物，免征关税。

A．50 元　　B．500 元　　C．200 元　　D．100 元

10．海关补征进出口货物关税和进口环节代征税时，应向纳税人填发（　　）。

A．收入退还书　　B．海关专用缴款书

C．海关行政事业收费专用票据　　D．征免税证明

二、多选题

1．我国关税的纳税义务人是（　　）。

A．出口货物的发货人　　B．运输工具负责人

C．进口货物的收货人　　D．进出境物品的所有人

2．下列属于进口附加税的是（　　）。

A．反倾销税　　B．反补贴税　　C．保障措施关税　　D．报复性关税

3．我国进口关税计征方法包括（　　）。

A．从价税　　B．从量税　　C．复合税　　D．滑准税

4．以下选项中属于进口环节增值税组成计税价格的是（　　）。

A．进口关税完税价格　　B．进口关税税额

C．进口环节增值税税额　　D．进口环节消费税税额

E．货物运抵我国关境内输入地点起卸前的包装费、运费和其他劳务费、保险费

5．下列属于正税的是（　　）。

A．进出口关税　　B．反补贴税　　C．保障措施关税　　D．船舶吨税

6．下面是有关运用《中华人民共和国海关进出口税则》规定征收关税的表述，其中表述正确的是（　　）。

A．执行国家有关税率减征政策时，在暂定最惠国税率基础上再进行减免

B．对于原产于中国境内的进口货物，适用最惠国税率
C．对于原产地不明的进口货物，按照普通税率计征
D．对于同时适用多种税率的进口货物，在选择适用的税率时，基本的原则是“从高计征”

7．关于进出口货物税费的计算，下列表述正确的是（　　）。
A．海关按照该货物适用税率之日所适用的计征汇率折合为人民币计算完税价格
B．关税税额采用四舍五入法计算至人民币“分”
C．完税价格采用四舍五入法计算至人民币“分”
D．滞纳金的起征点为人民币 50 元

8．在海关审定进出口货物的完税价格时，纳税义务人的义务是（　　）。
A．如实提供单证和资料的义务
B．如实申报及举证的义务
C．对特殊关系未对成交价格产生影响，负有举证的责任
D．具有放弃被估价货物的义务

9．（　　）等关税属于关税的正税。
A．进口税　　B．反倾销税　　C．出口税　　D．特别关税

10．下列属于船舶应征船舶吨税的是（　　）。
A．在我国港口间行驶的外国籍船舶　　B．我国租用的外国籍国际航行船舶
C．外商租用的中国籍船舶　　D．我国内地租用的我国香港地区国际航行船舶

三、判断题

1．关税纳税义务人或其代理人应当自海关填发税款缴款书之日起 15 个工作日内向指定银行缴纳税款。（　　）

2．进口货物关税滞纳金的日征收金额为滞纳税款的 0.1%。（　　）

3．进口环节增值税的计税基础是进出口货物的完税价格，进口关税额和进口环节应缴纳消费税之和。因此，增值税属于价内税。（　　）

4．对于中国香港、澳门特别行政区海关已征收船舶吨税的船舶，进入中国内地港口时，无须再征收船舶吨税。（　　）

5．海关对进口税费金额不足 50 元的按 50 元征收。（　　）

6.海关发现多征税款的,应立即通知纳税义务人办理退还手续,并同时退还同期活期存款利息。（　　）

7．某进出口公司已申报的货物，在海关查验放行后，部分货物因故未能装上出境运输工具。如果货物不再出口，当事人可向海关申请对该部分货物作退关处理，海关核准后可退还该部分货物的已征出口关税。（　　）

8．海关对于法定减免税货物和特定减免税货物都不再进行后续的管理。（　　）

9．某单位进口一批货物海关征税放行后，货主发现部分货物不符合合同规定的标准，退运索赔后不再进口，要求海关退还退运货物已纳税款。海关按照《关税条例》的有关规定，退运出口时不征出口税，但是已征进口税不退。（　　）

10．在海关放行前遭受损失的货物可根据海关认定的受损程度减征关税。（　　）

四、名词解释

1．关税　　2．从量税　　3．从价税　　4．复合税
5．滑准税　　6．进口附加税　　7．正税　　8．关税法定减免

五、简答题

1．进口货物如何审定完税价格？
2．进/出口关税的课税标准是什么？
3．关税减免有哪几类？
4．简述关税退补的条件。
5．制定税率的原则是什么？

6．关税税率是如何分类的？

7．简述出口关税税额的计算步骤。

8．进口环节税有哪几类？如何计算？

六、计算题

1．国内某公司向香港购进皇冠牌轿车 10 辆，成交价格合计为 FOB 香港 120 000 美元，实际支付运费 5 000 美元，保险费 800 美元。汽车的规格为 4 座位，汽缸容量 2 000cc，已知：1 美元＝6.3 元人民币。计算应征进口关税。

2．国内某公司从香港购进彩色胶卷 500 000 卷（宽度：35mm，长度不超过 2m），成交价格合计为 CIF 境内某口岸 10 港元/卷。已知：1 港元＝0.8 元人民币。计算应征进口关税。

3．从日本购进广播电视摄像机 400 台，其中有 200 台成交价格为 CIF 境内某口岸 4 000 美元/台，其余 200 台成交价格为 CIF 境内某口岸 5 200 美元/台。已知：1 美元＝6.3 元人民币。计算应征进口关税。

4．某公司进口货物一批，经海关审核其成交价格为 1 200 美元。已知：1 美元＝6.3 元人民币。已知该批货物的关税税率为 12%，消费税税率为 10%，增值税税率为 17%。计算应征增值税税额。

5．某公司出口铁合金 135 公吨，每公吨售价为 CFR 神户 87 美元，支付运费为 30 000 元人民币。已知该铁合金的出口关税税率为 5%，1 美元＝6.3 元人民币。计算应征出口关税。

6．某公司进口货物应缴纳关税 20 000 元，增值税 30 000 元。海关于 2011 年 5 月 20 日开出税款缴纳通知单，该公司于 2011 年 6 月 19 日缴纳。计算该公司应缴纳的滞纳金。

七、实训项目

某进出口公司从香港进口一批原产于马来西亚的不锈钢餐刀和其他不锈钢制品（属于法检商品，列入《自动进口许可管理目录》），运载该批货物的运输工具 2016 年 5 月 26 日从深圳口岸申报进境，收货人于 2016 年 6 月 1 日向深圳海关传送报关单电子数据，海关当天受理。该公司发现，该批货物有多处申报差错，必须撤销原电子数据报关单，故向海关申报并经海关审核同意于 2016 年 6 月 2 日撤销原电子数据报关单，遂于 6 月 20 日重新向海关申报，海关当天受理申报并发出现场交单通知，收货人 6 月 21 日向海关提交了相应的纸质单证。

请为该公司回答以下问题。

1．该批货物进口申报应符合海关规定的是________________________。

2．如以上日期均不涉及法定节假日，该企业应该缴纳____天的滞纳金。

3．该批货物申报时，除进口货物报关单以外还应向海关提交______________、_______________和_______________随附单证。

4．该批货物在税则中的税率分别为普通税率为 40%，最惠国税率为 12%，中国-东盟协定税率为 8.5%，香港 CEPA 项下税率为 0，该商品进口时的适用的税率是______________。

5．报关的顺序是先电子申报，海关审结后，给企业发通知，企业在收到“现场交单”通知之日起_________日内提交纸质报关单。

6．该批货物属于法检商品，因此应提交入境货物通关单，该批货物列入《自动进口许可管理目录》，因此要提交__________________ 。

补充习题及实训

扫描二维码做更多练习，巩固本章所学知识与技能。

第八章

报关单及其填报

【学习目标】

本章内容旨在让学习者了解报关单的分类，熟悉进出口报关单填制的基本要求；熟悉报关单各联的用途；掌握报关单填报自动化系统数据代码。

完成本章学习后，学习者应获得以下成果：

1．具有识读进出口货物报关单的能力；

2．具有识别报关单填报自动化系统数据代码的技能；

3．具有正确运用所学报关单填制规范知识及获取的相关信息完成进出口货物报关单填制的能力。

【知识结构】

进出口报关单及其填报要求：
- 报关单的分类
- 报关单填报的要求
- 报关单填报的流程

报关单各项目填制：
- 报关单填报的法律责任
- 报关单各项目的填报规范

【引　　例】

四川省首例篡改海关报关单造假案

据四川在线眉山频道讯（李江 记者 袁洋） 2016年4月27日，四川在线眉山频道记者从眉山市丹棱县工商质监局获悉，县工商质监局查获了一起全省首例涉嫌通过篡改海关报关单内容来伪造产地、冒用他人厂名的两款“假进口”肥料产品，总价值15万余元。

四川在线原文：http://sichuan.scol.com.cn/msxw/201604/54502791.html

通过案例思考：

1．篡改伪造报关单的“假进口”对社会造成的影响是什么？

2．海关对报关单填报的基本要求是什么？

3．报关单各项目的内容是什么？报关员在具体填报报关单时要掌握哪些技能？

进出境货物的收发货人或其代理人向海关申报进出口货物时必须填写并向海关递交进出口货物报关单。报关单是进出境货物的收发货人或其代理人**向海关报告**其进出口货物情况的证明，是海关审查、放行货物的必要法律文书，是对进出口货物进行**全面监控处理**的主要依据，是**海关统计**的原始资料。

报关单填制是报关员的基本专业技能之一，它在报关工作中的重要性不言而喻。报关员在填报报关单时，必须做到真实、准确、齐全、清楚，并对所填报的进出口货物报关单的真实性和准确性承担法律责任。

第一节 报关单及其填报要求

一、报关单的分类

根据不同的标准可将报关单进行以下分类。

1. 按进出口流向分类

按进出口流向，可将报关单分为进口货物报关单（如示例 8.1 所示）和出口货物报关单（如示例 8.2 所示）。在实际操作中，多数企业都采用通过计算机系统先提交电子数据报关单，再打印纸质报关单提交海关的形式申报。

示例 8.1

中华人民共和国海关进口货物报关单

预录入编号： 海关编号：

<table>
<tr><td colspan="2">收发货人</td><td colspan="2">进口口岸</td><td colspan="2">进口日期</td><td>申报日期</td></tr>
<tr><td colspan="2">消费使用单位</td><td>运输方式</td><td colspan="2">运输工具名称</td><td colspan="2">提运单号</td></tr>
<tr><td colspan="2">申报单位</td><td colspan="2">监管方式</td><td>征免性质</td><td colspan="2">备案号</td></tr>
<tr><td>贸易国（地区）</td><td colspan="2">启运国（地区）</td><td colspan="2">装货港</td><td colspan="2">境内目的地</td></tr>
<tr><td>许可证号</td><td>成交方式</td><td colspan="2">运费</td><td>保费</td><td colspan="2">杂费</td></tr>
<tr><td>合同协议号</td><td>件数</td><td colspan="2">包装种类</td><td>毛重（千克）</td><td colspan="2">净重（千克）</td></tr>
<tr><td>集装箱号</td><td colspan="6">随附单据</td></tr>
<tr><td colspan="7">标记唛码及备注</td></tr>
<tr><td colspan="7">项号　商品编号　商品名称、规格型号　数量及单位　原产国（地区）　单价　总价　币制　征免</td></tr>
<tr><td colspan="7"></td></tr>
<tr><td colspan="7"></td></tr>
<tr><td colspan="7"></td></tr>
<tr><td colspan="7"></td></tr>
<tr><td colspan="7"></td></tr>
<tr><td colspan="7"></td></tr>
<tr><td colspan="7"></td></tr>
<tr><td colspan="7">特殊关系确认：　价格影响确认：　与货物有关的特许权使用费支付确认：</td></tr>
<tr><td colspan="2">录入员　录入单位</td><td colspan="3">兹声明对以上内容承担如实申报、依法纳税之法律责任</td><td colspan="2" rowspan="2">海关批注及签章</td></tr>
<tr><td colspan="5">报关人员　申报单位（签章）</td></tr>
</table>

示例 8.2

中华人民共和国海关出口货物报关单

预录入编号：　　　　海关编号：

收发货人	出口口岸	出口日期	申报日期	
生产销售单位	运输方式	运输工具名称	提运单号	
申报单位	监管方式	征免性质	备案号	
贸易国（地区）	运抵国（地区）	指运港	境内货源地	
许可证号	成交方式	运费	保费	杂费
合同协议号	件数	包装种类	毛重（千克）	净重（千克）
集装箱号	随附单据			
标记唛码及备注				

项号	商品编号	商品名称、规格型号	数量及单位	最终目的国（地区）	单价	总价	币制	征免

特殊关系确认：	价格影响确认：	与货物有关的特许权使用费支付确认：
录入员　录入单位	兹声明对以上内容承担如实申报、依法纳税之法律责任	海关批注及签章
报关人员	申报单位（签章）	

2. 按表现形式分类

按表现形式，可将报关单分为纸质报关单和电子报关单。

（1）纸质报关单。纸质进口货物报关单一式五联：海关作业联、海关留存联、企业留存联、海关核销联和证明联（进口付汇用）；纸质出口货物报关单一式六联：海关作业联、海关留存联、企业留存联、海关核销联、证明联（出口收汇用）、证明联（出口退税用）。

（2）电子（EDI）报关单。电子（EDI）进口报关单展示界面如图 8.1 所示，电子（EDI）

出口报关单展示界面如图 8.2 所示。

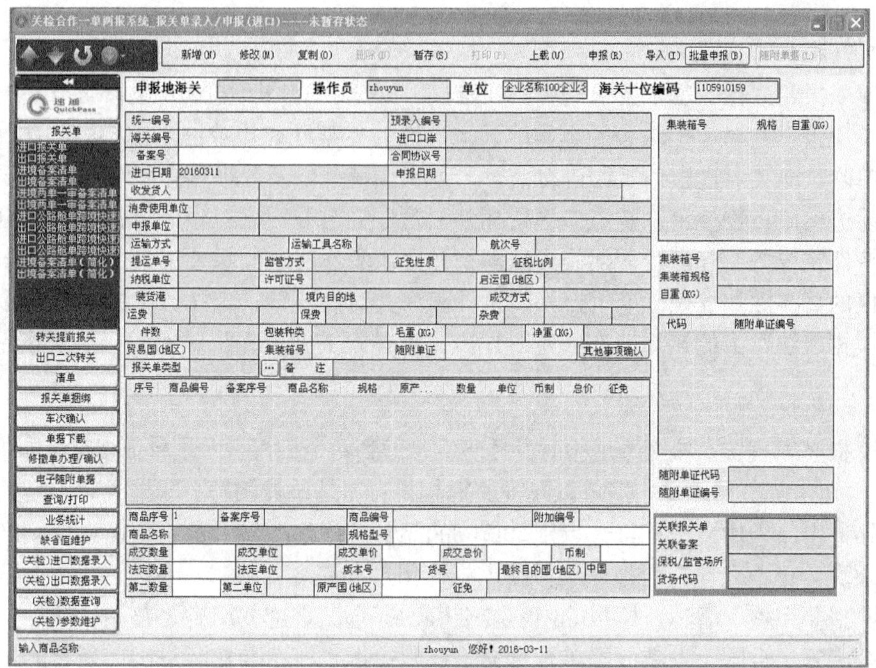

图 8.1　电子进口货物报关展示界面

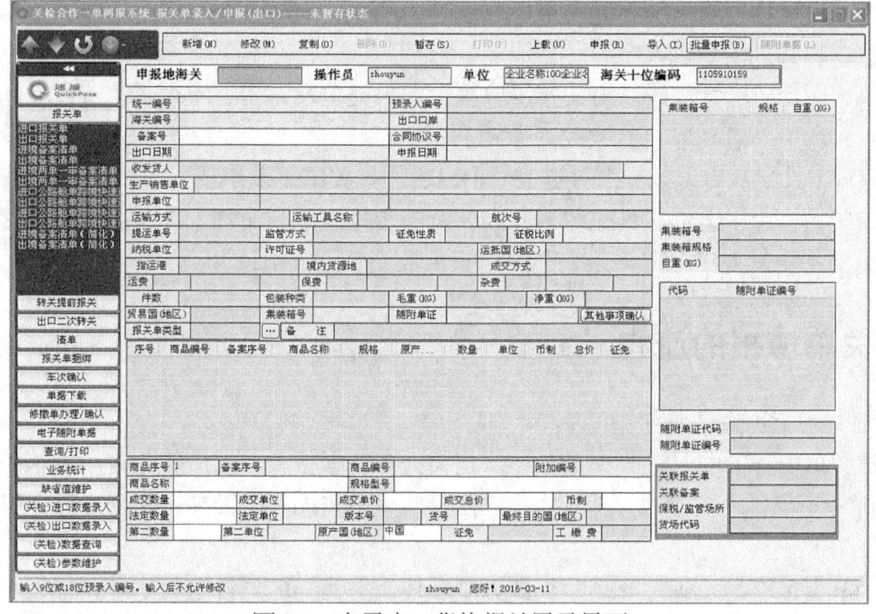

图 8.2　电子出口货物报关展示界面

3. 按使用性质分类

按使用性质，可将报关单分为进料加工进(出)口货物报关单、来料加工及补偿贸易进(出)口货物报关单和一般贸易及其他贸易进(出)口货物报关单。

二、报关单填报的要求

1. 基本要求

报关单填报要遵循的**基本要求**是真实、准确、齐全、清楚。申报人在填写报关单时，应当依法向海关申报，并对申报内容的真实性、准确性、完整性和规范性承担相应的法律责任。

报关单既是海关对进出口货物进行监管、征税、统计以及开展稽查和调查的重要依据，又是加工贸易进出口货物核销以及出口退税和外汇管理的重要凭证，也是海关处理进出口货物走私、违规案件及税务、外汇管理部门查处骗税和套汇犯罪活动的重要书证。因此，申报人对报关单所**填报的**真实性和准确性要承担法律责任。海关对有违章、走私行为的申报人除依法处理外，还将根据违法行为的轻重，在一定时期内停止其报关业务，吊销有关报关资格。

2. 具体要求

（1）填报必须真实。报关单填报时必须真实，做到两个相符：一是**单证相符**，即报关单中所列各项与合同、发票、装箱单、提单以及批文等相符；二是**单货相符**，即报关单中所列各项所报内容与实际进出口货物情况相符，特别是货物的品名、规格型号、数（重）量、原产国、价格等内容必须真实，不允许有伪报、瞒报或虚报等情形存在。

（2）填报要完整、清楚。填报的内容要准确、齐全，字迹要清楚、整洁、端正；所填报关单栏目内容必须与合同、发票、提单及批文等随附单据相符；与实际进出口货物的情况相符。

（3）填报有错须向海关提出更正。向海关申报的进出口货物报关单，事后由于各种原因而出现实际进出口货物与原来填报的内容不一致时，须立即向海关办理更正手续，填写报关单更正单，更改内容必须清楚。

（4）填报后不可随意修改。海关接受申报后，报关单及其内容不得修改或者撤销；确有正当理由的，经海关同意，方可修改或者撤销。

（5）运输工具配载有误须向海关递交“出口货物报关单更改申请”。对于海关接受申报并放行后的出口货物，由于运输工具配载等原因，全部货物或部分货物未能装载上原申报的运输工具的出口货物，发货人应向海关递交“出口货物报关单更改申请”。

三、报关单填报的流程

1. 报关单填报前的准备

（1）报关单填报前的单证收集及初核。报关人在填报报关单前应收集齐所有报关单证，并对报关单证的正确性、齐全性、有效性进行审核，保证申报信息的一致性，符合现场申报的要求。

（2）了解申报商品、确定商品归类及管制证件。对商品的属性进行了解，保证申报要素的齐全，归类的正确，并确定进出口货物的贸易管制状况，如需要办理相关证件，应及早代为办理或协助进出口单位办理。

（3）询问进出口单位有无特殊要求，为下一步提供个性化服务做好准备。只有了解清楚需求，才能做好服务。

2. 查找报关单各栏目的填写信息

按照报关单上栏目的设置，分类查找报关单各栏目的填写信息。主要有：查找与货物成交情况相关的信息；查找与运输和包装情况相关的信息；查找与海关管理相关的信息。通过报关单各栏目信息的查找，确认对应的信息是否齐全，为正式进行报关单填报奠定基础。

3. 根据查找信息核实申报内容

在查找报关单各栏目信息后，根据报关单与随附单证的对应关系，确认主要报关内容的一致性及合理性。通过对报关随附单证的审核，准确填报报关单各栏目；核实确认贸易管制状况，确认需交验的许可证件；通过审核发票所表述的有关销售方式，支付条件、折扣、单价、总价、计量单位、包装费用、国际运输费用、保险费用、其他费用，以及买卖方、托运人或其代理人有关成交价格的声明来确定进出口货物完税价格等。

4. 填制报关单草单

在核查确认发票、装箱单、提运单中与报关单栏目相对应的信息之后，按照《报关单填制规范》的要求，在纸质报关单草单上逐个栏目填写申报内容。

第二节　报关单各项目填制

一、报关单填报的法律责任

《中华人民共和国海关行政处罚实施条例》第十五条规定：“进出口货物的品名、税则号列、数量、规格、价格、贸易方式、原产地、启运地、运抵地、最终目的地或者其他应当申报的项目未申报或者申报不实的，分别依照下列规定予以处罚，有违法所得的，没收违法所得。”

（1）影响海关统计准确性的，予以警告或者处 1 千元以上 1 万以下罚款。

（2）影响海关监管秩序的，予以警告或者处 1 千元以上 3 万元以下罚款。

（3）影响国家许可证件管理的，处货物价值 5%以上 30%以下罚款。

（4）影响国家税款征收的，处漏缴税款 30%以上 2 倍以下罚款。

（5）影响国家外汇、出口退税管理的，处申报价格 10%以上 50%以下罚款。

《中华人民共和国海关行政处罚实施条例》

同步技能训练 8.1

某公司进口一批货物向海关申报进境时，应持什么相关单据向海关申报？报关员应准备哪些单证？其中主要单证是什么？填制时要注意哪些要求？是否要承担法律责任？

分析：

二、报关单各项目的填报规范

报关单填写不正确，一是影响报关速度，二是影响企业的配额和税率的计征，三是影响企业的出口退税和收结汇核销。因此，保证按海关的规定和要求正确填写报关单是海关对企业和报关员的基本要求，也是报关员的基本义务。

报关单各项目主要是根据海关监管、征税及统计等工作需要而设置的，由预录入编号、海关编号、收发货人、进口口岸/出口口岸、进口日期/出口日期、申报日期、消费使用单位/生产销售单位、运输方式、运输工具名称、航次号、提运单号、申报单位、监管方式、征免性质、备案号、贸易国（地区）、启运国（地区）/运抵国（地区）、装货港/指运港、境内目的地/境内货源地、许可证号、成交方式、运费、保费、杂费、合同协议号、件数、包装种类、毛重、净重、集装箱号、随附单据、标记唛码及备注、项号、商品编号、商品名称及规格型号、数量及单位、原产国（地区）、最终目的国（地区）、单价、总价、币制、征免、特殊关系确认、价格影响确认、与货物有关的特许权使用费支付确认、版本号、货号、录入员、录入单位、海关批注及签章栏 50 个数据项组成。

在 50 个栏目中，前 31 个栏目为表头，用于描述进出口货物及合同总的情况，后 19 个栏目为表体，用于描述每项商品的情况。

报关单各项目填报规范及要求如下。

1. 预录入编号

预录入编号是指预录入单位预录入报关单的编号，用于申报单位与海关之间引用其申报后尚未接受申报的报关单。预录入编号由接受申报的海关决定编号规则，由计算机自动打印。

2. 海关编号

海关编号是指海关接受申报时给予报关单的编号，应标示在报关单的每一联上。

报关单海关编号为 18 位数字，其中第 1～4 位为接受申报海关的编号（“关区代码表”中相应海关代码），第 5～8 位为海关接受申报的公历年份，第 9 位为进出口标志（1 为进口，0 为出口），后 9 位为顺序编号。如：

5302	2011	1	029886456
罗湖海关	年份	进口	报关单顺序编号

3. 收发货人

收发货人是指对外签订并执行进出口贸易的公司或个体工商户。

本栏目填报在海关注册的对外签订并执行进出口贸易合同的中国境内法人、其他组织或个人的名称及编码。编码可选填 18 位法人和其他组织统一社会信用代码或 10 位海关注册编码任一项。

收发货人代码为 10 位数字，指进出口企业向企业所在地主管海关办理注册登记手续时，由海关给企业设置的注册登记编码，由进出口企业属地的行政区域代码、经济区域代码、企业经济类型（性质）代码、顺序代码组成，如表 8.1 所示。

第 1～4 位数为进出口企业属地的行政区划代码。其中：第 1、2 位数表示省、自治区、直辖市；第 3、4 位数表示省辖市（地区、省直辖行政单位），包括省会城市和沿海开放城市（如果第 3、4 位用 90，表示未列名的省直辖行政单位）；第 5 位数为经济区划代码如表 8.2 所示；

第 6 位数为进出口企业经济类型代码，如表 8.3 所示；第 7～10 位数为顺序编号。

表 8.1 省、自治区、直辖市代码表（第 1、2 位）

代码	11	12	13	14	15	21	22	23	31	32	33	34	35
地区	北京	天津	河北	山西	内蒙古	辽宁	吉林	黑龙江	上海	江苏	浙江	安徽	福建
代码	36	37	41	42	43	44	45	46	50	51	52	53	54
地区	江西	山东	河南	湖北	湖南	广东	广西	海南	重庆	四川	贵州	云南	西藏
代码	61	62	63	64	65	71	81		82				
地区	陕西	甘肃	青海	宁夏	新疆	台湾	香港特别行政区		澳门特别行政区				

表 8.2 收发货人经济区划代码表（第 5 位）

代码	经济区划
0	深圳特区
1	经济特区
2	经济技术开发区和上海浦东新区、海南洋浦经济开发区
3	高新技术产业开发区
4	保税区
5	出口加工区
6	保税港区（已被整合到综合保税区或保税港区的出口加工区、保税物流园区、保税区或保税物流中心）
7	保税物流园区
8	其他

表 8.3 收发货人企业经济类型代码表（第 6 位）

代码	经营单位经济类型
1	有进出口经营权的国有企业
2	中外合作企业
3	中外合资企业
4	外商独资企业
5	有进出口经营权的集体企业
6	有进出口经营权的私营企业
7	有进出口经营权的个体工商户
8	有报关权而没有进出口经营权的企业
9	其他（外国驻华企事业机构、外国驻华使领馆和临时有进出口经营权的企业、单位和个人）

小知识

特殊情况下收发货人填报要求

1. 进出口货物合同的签订者和执行者非同一企业的，填报执行合同的企业。

2. 外商投资企业委托进出口企业进口投资设备、物品的，填报外商投资企业，并在标记唛码及备注栏注明“委托某进出口企业进口”，同时注明被委托企业的 18 位法人和其他组织统一社会信用代码。

3. 有代理报关资格的报关企业代理其他进出口企业办理进出口报关手续时，填报委托的进出口企业。

4. 使用海关核发的《中华人民共和国海关加工贸易手册》、电子账册及其分册（以下统称《加工贸易手册》）管理的货物，收发货人应与《加工贸易手册》的“经营企业”一致。

4. 进口口岸/出口口岸

进口口岸/出口口岸是指货物实际进出我国关境口岸的海关名称。

本栏目应根据货物实际进出关境的口岸海关名称，填报“关区代码表”中相应的口岸海关名称及代码。

填报时应注意以下事项：

（1）填写的是口岸海关的名称而不是口岸的名称，一定要加“海关”二字。例如，一批“电视机”2017 年 3 月 16 日抵达九洲港，报关员向海关填报该批“电视机”的进口口岸应该是“九洲海关”，而不是“九洲港”。

（2）关区代码由四位数字组成，前两位采用海关统计的直属海关关别代码，后两位为隶属海关代码。直属海关和隶属海关的代码特征是：直属海关关别代码后两位为00，隶属海关代码后两位不是00。

（3）代码表中只有直属海关关别和代码的，填报直属海关名称和代码，如在西宁海关办理货物进出口报关手续，填报“西宁海关”（9700）；在有隶属海关关别和代码时，必须填报隶属海关名称和代码，如在珠海九洲海关办理货物进出口报关手续，不得填报“拱北海关”（5700），必须填报“九洲海关”（5750）。

（4）进口货物应填货物进境的第一个口岸海关名称，出口货物应填货物出境的最后一个口岸海关名称。

（5）无法确定进出口口岸以及无实际进出口的报关单，如保税结转和后续补税报关单，填报接受申报的海关名称或代码。如广州某进口公司从我国香港地区用汽车运载一批货物到深圳皇岗海关，后再转关运往广州内港海关，并在内港海关办理报关手续，报关员在报关单的进口口岸栏目应填报“深圳皇岗海关”，而非申报地“广州内港海关”。

小知识

特殊情况下进口口岸/出口口岸填报要求

1．进口转关运输货物应填报货物进境地海关名称及代码，出口转关运输货物应填报货物出境地海关名称及代码。按转关运输方式监管的跨关区深加工结转货物，出口报关单填报转出地海关名称及代码，进口报关单填报转入地海关名称及代码。

2．在不同海关特殊监管区域或保税监管场所之间调拨、转让的货物，填报对方特殊监管区域或保税监管场所所在的海关名称及代码。

3．其他无实际进出境的货物，填报接受申报的海关名称及代码。

5. 进口日期/出口日期

进口日期是指运载所申报货物的运输工具申报进境的日期。

出口日期是指运载所申报货物的运输工具办结出境手续的日期，本栏目在申报时免予填报。

小知识

进口日期/出口日期填报注意事项

1．进口日期填报栏目填报的日期必须与相应的运输工具一致。进口申报时无法确知相应的运输工具的实际进境日期时，本栏目免予填报。日期均为8位数字，顺序为年（4位）、月（2位）、日（2位）。

2．出口日期栏目供海关打印报关单证明联用，在申报时免予填报。无实际进出境的报关单填报办理申报手续的日期，以海关接受申报的日期为准。

3．进出口货物实际进出我国关境时以实际进出境的日期为进出口日期。

4．船舶的进境日期以船舶申报进境日期为准，并由船舶代理公司记录在提货单上；航空器、车辆、驮畜的进境日期均由承运人记录在提（运）单上。在预报时进口日期可后于申报日期，但不得提前。

6. 申报日期

申报日期是指海关接受进出口货物的收发货人或受其委托的报关企业申报的日期。

申报日期填报注意事项

以电子数据报关单方式申报的，申报日期为海关计算机系统接受申报数据时记录的日期；以纸质报关单方式申报的，申报日期为海关接受纸质报关单并对报关单进行登记处理的日期。日期均为8位数字，顺序为年（4位）、月（2位）、日（2位）。

例：2017年4月18日进口，次日填报报关单并向海关申报时，进口日期填报应为2017.04.18，申报日期填报为2017.04.19。

申报日期是海关接受申报的日期，如果由于报关单填制不规范，海关不接受申报，那么该申报日期就视海关何时接受申报而定。除特殊情况外，进口货物申报日期不得早于进口日期，出口货物申报日期不得晚于出口日期。

7. 消费使用单位/生产销售单位

消费使用单位是指已知的进口货物在境内的最终消费、使用单位，包括自行从境外进口货物的单位及委托进出口企业进口货物的单位。

生产销售单位是指出口货物在境内的生产或销售单位，包括自行出口货物的单位及委托进出口企业出口货物的单位。

消费使用单位/生产销售单位填报注意事项

本栏目可选填18位法人和其他组织统一社会信用代码或10位海关注册编码或9位组织机构代码任一项。没有代码的应填报NO。

有10位海关注册编码或18位法人和其他组织统一社会信用代码或加工企业编码的消费使用单位/生产销售单位，本栏目应填报其中文名称及编码；没有编码的应填报其中文名称。

使用《加工贸易手册》管理的货物，消费使用单位/生产销售单位应与《加工贸易手册》的“加工企业”一致；减免税货物报关单的消费使用单位/生产销售单位应与《中华人民共和国海关进出口货物征免税证明》（以下简称《征免税证明》）的“减免税申请人”一致；保税监管场所与境外之间的进出境货物，消费使用单位/生产销售单位应当填报保税监管场所的名称［保税物流中心（B型）填报中心内企业名称］。

【例 8.1】根据所给出的条件，在进出口报关单中填出相应的内容：①收发货人；②进口口岸/出口口岸；③进口日期/出口日期；④申报日期；⑤消费使用单位/生产销售单位。

（1）昆明ABC有限公司（5301241234）位于昆明经济技术开发区，按照备案手册B52085300153中的进口料件进口，货物于2017年1月31日运抵昆明机场，并于次日向海关申报进口。

答：①收发货人：昆明ABC有限公司　　②进口口岸：昆明机场海关

③进口日期：2017.01.31　　④申报日期：2017.02.01

⑤消费使用单位：5301241234

（2）上海环都公司（3101250789）于2016年12月18日与韩国某公司签订B30S型电动车的生产合同。该电动车于2017年2月28日向吴淞口岸申报出口。

答：①收发货人：上海环都公司　　②出口口岸：吴淞海关

③出口日期：免予填报　　④申报日期：2017.02.28

⑤生产销售单位：3101250789

8. 运输方式

进出口货物报关单所列的“运输方式”栏专指有实际运输方式和海关规定的特殊运输方式。货物实际进出境的运输方式，按进出境所使用的运输工具分类；特殊运输（货物无实际进出境）

的运输方式，按货物在境内的流向分类。

本栏目应根据货物实际进出境的运输方式或货物在境内流向的类别，按照海关规定的“运输方式代码表”选择填报相应的运输方式。

实际运输方式是指用于载运实际进出关境的货物，主要有水路运输、铁路运输、公路运输、航空运输、邮件运输及其他运输。实际运输方式的代码如表 8.4 所示。

表 8.4 实际运输方式代码表

运输方式	运输方式名称	运输方式名称说明
0	非保税区	非保税区运入保税区和保税区退区
1	监管仓库	境内存入出口监管仓库和出口监管仓库退仓
2	水路运输	水路运输
3	铁路运输	铁路运输
4	公路运输	公路运输
5	空运	航空运输
6	邮运	邮件运输
7	保税区	保税区运往非保税区
8	保税仓库	保税仓库转内销
9	其他运输	人扛、驮畜、输油管道、输水管道、输电网
W	物流中心	从境内保税物流中心外运入保税物流中心或从保税物流中心运往境内非保税物流中心
X	物流园区	从境内特殊监管区域之外运入园区内或从保税物流园区运往境外
Y	保税港区	保税港区（不包括直通港区）运往区外和区外运入保税港区
Z	出口加工	出口加工区运往区外和运入出口加工区（区外企业填）
H	边境特殊海关作业区	境内运入深港西部通道港方口岸区

特殊运输方式是指没有实际进出境，而只是在境内的海关监管下，在不同企业或不同的区域流转或改变报关的货物。主要有非保税区、监管仓库、保税区、保税仓库、出口加工、其他没有实际进出境的货物。

小知识

运输方式填报注意事项

1. 特殊情况填报

（1）非邮件方式进出境的快递货物，按实际运输方式填报。

（2）进出境旅客随身携带的货物，按旅客实际进出境方式所对应的运输方式填报。

（3）进口转关运输货物，按载运货物抵达进境地的运输工具填报；出口转关运输货物，按载运货物驶离出境地的运输工具填报。

（4）不复运出（入）境而留在境内（外）销售的进出境展览品、留赠转卖物品等，填报“其他运输”（代码 9）。

2. 无实际进出境货物在境内流转时填报

（1）境内非保税区运入保税区货物和保税区退区货物，填报“非保税区”（代码 0）。

（2）保税区运往境内非保税区货物，填报“保税区”（代码 7）。

（3）境内存入出口监管仓库和出口监管仓库退仓货物，填报“监管仓库”（代码 1）。

（4）保税仓库转内销货物，填报“保税仓库”（代码8）。

（5）从境内保税物流中心外运入中心或从中心运往境内中心外的货物，填报“物流中心”（代码W）。

（6）从境内保税物流园区外运入园区或从园区内运往境内园区外的货物，填报“物流园区”（代码X）。

（7）保税港区、综合保税区与境内（区外）（非特殊区域、保税监管场所）之间进出的货物，填报“保税港区/综合保税区”（代码Y）。

（8）出口加工区、珠澳跨境工业区（珠海园区）、中哈霍尔果斯边境合作区（中方配套区）与境内（区外）（非特殊区域、保税监管场所）之间进出的货物，填报“出口加工区”（代码Z）。

（9）境内运入深港西部通道港方口岸区的货物，填报“边境特殊海关作业区”（代码H）。

（10）经横琴新区和平潭综合实验区（以下简称综合试验区）二线指定申报通道运往境内区外或从境内经二线制定申报通道进入综合试验区的货物，以及综合试验区内按选择性征收关税申报的货物，填报“综合试验区”（代码T）。

（11）其他境内流转货物，填报“其他运输”（代码9），包括特殊监管区域内货物之间的流转、调拨货物，特殊监管区域、保税监管场所之间相互流转货物，特殊监管区域内企业申报的与境内进出的货物，特殊监管区域外的加工贸易余料结转、深加工结转、内销等货物。

9. 运输工具名称

运输工具名称是指载运货物进出境的运输工具的名称或运输工具编号。本栏目填报内容与运输部门向海关申报的载货清单所列相应内容一致。

运输工具名称填报注意事项

1．直接在进出境地或采用区域通关一体化通关模式办理报关手续的报关单填报要求如下。

（1）水路运输：填报船舶编号（来往港澳小型船舶为监管簿编号）或者船舶英文名称。

（2）公路运输：启用公路舱单前，填报该跨境运输车辆的国内行驶车牌号，深圳提前报关模式的报关单填报国内行驶车牌号+“/”+“提前报关”。启用公路舱单后，免予填报。

（3）铁路运输：填报车厢编号或交接单号。

（4）航空运输：填报航班号。

（5）邮件运输：填报邮政包裹单号。

（6）其他运输：填报具体运输方式名称，如管道、驮畜等。

2．转关进口运输货物的报关单填报要求如下。

（1）水路运输：直转、提前报关填报“@”+16位转关申报单预录入号（或13位载货清单号）；中转填报进境英文船名。

（2）铁路运输：直转、提前报关填报“@”+16位转关申报单预录入号；中转填报车厢编号。

（3）航空运输：直转、提前报关填报“@”+16位转关申报单预录入号（或13位载货清单号）；中转填报“@”。

（4）公路及其他运输：填报“@”+16位转关申报单预录入号（或13位载货清单号）。

（5）以上各种运输方式使用广东地区载货清单转关的提前报关货物填报“@”+13位载货清单号。

3．转关出口运输货物的报关单填报要求如下。

（1）水路运输：非中转填报“@”+16位转关申报单预录入号（或13位载货清单号）。如多张报关单需要通过一张转关单转关的，运输工具名称字段填报“@”。中转货物，境内水路运输填报驳船船名；境内铁路运输填报车名（主管海关4位关区代码+TRAIN）；境内公路运输填报车名（主管海关4位关区代码+TRUCK）。

（2）铁路运输：填报“@”+16位转关申报单预录入号（或13位载货清单号），如多张报关单需要通过一张转关单转关的，填报“@”。

（3）航空运输：填报“@”+16位转关申报单预录入号（或13位载货清单号），如多张报关单需要通过一张转关单转关的，填报“@”。

（4）其他运输方式：填报“@”+16位转关申报单预录入号（或13位载货清单号）。

4．采用“集中申报”通关方式办理报关手续的，报关单本栏目填报“集中申报”。

5．无实际进出境的报关单，本栏目免予填报。

10．航次号

航次号是指载运货物进出境的运输工具的航次编号。本栏目内容与运输工具名称合并填全称。

小知识

航次号填报注意事项

1．直接在进出境地或采用区域通关一体化通关模式办理报关手续的报关单，填报注意事项如下。

（1）水路运输：填报船舶的航次号。

（2）公路运输：启用公路舱单前，填报运输车辆的8位进出境日期［顺序为年（4位）、月（2位）、日（2位），下同］。启用公路舱单后，填报货物运输批次号。

（3）铁路运输：填报列车的进出境日期。

（4）航空运输：免予填报。

（5）邮件运输：填报运输工具的进出境日期。

（6）其他运输方式：免予填报。

2．转关进口运输货物的报关单，填报注意事项如下。

（1）水路运输：中转转关方式填报“@”+进境干线船舶航次。直转、提前报关免予填报。

（2）公路运输：免予填报。

（3）铁路运输：“@”+8位进境日期。

（4）航空运输：免予填报。

（5）其他运输方式：免予填报。

3．转关出口运输货物的报关单，填报注意事项如下。

（1）水路运输：非中转货物免予填报。中转货物：境内水路运输填报驳船航次号；境内铁路、公路运输填报6位启运日期［顺序为年（2位）、月（2位）、日（2位）］。

（2）铁路拼车拼箱捆绑出口：免予填报。

（3）航空运输：免予填报。

（4）其他运输方式：免予填报。

4．无实际进出境的报关单，本栏目免予填报。

11．提运单号

提运单号是指进出口货物提单或运单的编号。该编号必须与运输部门向海关提供的载货清单所列内容一致（包括数码、英文大小写、符号、空格等）。

本栏目填报的内容应与运输部门向海关申报的载货清单所列内容一致。一份报关单只允许填报一个提运单号，一票货物对应多个提运单时，应分单填报。

小知识

提运单号填报注意事项

1．直接在进出境地或采用区域通关一体化通关模式办理报关手续的，注意事项如下。

（1）水路运输：填报进出口提单号。如有分提单的，填报进出口提单号+“*”+分提单号。

（2）公路运输：启用公路舱单前，免予填报；启用公路舱单后，填报进出口总运单号。

（3）铁路运输：填报运单号。

（4）航空运输：填报总运单号+“_”+分运单号，无分运单的填报总运单号。

（5）邮件运输：填报邮运包裹单号。

2．转关进口运输货物的报关单，注意事项如下。

（1）水路运输：直转、中转填报提单号。提前报关免予填报。

（2）铁路运输：直转、中转填报铁路运单号。提前报关免予填报。

（3）航空运输：直转、中转货物填报总运单号+“_”+分运单号。提前报关免予填报。

（4）其他运输方式：免予填报。

（5）以上运输方式进境货物，在广东省内用公路运输转关的，填报车牌号。

3．转关出口运输货物的报关单，注意事项如下。

（1）水路运输：中转货物填报提单号；非中转货物免予填报；广东省内汽车运输提前报关的转关货物，填报承运车辆的车牌号。

（2）其他运输方式：免予填报。广东省内汽车运输提前报关的转关货物，填报承运车辆的车牌号。

4．采用“集中申报”通关方式办理报关手续的，报关单填报归并的集中申报清单的进出口起止日期［按年（4位）月（2位）日（2位）—年（4位）月（2位）日（2位）］。

5．无实际进出境的，本栏目免予填报。

【例 8.2】根据以下发票局部内容，指出进出口报关单中相应项目应填写的内容：①运输方式；②运输工具名称；③提运单号。

上海兰生股份有限公司
SHANGHAI LANSHENG CORPORATION
Inv. No.: S/C No.:
To: Golden Mountain Trading Ltd. Hong Kong
By: L/C at Sight
From: Shang Hai Via: Hong Kong To: Los Angeles
Vsl: Hanjin Dalian V.014E
B/L No: HJSHB142939

分析：①运输方式：江海运输 ②运输工具名称：Hanjin Dalian V.014E
③提运单号：HJSHB142939

12. 申报单位

申报单位是指对申报内容的真实性直接向海关负责的企业或单位。进出口货物收发货人应填报进出口货物的经营单位名称及编码；委托代理报关的应填报经海关批准的报关企业名称及编码。

小知识

申报单位填报注意事项

本栏目可选填18位法人和其他组织统一社会信用代码或10位海关注册编码任一项。
本栏目还包括报关单左下方用于填报申报单位有关情况的相关栏目，包括报关人员、申报单位签章。

13. 监管方式

监管方式是以国际贸易中进出口货物的交易方式为基础，结合海关对进出口货物的征税、统计及监管条件综合设定的海关对进出口货物的管理方式。其代码由4位数字构成，前两位是按照海关监管要求和计算机管理需要划分的分类代码，后两位是参照国际标准编制的贸易方式代码。

本栏目应根据实际对外贸易情况按海关规定的“监管方式代码表”选择填报相应的监管方式简称及代码。一份报关单只允许填报一种监管方式。常见监管方式代码如表 8.5 所示。

表 8.5 贸易方式（监管方式）代码

监管方式代码	监管方式名称	监管方式名称说明	监管方式代码	监管方式名称	监管方式名称说明
0110	一般贸易	不包括境内企业在境外投资以实物投资带出的设备、物资	0615	进料对口	进料加工（对口合同）
0130	易货贸易	易货贸易	0642	进料以产顶进	进料加工成品以产顶进
0200	料件放弃	主动放弃交由海关处理的来料或进料加工料件	0644	进料料件内销	进料加工料件转内销
0214	来料加工	来料加工装配贸易进口料件及加工出口货物	0654	进料深加工	进料深加工结转货物
0245	来料料件内销	来料加工料件转内销	0657	进料余料结转	进料加工余料结转
0255	来料深加工	来料深加工结转货物	0664	进料料件复出	进料加工复运出境的原进口料件
0258	来料余料结转	来料加工余料结转	0700	进料料件退换	进料加工料件退换
1523	租赁贸易	租期在一年以上的租赁贸易货物	0744	进料成品减免	进料加工成品凭“征免税证明”转减免税
0265	来料料件复出	来料加工复运出境的原进口料件	0815	低值辅料	低值辅料
0300	来料料件退换	来料加工料件退换	0844	进料边角料内销	进料加工项下边角料转内销
0314	加工专用油	国营贸易企业代理来料加工企业进口柴油	0845	来料边角料内销	来料加工项下边角料转内销
0320	不作价设备	加工贸易外商提供的不作价进口设备	0864	进料边角料复出	进料加工项下边角料复出口
0345	来料成品减免	来料加工成品凭征免税证明转减免税	0865	来料边角料复出	来料加工项下边角料复出口
0400	成品放弃	主动放弃交由海关处理的来料或进料加工成品	1139	国轮油物料	中国籍运输工具境内添加的保税油料、物料
0420	加工贸易设备	加工贸易项下外商提供的进口设备	1200	保税间货物	海关保税场所及保税区之间往来的货物
0444	保税区进料成品	按成品征税的保税区进料加工成品转内销货物	1233	保税仓库货物	保税仓库进出境货物
0445	保税区来料成品	按成品征税的保税区来料加工成品转内销货物	1234	保税区仓储转口	保税区进出境仓储转口货物
0446	加工设备内销	加工贸易免税进口设备转内销	1239	保税跨境贸易电子商务 A	境内电子商务企业通过海关特殊监管区域或保税物流中心（B型）一线进境的跨境电子商务零售进口商品
0456	加工设备结转	加工贸易免税进口设备结转	1300	修理物品	进出境修理物品
0466	加工设备退运	加工贸易免税进口设备退运出境	1427	出料加工	出料加工
0500	减免设备结转	用于监管年限内减免税设备的结转	1500	租赁不满一年	租期不满一年的租赁贸易货物
0513	补偿贸易	补偿贸易	1616	寄售代销	寄售、代销货物
0544	保税区进料料件	按料件征税的保税区进料加工成品转内销货物	1741	免税品	免税品
0545	保税区来料料件	按料件征税的保税区来料加工成品转内销货物	1831	外汇商品	免税外汇商品

续表

监管方式代码	监管方式名称	监管方式名称说明	监管方式代码	监管方式名称	监管方式名称说明
2025	合资合作设备	合资合作企业作为投资进口设备物品	4539	进口溢误卸	进口溢卸、误卸货物
2210	对外投资	境内企业在境外投资，以实物投资出口的设备、物资	4561	退运货物	因质量不符、延误交货等原因退运进出境货物
2225	外资设备物品	外资企业作为投资进口的设备物品	4600	进料成品退换	进料成品退换
2439	常驻机构公用	外国常驻机构进口办公用品	5000	料件进出区	用于区内外非实际进出境货物
2600	暂时进出口货物	暂时进出口货物	5010	出口加工区研发货物	出口加工区与境外之间进出的研发货物
2700	展览品	进出境展览品	5014	区内来料加工	海关特殊监管区域与境外之间进出的来料加工
2939	陈列样品	驻华商业机构不复运出口的进口陈列样品	5015	区内进料加工货物	加工区内企业从境外进口料件及加工出口成品
3010	货样广告品	有经营权单位进出口的货样广告品	5033	区内仓储货物	加工区内仓储企业从境外进口的货物
3100	无代价抵偿	无代价抵偿进出口货物	5100	成品进出区	用于区内外非实际进出境货物
3339	其他进出口免费	其他进出口免费提供的货物	5200	区内边角调出	用于区内外非实际进出境货物
3410	承包工程进口	对外承包工程进口物资	5300	设备进出区	用于区内外非实际进出境货物
3422	对外承包出口	对外承包工程出口物资	5335	境外设备进区	加工区内企业从境外进口的设备物资
3511	援助物资	国家和国际组织无偿援助物资	5361	区内设备退运	加工区内设备退运境外
3612	捐赠物资	进出口捐赠物资	6033	物流中心进出境货物	保税物流中心与境外之间进出仓储货物
4019	边境小额	边境小额贸易（边民互市贸易除外）	9639	海关处理货物	海关变卖处理的超期未报货物、走私违规货物
4039	对台小额	对台小额贸易	9700	后续补税	无原始报关单的后续补税
4139	对台小额商品交易市场	进入对台小额商品交易专用市场的货物	9739	其他贸易	其他贸易
4200	驻外机构运回	我国驻外机构运回旧公用物品	9800	租赁征税	租赁期 1 年及以上的租赁贸易货物的租金
4239	驻外机构购进	我国驻外机构境外购买运回国的公务用品	9839	留赠转卖物品	外交机构转售境内或国际活动留赠放弃特批货
4400	来料成品退换	来料加工成品退换	9900	其他	其他
4500	直接退运	直接退运			

小知识

监管方式填报注意事项

1．进口少量低值辅料（即 5 000 美元以下，78 种以内的低值辅料）按规定不使用《加工贸易手册》的，填报“低值辅料”。使用《加工贸易手册》的，按《加工贸易手册》上的监管方式填报。

2．外商投资企业为加工内销产品而进口的料件，属非保税加工的，填报“一般贸易”。外商投资企业全部使用国内料件加工的出口成品，填报“一般贸易”。

3．加工贸易料件结转或深加工结转货物，按批准的监管方式填报。

4．加工贸易料件转内销货物以及按料件办理进口手续的转内销制成品、残次品、未完成品，应填制进口报关单，填报“来料料件内销”或“进料料件内销”；加工贸易成品凭“征免税证明”转为减免税进口货物的，应分别填制进、出口报关单，出口报关单本栏目填报“来料成品减免”或“进料成品减免”，进口报关单本栏目按照实际监管方式填报。

5．加工贸易出口成品因故退运进口及复运出口的，填报“来料成品退换”或“进料成品退换”；加工贸易进口料件因换料退运出口及复运进口的，填报“来料料件退换”或“进料料件退换”；加工贸易过程中产生的剩余料件、边角料退运出口，以及进口料件因品质、规格等原因退运出口且不再更换同类货物进口的，分别填报“来料料件复出”“来料边角料复出”“进料料件复出”“进料边角料复出”。

6．备料《加工贸易手册》中的料件结转转入加工出口《加工贸易手册》的，填报“来料加工”或“进料加工”。

7．保税工厂的加工贸易进出口货物，根据《加工贸易手册》填报“来料加工”或“进料加工”。

8．加工贸易边角料内销和副产品内销，应填制进口报关单，填报“来料边角料内销”或“进料边角料内销”。

9．企业销毁处置加工贸易货物未获得收入，销毁处置货物为料件、残次品的，填报“料件销毁”；销毁处置货物为边角料、副产品的，填报“边角料销毁”。

企业销毁处置加工贸易货物获得收入的，填报“进料边角料内销”或“来料边角料内销”。

14. 征免性质

征免性质是指海关对进出口货物实施征、减、免税管理的性质类别。

本栏目应根据实际情况按海关规定的“征免性质代码表”选择填报相应的征免性质简称及代码，持有海关核发的“征免税证明”的，应按照“征免税证明”中批注的征免性质填报。一份报关单只允许填报一种征免性质。征免性质简称及代码如表 8.6 所示。

表 8.6 征免性质简称及代码

代码	征免性质简称	征免性质简称说明	代码	征免性质简称	征免性质简称说明
101	一般征税	一般征税进出口货物	420	远洋船舶	远洋船舶及设备部件
201	无偿援助	无偿援助进出口货物	421	内销设备	内销远洋船舶用设备及关键部件
299	其他法定	其他法定减免税进出口货物	422	集成电路	集成电路生产企业进口货物
301	特定区域	特定区域进口自用物资及出口货物	423	新型显示器件	新型显示器件生产企业进口货物
307	保税区域	保税区进口自用物资	499	ITA 产品	非全税号信息技术产品
399	其他区域	其他执行特殊政策地区出口货物	501	加工设备	加工贸易外商提供的不作价进口设备
401	科教用品	大专院校及科研机构进口科教用品	502	来料加工	来料加工装配和补偿贸易进口料件及出口成品
403	技术改造	企业技术改造进口货物	503	进料加工	进料加工贸易进口料件及出口成品
406	重大项目	国家重大项目进口货物	506	边境小额	边境小额贸易进出口货物
412	基础设施	通信、港口、铁路、公路、机场建设进口设备	601	中外合资	中外合资经营企业进出口货物
413	残疾人	残疾人组织和企业进出口货物	602	中外合作	中外合作经营企业进出口货物
417	远洋渔业	远洋渔业自捕水产品	603	外资企业	外商独资企业进出口货物
418	国产化	国家定点生产小轿车和摄录机企业进口散件	605	勘探开发煤气层	勘探、开发煤气层
419	整车特征	构成整车特征的汽车零部件进口	606	海上石油	勘探、开发海上石油进口货物

续表

代码	征免性质简称	征免性质简称说明	代码	征免性质简称	征免性质简称说明
608	陆上石油	勘探、开发陆上石油进口货物	802	扶贫慈善	境外向我国境内无偿捐赠用于扶贫的免税进口物资
609	贷款项目	利用贷款进口货物	888	航材减免	经核准的航空公司进口维修用航空器材
611	贷款中标	利用国际金融组织贷款和外国政府贷款中标进口机电设备	898	国批减免	国务院特准减免税的进出口货物
789	鼓励项目	国家鼓励发展的内外资项目进口设备	997	自贸协定	
799	自有资金	外商投资额度外利用自有资金进口设备、备件、配件	998	内部暂定	享受内部暂定税率的进出口货物
801	救灾捐赠	救灾捐赠进口物资	999	例外减免	例外减免税进出口货物

小知识

征免性质填报注意事项

1. 加工贸易货物报关单应按照海关核发的《加工贸易手册》中批注的征免性质简称及代码填报。

2. 特殊情况填报要求如下。

（1）保税工厂经营的加工贸易，根据《加工贸易手册》填报“进料加工”或“来料加工”。

（2）外商投资企业为加工内销产品而进口的料件，属非保税加工的，填报“一般征税”或其他相应征免性质。

（3）加工贸易转内销货物，按实际情况填报（如一般征税、科教用品、其他法定等）。

（4）料件退运出口、成品退运进口货物填报“其他法定”（代码 0299）。

（5）加工贸易结转货物，本栏目免予填报。

（6）我国驻外使领馆工作人员、外国驻华机构及人员、非居民常驻人员、政府间协议规定等应税（消费税）进口自用小汽车，并且单台完税价格 130 万元及以上的，本栏填报“特案”。

15. 备案号

本栏目填报进出口货物收发货人、消费使用单位、生产销售单位在海关办理加工贸易合同备案或征、减、免税备案审批等手续时，海关核发的《加工贸易手册》、“征免税证明”或其他备案审批文件的编号。备案号标记码如表 8.7 所示。

表 8.7　备案号标记码

标记码	标记码含义	标记码	标记码含义
B	加工贸易手册（来料加工）	J	保税仓库记账式电子账册
C	加工贸易手册（进料加工）	K	保税仓库备案式电子账册
D	加工贸易不作价设备	Y	原产地证书
E	加工贸易电子账册	Z	征免税证明
F	加工贸易异地报关分册	RT	减免税进口货物同意退运证明
G	加工贸易深加工结转异地报关分册	RZ	减免税进口货物结转联系函
H	出口加工区电子账册	RB	减免税货物补税通知书

小知识

备案号填报注意事项

一份报关单只允许填报一个备案号。具体填报要求如下。

1．加工贸易项下货物，除少量低值辅料按规定不使用《加工贸易手册》及以后续补税监管方式办理内销征税的外，填报《加工贸易手册》编号。

使用异地直接报关分册和异地深加工结转出口分册在异地口岸报关的，本栏目应填报分册号；本地直接报关分册和本地深加工结转分册限制在本地报关，本栏目应填报总册号。

加工贸易成品凭“征免税证明”转为减免税进口货物的，进口报关单填报“征免税证明”编号，出口报关单填报“加工贸易手册”编号。

对加工贸易设备之间的结转，转入和转出企业分别填制进、出口报关单，在报关单“备案号”栏目填报《加工贸易手册》编号。

2．涉及征、减、免税备案审批的报关单，填报“征免税证明”编号。

3．减免税货物退运出口，填报“中华人民共和国海关进口减免税货物准予退运证明”的编号；减免税货物补税进口，填报“减免税货物补税通知书”的编号；减免税货物进口或结转进口（转入），填报“征免税证明”的编号；相应的结转出口（转出），填报“中华人民共和国海关进口减免税货物结转联系函”的编号。

【例 8.3】根据所给出的条件，指出进出口报关单中相应项目的填写内容：①监管方式；②征免性质；③备案号。

（1）昆明 ABC 有限公司（5301241234）位于昆明经济技术开发区，按照备案手册 B52085300153 中的进口料件进口，货物于 2017 年 1 月 31 日运抵昆明机场，并于次日向海关申报进口。

分析：①监管方式：来料加工　②征免性质：来料加工　③备案号：B

（2）2017 年 2 月 28 日某公司委托上海某报关行向吴淞海关（2202）申报出口，由上海兰生（3101915020）生产发货。发票局部如下：

上海兰生股份有限公司
SHANGHAI LANSHENG CORPORATION
Inv. No.:
S/C No.:
To:
By: T/T

答：①监管方式：一般贸易　②征免性质：一般征税　③备案号：空

16. 贸易国（地区）

本栏目应按海关规定的《国别（地区）代码表》选择填报相应的贸易国（地区）中文名称及代码。

发生商业性交易的进口填报购自国（地区），出口填报售予国（地区）。未发生商业性交易的填报货物所有权拥有者所属的国家（地区）。

17. 启运国（地区）/运抵国（地区）

启运国（地区）填报进口货物起始发出直接运抵我国或者在运输中转国（地区）未发生任何商业性交易的情况下运抵我国的国家（地区）。

运抵国（地区）填报出口货物离开我国关境直接运抵或者在运输中转国（地区）未发生任何商业性交易的情况下最后运抵的国家（地区）。

主要国别（地区）代码如表 8.8 所示。

表 8.8　主要国别（地区）代码表

代码	中文名称	代码	中文名称	代码	中文名称	代码	中文名称
110	中国香港	142	中国	307	意大利	601	澳大利亚
116	日本	143	中国台澎金马关税区	331	瑞士	609	新西兰
121	中国澳门	303	英国	344	俄罗斯联邦	701	国别（地区）不详的
132	新加坡	304	德国	501	加拿大	702	联合国及其机构和国际组织
133	韩国	305	法国	502	美国		

小知识

启运国（地区）/运抵国（地区）填报注意事项

不经过第三国（地区）转运的直接运输进出口货物，以进口货物的装货港所在国（地区）为启运国（地区），以出口货物的指运港所在国（地区）为运抵国（地区）。

经过第三国（地区）转运的进出口货物，如在中转国（地区）发生商业性交易，则以中转国（地区）作为启运/运抵国（地区）。

本栏目应按海关规定的“国别（地区）代码表”选择填报相应的启运国（地区）或运抵国（地区）中文名称及代码。

无实际进出境的，填报“中国”（代码 142）。

能确定货物的最终目的国的按海关规定的“国别（地区）代码表”选择填报相应的启运国（地区）或运抵国（地区）中文名称或代码。

18. 装货港/指运港

装货港是指进口货物在运抵我国关境前的最后一个境外装运港。如：江西某进出口公司从悉尼装运澳大利亚羊毛运至马来西亚的吉隆坡，再从吉隆坡转船运达广州黄埔港时装货港应填报吉隆坡。

指运港是指出口货物运往境外的最终目的港；最终目的港不可预知的，可按尽可能预知的目的港填报。

小知识

装货港/指运港填报注意事项

本栏目应根据实际情况按海关规定的港口代码表选择填报相应的港口中文名称及代码。装货港/指运港在“港口代码表”中无港口中文名称及代码的，可选择填报相应的国家中文名称或代码。

无实际进出境的，本栏目填报“中国境内”（代码 142）。

19. 境内目的地/境内货源地

境内目的地是指已知的进口货物在国内的消费、使用地或最终运抵地。境内货源地是指出口货物在国内的产地或原始发货地。

境内目的地/境内货源地填报注意事项

1.“境内目的地”和“境内货源地”应按“国内地区代码表”选择国内地区名称或代码填报，代码含义与经营单位代码前 5 位的定义相同。

2.“境内目的地”应填报进口货物在境内的消费、使用地或最终运抵地。其中最终运抵地为最终使用单位所在的地区。最终使用单位难以确定的，填报货物进口时预知的最终收货单位所在地。

3．“境内货源地”应填报出口货物的生产地或原始发货地。出口货物产地难以确定的，填报最早发运该出口货物的单位所在地。

4．海关特殊监管区域、保税物流中心（B 型）与境外之间的进出境货物，境内目的地 / 境内货源地填报本海关特殊监管区域、保税物流中心（B 型）所对应的国内地区名称及代码。

【例 8.4】根据所给出的条件，指出进出口报关单中相应项目的填写内容：①启运国（地区）/运抵国（地区）；②装货港/指运港；③境内目的地/境内货源地。

（1）广州某公司与香港某公司签订一份进口合同，运输过程如下：

FROM: KUNSAN, KOREA　　　　TO: HUANGPU, CHINA
VIA: HONG　KONG　　　　BY: HEUNG　ANAGOYA, V.413S

答：①启运国（地区）：中国香港　　②装货港：群山　　③境内目的地：广州

（2）某笔出口业务，发票局部如下：

INVOICE
SHANGHAI　LANSHENG　CORP.

INV.　N0.　SHL1234
CONTRACT　NO.
TO: GOLDEN　MOUNTAIN　TRADING　LTD　HK
FROM: SHANG　HAI, CHINA　　TO: LOS　ANGELES, USA　　BY: VESSEL

答：①运抵国（地区）：中国香港　　②指运港：洛杉矶　　③境内货源地：上海

20. 许可证号

本栏目填报以下许可证的编号：进（出）口许可证、两用物项和技术进（出）口许可证、两用物项和技术出口许可证（定向）、纺织品临时出口许可证、出口许可证（加工贸易）、出口许可证（边境小额贸易）。

一份报关单只允许填报一个许可证号。

小知识

许可证号填报注意事项

1．应申领进（出）口许可证的货物，必须在此栏目填报商务部及其授权发证机关签发的进（出）口货物许可证的编号，不得为空。

2．本栏目填报的是“许可证”号，不是许可证件的编号。一份报关单只允许填报一个许可证号。许可证号为 10 位，第 1、2 位代表年份，第 3、4 位代表发证机关（AA 代表部级发证，AB、AC 等代表特派员办事处发证，01、02 等代表地方发证），后 6 位为顺序号。

21. 成交方式

成交方式是指在进出口贸易中进出口商品的价格构成和买卖双方各自应承担的责任、费用和风险，以及货物所有权转移的界限。成交方式包括两方面的内容：一方面表示交货条件，另一方面表示成交价格的构成因素。成交方式代码与货物代码如表 8.9 所示。

表 8.9　成交方式代码与货物代码

成交方式代码	成交方式名称	成交方式代码	成交方式名称
1	CIF	4	C&I
2	CFR/CNF/C&F	5	市场价
3	FOB	6	垫仓

小知识

成交方式填报注意事项

1．成交方式栏目应根据实际成交价格条款按海关规定的“成交方式代码表”选择填报相应的成交方式代码。无实际进出境的，进口填报 CIF 价，出口填报 FOB 价。

2．我国规定进口货物按 CIF 价统计，出口货物按 FOB 价统计。因此，凡进口成交价不是 CIF 价的，都必须按规定填写运费、保费或杂费，以便转换成 CIF 价格统计；凡出口成交价不是 FOB 价的，都必须按照规定填写运费、保费或杂费，以便转换成 FOB 价格统计。

3．进口成交方式下，FOB 价，按公式“CIF=FOB+I+F”转换成 CIF 价，在运费栏填写运费率或单价或总价，在保费栏填写保费率或总价；CFR 价，按公式“CIF=CFR+I”转换成 CIF 价，在保费栏填写保费率或总价。出口成交方式下，CIF 价，按公式“FOB=CIF–I–F”转换成 FOB 价；在运费栏填写运费率或单价或总价，在保费栏填写保费率或总价；CFR 价，按公式“FOB=CFR–F”转换成 FOB 价，在运费栏填写运费率或单价或总价。

《2010 通则》11 种贸易术语与报关单“成交方式”栏的对应关系如表 8.10 所示。

表 8.10　11 种贸易术语与报关单“成交方式”栏的对应关系

组别	E 组	F 组			C 组				D 组		
术语	EXW	FCA	FAS	FOB	CFR	CPT	CIF	CIP	DAT	DAP	DDP
成交方式	FOB				CFR		CIF				

22．运费

运费是指进出口货物从始发地至目的地的国际运输所需要的各种费用。

小知识

运费填报注意事项

运费栏目用于成交价格中不包含运费的进口货物或成交价格中含有运费的出口货物，应填报该份报关单所含全部货物的国际运输费用。可按运费单价、总价或运费率 3 种方式之一填报，同时注明运费标记，并按海关规定的“货币代码表”选择填报相应的币种代码。

运保费合并计算的，运保费填报在本栏目。运费标记填写在运费标记处，运费价格填写在运费价格处，运费币制填写在运费币制处。

运费标记：1 表示运费率，2 表示每吨货物的运费单价，3 表示运费总价。

运费率：直接填报运费率的数值。例 5%的运费率填报为 5。

运费单价：填报运费币制代码+“/”+运费单价的数值+“/”+运费单价标记。例：50 美元运费单价填报为“502/50/2”。

运输总价：填报运费币制代码+“/”+运费总价的数值+“/”+运费总价标记。例：8 000 美元运费单价填报为“502/8 000/3”。

23．保费

保费栏目用于成交价格中不包含保险费的进口货物或成交价格中含有保险费的出口货物，应填报进口货物运抵我国境内输入地点起卸前的保险费用，出口货物运至我国境内输出地点装载后的保险费用。该栏目可按保险费总价或保险费率两种方式之一填报，同时注明保险费标记，并按海关规定的“货币代码表”选择填报相应的币种代码。

小知识

保费填报注意事项

保费合计计算的，运保费填报在运费栏目中。保费标记填写在保费标记处，保费总价填写在保费总价处，保费币制填写在保费币制处。

运费标记：1 表示保险费率，2 表示每吨货物的运费单价，3 表示保险费总价。

保费率：直接填报保费率的数值。例 5‰的保险费率填报为 0.5。

保费总价：填报保费币制代码+“/”+保费总价的数值+“/”+保费总价标记。例 30 000 元保险费总价填报为“110 /30 000/3”。

24. 杂费

杂费是指成交价格以外的，按照《中华人民共和国进出口关税条例》相关规定应计入完税价格或应从完税价格中扣除的费用。

成交方式与运费、保费是否填报的对应关系如表 8.11 所示。

表 8.11 成交方式与运费、保费是否填报的对应关系

进出境方式	成交方式	运费	保费
进口	CIF	不填	不填
	CFR/CNF/C&F	不填	填
	FOB	填	填
出口	FOB	不填	不填
	C&F	填	不填
	CIF	填	填

小知识

杂费填报注意事项

杂费可按杂费总价或杂费率两种方式之一填报，同时注明杂费标记，并按海关规定的“货币代码表”选择填报相应的币种代码。

应计入完税价格的杂费填报为正值或正率，应从完税价格中扣除的杂费填报为负值或负率。杂费标记填写在杂费标记处，杂费总价填写在杂费总价处，杂费币制填写在杂费币制处。

杂费标记：1 表示杂费率，3 表示杂费总价。

杂费率：直接填报杂费率的数值。例如，应计入完税价格的 1.5%的杂费率填报为 1.5，应从完税价格中扣除的 1%的回扣率填报为-1。

杂费总价：填报杂费币值代码+“/”+杂费总价的数值+“/”+杂费总价标记。例如，应计入完税价格的 500 英镑杂费总价填报为“303 /500 /3”。

运费、保费、杂费的正确填报格式如表 8.12 所示。

表 8.12 运费、保费、杂费的正确填报格式

项　目	费率 1	单价 2	总价 3
运费	5% → 5/1	USD50/MT → 502/50/2	HKD5000 → 110/5000/3
保费	0.27% → 0.27/1	—	EUR5000 → 300/5000/3
杂费（计入）	1% → 1/1	—	GBP5000 → 303/5000/3
杂费（扣除）	1% → –1/1	—	JPY5000 → 116/–5000/3

【例 8.5】根据所给出的条件，指出在进出口报关单中相应项应填写的内容：①成交方式；②运费；③保费；④杂费。

设保险费率为 0.3%，发票局部如下：

MINMETALS STEEL CO., LTD.
MINMETALS PLAZA, 6 SANLIHE ROAD, HAIDIAN DIST. BEIJING 100044
BEIJING, CHINA
Invoice No.: **Invoice Date:**
DESCRIPTION OF GOODS AND/OR SERVICES:
COMMODITY: HOT FINISHED SEAMLESS STEEL PIPES FOR BOILER
QUALITY:
ASME SA106B/C
ASTM A335 M P12/P91/P22
ASME A213 M T12
PRICE TERM: CPT DALIAN
COUNTRY OF ORIGIN AND MANUFACTURER: V AND M FRANCE OR GERMANY OR ITALY

答：①成交方式：CFR　　②运费：空　　③保费：0.3%　④杂费：空

25. 合同协议号

本栏目填报进出口货物合同（包括协议或订单）编号。未发生商业性交易的免予填报。

26. 件数

件数栏目应填报有外包装的进出口货物的实际件数。

小知识

件数填报注意事项

1. 舱单件数为集装箱的，填报集装箱个数。
2. 舱单件数为托盘的，填报托盘数。
3. 本栏目不得填报为零，裸装货物填报为1。

27. 包装种类

包装种类是指运输过程中货物外表所呈现出的状态，也就是货物运输外包装的种类。如裸装、件货等。包装种类代码如表8.13所示。

表8.13　包装种类代码

中文名称	英文名称	中文名称	英文名称
木箱	（Wooden）Case	裸装	Bulk
纸箱	Carton, CTNS=Cartons	托盘	Pallet
桶装	Drum/Barrel	包	Bale, BLS=bales
散装	Bulk		

小知识

包装种类填报注意事项

包装种类栏目应根据进出口货物的实际外包装种类，按海关规定的“包装种类代码表”选择填报相应的包装种类代码。

28. 毛重（千克）

毛重是指货物及其包装材料的重量之和。计量单位为千克，不足一千克的填报为1。

29. 净重（千克）

净重是指货物的毛重减去外包装材料后的重量，即商品本身的实际重量。计量单位为千克，不足一千克的填报为1。

30. 集装箱号

集装箱号是在每个集装箱箱体两侧标示的全球唯一的编号。

本栏目填报装载进出口货物（包括拼箱货物）集装箱的箱体信息。一个集装箱填一条记录，分别填报集装箱号、集装箱的规格和集装箱的自重。非集装箱货物填报为0。

31. 随附单据

随附单据是指随进（出）口货物报关单一并向海关递交的单证或文件。合同、发票、装箱单、进出口许可证等必备的随附单证不在本栏目填报。

本栏目根据海关规定的“监管证件代码表”选择填报除本规范第二十条规定的许可证件以外的其他进出口许可证件或监管证件代码及编号。

小知识

随附单据填报注意事项

1．本栏目分为随附单据代码和随附单据编号两项，其中代码栏应按海关规定的“监管证件代码表”选择相应证件的代码填报；编号栏应填报许可证件编号。

2．加工贸易内销征税报关单，随附单证代码栏填写 c，随附单证编号栏填写海关审核通过的内销征税联系单号。

3．优惠贸易协定项下进出口货物。

一份报关单仅对应一份原产地证书或原产地声明。有关优惠贸易协定项下报关单填制要求按照海关总署 2016 年第 51 号公告执行。

监管证件名称代码如表 8.14 所示。

表 8.14 监管证件代码

代码	监管证件名称	代码	监管证件名称
1	进口许可证	M	密码产品和设备进口许可证
2	两用物项和技术进口许可证	O	自动进口许可证（新旧机电产品）
3	两用物项和技术出口许可证	P	固体废物进口许可证
4	出口许可证	Q	进口药品通关单
6	旧机电产品禁止进口	R	进口兽药通关单
7	自动进口许可证	S	进口农药登记证明
8	禁止出口商品	T	银行调运现钞进出境许可证
9	禁止进口商品	W	麻醉药品进口准许证
A	检验检疫入境货物通关单	X	有毒化学品环境管理放行通知单
B	检验检疫出境货物通关单	Y	原产地证明
D	出/入境货物通关单（毛坯钻石用）	Z	音像制品进口批准单或节目提取单
E	濒危物种允许出口证明	e	关税配额外优惠税率进口棉花配额证
F	濒危物种允许进口证明	q	国别关税配额证明
G	两用物项和技术出口许可证（定向）	t	关税配额证明
I	精神药物进（出）口准许证	v	自动进口许可证（加工贸易）
J	黄金及其制品进出口准许证或批件	x	出口许可证（加工贸易）
L	药品进出口准许证	y	出口许可证（边境小额贸易）

优惠贸易协定项下进出口货物代码如表 8.15 所示。

表 8.15 优惠贸易协定项下进出口货物代码

代码	优惠贸易协定	代码	优惠贸易协定	代码	优惠贸易协定
01	亚太贸易协定	08	中智自贸协定	15	中国-哥斯达黎加自贸协定
02	中国-东盟自贸区	10	中新（西兰）自贸协定	16	中国-冰岛自贸协定
03	中国香港 CEPA	11	中新（加坡）自贸协定	17	中国-瑞士自贸协定
04	中国澳门 CEPA	12	中秘自贸协定	18	中国-澳大利亚自贸协定
06	中国台湾农产品零关税措施	13	最不发达国家特别优惠关税待遇	19	中国-韩国自贸协定
07	中巴自贸协定	14	海峡两岸经济合作框架协议（ECFA）		

32. 标记唛码及备注

标记唛码英文表示为 Marks、Marking、MKS、Marks & Nos、Shipping Mks，它通常是由一个简单的几何图形和一些字母、数字及简单的文字组成，包括四项：收货人代号；合同号、发票号等；目的地名称，包括最终目的国或原产国、目的港或中转港；件数号码。图 8.3 为唛码填写示例。

备注指报关单其他栏目不能填写完全以及需要额外说明的内容，或者其他需要备注、说明的事项。关联备案号、关联报关号应该填写在“标记唛码备注”栏。

Marks & Nos.（唛头）

HUMBURG（中转港：汉堡）
IN TRANSHIP TO ZURICH（目的港：苏黎世）
SWITZERLAND（目的国：瑞士）
C / NO .1-1533（件数：1533 件）
MADE IN CHINA（原产国：中国）

图 8.3　唛头解析

小知识

唛码填报注意事项

1. 标记唛码中除图形以外的文字、数字。

2. 受外商投资企业委托代理其进口投资设备、物品的进出口企业名称。

3. 与本报关单有关联关系的，同时在业务管理规范方面又要求填报的备案号，填报在电子数据报关单中“关联备案”栏。

加工贸易结转货物及凭“征免税证明”转内销货物，其对应的备案号应填报在“关联备案”栏。

减免税货物结转进口（转入），报关单“关联备案”栏应填写本次减免税货物结转所申请的《中华人民共和国海关进口减免税货物结转联系函》的编号。

减免税货物结转出口（转出），报关单“关联备案”栏应填写与其相对应的进口（转入）报关单“备案号”栏中“征免税证明”的编号。

4. 与本报关单有关联关系的，同时在业务管理规范方面又要求填报的报关单号，填报在电子数据报关单中“关联报关单”栏。

加工贸易结转类的报关单，应先办理进口报关，并将进口报关单号填入出口报关单的“关联报关单”栏。

办理进口货物直接退运手续的，除另有规定外，应当先填写出口报关单，再填写进口报关单，并将出口报关单号填入进口报关单的“关联报关单”栏。

减免税货物结转出口（转出），应先办理进口报关，并将进口（转入）报关单号填入出口（转出）报关单的“关联报关单”栏。

5. 办理进口货物直接退运手续的，本栏目填报“<ZT”+“海关审核联系单号或者《海关责令进口货物直接退运通知书》编号”+“>”。

6. 保税监管场所进出货物，在“保税/监管场所”栏填写本保税监管场所编码（保税物流中心（B 型）填报本中心的国内地区代码），其中涉及货物在保税监管场所间流转的，在本栏填写对方保税监管场所代码。

7. 涉及加工贸易货物销毁处置的，填写海关加工贸易货物销毁处置申报表编号。

8. 当监管方式为“暂时进出货物”（2600）和“展览品”（2700）时，如果为复运进出境货物，在进出口货物报关单的本栏内分别填报“复运进境”“复运出境”。

9. 跨境电子商务进出口货物，在本栏目内填报“跨境电子商务”。

10. 加工贸易副产品内销，在本栏内填报“加工贸易副产品内销”。

11. 服务外包货物进口，填报“国际服务外包进口货物”。

12. 公式定价进口货物应在报关单备注栏内填写公式定价备案号，格式为“公式定价”+备案编号+“@”。对于同一报关单下有多项商品的，如需要指明某项或某几项商品为公式定价备案的，则备注栏内应填写“公式定价”+备案编号+“#”+商品序号+“@”。

13. 获得《预审价决定书》的进出口货物，应在报关单备注栏内填报《预审价决定书》编号，格式为预审价（P+2 位商品项号+决定书编号），若报关单中有多项商品为预审价，需依次写入括号中。

14. 含预归类商品报关单，应在报关单备注栏内填写预归类 R-3-关区代码-年份-顺序编号，其中关区代码、年份、顺序编号均为 4 位数字，例如 R-3-0100-2016-0001。

15. 含归类裁定报关单，应在报关单备注栏内填写归类裁定编号，格式为“c”+四位数字编号，例如 c0001。

16. 申报时其他必须说明的事项填报在本栏目。

33. 项号

项号是指同一票货物在报关单中的商品排列号和在备案文件上的商品序号。

本栏目分两行填报及打印。第一行填报报关单中的商品顺序编号；第二行专用于加工贸易、减免税等已备案、审批的货物，填报和打印该项货物在《加工贸易手册》或“征免税证明”等备案、审批单证中的顺序编号。

小知识

项号填报注意事项

加工贸易项下进出口货物的报关单，第一行填报报关单中的商品顺序编号，第二行填报该项商品在《加工贸易手册》中的商品项号，用于核销对应项号下的料件或成品数量。其中第二行特殊情况填报要求如下。

（1）深加工结转货物，分别按照《加工贸易手册》中的进口料件项号和出口成品项号填报。

（2）料件结转货物（包括料件、制成品和未完成品折料），出口报关单按照转出《加工贸易手册》中进口料件的项号填报；进口报关单按照转进《加工贸易手册》中进口料件的项号填报。

（3）料件复出货物（包括料件、边角料），出口报关单按照《加工贸易手册》中进口料件的项号填报；如边角料对应一个以上料件项号时，填报主要料件项号。料件退换货物（包括料件，不包括未完成品），进出口报关单按照《加工贸易手册》中进口料件的项号填报。

（4）成品退换货物，退运进境报关单和复运出境报关单按照《加工贸易手册》原出口成品的项号填报。

（5）加工贸易料件转内销货物（以及按料件办理进口手续的转内销制成品、残次品、未完成品）应填制进口报关单，填报《加工贸易手册》进口料件的项号；加工贸易边角料、副产品内销，填报《加工贸易手册》中对应的进口料件项号。如边角料或副产品对应一个以上料件项号时，填报主要料件项号。

（6）加工贸易成品凭“征免税证明”转为减免税货物进口的，应先办理进口报关手续。进口报关单填报“征免税证明”中的项号，出口报关单填报《加工贸易手册》原出口成品项号，进、出口报关单货物数量应一致。

（7）加工贸易货物销毁，本栏目应填报《加工贸易手册》中相应的进口料件项号。

（8）加工贸易副产品退运出口、结转出口，本栏目应填报《加工贸易手册》中新增的变更副产品的出口项号。

（9）经海关批准实行加工贸易联网监管的企业，按海关联网监管要求，企业需申报报关清单的，应在向海关申报进出口（包括形式进出口）报关单前，向海关申报“清单”。一份报关清单对应一份报关单，报关单上的商品由报关清单归并而得。加工贸易电子账册报关单中项号、品名、规格等栏目的填制规范比照《加工贸易手册》。

如：某公司加工贸易合同项下的登记手册号为B51012300300，进口猪皮革和羊皮革料件一批，该料件分别列登记手册的第4项和第10项，那么填写格式如表8.16所示。

表8.16 加工贸易合同项下的登记手册第4项和第10项填写

项　　号	商品编码	商品名称、规格型号
01（第一行填：商品序号） 04（第二行填：该料件在手册中的商品序号	×××××××××	猪皮革
02（第一行填：商品序号） 10（第二行填：该料件在手册中的商品序号	×××××××××	羊皮革

34. 商品编号

商品编号是指按商品分类编码规则确定的进出口货物的商品编号。填报的商品编号由10位数字组成。前8位为《中华人民共和国进出口税则》确定的进出口货物的税则号列，同时也是《中华人民共和国海关统计商品目录》确定的商品编码，后2位为符合海关监管要求的附加编号。

35. 商品名称及规格型号

商品名称就是所申报的进出口商品的规范的中文名称。规格型号是指反映商品性能、品质和规格的一系列指标。如品牌、等级、成分、含量、纯度、大小等。

小知识

商品名称、规格型号填报注意事项

商品名称、规格型号栏目分两行填报及打印。第一行打印进出口货物规范的中文商品名称，第二行打印规格型号，必要时可加注原文。如"化纤女背心"100% POLYETER LADIES VEST，填写格式如表8.17所示。

表8.17　商品名称、规格型号填报

项号	商品名称、规格型号
01	化纤女背心（第一行填：商品名称） 100 % POLYETER LADIES VEST （第二行填：规格型号+原文）

1. 商品名称及规格型号应据实填报，并与进出口货物收发货人或受委托的报关企业所提交的合同、发票等相关单证相符。

2. 商品名称应当规范，规格型号应当足够详细，以能满足海关归类、审价及许可证件管理要求为准，可参照《中华人民共和国海关进出口商品规范申报目录》中对商品名称、规格型号的要求进行填报。例如：ZIPPO牌打火机用液体燃料，100%石脑油制，125毫升/支，商品编码36061000的申报要素为

商品编码	商品名称	申报要素
36061000	—直接灌注香烟打火机及类似打火机用的液体燃料或液化气体燃料，其包装容器不超过300立方米	1.品名；2.用途；3.包装容器的容积

"商品名称及规格"栏应填报为

打火机液体燃料
ZIPPO牌打火机，125毫升/支

3. 加工贸易等已备案的货物，填报的内容必须与备案登记中同项号下货物的商品名称一致。

4. 对需要海关签发"货物进口证明书"的车辆，商品名称栏应填报"车辆品牌+排气量（注明cc）+车型（如越野车、小轿车等）"。进口汽车底盘不填报排气量。车辆品牌应按照"进口机动车辆制造厂名称和车辆品牌中英文对照表"中"签注名称"一栏的要求填报。规格型号栏可填报"汽油型"等。

5. 由同一运输工具同时运抵同一口岸并且属于同一收货人、使用同一提单的多种进口货物，按照商品归类规则应当归入同一商品编号的，应当将有关商品一并归入该商品编号。商品名称填报一并归类后的商品名称；规格型号填报一并归类后商品的规格型号。

6. 加工贸易边角料和副产品内销，边角料复出口，本栏目填报其报验状态的名称和规格型号。

7. 进口货物收货人以一般贸易方式申报进口属于《需要详细列名申报的汽车零部件清单》（海关总署2006年第64号公告）范围内的汽车生产件的，应按以下要求填报。

（1）商品名称填报进口汽车零部件的详细中文商品名称和品牌，中文商品名称与品牌之间用"/"相隔，必要时加注英文商业名称；进口的成套散件或者毛坯件应在品牌后加注"成套散件""毛坯"等字样，并与品牌之间用"/"相隔。

（2）规格型号填报汽车零部件的完整编号。在零部件编号前应当加注S字样，并与零部件编号之间用"/"相隔，零部件编号之后应当依次加注该零部件适用的汽车品牌和车型。

汽车零部件属于可以适用于多种汽车车型的通用零部件的，零部件编号后应当加注TY字样，并用"/"与零部件编号相隔。

与进口汽车零部件规格型号相关的其他需要申报的要素，或者海关规定的其他需要申报的要素，如"功率""排气量"等，应当在车型或TY之后填报，并用"/"与之相隔。

汽车零部件报验状态是成套散件的，应当在"标记唛码及备注"栏内填报该成套散件装配后的最终完整品的零部件编号。

8．进口货物收货人以一般贸易方式申报进口属于《需要详细列名申报的汽车零部件清单》（海关总署2006年第64号公告）范围内的汽车维修件的，填报规格型号时，应当在零部件编号前加注W，并与零部件编号之间用“/”相隔；进口维修件的品牌与该零部件适用的整车厂牌不一致的，应当在零部件编号前加注“WF”，并与零部件编号之间用“/”相隔。其余申报要求同上条执行。

9．品牌类型。品牌类型为必填项目。可选择“无品牌”“境内自主品牌”“境内收购品牌”“境外品牌（贴牌生产）”“境外品牌（其他）”如实填报。其中，“境内自主品牌”是指由境内企业自主开发、拥有自主知识产权的品牌；“境内收购品牌”是指境内企业收购的原境外品牌；“境外品牌（贴牌生产）”是指境内企业代工贴牌生产中使用的境外品牌；“境外品牌（其他）”是指除代工贴牌生产以外使用的境外品牌。

10．出口享惠情况。出口享惠情况为出口报关单必填项目。可选择“出口货物在最终目的国（地区）不享受优惠关税”“出口货物在最终目的国（地区）享受优惠关税”“出口货物不能确定在最终目的国（地区）享受优惠关税”如实填报。进口货物报关单不填制该申报项。（本条及第9条整理自2018年1月1日起执行的海关总署2017年第69号《关于修订〈中华人民共和国海关进出口货物报关单填制规范〉》公告）

36. 数量及单位

数量及单位是指进出口商品的实际数量及计量单位。

数量及单位填报注意事项

本栏目分三行填报及打印。

1．第一行应按进出口货物的法定第一计量单位填报数量及单位，法定计量单位以《中华人民共和国海关统计商品目录》中的计量单位为准。

2．凡列明有法定第二计量单位的，应在第二行按照法定第二计量单位填报数量及单位。无法定第二计量单位的，本栏目第二行为空。

3．成交计量单位及数量应填报并打印在第三行。

4．法定计量单位为“千克”的数量填报，特殊情况下填报要求如下。

（1）装入可重复使用的包装容器的货物，应按货物扣除包装容器后的重量填报，如罐装同位素、罐装氧气及类似品等。

（2）使用不可分割包装材料和包装容器的货物，按货物的净重填报（即包括内层直接包装的净重重量），如采用供零售包装的罐头、化妆品、药品及类似品等。

（3）按照商业惯例以公量重计价的商品，应按公量重填报，如未脱脂羊毛、羊毛条等。

（4）采用以毛重作为净重计价的货物，可按毛重填报，如粮食、饲料等大宗散装货物。

（5）采用零售包装的酒类、饮料，按照液体部分的重量填报。

5．成套设备、减免税货物如需分批进口，货物实际进口时，应按照实际报验状态确定数量。

6．具有完整品或制成品基本特征的不完整品、未制成品，根据《商品名称及编码协调制度》归类规则应按完整品归类的，按照构成完整品的实际数量填报。

7．加工贸易等已备案的货物，成交计量单位必须与《加工贸易手册》中同项号下货物的计量单位一致，加工贸易边角料和副产品内销、边角料复出口，本栏目填报其报验状态的计量单位。

8．优惠贸易协定项下进出口商品的成交计量单位必须与原产地证书上对应商品的计量单位一致。

9．法定计量单位为立方米的气体货物，应折算成标准状况（即摄氏零度及1个标准大气压）下的体积进行填报。

37. 原产国（地区）

原产国（地区）是指进口货物的生产、开采或加工制造国家（地区）。

本栏目应依据《中华人民共和国进出口货物原产地条例》《中华人民共和国海关关于执行〈非优惠原产地规则中实质性改变标准〉的规定》以及海关总署关于各项优惠贸易协定原产地管

理规章规定的原产地确定标准填报。同一批进出口货物的原产地不同的，应分别填报原产国（地区）。进出口货物原产国（地区）无法确定的，填报“国别不详”（代码 701）。

本栏目应按海关规定的“国别（地区）代码表”选择填报相应的国家（地区）名称及代码。

38. 最终目的国（地区）

最终目的国（地区）是指已知的出口货物的最终实际消费、使用或进一步加工制造的国家（地区）。如：A 进出口公司与德国 B 公司签订一出口合同，货从上海装船，途经香港运往德国。在签订合同时，A 进出口公司得知德国 B 公司还要将货物从德国运往英国，则该批货物的最终目的国应为英国，而不是德国。

本栏目应按海关规定的“国别（地区）代码表”选择填报相应的国家（地区）名称及代码。

最终目的国（地区）填报注意事项

最终目的国（地区）填报已知的进出口货物的最终实际消费、使用或进一步加工制造的国家（地区）。不经过第三国（地区）转运的直接运输货物，以运抵国（地区）为最终目的国（地区）；经过第三国（地区）转运的货物，以最后运往国（地区）为最终目的国（地区）。同一批进出口货物的最终目的国（地区）不同的，应分别填报最终目的国（地区）。进出口货物不能确定最终目的国（地区）时，以尽可能预知的最后运往国（地区）为最终目的国（地区）。

39. 单价

单价是一个成交计量单位下的价格，单价和数量单位是对应的关系。

单价填报注意事项

1. 一份报关单中有多项商品时，每个单价只对应一个项号下的商品。
2. 单价栏目应填报同一项号下进出口货物实际成交的商品单位价格。无实际成交价格的，本栏目填报货值。单价填报到小数点后 4 位，第 5 位及其后略去。

40. 总价

总价是指进出口货物实际成交的商品总价。在报关单中总价和单价是相对应的，单价和其对应的数量相乘就等于总价。

总价填报注意事项

1. 总价栏目应填报同一项号下进出口货物实际成交的商品单位总价。
2. 总价栏目应填报同一项号下进出口货物实际成交的商品总价。无实际成交价格的，本栏目填报货值。

41. 币制

币制是指进出口货物实际成交价格的币种。

本栏目应根据实际成交情况按海关规定的“货币代码表”选择填报相应的货币名称或代码，如货币代码表中无实际成交币种，需将实际成交币种按照申报的外汇折算率折算成货币代码表列明的货币填报。货币代码如表 8.18 所示。

表 8.18 货币代码

代码	符号	币制名称	代码	符号	币制名称	代码	符号	币制名称
110	HKD	港币	136	THB	泰国铢	330	SEK	瑞典克朗
113	IRR	伊朗里亚尔	142	CNY	人民币	331	CHF	瑞士法郎
116	JPY	日本元	143	TWD	台币	332	SUR	俄罗斯卢布
118	KWD	科威特第纳尔	201	DZD	阿尔及利亚第纳尔	398	ASF	清算瑞士法郎
121	MOP	澳门元	300	EUR	欧元	501	CAD	加拿大元
122	MYR	马来西亚林吉特	302	DKK	丹麦克朗	502	USD	美元
127	PKR	巴基斯坦卢比	303	GBP	英镑	601	AUD	澳大利亚元
129	PHP	菲律宾比索	326	NOK	挪威克朗	609	NZD	新西兰元
132	SGD	新加坡元						

小知识

币制填报注意事项

1．向外汇管理部门查询外汇牌价。

2．可将成交价格依据海关总署统计司提供的统计外汇牌价（由外汇管理部门提供的40种币制兑美元的月平均折算率）换算成美元价格填报，同时在备注栏中注明实际成交币制和成交价格。

【例 8.6】根据示例 8.3 所示上海兰生股份有限公司的单据和已知条件，指出进出口报关单中相应项目应填写的内容：①合同协议号；②项号；③商品编号；④商品名称、规格型号；⑤单价；⑥总价；⑦币制。

已知：出口成品皮鞋（胶底），位列备案手册号 C22074100502 中成品第 2 项，商品编号为 64039900，计量单位为双，运费为 USD800，保费率为 0.27%。

示例 8.3

上海兰生股份有限公司

SHANGHAI LANSHENG CORPORATION

Inv. No.: 04A702789

S/C No.: 04A8898

To: Golden Mountain Trading Ltd. Hong Kong

Invoice & Packing list

Marks & Nos	Quantity and description	Amount
RNS NO.7920 MADE IN CHINA C/ NO.1-117	FOOTWEAR ART NO. CC10758-112 ORDER NO. RNS7920 COL. WHITE SZ: 5-10 2106PRS T.G.WT: 1638KGS T.N.WT: 1404 KGS TOTAL PACKED IN 117CARTONS	CIF LOS ANGELES @USD3.15 USD6633.90

答：①合同协议号：04A8898　　②项号：01、02　　③商品编号：64039900

④商品名称、规格型号：ART NO. CC10758-112
COL. WHITE
SZ：5-10

⑤单价：3.15　　⑥总价：6633.90　　⑦币制：502

42. 征免

征免是指海关对进出口货物进行征税、减税、免税或特案处理的实际操作方式。

本栏目应按照海关核发的“进口货物征免税证明”或有关政策规定，对报关单所列每项商品选择填报海关规定的“征减免税方式代码表”中相应的减免税方式。加工贸易报关单应根据《加工贸易手册》中备案的征免规定填报，《加工贸易手册》中备案的征免规定为“保金”或“保函”的，应填报“全免”。常见的征免方式及代码如表8.19所示。

表8.19 征减免方式代码

代码	名称	代码	名称
1	照章征税	5	征免性质
2	折半征税	6	保证金
3	全免	7	保函
4	特案	8	折半补税

43. 特殊关系确认

本栏目根据《中华人民共和国海关审定进出口货物完税价格办法》第十六条，填报确认进出口行为中买卖双方是否存在特殊关系。认为买卖双方存在特殊关系，在本栏目应填报“是”，反之则填报“否”。

44. 价格影响确认

本栏目根据《审价办法》第十七条，填报确认纳税义务人是否可以证明特殊关系未对进口货物的成交价格产生影响。特殊关系未对成交价格产生影响，在本栏目应填报“否”，反之则填报“是”。

45. 与货物有关的特许权使用费支付确认

本栏目根据《中华人民共和国海关审定进出口货物完税价格办法》第十一条和第十三条，填报确认买方是否存在向卖方或者有关方直接或者间接支付与进口货物有关的特许权使用费，且未包括在进口货物的实付、应付价格中。

小知识

与货物有关的特许权使用费用支付确认填报注意事项

1．买方存在需向卖方或者有关方直接或者间接支付特许权使用费，且未包含在进口货物实付、应付价格中，并且符合《审价办法》第十三条的，在“支付特许权使用费确认”栏目应填报“是”。

2．买方存在需向卖方或者有关方直接或者间接支付特许权使用费，且未包含在进口货物实付、应付价格中，但纳税义务人无法确认是否符合《审价办法》第十三条的，在本栏目应填报“是”。

3．买方存在需向卖方或者有关方直接或者间接支付特许权使用费且未包含在实付、应付价格中，纳税义务人根据《审价办法》第十三条，可以确认需支付的特许权使用费与进口货物无关的，填报“否”。

4．买方不存在向卖方或者有关方直接或者间接支付特许权使用费的，或者特许权使用费已经包含在进口货物实付、应付价格中的，填报“否”。

5．本栏目出口货物免予填报，加工贸易及保税监管货物（内销保税货物除外）免予填报。

海关总署公告2017年第13号（关于修订《中华人民共和国海关进出口货物报关单填制规范》的公告）

海关总署公告2016年第51号

46. 版本号

本栏目适用加工贸易货物出口报关单。

本栏目应与《加工贸易手册》中备案的成品单耗版本一致，通过《加工贸易手册》备案数据或企业出口报关清单提取。

47. 货号

本栏目适用加工贸易货物进出口报关单。

本栏目应与《加工贸易手册》中备案的料件、成品货号一致，通过《加工贸易手册》备案数据或企业出口报关清单提取。

48. 录入员

录入员栏目用于记录预录入操作人员的姓名并打印。

49. 录入单位

录入单位栏目用于记录并打印电子数据报关单的录入单位名称。

50. 海关批注及签章

本栏目供海关作业时签注。

小知识

报关单填报注意事项

本规范所述尖括号（< >）、逗号（,）、连接符（-）、冒号（:）等标点符号及数字，填报时都必须使用非中文状态下的半角字符。

相关用语的含义如下。

报关单录入凭单：申报单位按报关单的格式填写的凭单，用作报关单预录入的依据。该凭单的编号规则由申报单位自行决定。

预录入报关单：预录入单位按照申报单位填写的报关单凭单录入、打印由申报单位向海关申报，海关尚未接受申报的报关单。

报关单证明联：海关在核实货物实际进出境后按报关单格式提供的，用作进出口货物收发货人向国税、外汇管理部门办理退税和外汇核销手续的证明文件。

同步技能训练 8.2

天津新月服装进出口公司（12099×××××）向韩国出口商订购进口一批服装面料，并交由天津秀文服装有限公司（12019349××）加工童装。韩国出口商的供货商将该批货物于 2006 年 3 月 15 日发运，载货运输工具于 2006 年 3 月 18 日向天津新港海关（代码：0202）申报进境，次日天津路畅物流有限公司持登记手册、自动进口许可证（2006-2007-FZ-300125）、入境通关单（2100005400）等单证向海关申报。该货物法定计量单位为 kg，海运费为 1450 美元，保险费为 5‰，该货物在加工手册中位于第 12 项并随附海运提单、商业发票、装箱单（参见示例 8.4 至示例 8.6）。

根据示例 8.4 至示例 8.6 的资料信息，填制报关单的各个栏目。

分析：

示例 8.4

商业发票

Issuer KOREA CHEMICAL Co., Ltd.		COMMERCIAL INVOICE		
To TIANJIN XINYUE GARMENTS IMPORT & EXPORT Co., Ltd.		No. KC060303		Date MAR.01，06
Transport Details		S/C No. 06KCEXP016		L/C No.
		Terms of　Payment		
Marks and Numbers	Number and Kind of Package Descriptions of Goods	Quantity	Unit Price	Amount
N/M	ELASTANE 40 DENIER TYPE 149B MERGE 171 245KG TUBE　　7 590KGS	CFR XINGANG CHINA USD18/KG		USD136 620.00
Total: USD136 620.00				
Say Total:				

示例 8.5

装箱单

Issuer KOREA CHEMICAL Co., Ltd.		PACKING LIST				
To TIANJIN XINYUE GARMENTS IMPORT & EXPORT Co., Ltd.		Invoice No. KC060303			Date MAR.01，06	
		Terms of　Payment				
Marks and Numbers	Number and Kind of Package Descriptions of Goods	Quantity	Package	G.W.	N.W.	Meas
N/M	ELASTANE 40 DENIER TYPE 149B MERGE 171 245KG TUBE	70BALES	7PALLETS	8 510KGS	7 590KGS	
Total:						
Say Total:						

示例 8.6

海运提单

Mitsui O.S.K. Lines, Ltd.

Shipper KOREA CHEMICAL Co., Ltd. 1395-9, SEOCHO-DONG, SEOCHO-KU, SEOUL, KOREA			Booking No.	B/L No. APLBSXG0096
Consignee.(Not.negotiable.unless.consigned ‘to.order’) TO ORDER			COMBINED TRANSPORT BILL OF LANDING	
Notify Party TIANJIN XINYUE GARMENTS IMPORT & EXPORT Co., Ltd. RM919 TEDA BUILDING, TIANJIN, CHINA				
Vessel M/VBEIDAIHE VOY.0615W		Port of Loading BUSAN, KOREA		
Port of Discharge XINGANG, CHINA		Place of Delivery	Final Destination for the Merchant's reference	
Marks & Nos.	Number and Kind of Containers or Package	Kind of Package; Description of Goods	G.W.	Measurement
N/M	3 containers	ELASTANE 40 DENIER TYPE 149B MERGE 171 245KG TUBE	8 510KGS	M^3
Total No. of Container or Other Package or Units Received by the Carrier (in words) THREE CONTAINERS				
No. of Originals THREE		Place and Date of B/L Issue:	Totals & Pay at:	

Mitsui O.S.K.lines, Ltd.as Carrier

阅读思考 8.1

阅读沪浦东关缉违字［2017］0006号《中华人民共和国上海浦东海关关于上海经贸虹桥报关有限公司申报不实行政处罚决定书》，而后思考下列问题：

1．报关单填报的基本要求和具体要求有哪些？

2．企业在填制报关单时应如何避免申报错误？

沪浦东关缉违字［2017］0006号
http://www.customs.gov.cn/publish/portal27/tab70826/info836335.htm

本章小结

报关单是进出境货物的收发货人或其代理人向海关报告其进出口货物情况的证明，是海关审查、放行货物的必要法律文书，是对进出口货物进行全面监控处理的主要依据，是海关统计的原始资料。申报人对报关单所填报的真实性和准确性要承担法律责任，任何时候报关单都要求做到完整、准确及有效的填报。

基础与能力训练

一、单选题

1．某进出口公司向某国出口 500 吨散装小麦，该批小麦分装在一条船的三个船舱内，海关报关单上的“件数”和“包装种类”两个项目的正确填报应是（　　）。

A．件数为 500 吨，包装种类为“吨”　　B．件数为 1，包装种类为“船”

C．件数为 3，包装种类为“船舱”　　D．件数为 1，包装种类为“散装”

2．我国某进出口公司从香港购进一批 SONY 牌电视机，该电视机为日本品牌，其中显像管为韩国生产，集成电路板由新加坡生产，其他零件均为马来西亚生产，最后由韩国组装成整机。该公司向海关申报进口该批电视机时，原产地应填报为（　　）。

A．日本　　B．韩国　　C．新加坡　　D．马来西亚

3．在我国台湾地区纺成的纱线，运到日本织成棉织物，并进行冲洗、烫、漂白、染色、印花。上述棉织物又被运往越南制成睡衣，后又经我国香港地区更换包装转销我国内地。我国海关应以下列哪个国家（地区）为该货物的原来产地？（　　）

A．日本，因为成衣在日本进行了第一次实质性加工

B．中国台湾，因为纱线是在中国台湾完成制造的

C．越南，因为制成成衣在税则归类方面已经有了改变

D．中国香港，因为该货物是从中国香港进口的

4．某单位出口一批货物，成交条件为 CFR，总价为 1 000 港元，其中含运费 5%，销售佣金 300 港元。问该批货物的 FOB 价格总价应为（　　）港元。

A．1 000　　B．650　　C．1 250　　D．665

5．海关规定的出口货物的出口日期是指（　　）。

A．申报货物办结海关手续的日期

B．向海关申报货物出口的日期

C．运载货物的运输工具申报出境的日期

D．所申报货物运离海关监管场地或仓库的日期

6．联合国救灾协调员办事处在美国市场采购原产于加拿大的冰雪救灾物资无偿援助我国，该批物资在洛杉矶装船，在日本东京中转后运抵我国，这种情况进口报关“启运国（地区）”栏应填报为（　　）。

A．日本　　B．加拿大　　C．美国　　D．联合国

7．天津某进出口公司与新加坡某公司签订一份进口黄金首饰的合同。货物从横滨船运至中国香港，再从中国香港换装火车运到内地（该货在日本发生商业性交易），申报该报关单的“启运国（地区）”栏应填报为（　　）。

A．日本　　B．新加坡　　C．中国　　D．中国香港

8．重庆某中外合资企业与香港某公司签订购买设备合同。设备由华阳运输公司的 HUADONG VOY302 轮载运进口，该合资企业委托上海某报关行向上海海关办理转关申请手续。由“长江号”轮船运抵重庆，货物经海关查验后放行。该中外合资企业在向海关递交的进口货物报关单“运输工具名称”栏的正确填报应为（　　）。

A．HUADONG/302　　B．@+16 位转关申报单预录入号

C．HUADONG/@/302　　D．长江号

9．进境货物的运输方式按货物运抵我国关境（　　）时的运输方式填报。

A．最后一个　　B．第一口岸　　C．转运　　D．报关

10．出境货物的运输方式按货物驶离我国关境（　　）时的运输方式填报。

A．第一口岸　　B．转运　　C．报关　　D．最后一个

二、多选题

1．在填制报关单“总价”时，下列（　　）叙述是正确的。

A．“一般贸易”货物应按合同上订明的实际价格填报

B．退运进口的出口货物，应按该货物原出口价格填报

C．免费赠送的货样、广告品，可以免予填报

D．来料加工项下的成品出口时，只需填报加工费

2．我国某进出口公司甲方与新加坡某公司乙方签订一份出口合同，合同中订明，甲方向乙方出售 5 000 件衬衫，于 2017 年 4 月 10 日在上海装船，途经中国香港运往新加坡。在签订合同时甲方得知乙方还要将该批货物从新加坡运往智利。根据上述情况填写报关单时，以下（　　）填写不正确。

A．运抵国（地区）为“中国香港”，最终目的国（地区）为“新加坡”

B．运抵国（地区）为“新加坡”，最终目的国（地区）为“智利”

C．运抵国（地区）为“中国香港”，最终目的国（地区）为“智利”

D．运抵国（地区）为“智利”，最终目的国（地区）为“智利”

3．在填制报关单时，海关根据进出口商品的不同情况，对商品数量的填报作出了一些规定，下列（　　）是符合海关规定的。

A．规范的数量和单位，应以海关统计商品目录上规定的数量和单位填写

B．与海关规范的数量和单位不一致的实际成交的数量和单位也填在报关单上

C．不能把整机和零件的数量加在一起填报数量

D．不能把类似“一卷”“一箱”“一捆”等较笼统的数量和单位填在报关单上

4．某公司从日本进口联合收割机 10 台及部分附件，分装 30 箱，发票注明每台单价为“CIF Shanghai USD＄22 400”，总价为“USD＄224 000”，附件不另计价格。进口货物报关单以下栏目正确填报的为（　　）。

A．成交方式：海运　　B．件数：30

C．商品名称：联合收割机及附件　　D．单价：22 400

5．某进出口公司报关员在制作一份进口报关单时，在“标记唛码及备注”栏目内添入了以下内容，请选出哪些内容是正确的（　　）。

A．NO MARK 字样　　B．付汇核销单编号

C．商检证 1 份及其编号　　D．进料加工合同共 2 本手册及全部编号

6．进出口报关单“备案号”栏是用于填写进出口企业在海关办理加工贸易合同备案或征免税审批等手续时，海关给予的备案审批文件的编号，下列属于该范围的是（　　）。

A．加工贸易登记手册的编号

B．出入出口加工区的保税货物的电子账册的编号

C．进出口货物征免税证明的编号

D．实行原产地证书联网管理的原产地证书的编号

7．下列关于运输方式填写规范的表述，属于正确的是（　　）。

A．非邮政方式进出口的快递货物，按实际运输方式填报

B．进出境旅客携带的货物，按旅客所乘坐的运输工具填报

C．转关运输货物，按载运货物抵达进境地的运输工具填报

D．出口加工区与区外之间进出的货物，区外企业填报“出口加工区”

8．我国某进出口公司与澳大利亚签订一批原产于加拿大的土豆进口合同，货物旧金山装船，途经日本东京后换船运抵广州新风港，以下填写正确的是（　　）。

A．原产国：加拿大　　B．启运国：美国

C．装货港：东京　　D．境内目的地：中国

9．我国某进出口公司（甲方）与美国某公司（乙方）签订一份出口合同，货物黄埔装船运往中国香

港，再从中国香港用飞机运至美国。在签订合同时，甲方得知该批货物到达美国后还要再运至加拿大。根据上述情况，填写报关单时，下列填报不正确的有（　　）。

A．运抵国（地区）为“美国”，最终目的国（地区）为“加拿大”

B．运抵国（地区）为“中国香港”，最终目的国（地区）为“加拿大”

C．运抵国（地区）为“加拿大”，最终目的国（地区）为“加拿大”

D．运抵国（地区）为“中国香港”，最终目的国（地区）为“美国”

10．进出口货物报关单所列的运输方式包括实际运输方式和海关规定的特殊运输方式。其中实际运输方式主要有（　　）等。

A．船舶　　B．火车　　C．飞机　　D．汽车

三、判断题

1．某企业经海关批准从保税仓库内提取一批货物内销到国内市场，由于该批货物原进入保税仓库时为空运进口，故在报关单运输方式栏应填报“航空运输”。（　　）

2．中国仪器进出口公司从日本松下公司购得分属三个合同的六种不同规格精密仪器同船一并运达。由于这些货物品种单一且数量不大，申报时可以用一份进口货物报关单准确、真实、齐全、清楚地填报。（　　）

3．某公司进口一批总重量为 1 万公斤的饲料，该饲料的外包装为纸袋，可单据上并没有标明扣除纸袋的净重。在这种情况下可以将毛重作为净重来申报。（　　）

4．报关单上“商品名称、规格型号”栏目，正确的填写内容应有中文商品名称、规格型号，商品的英文名称和品牌，缺一不可。（　　）

5．某化工进出口公司下属某厂以进料加工贸易方式进口原料一批，经海运抵港后，进口报关单的“备案号”栏应填报为该货物的加工贸易手册的编号。（　　）

6．进出口货物报关单是海关对进出口货物进行监管、征税、统计和开展稽查、调查的重要依据，是加工贸易进出口货物核销、出口货物退税和外汇管理的重要凭证，也是查处进出口货物走私、违规的重要的书面依据。（　　）

7．联合国世界卫生组织向我国提供援助一台德国产的医疗仪器。德国受联合国的委托将该批货物送往我国。在这种情况下，在进口报关单上应填报启运国为联合国，原产国为德国。（　　）

8．某汽车进出口公司进口 50 辆德国生产小轿车，每辆车上附带一套法国生产的维修工具，进口报关时，维修工具的原产国应按小轿车填报为德国。（　　）

9．A 厂加工的鞋底经批准结转到 B 厂加工皮鞋复出口，由于该货物是境内厂与厂之间的结转，没实际进出关境，因此，该批货物申报时，其报关单的“进（出）口口岸”栏应以接受申报的申报地海关来填写。（　　）

10．某服装进出口公司属下的服装加工厂以来料加工的方式进口一批布料，该布料从中国香港用汽车运抵目的地后，其进口报关单的“随附单据”栏应填报该货物的《加工贸易登记手册》编号。（　　）

四、简答题

1．简述报关单的分类。

2．简述报关单的内容。

3．报关单填报有什么基本要求？

4．报关单填报有什么具体要求？

五、报关单填制

根据示例 8.7 和示例 8.8 所提供的原始单据，按照报关单填制规范的要求，选出最合适的答案。

示例 8.7

Customs Clearance Invoice

<table>
<tr><td colspan="2">Shipper
INTERNATIONAL TRADE TIGER
Co., Ltd.
HAMBURG GERMANY</td><td colspan="3">Invoice No.277973874GG　B/L No.HUTKT557380
Date：MARCH　8, 2007</td></tr>
<tr><td colspan="2">For Account＆Risk of Messrs
北京红都贸易有限公司
（11012563225）
Notify Party
SAME AS ABOVE</td><td colspan="3">Contract No.: 2007WAT46793
Ship Date: 03/15/2007
Payment Terms: NET 20th PROX
Inco Terms: Freight＆Insurance Prepaid
Country of origin: Singapore</td></tr>
<tr><td>Port of　Loading
KARACHI Via SHANGHAI</td><td>Final Destination
BEIJING</td><td colspan="2">Carrier
CHANGJIANG/045</td><td>Sailing on or about
MARCH.11.2007</td></tr>
<tr><td>Marks＆Nos</td><td>Description of Goods</td><td>Quantity</td><td>Unit price</td><td>Amount（US＄）</td></tr>
<tr><td></td><td>黄桐
INDONESIAN
SAW TIMBER</td><td>200 立方米</td><td>USD270.00</td><td>17 175.95</td></tr>
</table>

TOTAL：　　200 立方米　　USD17 175.95

手册号：　　Freight：USD3 000.00

该货列手册第三项　　Insurance：USD600

进口后全部用于加工返销

预录入号：1080321484554

示例 8.8

PAKING LIST/WEIGHT MEMO

<table>
<tr><td rowspan="2">Ship To:
北京红都贸易有限公司</td><td>PACKING LIST NO.DATE</td><td>MARKS＆NO.</td></tr>
<tr><td>MUHY23763　MARCH5.2007</td><td></td></tr>
<tr><td></td><td>SHIPPED PER
CHANG JIANG /045
SAILING ON OR ABOUT
MARCH5, 2007
FROM
HAMBURG GERMANY
TO
BEIJING CHINA</td><td></td></tr>
</table>

DESCRIPTION 黄桐 INDONESIAN SAW TIMBER				
SIZE	UM OF P’KGS	CONTENTS	N/WT	G/WT
	28 件	200 立方米	41 583 千克	43 982 千克

TOTAL:　28 件　200 立方米　41 583 千克　43 982 千克

2 CONTAINERS×20’

NO.YMLUNK1276378929

YMLUNK1276378956

集装箱自重：2 076KGS

要求：根据示例 8.7 和示例 8.8 资料，选择以下栏目的正确选项。

1．“备案号”栏。(　　)

A．1080321484554　　B．C52554825254

C．2007WAT46793　　D．HUKT557380

2．“运输方式”栏。(　　)

A．江海运输　　B．航空运输

C．航海运输　　D．铁路运输

3．“运输工具名称”栏。(　　)

A．不填　　B．CHANGJIANG /045 / MARCH5，2007

C．CHANGJIANG /045　　D．CHANGJIANG 045

4．“提运单号”栏。(　　)

A．277973874GG　　B．2007WST46793

C．1080321484554　　D．HUTKT557380

5．“监管方式”栏。(　　)

A．进料对口　　B．进料加工　　C．来料加工　　D．一般贸易

6．“征免性质”栏。(　　)

A．一般征税　　B．进料对口　　C．进料加工　　D．来料加工

7．“运抵国（地区）”栏。(　　)

A．德国　　B．印度尼西亚　　C．新加坡　　D．上海

8．“装运港”栏。(　　)

A．上海　　B．汉堡　　C．新加坡　　D．德国

9．“成交方式”栏。(　　)

A．CIF　　B．CIP　　C．FOB　　D．DES

10．“运费”栏。(　　)

A．USD3000　　B．不填　　C．3 000　　D．3.5‰

11．“合同协议号”栏。(　　)

A．HUKT557380　　B．2007WAT46793

C．1080321484554　　D．不填

12．“包装种类”栏。(　　)

A．纸箱　　B．集装箱　　C．裸装　　D．木箱

13．“集装箱号”栏。(　　)

A．YMLUNK1276378929*2（2）　　B．YMLUNK1276378956/29/20/2076

C．YMLUNK1276378956/1276378929　　D．YMLUNK1276378929/20/2076

14．“随附单据”栏。(　　)

A．装箱单　　B．发票　　C．发票、装箱单　　D．不填

15．“标记唛码及备注”栏。(　　)

A．YMLUNK1276378956/20/2076　　B．INDONESIAN SAW TIMBER

C．2007WAT46793/20/2076　　D．YMLUNK1276378956

16．“商品名称、规格型号”栏。(　　)

A．黄桐 INDONESIAN SAW TIMBER　　B．黄桐 SAW TIMBER

C．黄桐　　D．以上均不填

17．“原产国（地区）”栏。(　　)

A．德国　　B．新加坡　　C．上海　　D．马来西亚

18．“总价”栏。(　　)

A．USD 20 872.95　　B．USD 17 272.95

C．USD 20 324.77　　D．USD 14 272.95

六、报关单填制错误查找

根据示例 8.9 和示例 8.10，指出示例 8.11 报关单中填制错误（包括空填共有 20 个已填栏目，标号 A～T，共 5 处）。

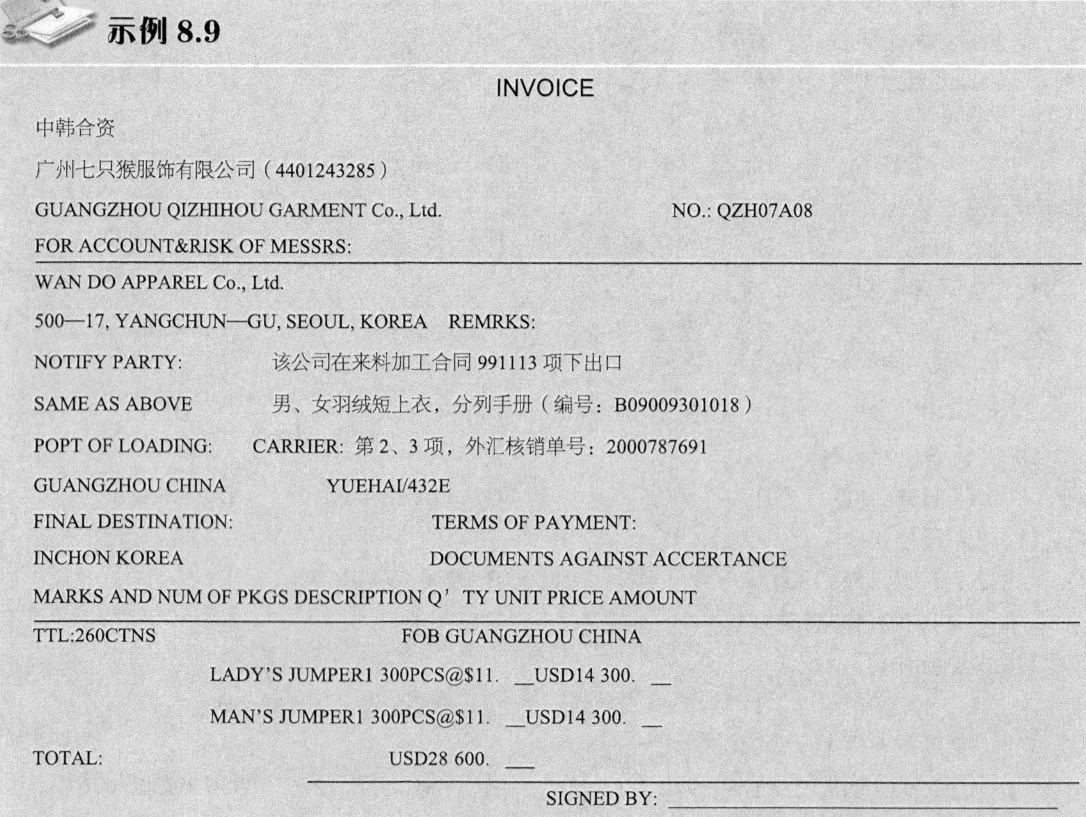

示例 8.9

INVOICE

中韩合资

广州七只猴服饰有限公司（4401243285）

GUANGZHOU QIZHIHOU GARMENT Co., Ltd.　　NO.: QZH07A08

FOR ACCOUNT&RISK OF MESSRS:

WAN DO APPAREL Co., Ltd.

500—17, YANGCHUN—GU, SEOUL, KOREA　REMRKS:

NOTIFY PARTY:　该公司在来料加工合同 991113 项下出口

SAME AS ABOVE　男、女羽绒短上衣，分列手册（编号：B09009301018）

POPT OF LOADING:　CARRIER: 第 2、3 项，外汇核销单号：2000787691

GUANGZHOU CHINA　YUEHAI/432E

FINAL DESTINATION:　TERMS OF PAYMENT:

INCHON KOREA　DOCUMENTS AGAINST ACCERTANCE

MARKS AND NUM OF PKGS DESCRIPTION Q’TY UNIT PRICE AMOUNT

TTL:260CTNS　FOB GUANGZHOU CHINA

LADY’S JUMPER1 300PCS@$11. __USD14 300. __

MAN’S JUMPER1 300PCS@$11. __USD14 300. __

TOTAL:　USD28 600. ___

SIGNED BY: ______________________

示例 8.10

PACKING LIST

中韩合资

广州七只猴服饰有限公司（4401243285）

GUANGZHOU QIZHIHOU GARMENT Co., Ltd.　　INVOICE No.: QZH07A08

FOR ACCOUNT&RISK OF MESSRS:　　DATE:

WAN DO APPAREL Co., Ltd.

500—17, YANGCHUN—GU, SEOUL, KOREA　　B/L No.:

NOTIFY PARTY:　　GUANGZHOU43127

SAME AS ABOVE

POPT OF LOADING:　　CARRIER: YUEHAI/432E

GUANGZHOU CHINA

FINAL DESTINATION:

INCHON KOREA

MARKS AND NUM OF PKGS DESCRIPTION Q'TY　NET WEIGHT GROSS WEIGHT　MEASUREMENT

TTL:260CTNS　　2 600PCS　　3.80KGS

1 × 20'CONTAINER NO.:

EASU9608490

WEIGHT:

LADY'S JUMPER 1 300PCS

MAN'S JUMPER 1 300PCS

计算单位：件/千克

TOTAL: 260CTNS（2 600 PCS）

SIGNED BY: ________________

注：广州七只猴服饰有限公司经营单位代码：4401243285

该公司在来料加工合同 991113 项下出口男、女羽绒短上衣，分列手册（编号：B09009301018）第 2、3 项。

外汇核销单号：2000787691

计算单位：件/千克

示例 8.11

中华人民共和国海关出口货物报关单

预录入编号：　　　　　　　　　　　　　　　　海关编号：

收发货单位：	出口口岸：		出口日期：	申报日期：
（A）生产销售单位： 广州七只猴服装有限公司	运输方式：		（B）运输工具名称： YUEHAI/432E	（C）提运单号： GUANGZHOU431227
申报单位：	（D）监管方式： 进料加工		（E）征免性质： 来料加工	（F）备案号： B090009301018
（G）许可证号：	运抵国（地区）：		指运港：	境内货源地：
（H）批准文号： 2000787691	（I）成交方式： FOB	运费：	保费：	杂费：
（J）合同协议号： 991113	（K）件数： 260 件	（L）包装种类： 纸箱	毛重（kg）： 3 380	净重（kg）： 2 600
（O）集装箱号：EASU9608490 * 1 （1）EASU9608490 / 20 / 自重	随附单据：			
标记唛码及备注				
（P）项号 商品编号（Q）商品名称、规格型号 数量及单位（R）最终目的国（地区）单价 总价（S）币制（T）征免				
01　羽绒短上衣		韩国	美元	全免
02				
特殊关系确认：	价格影响确认：		支付特许使用确认：	
录入员　录入单位 报关员	兹声明对以上内容承担如实申报，依法纳税之法律责任 申报单位（签章）		海关批注及签章	

补充习题及实训

扫描二维码做更多练习，巩固本章所学知识与技能。

附录 1

报关业务关键术语中英文对照表

序号	中文	英文	序号	中文	英文
1	海关	Customs	30	截关放行时间	Closed Time
2	关税	Tariff	31	易货贸易	Barter Trade
3	海关监管	Customs Control	32	补偿贸易	Compensation Trade
4	海关法	Customs Law	33	报关单	Customs Declaration
5	报关	Customs Declaration	34	滞报金	Delayed Declaration Fee
6	申报通道	Goods to Declare	35	海关查验	Customs Inspection
7	无申报通道	Nothing to Declare	36	税费缴纳	Taxes Payment
8	报关员	Customs Declarer	37	保税货物	Bonded Goods
9	报关单位	Customs Declaration Unit	38	保税区	Bonded Area
10	收货人	Consignee	39	自由贸易港	Free-trade Harbor
11	发货人	Consignor/Supplier	40	保税仓库	Bonded Warehouse
12	代理报关	Customs Agents	41	出口监管仓库	Export Supervised Warehouse
13	进出境运输工具	Inbound and Outbound Means of Transport	42	保税物流中心	Bonded Logistics Center
14	进出境货物	Inbound and Outbound Goods	43	加工贸易货物	Processing Trade Goods
15	进出境物品	Inbound and Outbound Articles	44	电子账册	Electronic Account
16	进出境邮递物品	Inbound and Outbound Postal Items	45	外发加工	Outward Processing Arrangement
17	通关	Customs Clearance	46	来料加工	Processing with Customer' s Materials
18	电子通关	Electronic Custom	47	加工保税集团	Bonded Processing Group
19	禁止进出口	Prohibit Import and Export	48	保税物流园区	Bonded Logistic Park
20	限制进出口	Restrict Import and Export	49	保税港区	Bonded Port
21	自由进出口	Free Import and Export	50	出口加工区	Export Processing Zone
22	关税配额	Custom Quota	51	加工贸易工厂	Factory of Processing Trade
23	出入境检验检疫	Entry-Exit Inspection and Quarantine	52	特定减免税	Specific Duty Reduction or Exemption
24	对外贸易救济措施	Foreign Trade Remedies	53	临时减免税	Temporary Duty Reduction or Exemption
25	反倾销措施	Antidumping Measures	54	法定减免税	Legal Duty Reduction or Exemption
26	反补贴措施	Countervailing Measures	55	解除监管	Deregulation
27	保障措施	Safeguard Measures	56	移作他用	Transferred for Other Use
28	进出口许可证	Import and Export License	57	退运	Returned Cargo
29	一般进出口货物	Common Import and Export Goods	58	转关	Custom Transfer

续表

序号	中文	英文	序号	中文	英文
59	暂准进境货物	Temporary Import of Goods	96	完税价格	Delivered Duty Paid
60	暂准出境货物	Temporary Export of Goods	97	成交价格	Strike Price
61	ATA 单证册	ATA Carnet	98	购货佣金	Buying Commission
62	追索	Resource	99	经纪费	Broker Fee
63	进出境展览品	Import and Export Exhibition Goods	100	码头装卸费	Terminal Handling Charge
64	复运进出境	Re-transported Out of or Into the Customs Territory	101	倒扣价格法	Deduction Price
65	集装箱箱体	Container	102	运费	Freight
66	过境货物	Transit Goods	103	价格磋商	Price Consultation
67	转运货物	Transshipment Goods	104	原产地规则	Rules of Origin
68	通运货物	Through Goods	105	原产地证书	Certificate of Origin
69	转关运输	Customs Transit	106	离岸价	Free on Board
70	直转转关	Direct Customs Transfer	107	到岸价	Cost, Insurance and Freight
71	国际多式联运	Multi-modal	108	起运口岸	Port of Shipment
72	进出境快件	Cross Border Express	109	到达口岸	Port of Destination
73	进出口货样	Import and Export Samples	110	经营单位	Operating Agency
74	进出口广告品	Import and Export Advertising	111	收货单位	Consignee
75	国际租赁	International Lease	112	发货单位	Consigner/Shipper
76	加工贸易不作价设备	Processing Trade Non-price Setting Equipment	113	启运国（地区）	Departure Country
77	出料加工货物	Outward Processing	114	运抵国（地区）	Destination Country
78	进境修理货物	Entry Goods for Maintenance	115	装运港	Port of Shipment
79	无代价抵偿货物	Claimed Goods	116	指运港	Port of Loading
80	溢卸货物	Over-landed Cargo	117	标记唛码	Shipping Marks
81	误卸货物	Mis-discharged Cargo	118	运输方式	Shipment term
82	放弃货物	Goods Abandoned	119	贸易方式	Trade Method
83	商品名称及编码协调制度	The Harmonized Commodity Description and Coding System	120	结汇方式	Settlement
84	商品编码表	Commodity Code List	121	成交方式	Payment Method
85	商品归类	Commodity Classification	122	汇付	Remittance
86	预归类	Pre-classification	123	托收	Collection
87	进出口税费	Import and Export Taxes	124	索赔	Claim
88	从价税	Advalorem Tax	125	不可抗力	Force Majeure
89	从量税	Unit Tax	126	仲裁	Arbitration
90	复合税	Compound Duties	127	装箱单	Packing List/Packing Specification
91	滑准税	Sliding Duties	128	提单	Bill of Lading
92	进口环节税	Import Linkage Tax	129	费用币制	Currency
93	增值税	Value-added Tax	130	提货单	Delivery Order
94	消费税	Consumer Tax	131	装货单	Shipping Order
95	船舶吨税	Tonnage Tax	132	中性包装	Neutral Packing

附录 2

《中华人民共和国海关法》、通关参数查询方法及报关实务学习参考网站

计量单位代码表、国别（地区）代码表、运输方式代码表等通关参数可在海关总署官网“在线服务—通关参数”中查询。

《中华人民共和国海关法》

中华人民共和国海关总署 http://www.customs.gov.cn/	海关信息网 http://www.haiguan.info/	中国通关网 http://www.e-to-china.com.cn/	世界海关组织 http://www.wcoomd.org/
中国国际贸易促进委员会 http://www.ccpit.org/	中国国际商会 http://www.ccoic.cn/	中国电子口岸 http://www.chinaport.gov.cn/	海关统计资讯网 http://www.chinacustomsstat.com/
国际报关协会联盟 http://ifcba.org/	中国报关协会 http://chinacba.org/ccba/	中国口岸协会 http://www.caop.org.cn/	中国报关员考试网 http://www.bgyks.com/
国家质量监督检验检疫总局 http://www.aqsiq.gov.cn/	中华人民共和国商务部 http://www.mofcom.gov.cn/	中华人民共和国中央人民政府 http://www.gov.cn/	新华网 http://www.xinhuanet.com/

主要参考文献

[1] 报关水平测试教程编委会. 2017. 2017 年版报关水平测试教程——报关基础知识[M]. 北京：中国海关出版社.

[2] 报关水平测试教程编委会. 2017. 2017 年版报关水平测试教程——报关业务技能[M]. 北京：中国海关出版社.

[3] 报关水平测试教程编委会. 2017. 2017 年版报关水平测试教程——进出口商品名称与编码[M]. 北京：中国海关出版社.

[4] 郑俊田，刘文丽，徐晨. 2010. 报关员考试分章练习与模拟试题[M]. 北京：对外经济贸易大学出版社.

[5] 刘庆珠. 2009. 报关实训[M]. 北京：对外经济贸易大学出版社.

[6] 肖利秋，李坪. 2009. 新编报关实务[M]. 大连：大连理工大学出版社.

[7] 中国海关报关实用手册编写组. 2011. 中国海关报关实用手册[M]. 北京：中国海关出版社.

[8] 李齐. 现代关税实务. 2012. 北京：中国海关出版社.

更新勘误表和配套资料索取示意图

说明：扫描本书封底左下角二维码可直接打开本书页面，配套学习资料注册后可直接下载；**教学用资源**仅供教师下载，**教师身份**、**用书教师身份**需网站后台审批（咨询邮箱 13051901888@163.com）。

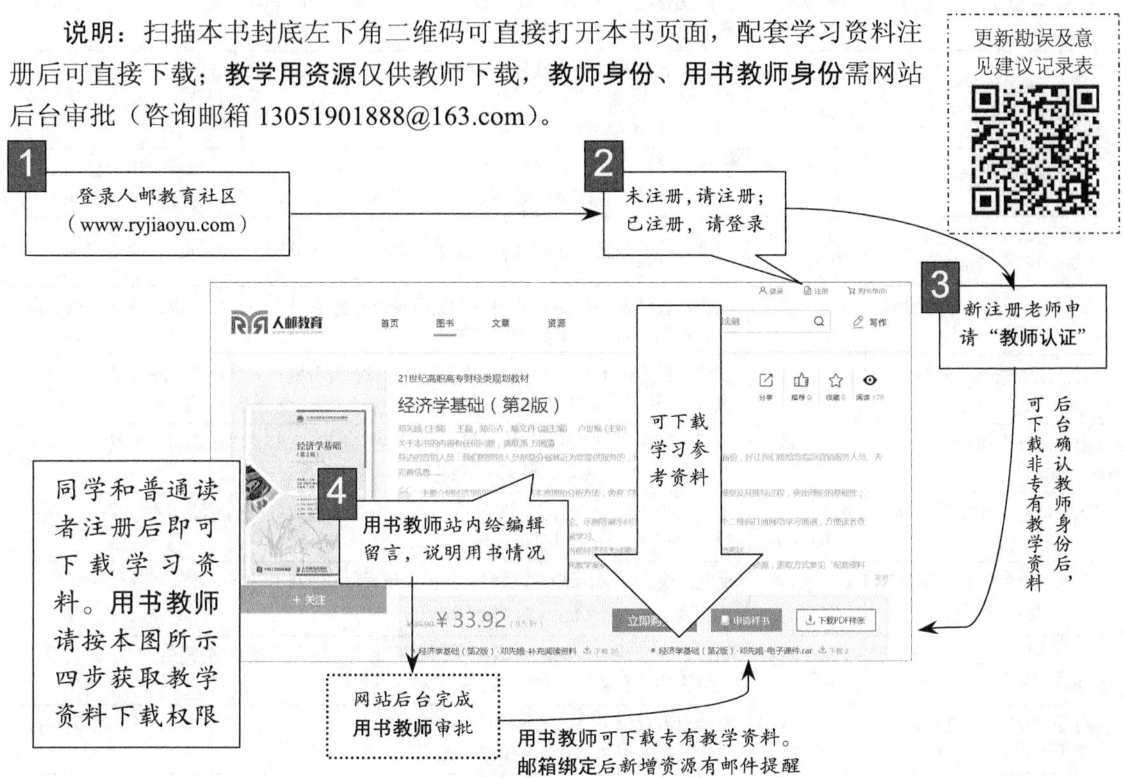

本丛书部分教材推荐

书名（作者）	书　　号	特 点 简 介
管理学基础（第 2 版）（季辉）	978-7-115-38656-4	正文内有丰富的课堂互动栏目；二维码链接网络学习资源；提供课件、视频教学案例、习题答案、试卷、阅读资料等
管理学基础（李海峰）	978-7-115-39378-4	提供课件、教案、教学体会、实训说明、文字与视频案例、参考答案、习题集、试卷、阅读资料等，作者开通有教学博客
人力资源管理（第 2 版）（吴少华）	978-7-115-44162-1	四十余二维码链接新闻、案例等；案例阅读与分析、实战演练等形式促进边学边练；提供课件、教案、实训指导、答案、案例和试卷等
生产运作管理（微课版）（王肇英）	978-7-115-46701-0	内含生产运作动画、视频实例等；以实例解读为依托展开理论知识、操作技能的学习；提供课件、教案、答案、教学动画、试卷等
电子商务基础（白东蕊）	978-7-115-40043-7	涉及物联网、互联网+等新内容；二维码链接网络学习资源；提供课件、实训指导、文字与视频案例、试卷等
公共关系理论与实务（吴少华）	978-7-115-38147-7	大量采用 2013 年、2014 年案例；二维码链接案例、视频等网络资源；提供课件、教案、答案、案例和试卷等
采购管理（张晓芹）	978-7-115-38155-2	提供实训软件、实训指导、实训资料；二维码链接网络学习资源；提供课件、大纲、参考答案、试卷等

续表

书名（作者）	书　　号	特 点 简 介
经济学基础（第2版）（邓先娥）	978-7-115-42219-4	数百实例讨论连接理论与生活；百余二维码打通网络学习通道；提供课件、答案、阅读资料、教案、文字与视频案例、试卷等
经济学基础（第2版）（杨洁）	978-7-115-39770-6	二维码链接丰富网络资源；提供课件、教案、习题答案、文字与视频案例、试卷等
会计基础与实务（第3版）（杨桂洁）	978-7-115-42694-9	山东省潍坊市第二十次社会科学优秀成果二等奖；满足会计从业资格考试要求；原始凭证单独成册，方便裁剪；二维码展示在线视频等学习资源；提供课件、教案、答案、试卷等
财务会计（第2版）（贾永海）	978-7-115-39292-3	提供课件、教案、教学做一体化训练参考答案；学练结合，重点突出课堂练习及课后实训环节，配有“教学做一体化训练”
成本会计（上、下册）（第2版）（徐晓敏）	978-7-115-39201-5	提供课件、教案、习题及实训答案、试卷；实训部分单独成册，方便使用
会计综合实训（第2版）（甄立敏）	978-7-115-30148-2	校企合作开发，根据企业会计的实际情况布置教材内容；凭证单独成册；提供课件、教案、答案、电子备份文件等
财务报告编制与分析（第2版）（赵威）	978-7-115-37583-4	二维码打造立体化阅读环境，校企合作开发，部分资料来自企业；提供课件、教案、教学案例集、习题答案、试卷等
财务会计报告分析（韩德静）	978-7-115-42465-5	知识+例题+课堂练习+分析实例+案例+课后习题+实训；二维码打造立体化阅读环境；提供课件、大纲、答案、试卷等
国际贸易实务（第3版）（张燕芳）	978-7-115-44060-0	通过二维码可查询运费、税费等，还可查看真实业务单据高清照片。提供课件、教案、答案、补充习题集、教学案例、试卷
国际贸易单证实务与操作（第2版）（徐薇）	978-7-115-25009-4	提供课件、答案、试卷等资料；扫描二维码可查看部分单证原图；实例展示与知识巩固、实训操作相结合
报检与报关实务(第2版)（熊正平）	978-7-115-30917-4	随时更新的法规、贴近实际操作的高清单证实物照片均可通过扫描二维码获得；提供课件、教案、视频案例、答案和试卷等
商品基础知识与养护技能（于威）	978-7-115-44647-3	百余组课堂讨论、案例分析；八个自学实训+两个综合实训；九十余个二维码链接网络资源；提供课件、实训资料、答案、试卷等
经济法实务（第2版）（王琳雯）	978-7-115-35654-3	根据2014年实施公司法、消法等修订；结合会计、银行、证券等从业资格的考试要求；提供课件、教案、答案和试卷等
经济法概论（第2版）（刘磊）	978-7-115-46178-0	内容图表化、案例故事化，实践与实训源于工作实际；提供教案、教学计划、课件、答案、补充教学案例（文字、视频）、试卷等
金融法理论与实务（第2版）（罗艾筠）	978-7-115-35124-1	“十二五”职业教育国家规划教材；省级精品资源共享课程配套教材；提供课件、教案、答案、文字与视频案例、实训指导、试卷等
金融学概论（第2版）	978-7-115-47097-3	时事、案例提升学习兴趣；视频、图例拓展阅读空间；提供课件、答案、视频案例、试卷等
金融基础知识（第2版）（韩宗英）	978-7-115-35666-6	“十二五”职业教育国家规划教材；以故事提升学习兴趣，以通俗降低学习难度；提供课件、教案、答案、试卷、视频案例等
证券投资实务（孟敬）	978-7-115-43069-4	二维码拓展学习通道；学练结合提高学习效果；涵盖证券从业资格考试知识点；提供课件、文字与视频案例、试卷等
保险基础与实务（第2版）（徐昆）	978-7-115-35125-8	“十二五”职业教育国家规划教材；校企合作开发，与职业资格证书考核内容和专业岗位要求相衔接；提供课件、文字与视频案例、答案、试卷和实训资料等
商务礼仪　案例与实践（王玉苓）	978-7-115-46646-4	内含实践与训练指导，即学即练；高清彩图、视频案例，边学边看；提供教案、大纲、课件、视频及文字案例、试卷等
人际关系与沟通技巧（龙璇）	978-7-115-41966-8	数十组实训寓教于乐；近百实例开启思考讨论大门；五十余二维码拓展网络空间；提供课件、大纲、实训指导手册、答案、补充教学案例集等